权威·前沿·原创

皮书系列为
"十二五""十三五""十四五"时期国家重点出版物出版专项规划项目

BLUE BOOK

智库成果出版与传播平台

工程咨询蓝皮书
BLUE BOOK OF ENGINEERING CONSULTING

中国工程咨询发展报告
（2024）

CHINA ENGINEERING CONSULTING DEVELOPMENT REPORT
(2024)

主　编／中国国际工程咨询有限公司

社会科学文献出版社
SOCIAL SCIENCES ACADEMIC PRESS (CHINA)

图书在版编目(CIP)数据

中国工程咨询发展报告.2024/中国国际工程咨询有限公司主编.--北京：社会科学文献出版社，2024.8.--（工程咨询蓝皮书）.--ISBN 978-7-5228-3965-3

Ⅰ.F752.68

中国国家版本馆 CIP 数据核字第 2024LZ2425 号

工程咨询蓝皮书
中国工程咨询发展报告（2024）

主　　编 / 中国国际工程咨询有限公司

出 版 人 / 冀祥德
组稿编辑 / 姚冬梅
责任编辑 / 宋　静
责任印制 / 王京美

出　　版 / 社会科学文献出版社·皮书分社（010）59367127
　　　　　　地址：北京市北三环中路甲 29 号院华龙大厦　邮编：100029
　　　　　　网址：www.ssap.com.cn
发　　行 / 社会科学文献出版社（010）59367028
印　　装 / 天津千鹤文化传播有限公司

规　　格 / 开 本：787mm×1092mm　1/16
　　　　　　印 张：23.75　字 数：393 千字
版　　次 / 2024 年 8 月第 1 版　2024 年 8 月第 1 次印刷
书　　号 / ISBN 978-7-5228-3965-3
定　　价 / 158.00 元

读者服务电话：4008918866

▲ 版权所有 翻印必究

《中国工程咨询发展报告（2024）》编委会

主　任　苟护生

副主任　窦　皓　李开孟　姜富华

委　员（按姓氏拼音排序）

　　　　　曹　玫　李　东　李欣珏　李　燕　刘　洁
　　　　　刘义成　牛耘诗　任苏行　申海燕　伍　迪
　　　　　杨凯越　张　蓉　支世平

主编单位简介

中国国际工程咨询有限公司（简称"中咨公司"，英文缩写CIECC）成立于1982年，是国家高端智库和国内规模最大的综合性工程咨询机构，拥有工程咨询单位甲级综合资信、PPP咨询甲级专项资信以及20个专业的甲级专业资信，是唯一拥有国家发展改革委遴选的全部22个专业领域评估资质的咨询机构，业务类型包含政策研究、规划咨询、项目评估、工程管理、管理咨询和后评价等，形成了贯穿投资建设全过程的"6+1"业务体系，服务对象包括国家各部委、中央军委各部门、地方政府、大中型企业及金融机构等各类客户2万余家。

公司聚焦"国之重器"，服务国家战略，贡献中咨智慧，完成了南水北调总体规划、川藏铁路、白鹤滩—浙江特高压输电、西气东输四线等国家重大项目评估论证；服务高水平科技自立自强，开展了重大科技基础设施、先进制造业和现代服务业、东数西算、人工智能、集成电路、量子通信、氢能创新应用、北斗应用、高端仪器专项、"卡脖子"攻关等评审论证；推进国家重大区域战略，承担了长三角一体化和黄河流域高质量发展重大项目库遴选工作，积极参与粤港澳大湾区、成渝地区双城经济圈、海南自贸港等区域重大项目咨询；支撑国家重大规划实施落地，承担了国家"十四五"规划中的重大工程中期评估、长江经济带发展规划纲要实施情况评估、中央企业战略性新兴产业布局研究等，为加快推进"十四五"规划重大工程实施建言献策；贯彻落实党中央"碳达峰碳中和"战略部署，深度参与国家"双碳""1+N"政策体系研究和资源环境立法工作，完成了长江经济带生态环境整治、雅鲁藏布江中上游生态修复与保护等咨询论证任务，在国家经济社会发展和国防建设中发挥着独特的参谋作用。

摘　要

《中国工程咨询发展报告（2024）》是"工程咨询蓝皮书"系列的首部蓝皮书。本书秉持原创性、前沿性、时效性和权威性的写作原则，将理论研究、实证研究与案例研究相结合，反映我国工程咨询年度发展状况，力争成为国内外机构了解我国工程咨询业的权威读物和具有良好社会效益的新型高端智库产品，成为工程咨询从业人员、相关政府部门以及希望了解我国工程咨询业情况的社会大众的必读书目。

《中国工程咨询发展报告（2024）》分为总报告和政策篇、专题研究篇、智库建设篇、案例实务篇等5个部分。总报告从工程咨询的概念、范围、发展历程等方面对新中国成立以来工程咨询业发展总体情况进行了全面回顾与总结；从工程咨询业规模、机构数量、人才发展等方面，对目前工程咨询业发展现状、特点进行了分析；从数字化咨询、全过程咨询、综合型咨询、智库化咨询、跨国型咨询等方面，对工程咨询业未来发展趋势进行了研判和展望。政策篇根据工程咨询的主要服务范围，分别对规划咨询、项目咨询、评估咨询、全过程工程咨询的相关政策进行研究解读。专题研究篇根据工程咨询涉及的主要专业，选取部分重点专业，对其与工程咨询业发展的相互作用进行专题研究，主要包括数字化转型赋能工程咨询业发展研究、工程咨询中的绿色低碳研究、国际工程咨询发展历程及展望、战略性新兴产业与工程咨询研究、现代工程咨询助力石化产业集群高质量发展研究等。智库建设篇围绕智库建设意义与认识、实践经验与案例、未来展望进行探讨，包括以中国国际工程咨询有限公司为例的基于工程咨询实践建设国家高端智库研究和资源综合利用立法研究咨询。案例实务篇分享了规划咨询、评估咨询等不同类型和领域的实践案例，包括发展规划及规划评估咨询案例研究、社会

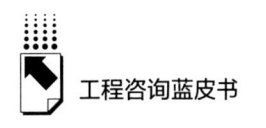

事业领域案例研究、"一带一路"咨询项目案例研究以及两个FIDIC获奖咨询评估案例研究，以期与关心工程咨询业的各界人士进行探讨交流。

关键词： 工程咨询　数字化咨询　规划咨询　项目咨询　评估咨询

目 录

Ⅰ 总报告

B.1 中国工程咨询业发展历程及前景展望
　　…………………… 苟护生　窦　皓　李开孟　姜富华 / 001
　　一　我国工程咨询业发展历程 ……………………………… / 002
　　二　工程咨询业及人才队伍发展状况 ……………………… / 011
　　三　我国工程咨询业未来发展展望 ………………………… / 020

Ⅱ 政策篇

B.2 规划咨询政策研究与解读报告………… 规划咨询政策研究课题组 / 027
B.3 项目咨询政策研究与解读报告………… 伍　迪　刘义成　张雪飞 / 052
B.4 评估咨询政策研究与解读报告………… 姜富华　曹　玫　苗雨菲 / 072
B.5 全过程工程咨询政策研究与解读报告…… 姜富华　张　蓉　牛耘诗 / 091

Ⅲ 专题研究篇

B.6 数字化转型赋能工程咨询业发展研究
　　…………………………………… 数字化转型工程咨询课题组 / 121

B.7 工程咨询中的绿色低碳研究 …………… 李浩铭　木其坚　张英健 / 141

B.8 国际工程咨询发展历程及展望 …………… 国际工程咨询课题组 / 162

B.9 战略性新兴产业与工程咨询研究 ……… 于德营　陈炳全　汪志鸿 / 189

B.10 现代工程咨询助力石化产业集群高质量发展研究
　　 ………………………………… 齐景丽　申传龙　詹宇鹏 / 206

Ⅳ 智库建设篇

B.11 基于工程咨询实践建设国家高端智库研究
　　 ——以中国国际工程咨询有限公司为例
　　 ……………………………… 国家高端智库建设研究课题组 / 226

B.12 资源综合利用立法研究咨询 ………… 马淑杰　张英健　罗恩华 / 245

Ⅴ 案例实务篇

B.13 发展规划及规划评估咨询案例研究
　　 ………………………………… 发展规划及规划评估研究课题组 / 262

B.14 社会事业领域案例研究 ………… 社会事业领域工程咨询课题组 / 287

B.15 "一带一路"咨询项目案例研究
　　 ……………………………… "一带一路"咨询项目研究课题组 / 306

B.16 藏中电力联网工程咨询评估案例研究
　　 …………………………………………… 梁　双　王　涉　贾　桢 / 318

B.17 500米口径球面射电望远镜工程咨询评估案例研究 …… 吕　琨 / 332

附　录 ……………………………………………………………… / 354

皮书数据库阅读使用指南

总报告

B.1 中国工程咨询业发展历程及前景展望

苟护生 窦皓 李开孟 姜富华*

摘　要： 工程咨询业是推动投资建设领域治理体系和治理能力现代化、实现高质量发展的先导型服务业，也是我国参与全球治理的重要智力支撑力量。本文回顾了我国工程咨询业的发展历程，分析了我国工程咨询业及人才队伍发展现状和存在的问题，结合新的形势和要求，提出我国工程咨询业未来发展方向，即推动发展新质生产力，助力构建国家新发展格局；强化培养高素质人才，打造攻坚新质咨询队伍；着力推进数字化转型，实现工程咨询数字化发展；深入整合纵向产业链，普及全过程工程咨询；加快整合跨领域资源，推进综合型工程咨询；拓展工程咨询新范畴，推进智库型工程咨询发展；开拓工程咨询新版图，推动工程咨询国际化发展。

关键词： 工程咨询　数字化转型　高质量发展

---

* 苟护生，中国国际工程咨询有限公司党委书记、董事长、总经理，中咨战略研究院院长，中国人民政治协商会议第十四届全国委员会委员；窦皓，中国国际工程咨询有限公司党委委员、中咨战略研究院执行院长；李开孟，中国国际工程咨询有限公司总经济师，中咨战略研究院副院长；姜富华，中国国际工程咨询有限公司研究中心主任。

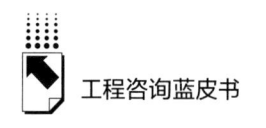

一 我国工程咨询业发展历程

（一）工程咨询的概念

我国现行有关文件对工程咨询的定义和解释如下。

《工程咨询行业管理办法》规定："工程咨询是遵循独立、公正、科学的原则，综合运用多学科知识、工程实践经验、现代科学和管理方法，在经济社会发展、境内外投资建设项目决策与实施活动中，为投资者和政府部门提供阶段性或全过程咨询和管理的智力服务。"

工程咨询为国家经济社会发展和投资建设项目决策与实施活动提供知识和技术高度密集的专业化服务，是体现国家软实力的重要支撑力量，同时也是我国参与全球治理的重要载体。工程咨询业是智力型服务行业，属于现代服务业的范畴。

工程咨询业是伴随着工业化进程而逐步发展起来的。西方发达国家工程咨询业发展相对较早，英国1818年就成立了土木工程师协会；丹麦1904年成立了国家咨询工程师协会；1913年7月22日国际咨询工程师联合会（FIDIC）的成立，标志着工程咨询业作为独立的行业扩展到世界范围。国际上，工程咨询主要可分为三类。一是专业工程咨询，即为客户提供特定领域投资项目决策及相关咨询评估服务，主要以德照科技（Tetra Tech）、SRK咨询集团（SRK Consulting）等为代表。二是工程设计+咨询，即由工程咨询单位依托专业设计能力发育而来的工程行业咨询服务模式，包含设计、施工、监理以及管理等系列咨询服务，主要代表有艾奕康（AECOM）、阿特金斯集团（Atkinsrealis）等。三是全过程综合咨询，即工程咨询单位运用专业技术优势和资本手段，通过兼并重组等延长产业链形成"一站式"服务，多元化拓展业务范围、区域范围，满足客户多样化的需求，具备为多行业投资、融资、规划、设计、施工、管理、运营等提供一体化服务的能力，以雅各布斯工程集团（Jacobs Engineering Group）、福陆公司（FLUOR）、西图公司（CH2M HILL）等为代表。从国际工程咨询市场状况看，专业工程咨询公司、设计工程咨询公司、综合性工程咨询公司同时在各类投资建设市场开展工程咨询业务，市场竞争激烈，后两者以其强大的技术能力和资金实力、业务综合性和开展全过程服务的优势，往往拥有更高的市场份额和营业额，具有更大的社会影响力。

以 1982 年中国国际工程咨询公司（现"中国国际工程咨询有限公司"，以下简称"中咨公司"）的成立为标志，经过 40 多年的演进，我国工程咨询业已经取得长足发展，在保障工程质量、规避投资风险、优化重大产业布局等多方面发挥了重要作用。国家发展改革委是我国工程咨询业的行业主管部门。工程咨询业务类型主要包括专业工程咨询（投资项目决策咨询）和全过程咨询，工程设计虽然也同属于广义的工程咨询服务范畴，但其技术审查把关一般由相应的交通、水利、能源等行业主管部门分别进行管理，因此不作为本文对工程咨询业进行探讨的主要内容。

《工程咨询行业管理办法》将我国工程咨询业服务范围划分为四个具体类别。①规划咨询：含总体规划、专项规划、区域规划及行业规划的编制。②项目咨询：含项目投资机会研究、投融资策划，项目建议书（预可行性研究）、项目可行性研究报告、项目申请报告、资金申请报告的编制，政府和社会资本合作（PPP）项目咨询等。③评估咨询：各级政府及有关部门委托的对规划、项目建议书、可行性研究报告、项目申请报告、资金申请报告、PPP 项目实施方案、初步设计的评估，规划和项目中期评价与后评价、项目概预决算审查及其他履行投资管理职能所需的专业技术服务。④全过程工程咨询：采用多种服务方式组合，为项目决策、实施和运营持续提供局部或整体解决方案以及管理服务。有关工程设计、工程造价、工程监理等资格，由国务院有关主管部门认定。

《工程咨询行业管理办法》将工程咨询业务的专业明确为 21 个，具体包括：①农业、林业；②水利水电；③电力（含火电、水电、核电、新能源）；④煤炭；⑤石油天然气；⑥公路；⑦铁路、城市轨道交通；⑧民航；⑨水运（含港口河海工程）；⑩电子、信息工程（含通信、广电、信息化）；⑪冶金（含钢铁、有色）；⑫石化、化工、医药；⑬核工业；⑭机械（含智能制造）；⑮轻工、纺织；⑯建材；⑰建筑；⑱市政公用工程；⑲生态建设和环境工程；⑳水文地质、工程测量、岩土工程；㉑其他（以实际专业为准）。

上述 21 个专业涵盖了我国国民经济和社会发展的各个方面，"四个服务范围"决定着我国工程咨询的主要业务方向。21 个专业与四个服务范围从两个维度共同界定了我国工程咨询的业务范围。多年来，我国工程咨询业不断发展，针对不同专业形成了不同服务类型的咨询企业，工程咨询业务体系逐渐走向成熟。

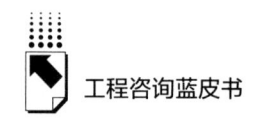

（二）工程咨询业发展历程

新中国成立至今，我国工程咨询业大致经历五个发展阶段。

1. 孕育阶段（1949~1981年）

新中国成立到改革开放初期，我国实行高度集中的计划经济体制，工程项目由各专业领域的行业主管部门作为建设单位，前期工作主要围绕设计任务书开展，项目设计、施工、运营等工作一般由行业主管部门的下属单位按照主管部门要求参与。这一时期，我国工程咨询业服务体系的雏形已经显现，投资项目决策管理采用"方案研究""设计任务书""技术经济分析"等类似可行性研究的方式。1978年，国家计划委员会（以下简称"国家计委"）、国家基本建设委员会、财政部《关于基本建设程序的若干规定》规定，设计任务书是确定基本建设项目、编制设计文件的依据。所有的国内新建、改扩建项目，都要根据国民经济发展长远规划和建设进行布局，按照项目的隶属关系，由主管部门组织计划、设计等单位，提前编制设计任务书。1981年，国务院颁布的《技术引进和设备进口工作暂行条例》规定，利用外资、引进技术项目要编制项目建议书和可行性研究报告，首次提出要参考西方市场经济国家的通行做法，开展项目建议书和可行性研究报告的编制工作。

"一五"期间的156项国家重点建设工程，基本上都进行了技术经济分析和按照基本建设程序进行了项目论证。实践证明，这对一大批重点项目的顺利实施产生了明显效果。"一五"时期，固定资产投产交付使用率高，5年内因基本建设投资而新增固定资产492.2亿元，固定资产交付使用率达83.6%；建设周期短、投产率高，5年内全部建成投产的大中型项目有595个，大中型项目平均每年投产率为15.5%，平均建设周期6.4年；投资效果系数高，全民所有制单位固定资产投资为511.6亿元，新增国民收入319亿元，投资效果系数为0.52，高于西方发达国家同期水平。特别是156项政府投资重点工程的建成投产，为我国工业化和建立较为完整的国民经济体系打下了良好基础[1]。在此期间，我国成立了一批工程设计院（所），以承担大量的工程设计任务及项目前期工作，这些设计院（所）均附属于各自的行业主管部门，对工程建设

---

[1] 苟护生：《我国工程咨询事业的光辉历程与宝贵经验》，《学习时报》2022年5月4日。

项目的咨询服务工作都是在政府统一的指令性计划下完成的,并没有形成一个独立的社会性产业。但是,在较短的时间内培养了覆盖各主要工业行业的专业技术人员力量,为我国工程咨询业发展奠定了组织和人才队伍基础。

2. 初步建立阶段（1982~1991年）

我国真正意义上的工程咨询业的建立始于改革开放后20世纪80年代初期。为适应国际金融组织向我国发放贷款的要求,更有效地利用外资,开展工程技术咨询服务工作,并向国外承揽工程咨询业务,1982年3月6日,国家基本建设委员会向国家进出口管理委员会报送了《关于成立中国国际工程咨询公司的函》,提出成立中国国际工程咨询公司,作为国内包括冶金、化工、煤矿、机械、电力、民航、公路、林产加工、轻工业、制冷等部门在内的17家专业工程咨询公司的联营组织。1982年4月5日,国家进出口管理委员会批复同意成立中咨公司,作为我国各行业工程咨询单位的联营组织,为国际贷款、利用外资和向国外承揽各类工程项目提供综合建设规划、可行性研究、工程设计、项目管理、人员培训、生产经营等方面的咨询服务。中咨公司的成立成为我国工程咨询业作为一个独立行业的发端。《人民日报》对中咨公司成立大会的报道中有如下描述:"工程咨询在我国是项新的事业。它接受有关方面的委托,在深入调查研究的基础上,对工程进行技术经济论证和方案的选择比较,提出可行性研究报告,选出最佳建设方案供投资者决策。开展工程咨询业务,可以避免建设上的盲目性,取得较好的投资效果。"

与国际上工程咨询以设计为中心发展的道路不同,我国的工程咨询业具有鲜明的中国特色,是以服务投资建设领域决策科学化、民主化为中心而发展起来的。20世纪80年代,国家计委发现一些基本建设项目执行中出现问题,主要原因在于前期工作做得不够,可行性研究报告和设计缺乏科学性,没有经过由专家组成的咨询公司进行评估和审议,导致许多项目的经济效益很差,甚至造成难以弥补的损失。1985年,在时任国务委员兼国家计委主任宋平的建议和推动下,国家计委向国务院报送了《关于加强中国国际工程咨询公司的报告》。在这份国务院批准的报告中,明确规定"今后新上的基本建设大中型项目和技术改造限额以上的项目,其可行性研究报告和大型项目的设计,由国家计委委托中国国际工程咨询公司对技术方案、工艺流程和经济效益（包括投入产出）进行评估,他们提出意见后再由国家计委研究可否列入国家计划"。

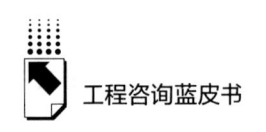

自此，我国形成了投资项目"先评估、后决策"的制度。这是我国投资建设领域的一项重大改革，《人民日报》及其海外版均对此进行了专门报道，《瞭望周刊》国内版和海外版均以《中国经济建设决策的重要改革》为题，报道了采访中咨公司时任总经理石启荣的文章。

为规范基本建设管理，原国家计委陆续印发《关于建设项目进行可行性研究的试行管理办法》《关于印发〈关于改进工程建设概预算定额管理工作的若干规定〉等三个文件的通知》《国家计划委员会关于加强工程建设标准定额工作的意见》。1987年9月，国家计委批复同意中咨公司制定的《中国国际工程咨询公司建设项目评估暂行办法》。该办法将项目评估分为项目建议书、可行性研究和初步设计评估三类，并明确："建设项目的评估，应论证建设项目是否符合国家有关政策、法令和规定；是否符合国家宏观经济要求，符合国民经济长远规划、行业规划和国土规划的要求，布局是否合理；在技术上、工程上是否合理可行；经济效益和社会效益是否良好。"为适应这种改革形势的需要，各省、自治区、直辖市和计划单列市相继成立了由计委归口管理的41家省级综合性工程咨询单位，各地勘察设计单位也扩大业务范围，增加了可行性研究的内容，基本形成了与我国的工业体系相匹配的，覆盖项目决策及工程管理、实施全过程的比较完整的工程咨询服务体系。在这一时期，我国工程咨询单位大体上来源于两个部分，绝大部分是诞生于当时的计划经济体制下的勘察设计单位，其次是依托各级计经委等部门或建设银行等金融机构而成立的各类工程咨询服务机构。

1987年6月，中咨公司召开专家委员会第二次全体会议，时任国家经济委员会副主任的朱镕基同志提交了《敢言、多谋、慎断》的书面发言，并表示将这六个字赠予各位专家，实际上也是对工程咨询业从业人员的要求。这六个字不仅成为中咨公司的行为准则，也被我国工程咨询业广泛认可。这一时期，工程咨询业得到稳健而迅速的发展，到1991年7月，中咨公司的成员公司增加到68家，中咨公司也成为行业的"领头羊"。在中咨公司的带动下，全国工程咨询单位从业者从项目建设必要性论证、工程方案科学合理优化等角度，做了大量工作，不但为国家节约了大量资金，而且使方案更加合理、更加科学，显著提高了投资效益，为国家投资决策的正确性、可靠性发挥了重要作用。

3. 正式形成阶段（1992~2001年）

20世纪90年代，随着我国建立社会主义市场经济体制目标的逐步确立，政府管理经济及社会配置资源的方式发生变化，国家投资体制改革进程加快，我国工程咨询的产业化发展进程加快，工程咨询市场逐步发育，业务渐渐多样化。为了适应改革开放后产业进一步分工的新要求，我国出现了以工程造价咨询为主的咨询公司以及工程监理公司，90年代后期一些沿海城市还出现了一些为建设项目进行全过程造价咨询的工程咨询单位，工程咨询企业如雨后春笋般涌现出来。与此同时，国外工程咨询单位开始大力开拓中国市场，在中国设立办事处或合资合作公司，国内工程咨询业也开始尝试进入国际市场。到1992年3月，中咨公司的成员公司进一步发展到78家，并在世界银行、亚洲开发银行进行注册，与英国、美国、澳大利亚等国家21家工程咨询公司建立了业务关系，并开展多方面的合作。

这一时期，工程咨询业管理趋于规范。为适应社会主义市场经济体制改革和提高投资效益的需要，国家计委于1992年发布《关于建设项目实行业主责任制的暂行规定》，要求实行政企分开，把投资的所有权和经营权分离，为转换建设项目投资经营机制、落实投资风险责任迈出了重要一步。1992年底，我国成立全国性的工程咨询行业组织——中国工程咨询协会。1994年4月，国家计委颁布《工程咨询业管理暂行办法》（2008年废止），这是我国工程咨询领域发布的首份具有纲领性意义的行业管理文件。该办法界定了工程咨询单位为"从事工程咨询业务、具有法人资格和资格认定单位颁发的工程咨询资格等级证书的企业、事业单位"，对工程咨询单位实行资格等级制，规定了若干行业管理的具体要求，明确规定了工程建设项目投资前期、建设准备、实施及生产等阶段的咨询内容。其中，投资前期阶段的咨询，包括投资机会研究、项目建议书和可行性研究报告的编制或评估等；建设准备阶段的咨询，包括工程勘察、工程设计、招标评标咨询等；实施阶段的咨询包括设备材料采购咨询、合同管理咨询、施工监理咨询、生产准备咨询、人员培训咨询、竣工验收咨询等；生产阶段的咨询包括后评价等。勘察、设计、招标、监理等均成为工程建设项目管理的强制要求。2001年，人事部和国家计委联合下发《关于印发〈注册咨询工程师（投资）执业资格制度暂行规定〉和〈注册咨询工程师（投资）执业资格考试实施办法〉的通知》，决定在工程咨询业实行注册咨询工程师（投资）执业资格制度，对工程咨询业关键岗位的专业技术人员实行执业资格准入，纳入全国专业技术人员执业资格制度进行统一管理。

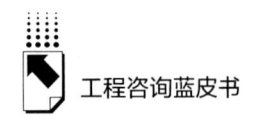

1992年中国工程咨询协会的成立以及1994年《工程咨询业管理暂行办法》的颁布，标志着我国工程咨询服务市场逐步建立，工程咨询作为一个独立行业在我国正式形成。2001年关于注册咨询工程师（投资）相关制度办法的出台，则标志着我国工程咨询业的规范化发展进入新阶段。

4. 逐步成熟阶段（2002~2012年）

进入21世纪，尤其是2001年我国加入世界贸易组织（WTO）后，随着政府机构改革、科研设计单位的全面转制及各类工程咨询单位的脱钩改制，工程咨询市场进一步开放，我国工程咨询业的发展进入一个全面迎接国际竞争的时代，工程咨询业越发成熟。2004年，国务院发布《关于投资体制改革的决定》，大幅简化了我国投资项目管理的流程，承担政府委托评估任务的工程咨询业务引入竞争机制，我国工程咨询业规模和从业企业数量均出现快速增长。数据显示，2005~2014年，我国工程咨询业营业收入从1292亿元增加至8372亿元，年复合增长率为23.1%。截至2014年底，我国有工程勘察设计机构19262家，比2005年增加了5017家；工程监理机构7279家，比2005年增加了1352家；工程招标代理机构5950家，比2008年增加了989家。

2005年，国家发展改革委制定并发布了《注册咨询工程师（投资）注册管理办法（试行）》和《工程咨询单位资格认定办法》，进一步加强了对工程咨询专业技术人员的管理，规范了工程咨询行为。2010年2月，国家发展改革委印发《工程咨询业2010—2015年发展规划纲要》，总结分析了行业发展现状，提出发展目标、发展重点及主要任务。这是迄今为止行业主管部门发布的唯一工程咨询行业发展规划。2012年我国工程咨询业被列入国家鼓励类产业目录和《服务业发展"十二五"规划》。

5. 进入新时代阶段（2013年至今）

党的十八大以来，我国进入全面建设社会主义现代化国家的新发展阶段，经济由高速增长阶段转向高质量发展阶段。顺应经济发展新形势和高质量发展的新要求，我国工程咨询业发展也进入促进经济社会持续健康发展、推动国家治理体系和治理能力现代化的蓬勃发展阶段，迎来了新的发展机遇。在此阶段，随着国家投融资体制改革、行政审批制度改革和供给侧结构性改革的不断深入，工程咨询业规模不断扩大、新业态不断涌现、行业规范不断健全，形成了一批综合实力显著、新型专业智库特色鲜明的工程咨询单位和综合性平台机构,行业服务能力与发展水平达到新的高度,为新发展阶段工程咨询业高质量服务社会主义现代化国家建设奠定坚实基础。

(1) 传统工程咨询层面

2013年5月,国家发展改革委印发《咨询工程师(投资)管理办法》,要求加强对取消行政审批事项后的咨询工程师(投资)的行业自律管理,规范执业行为,保证服务质量,促进工程咨询业的健康发展。2014年7月,国家发展改革委印发《关于放开部分建设项目服务收费标准有关问题的通知》,提出放开除政府投资项目及政府委托服务以外的建设项目前期工作咨询收费标准。2015年2月,国家发展改革委印发《关于进一步放开建设项目专业服务价格的通知》,要求全面放开实行政府指导价管理的建设项目前期工作咨询费,实行市场调节价。自此,工程咨询服务收费完全由市场自发形成。

为进一步加强对工程咨询业的管理,规范从业行为,保障工程咨询服务质量,促进投资决策科学化、工程实施规范化,发挥投资对优化供给侧结构性改革的关键性作用,2016年印发的《中华人民共和国国民经济和社会发展第十三个五年规划纲要》提出要促进生产性服务业专业化,以产业升级和提高效率为导向,发展工业设计和创意咨询、工程咨询、商务咨询等产业;同年7月,中共中央、国务院联合印发《关于深化投融资体制改革的意见》;同年12月,国务院发布《企业投资项目核准和备案管理条例》;2017年,国务院印发《关于取消一批行政许可事项的决定》,要求取消"工程咨询单位资格认定"行政许可事项,放开工程咨询单位市场准入。

2017年,国家发展改革委印发《企业投资项目核准和备案管理办法》和《工程咨询行业管理办法》,其中第二个文件正式要求取消工程咨询实行准入资质管理的制度。2018年4月,国家发展改革委发布《工程咨询单位资信评价标准》,要求更加关注咨询单位的人员执业资格、业绩和守法信用记录。这些文件的发布,标志着我国工程咨询业的发展进入强化行业自律管理的新阶段。数据显示,截至2023年末,全国投资在线审批监管平台备案的工程咨询单位数量达到40811个,备案咨询工程师(投资)数量达到210714人,显示出强劲的增长势头。

国家发展改革委和住房城乡建设部于2019年印发《关于推进全过程工程咨询服务发展的指导意见》,强调要遵循项目周期规律和建设程序的客观要

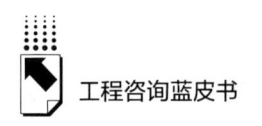

求，在项目决策和建设实施两个阶段，努力破除制度性障碍，重点培育发展投资决策综合性咨询和工程建设全过程咨询，以整合工程咨询业务链中的投资咨询、招标代理、勘察、设计、监理、造价、项目管理等各专业咨询服务业态，引导提供综合性、跨阶段、一体化的咨询服务。

2021年6月，国务院印发《关于深化"证照分离"改革进一步激发市场主体发展活力的通知》，要求自2021年7月1日起，在全国范围内实施涉企经营许可事项全覆盖清单管理，按照直接取消审批、审批改为备案、实行告知承诺、优化审批服务等四种方式分类推进审批制度改革，在全国范围内直接取消部分工程资质审批，其中包括取消"工程造价咨询企业甲级资质认定"和"工程造价咨询企业乙级资质认定"，进一步推动了我国工程造价咨询的市场化改革。

(2) 工程咨询智库建设层面

党的十八届三中全会提出，要加强中国特色新型智库建设，建立健全决策咨询制度。2014年1月，习近平总书记在中央全面深化改革领导小组第一次会议上明确指出，"要推动各地区各部门加强调研，注重发挥有关专家学者、研究机构对全面深化改革的调研咨询作用"。党的十八届五中全会强调，要实施哲学社会科学创新工程，建设中国特色新型智库。2015年1月，中共中央办公厅、国务院办公厅印发的《关于加强中国特色新型智库建设的意见》中提出，"决策咨询制度是我国社会主义民主政治建设的重要内容"。同年11月，中央全面深化改革领导小组第十八次会议审议通过《国家高端智库建设试点工作方案》。2016年3月，习近平总书记再次强调，"要坚持抓好理论研究和决策咨询"。党中央和习近平总书记的指示要求，为新时代我国工程咨询业的发展指明了前进的道路和方向，引领工程咨询单位走向建设国家高端智库和世界一流咨询机构并重的发展道路，全方位服务国家经济社会发展新需求。

目前，建设有特色的行业智库已经成为工程咨询业的强烈共识，行业内已经形成了一批定位明晰、特色鲜明、规模适度的智库机构。工程咨询智库以科学咨询支撑服务各级党政部门决策，围绕宏观政策、中观产业、微观项目"三位一体"提供专业化、建设性、切实管用的研究成果和建议，成为党和政府的重要"智囊团"和"思想库"。中国工程咨询协会样本单位数据显示，截至2020年末，从事工程咨询新型智库工作的人员超过2.8万人，成立了231个智库（研究院）。中咨公司、浙江省发展规划研究院、综合开发研究院（中国·深圳）等单位荣登中国工程咨询协会发布的"2020年度工程咨询业智库型单位影响力30强"。①

二 工程咨询业及人才队伍发展状况

（一）工程咨询业发展状况

本文提取全国投资项目在线审批监管平台工程咨询单位名录数据，以截至2023年底备案的40811家工程咨询单位的相关情况为基础，分析我国工程咨询业的发展现状。

1. 工程咨询业规模持续扩大

党的十八大以来，工程咨询业进一步发展，行业规模出现爆发式增长。一是备案咨询单位数量持续增长。根据全国投资项目在线审批监管平台备案的数据，2018年全国备案工程咨询企业数量为10941家，到2023年底则达到40811家，年均备案企业增量接近6000家，其中2022年和2023年备案企业增量均超过7000家。二是新成立咨询单位不断涌现。根据备案企业名录，2013~2023年，新成立工程咨询单位数量达23237家，年均成立超过2000家，其中2018~2023年新成立的工程咨询单位数量达14656家，具体如图1和图2所示。

图1 2018~2023年备案工程咨询单位总数和增加数量

资料来源：根据全国投资项目在线审批监管平台工程咨询企业备案数据整理计算得出。

---

① 苟护生：《我国工程咨询事业的光辉历程与宝贵经验》，《学习时报》2022年5月4日。

图 2　1952 年以来新成立的工程咨询单位数量

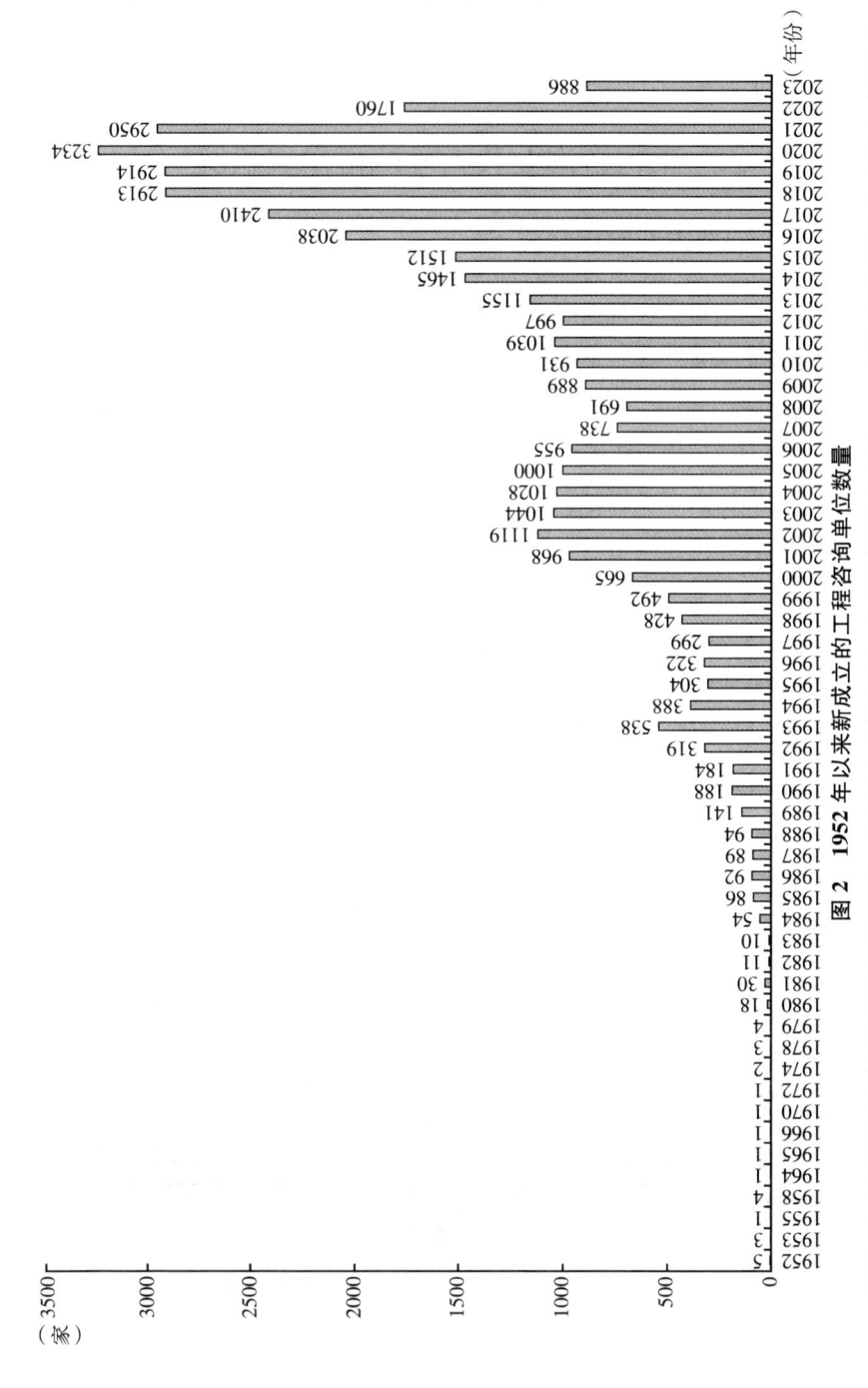

资料来源：根据全国投资项目在线审批监管平台工程咨询企业备案数据，以天眼查可查询到的 40800 家企业数据为基础，其中仅列出有新成立企业的年份。

年份	数量	年份	数量	年份	数量
1952	5	1985	86	2005	1000
1953	3	1986	92	2006	955
1955	1	1987	89	2007	738
1958	1	1988	94	2008	691
1964	1	1989	141	2009	889
1965	1	1990	188	2010	931
1966	1	1991	184	2011	1039
1970	1	1992	319	2012	997
1972	2	1993	538	2013	1155
1974	3	1994	388	2014	1465
1978	4	1995	304	2015	1512
1979	18	1996	322	2016	2038
1980	30	1997	299	2017	2410
1981	11	1998	428	2018	2913
1982	10	1999	492	2019	2914
1983	54	2000	665	2020	3234
1984		2001	968	2021	2950
		2002	1119	2022	1760
		2003	1044	2023	886
		2004	1028		

从成立时间来看，成立40年及以上的工程咨询单位仅96家，占比为0.2%；成立30~40年的工程咨询单位有1785家，占比仅为4.5%；成立20~30年的工程咨询单位6029家，占比为15.3%；成立10~20年的工程咨询单位9423家，占比约为23.9%；成立5~10年的工程咨询单位13252家，占比为33.6%；成立5年以下的工程咨询单位有8830家，占比为22.4%。这说明我国工程咨询作为具有广阔市场前景的朝阳产业得到社会的广泛认可（见图3）。

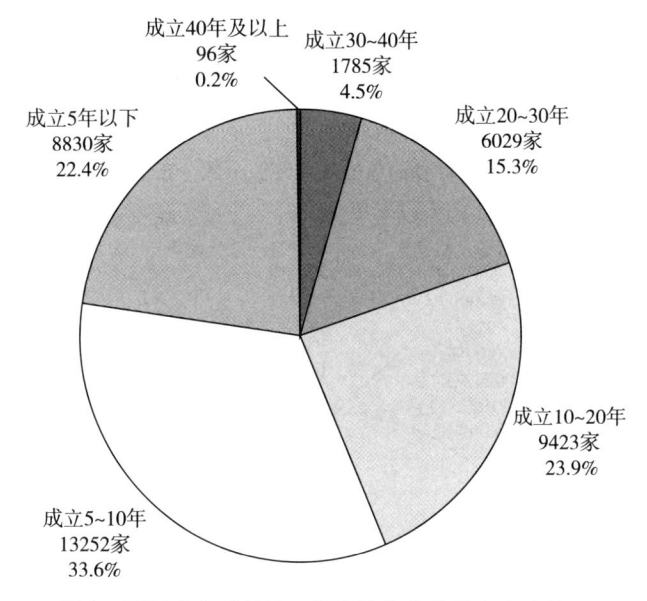

图3 不同成立时长的工程咨询单位数量和占比情况

资料来源：根据全国投资项目在线审批监管平台工程咨询企业备案数据，以天眼查可查询到的40800家企业数据为基础，其中剔除成立时间项空白数据1385条。

2. 工程咨询单位规模呈两极分化样态

目前，我国工程咨询单位规模呈现两极分化的趋势，一是就工程咨询单位规模本身而言，"小而专"型企业占比较高。从事专业数量在10个及以下的工程咨询单位占比高达87.3%，超过1/4的工程咨询单位仅专攻1个专业。从业人员规模在100人以下的工程咨询单位数量占比约为84.7%，从业人员规模在100人及以上的占比约为15.3%（见图4、图5）。

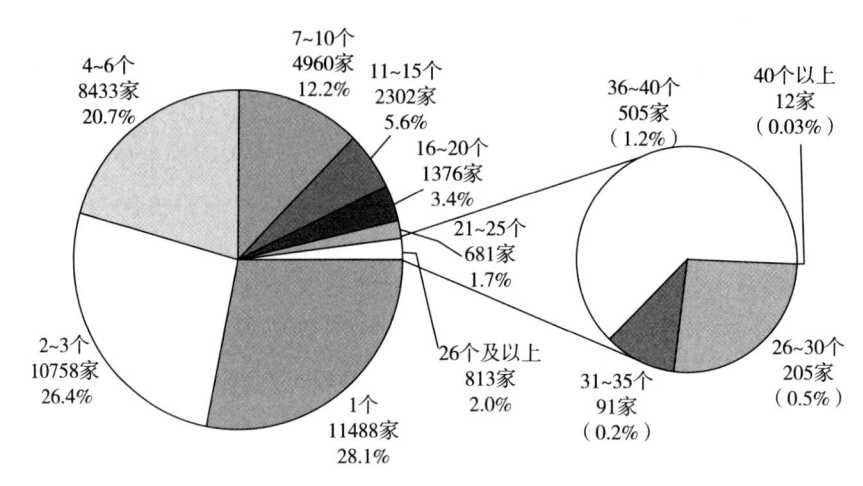

图4　工程咨询单位从事专业个数分布情况

资料来源：根据全国投资项目在线审批监管平台工程咨询企业备案数据，结合天眼查平台数据计算得出，百分比数据经四舍五入处理后合计略大于100%。

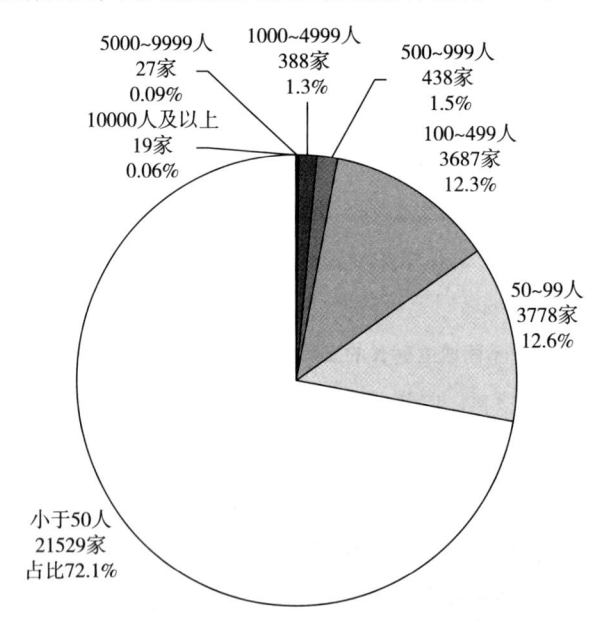

图5　工程咨询单位按从业人员数量分布情况

资料来源：根据全国投资项目在线审批监管平台工程咨询企业备案数据，结合天眼查平台可查询到的40800家企业数据计算得出，其中剔除从业人员项空白数据10934条，百分比数据经四舍五入处理后合计略小于100%。

二是从区域分布看,发达省份和相对滞后地区工程咨询单位规模存在较大差异,区域经济发展水平越高的地区,工程咨询单位数量越多。东部省份工程咨询单位数量总体上显著高于中西部地区。工程咨询单位数量位列前五的省市分别是广东、四川、北京、江苏和山东,其中广东省备案工程咨询单位数量高达4081家(见图6、图7)。

三是从所有制结构看,在40800家工程咨询单位中,内资民营企业39104家,占比高达95.84%;其次是事业单位和国有企业,分别为815家和653家,占比分别为2.00%和1.60%;港澳台及外资企业共197家,占比为0.48%,其中港澳台合资企业34家、独资企业48家,外商合资企业56家、独资企业59家;集体经济单位31家,占比为0.08%(见图8)。民营经济在工程咨询领域得到蓬勃发展。

(二)工程咨询人才队伍发展情况

党的十八大以来,我国工程咨询人才队伍规模持续壮大。一是从业人员规模稳步增长。如图9所示,2013年我国工程咨询业从业人员规模首次突破400万人,达到408万人;2018年上升至425万人,到2022年进一步提升至近430万人[①]。从2013年到2022年,工程咨询业从业人员规模增加约22万人。

二是咨询工程师(投资)队伍不断充实。如图10所示,2018年以来咨询工程师(投资)的规模增幅明显,全国备案咨询工程师(投资)数量由2018年的98864人上升至2023年的210714人,年均增长22370人,年均增长率为16.34%。但同时也要看到,小微工程咨询单位的咨询工程师(投资)较为匮乏。根据全国投资项目在线审批监管平台备案数据,32.1%的工程咨询单位的咨询工程师(投资)人数为零,72.9%的工程咨询单位的咨询工程师(投资)数量少于6人(见图11)。

三是其他类型工程咨询专业人才规模增长较快。监理工程师方面,根据国家统计局的数据,2014~2022年全国建设工程监理企业注册监理工程师人数由13.7万增加至28.8万,数量翻了一番。2019~2022年监理工程师规模提升最为显著,年均增加近4万人(见图12)。

---

① 以2023年数据结合企业成立年份推算。

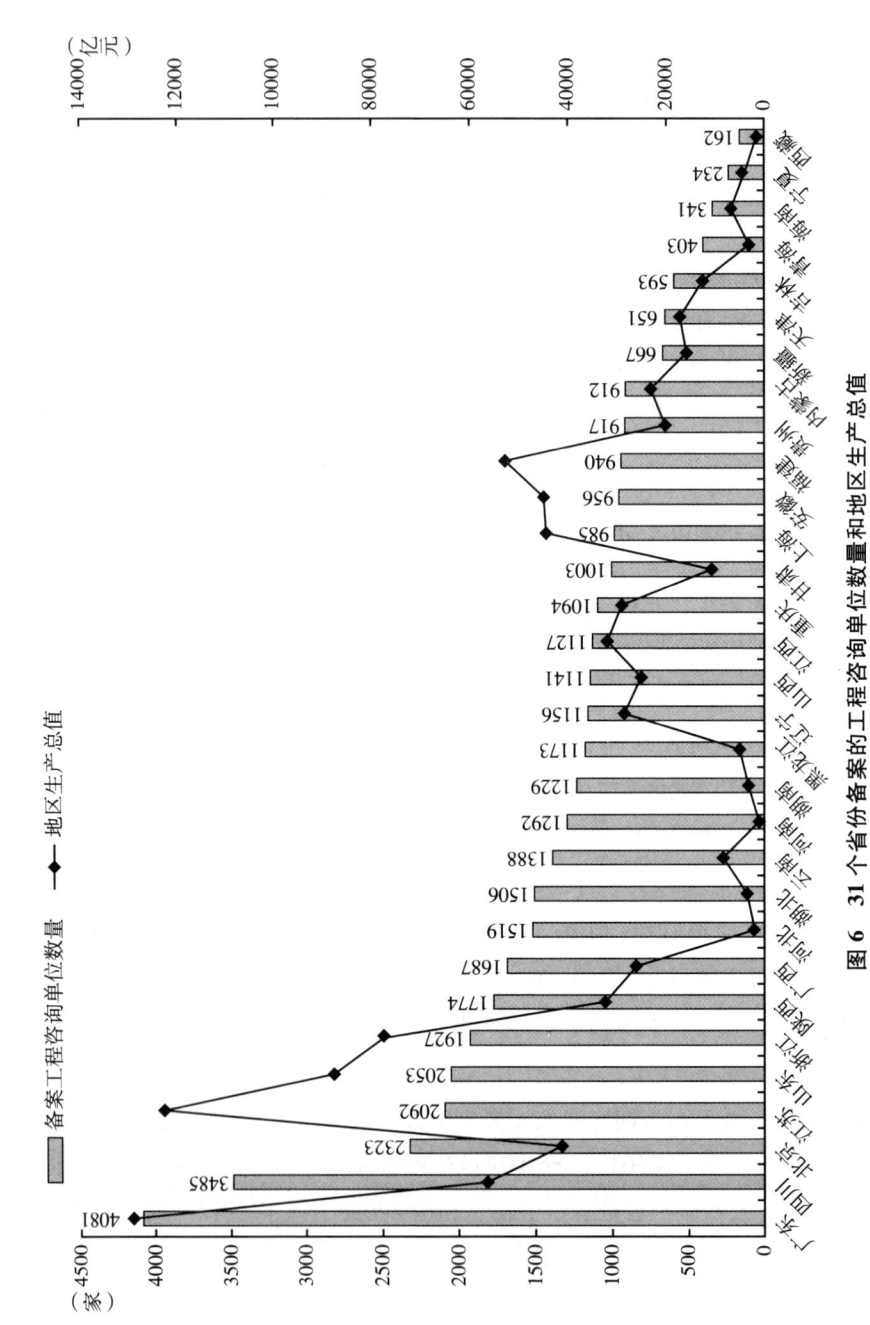

图 6 31个省份备案的工程咨询单位数量和地区生产总值

资料来源：根据全国投资项目在线审批监管平台工程咨询企业备案数据和国家统计局数据计算得出。

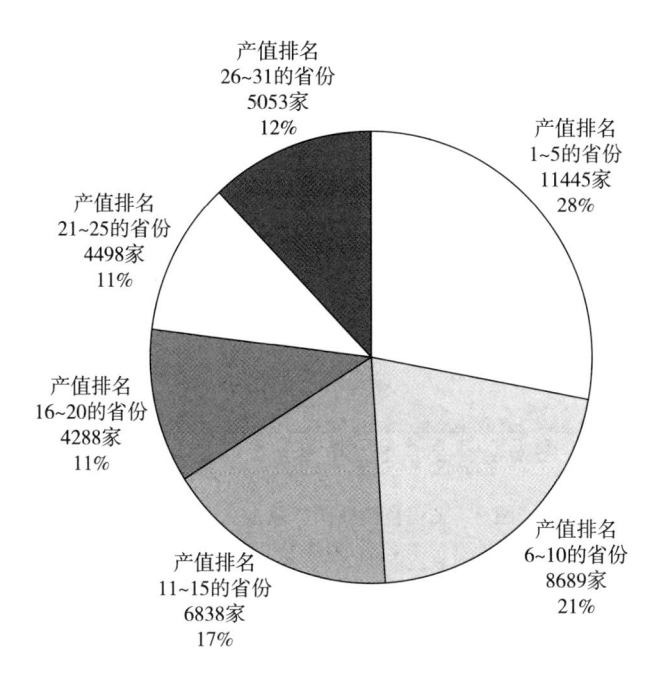

产值排名 26~31的省份 5053家 12%

产值排名 1~5的省份 11445家 28%

产值排名 21~25的省份 4498家 11%

产值排名 16~20的省份 4288家 11%

产值排名 6~10的省份 8689家 21%

产值排名 11~15的省份 6838家 17%

图7　地区产值排名各区间工程咨询单位数量及占比

事业单位 815家 2.00%

外商独资企业 59家（0.14%）

国有企业 653家 1.60%

外商合资企业 56家（0.14%）

内资民营企业 39104家 95.84%

港澳台合资企业 34家（0.08%）

集体经济单位 31家 0.08%

港澳台独资企业 48家（0.12%）

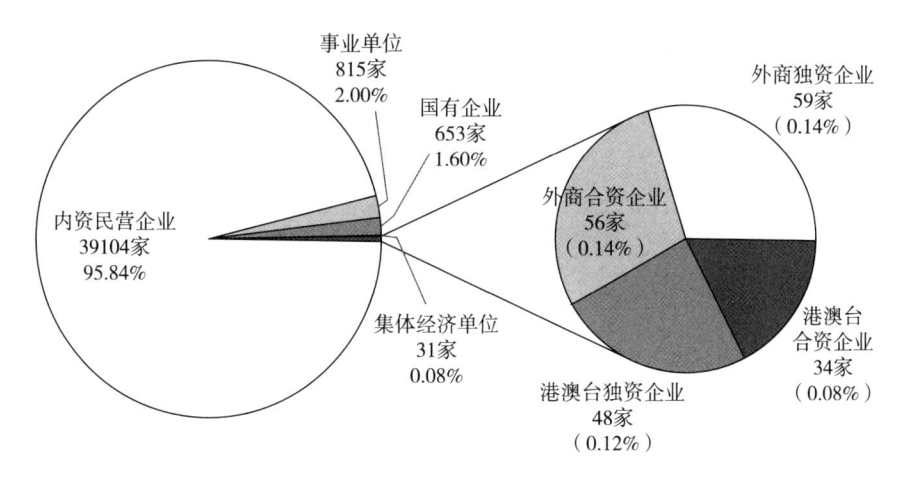

图8　工程咨询单位所有制分布情况

资料来源：根据全国投资项目在线审批监管平台工程咨询企业备案数据，结合天眼查平台可查询到的40800家企业数据计算得出。

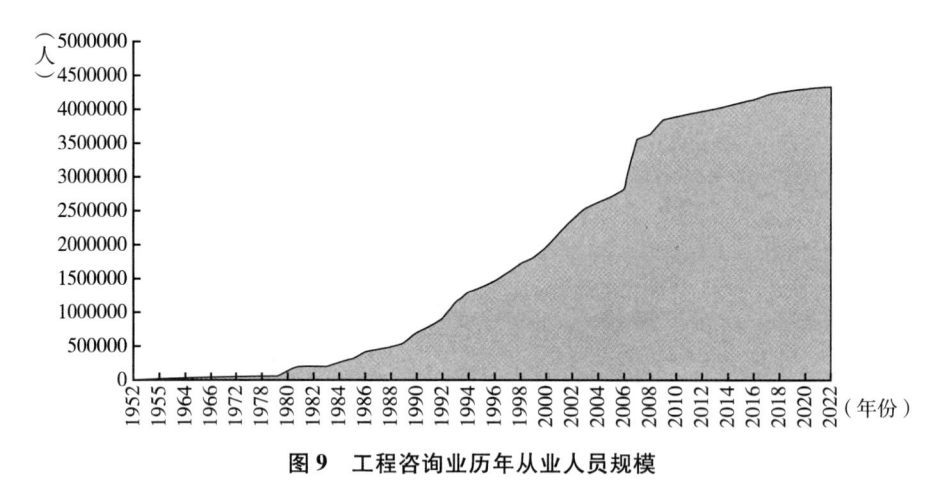

图9　工程咨询业历年从业人员规模

资料来源：根据全国投资项目在线审批监管平台工程咨询企业备案数据，结合天眼查平台数据，以2023年为基础推算得出。

图10　2018~2023年备案企业咨询工程师（投资）规模和增量

资料来源：根据全国投资项目在线审批监管平台工程咨询企业备案数据计算得出。

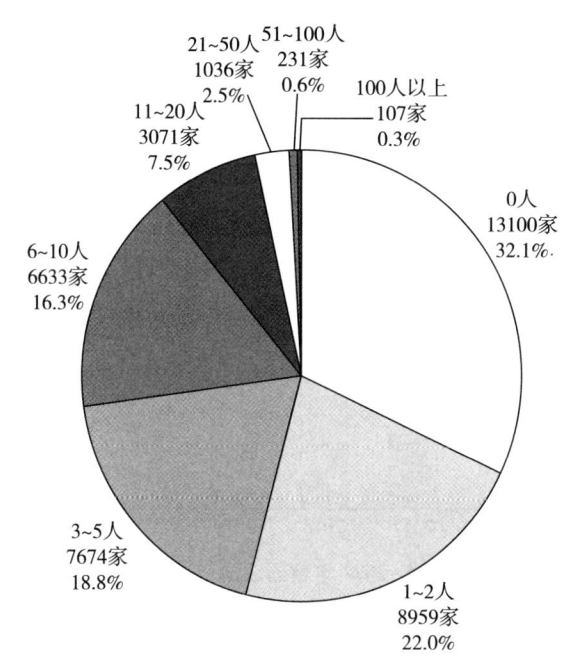

图 11　咨询工程师（投资）数量分布情况

- 0人　13100家　32.1%
- 1~2人　8959家　22.0%
- 3~5人　7674家　18.8%
- 6~10人　6633家　16.3%
- 11~20人　3071家　7.5%
- 21~50人　1036家　2.5%
- 51~100人　231家　0.6%
- 100人以上　107家　0.3%

资料来源：根据全国投资项目在线审批监管平台工程咨询企业备案数据，结合天眼查平台数据计算得出，百分比数据经四舍五入处理后合计略大于100%。

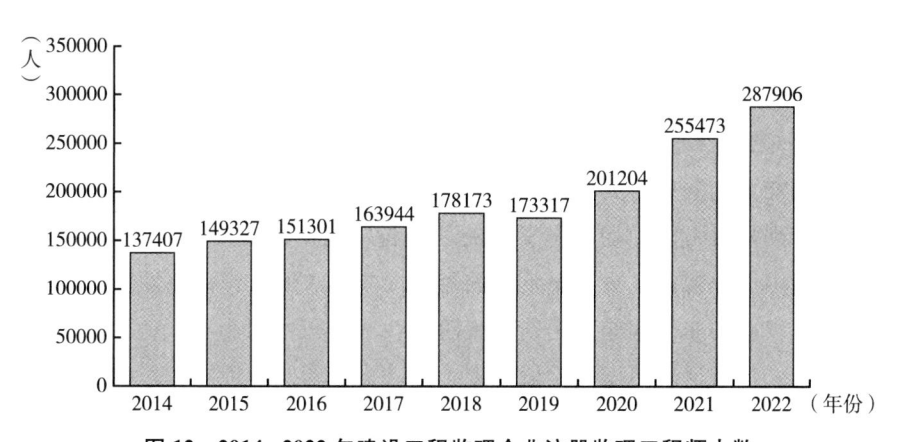

图 12　2014~2022年建设工程监理企业注册监理工程师人数

年份	人数
2014	137407
2015	149327
2016	151301
2017	163944
2018	178173
2019	173317
2020	201204
2021	255473
2022	287906

资料来源：国家统计局网站。

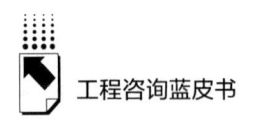

造价工程师方面，根据工程造价咨询统计公报数据，2014~2022年，全国注册造价工程师规模由6.9万人上升至14.8万人，其中仅2019~2022年就增长5.3万人（见图13）。

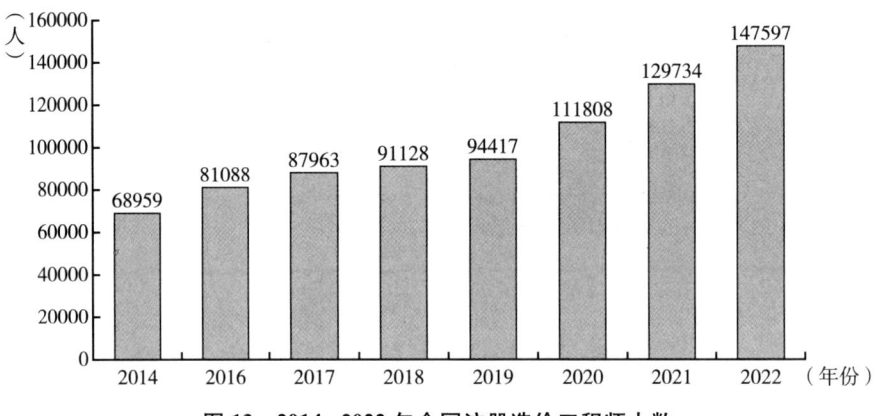

图13　2014~2022年全国注册造价工程师人数

资料来源：历年工程造价咨询统计公报。

三　我国工程咨询业未来发展展望

当今世界正经历百年未有之大变局，全球治理体系和国际秩序变革加速推进。世界新一轮科技革命和产业变革同我国经济优化升级交汇融合，这为我国工程咨询业的新发展提供了充分的市场机遇。同时也应该看到，行业法治建设相对薄弱，信用和标准化体系尚未形成，现代信息技术融合较慢，原创性研究能力和基础研究不足，战略性人才、综合型人才、国际化人才仍然缺乏，特别是对可能影响人类发展的新的科学技术的发展方向关注度不够，是制约我国工程咨询业高质量发展的重要因素。清醒认识、理性分析和有效解决行业发展的瓶颈问题，是新发展阶段我国工程咨询业实现高质量发展的前提基础。加快适应新发展阶段要求，推动贯彻新发展理念，作为国民经济的先导产业，工程咨询业要妥善应对各种风险和挑战，必须主动作为，探索和发掘行业新质生产力的形成路径，以新质生产力提供高质量咨询服务，以高质量咨询服务供给适应和满足新发展阶段的新特征、新需求，努力构建行业发展新格局，实现行业高质量发展，为全面建设社会主义现代化国家做好智力支撑。

（一）推动发展新质生产力，助力构建国家新发展格局

一方面，未来五年将是我国工程咨询业发生结构性变革（"质变"）、实现战略性发展的五年。新质生产力并非"看不见、摸不着"的，它离不开制度、人才、技术三大要素。工程咨询新质生产力应当包括新质制度、新质人才、新质技术。工程咨询业新质生产力对工程咨询业的发展所起的作用，不是推动工程咨询业的曲线式、波浪式发展，也不是推动其螺旋式上升，而是推动其呈现一种跳跃性的、跨越式的发展趋势（见图14）。

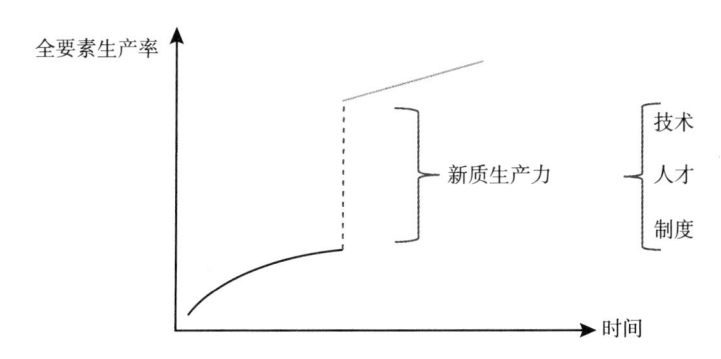

图 14　工程咨询业新质生产力所引起的跳跃式发展

另一方面，由于工程咨询作为国民经济社会发展和国家安全的重要产业力量，其新质生产力的发展是事关国家重要行业、重点领域、重大项目新质生产力发展的大事件。工程咨询业在此过程中，必将进一步与先进制造业、现代农业等深度融合，通过新质咨询推动加快建设现代化经济体系，深入推进区域协调发展、乡村振兴、"一带一路"倡议等国家重大战略实施，助力新一代信息技术、人工智能、生物技术、新能源、新材料、高端装备、绿色环保等一批战略性新兴产业成为新的增长引擎，从而充分发挥工程咨询对政府决策系统和各类投资主体科学决策的关键性支撑作用。

（二）强化培养高素质人才，打造攻坚新质咨询队伍

未来五年，人才仍然是工程咨询业的第一生产力，尽管科技的发展和智能

化的应用将不断推动行业的进步，人工智能和大数据等新技术将对工程咨询人才队伍形成冲击，从而提高从业门槛，但人才作为工程咨询业最重要的生产力仍然不可替代，"咨询工程师"仍将是行业最核心的生产要素和最宝贵的资产。在复杂问题分析、投资决策、规划设计、核心技术把关、跨专业协作、多方面沟通、项目推进等方面，均需要继续发挥咨询工程师独特的思维能力、创造力和行动力。只有通过人类智慧和专业经验的融合，才能更好地应对各种挑战、各种复杂任务，并提供高质量的咨询服务。咨询工程师"有思想"还不够，还需要"有高度""有深度""有眼光"。未来的咨询工程师，必须通过不断提升个人素质，深入理解市场需求，把握经济社会发展方向和科学技术发展趋势，能够掌握和运用数字化、智能化、绿色化等新技术、新模式和新理念，以适应行业发展、提升服务水平。工程咨询单位也更需要吸引和培养优秀人才，使每个咨询工程师都成为企业发展壮大的重要支柱。

（三）着力推进数字化转型，实现工程咨询数字化发展

未来五年，新技术发展对咨询行业发展将带来巨大影响，特别是数字化转型相关技术、AI技术和绿色低碳技术正在改变主流咨询公司发展方向和工作方式。由于咨询行业业务范围广泛，无论是数字化转型发展，还是人工智能的应用，工程咨询业都是新技术的实践者、应用者和推广者。如工程管理咨询领域，已在积极研发集成无人机、智能传感设备、深度学习等软硬件，开发智能检测、监理技术和服务的应用。高边坡滑移自动化监测、桥梁自动化监测、隧道内部施工自动化监测、大型混凝土自动化监测、管网平台等都属于智能监理的范围。智能监理能够通过无人机、智能监控设备等技术和设备来完成实施，有效降低人力成本、提升服务的品质。

随着固定资产投资项目建设水平的提高，工程咨询业将进一步对传统模式进行改革和创新，探索采用先进的技术工具和信息化手段，以提高工程咨询业在大数据时代的发展水平。例如，在新基建咨询中，工程咨询业需要更多地探索新的商业模式和服务模式，如数字化服务、平台化服务等，这些模式的创新将为工程咨询服务行业带来更多的商机和增长动力。咨询机构需要根据自身实际情况，制定合理的计划和方案。比如，利用OpenAI开源代码等进行工程咨询企业的人工智能研发，包括根据市场需求和业务特点，确定人工智能研发的

方向和目标，如智能决策、智能推荐、智能设计等；根据研发方向和目标，实现相应的算法和模型，如使用 GPT 模型进行文本生成，使用 T5 模型进行自然语言处理等；使用采集的数据对人工智能算法进行训练和评估，优化算法和模型性能；将优化后的模型应用于工程咨询企业的实际业务中，进行应用开发和测试，确保人工智能系统的稳定性和可靠性；根据实际应用效果和市场需求，持续优化和迭代人工智能系统，提高其性能和准确性。

相应地，新技术的引入和应用需要工程咨询服务行业不断提高自身的技术水平和专业能力，掌握新技术的知识和技能。一般而言，训练工程咨询单位通用的算法和模型，实现工程咨询的人工智能算法，这个过程需要一定的时间和资源投入，包括技术研发、数据采集和处理、模型训练和评估、应用开发和测试等。如果咨询机构自身具备一定的人力和技术资源，并且有明确的技术路线和实施计划，那么实现工程咨询的人工智能算法可能不需要太长的时间。但是，如果缺乏相关技术和资源，那么这个过程可能会更加复杂和困难，所需时间也会更长。与此同时，头部互联网技术公司将跨界探索工程咨询服务，从而加速工程咨询业的智能化发展进程。未来五年，我国工程咨询业头部企业投入新技术开发和运用的资金将明显增加。

（四）深入整合纵向产业链，普及全过程工程咨询

未来五年，在投资决策、建设和运营过程中，投资者和建设单位对全面、跨阶段、一体化的全过程咨询服务需求不断增加，逐步形成对"全过程咨询"资质的普遍需求，乃至设立"全过程咨询"的资质门槛。当前，优秀的工程咨询单位要求在投资咨询、招标代理、勘察、设计、监理、造价、试验检测、项目管理等多个领域均能够展现出卓越的专业水平，同时需要强有力的项目规划能力、融资能力、资本运作能力、投资决策能力、资金管理能力、资源整合能力、风险控制能力、项目管理能力和协调能力等，并能够对建设项目从谋划阶段起就进行连续不断、持续可控的精细化、数字化、智能化、整体化咨询服务，同时满足和保障投资方、建设方、运营方、使用方的需求和利益。这一趋势不仅反映了工程咨询业对于综合性、跨阶段、一体化咨询服务需求的满足，而且也标志着我国工程咨询业在工程全过程管理方面的成熟与深化。在此形势下，全过程工程咨询服务的需求和发展是对整个工程咨询产业链的一次重要变

革，开展全过程工程咨询乃至基于工程咨询而衍生的全过程产业咨询，可以实现项目效能最大化，满足工程高质量建设需求，适应未来项目高质量实施的发展要求。工程咨询企业需要不断创新工程咨询模式，以适应全过程咨询服务的变革要求，在市场实践层面完成真正意义的全过程咨询服务的有效供给。

（五）加快整合跨领域资源，推进综合型工程咨询

未来五年是咨询机构整合、分类、淘汰等发展的关键期，在市场竞争加剧的情况下，尾部咨询企业将加速被淘汰。在简政放权及深化行政审批制度改革的宏观背景下，传统的政府审批服务所衍生的各类传统咨询服务需求下降，我国工程咨询业面临快速发展和进一步扩大开放带来的激烈市场竞争，为投资者提供更为精细和专业化、个性化的咨询服务的需求持续提升，市场对工程咨询服务的专业化水平和业务能力的要求达到新的高度，咨询企业向"巨无霸"方向和"小而专"方向两极分化的趋势进一步显现。"巨无霸"式咨询机构走的是综合型工程咨询的"集大成路线"，主要提供一站式全过程、综合型工程咨询服务；"小而专"式咨询机构走的是"专家路线"，主要提供高价值顾问式专业化服务。

"巨无霸"式的综合型工程咨询单位，需要进行横向发展，则必然伴随着资源的进一步整合。这种资源整合就工程咨询单位个体而言，可能以核心企业或母公司为基础，以资本关系为纽带，通过合资、合作或股权投资等方式；也可能通过"合纵连横"的方式，把相关必要和重要的资源融合联系在一起；还可能体现为大型工程咨询单位加强对小型专业机构的兼并重组，使特定领域和专业的领军型工程咨询单位进一步增强其在行业内对资源更深层次的掌控和发掘能力，甚至是工程咨询业外的科技企业对工程咨询业的跨界涉足并对传统工程咨询模式进行重构和创新等。建设"小而专"的咨询机构，更需要具备在特定领域、特定专业的赛道上独特的竞争优势，并需要持续在该行业领域深耕，包括全球领先的特定领域的知识、信息、大数据、技术、品牌、资源等。处于二者夹缝中的工程咨询单位需要判断自己是加速"向左走"还是"向右走"，无法抉择的企业将逐步被市场淘汰。总的来说，在新技术爆发式改变工程咨询业运行逻辑之前，工程咨询单位的两极分化发展将是一个长期趋势，这种分化将不再限于企业规模，而关乎企业的生存与发展。

逐步呈现的两极分化趋势，体现的是业主方对工程咨询服务质量和创新能力更高的要求以及技术进步对工程咨询单位的竞争格局和发展路线产生的影响。就工程咨询业的发展趋势而言，工程咨询业不仅要建立专业化程度较高的服务体系，更要专业化和融合化发展并行，形成"以专促融、多专业融合"的横纵向扩张式发展格局，以便以更高的专业水平和更强的业务能力，为工程项目的顺利实施和可持续发展注入新的活力。

（六）拓展工程咨询新范畴，推进智库型工程咨询发展

未来五年，"智库化"服务作为工程咨询业务的新拓展和新业态将成为行业发展的必然趋势，并日趋成为成熟的业态模式。智库一般以政策研究为内核，以影响决策为目的，通过内部或公开渠道，为政府提供政治、经济、社会、科学、技术等多领域专业咨询建议。未来，对于工程咨询业而言，工程咨询的内容，在传统的投资决策前期工作的基础上，向横向、纵向两个方面进一步延伸。纵向延伸，主要是以全过程咨询服务的形式，从投资前期的机会研究到建设准备阶段的工程勘察与设计，再到实施阶段的合同管理、施工监理，以及生产阶段的后评价，形成针对特定专业领域的全过程的支持服务体系；横向延伸，则是从传统的工程咨询到法律咨询、财务咨询、金融咨询，再到政策咨询等领域发展。工程咨询业的智库建设，正是基于工程咨询单位的横纵向拓展，打破工程咨询的传统边界，集合跨界、跨层次的咨询服务能力，形成针对特定专业领域的全方位的支持服务体系。事实上，目前许多工程咨询单位已经突破传统工程咨询范畴，从国家和地方的经济发展规划与政策研究到项目的实施落地，为具有投资决策权的政府机构提供一揽子专业化的咨询方案和建议。而反过来讲，只要是为政府提供投资决策服务的工程咨询单位，提供"智库化"服务则是其题中应有之义。工程咨询单位只有不断完善自身智库建设，以"智库化"服务为核心竞争力，才能更好地满足相应的需求。

（七）开拓工程咨询新版图，建设跨国型工程咨询单位

未来五年是我国工程咨询业"走出去"，向"跨国公司"转型、开展国际咨询业务、参与国际标准建设、打破西方垄断国际市场格局的关键阶段，尤其是大型工程咨询单位将以建设世界一流工程咨询单位为远期目标，以建设跨国

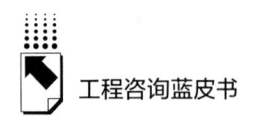

咨询企业为中期诉求，加快对国际市场的布局。自 2013 年以来，国际咨询工程师联合会工程项目奖评选（菲迪克工程项目奖）的工程项目中，我国参选项目获奖总数连续排名世界第一，共有 85 个中国工程咨询项目获奖，占全球获奖项目总数的 40% 以上。菲迪克工程项目奖在全球工程咨询业具备权威性地位，被誉为行业"诺贝尔奖"。获得国际权威机构的认可标志着我国已经成为世界工程咨询大国。长期以来，由于国内市场空间较大，我国工程咨询企业普遍以实施本土业务为主，但近年来承揽的国际咨询项目不断增加，特别是在服务"一带一路"倡议建设的历史机遇中，我国工程咨询单位参与国际竞争的经验不断积累，对现行国际规则更加熟悉，开始逐渐强化对国际规则的影响力，推广中国工程咨询技术标准，树立工程咨询专业品牌，在国际市场大展身手的条件逐步具备。随着我国对共建"一带一路"国家基础设施投资和产业开发向纵深推进，以及国内工程咨询企业综合实力的持续增强，工程咨询业的国际化进程将进一步加快，发展空间将进一步扩大，并逐步形成技术、管理和规则的高质量输出，推动我国向工程咨询强国迈进。

政 策 篇

B.2 规划咨询政策研究与解读报告

规划咨询政策研究课题组*

摘　要： 本文梳理了我国规划体系的构成、功能作用及各规划间关系，提出规划咨询的主要内容，并按五年发展规划、国土空间规划、区域规划、专项规划四个分类进行了相应政策文件研究与解读。目前，我国规划体系框架的基本结构特征可以概括为"五级四类"，其中"五级"是指根据行政层级，将规划分为国家级、省级、市级、县级、乡镇级；"四类"是指按对象和功能类别，将规划分为发展规划、国土空间规划、区域规划和专项规划。发展规划是针对国家或地方层面的、具有纲领性和综合性的总体规划；国土空间规划主要侧重于空间布局方面，并涵盖经济发展、产业布局以及基础设施建设等多项活动；区域规划则专注于特定区域的综合发展策略；专项规划则是针对特定领域的规划。科学制定和有效执行各类规划，明确建设社会主义现代化强国在规划期内的战略目标和实施措施，可以有效指导公共资源的合理分配，规范市场参与者的行为，有助于维护国家战略的连贯性和稳定性，实现资源的集中利用，从而确保一项规划能够始终如一地贯彻到底。

---

* 课题组成员：郭建斌、郑立、杨凯越、李欣珏、夏雪、洪辉、伍思宇、衣梦耘、张同升，中国国际工程咨询有限公司。

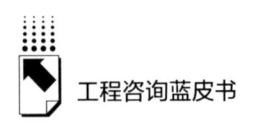

关键词： 规划体系　规划咨询　政策研究

一　规划咨询概述

以规划引领经济社会发展，是党治国理政的重要方式，是中国特色社会主义发展模式的重要体现。规划是开展工程咨询业务的重要依据，规划咨询是工程咨询单位的重要业务领域。随着规划体制改革的不断深入，我国正在加快建立健全统一规划体系，发展规划的战略导向作用得到进一步发挥。

（一）我国规划体系概述

规划是指政府有关部门针对特定区域或领域所编制的、旨在引导目标地区或领域在未来一段时期内的国民经济与社会发展走向的战略部署和具体安排，是政府有关部门履行调控宏观经济、管理社会公共事务及提供公共服务等职能的重要依托。推动规划制定工作持续改进和规划成效的持续提升，对转变并优化政府职能，以及促进经济持续健康发展和增进社会公平正义具有重要意义。

1. 我国规划体系的构成

目前，我国规划体系框架的基本结构特征可以概括为"五级四类"，其中，"五级"是指根据行政层级，将规划分为国家级、省级、市级、县级、乡镇级，其中，发展规划也可分为国家级、省级、市县级三级；"四类"是指按对象和功能类别，将规划分为发展规划、国土空间规划、区域规划和专项规划。

2. 各类规划间的关系

国家发展规划根据党中央关于制定国民经济和社会发展五年规划的建议，由国务院组织编制，经全国人民代表大会审查批准，居于规划体系最上层，是其他各级各类规划的总遵循。

国家级专项规划、区域规划、空间规划，均须依据国家发展规划编制。国家级专项规划要细化落实国家发展规划对特定领域提出的战略任务，由国务院有关部门编制，其中国家级重点专项规划报国务院审批，党中央有明确要求的除外。国家级区域规划要细化落实国家发展规划对特定区域提出的战略任务，由国务院有关部门编制，报国务院审批。国家级空间规划要细化落实国家发展规划提出的国土空间开发保护要求，由国务院有关部门编制，报国务院审批。国家级空间规划对国家级专项规划具有空间性指导和约束作用。

3. 规划体系的功能作用

规划体系是我国国家治理体系的重要组成部分，对于推动国家治理体系和治理能力现代化、实现高质量发展和社会主义现代化建设具有重要作用，主要体现在以下几个方面：战略引领，规划体系是国家各级政府发展的蓝图和行动纲领；宏观调控，通过制定和实施各类发展规划，政府可以有效调节经济运行，平衡供需关系；空间优化，国土空间规划体系对国土空间进行科学布局，确保土地资源的合理利用和生态环境的有效保护；政策协调，通过统筹各类规划，避免政策之间的冲突和重叠，实现政策的协调一致；风险防控，有助于识别和评估潜在的发展风险，制定相应的预防和应对措施，增强国家和社会发展的韧性；法治保障，各类规划实施往往伴随着相关法律法规的制定和完善，提高规划实施的法治化水平；社会参与，各类规划的编制和实施过程重视鼓励和引导社会公众参与，增强社会认可，促进和谐稳定；绩效考核，规划实施情况可以作为政府部门和领导干部绩效考核的依据，推动规划目标的落实和规划任务的完成。

（二）各类规划功能定位

1. 不同类别规划的功能定位

发展规划是针对国家或地方层面的、具有纲领性和综合性的总体规划；国土空间规划是一种全面性的规划，主要侧重于空间布局方面，并涵盖了经济发展、产业布局以及基础设施建设等多项活动；而区域规划则专注于特定区域的综合发展策略；专项规划则是针对特定领域的规划。规划作为党治国理政的重要工具和手段，在推动经济社会发展中具有举足轻重的地位，深刻反映了中国特色社会主义的发展路径和特色。科学制定和有效执行各类规划，明确建设社会主义现代化强国在规划期内的战略目标和实施措施，可以有效指导公共资源的合理分配，规范市场参与者的行为，有助于维护国家战略的连贯性和稳定性，实现资源的集中利用，从而确保一项规划能够始终如

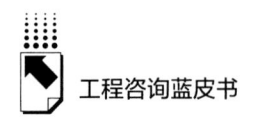

一地贯彻到底。

2.不同层级规划的功能定位

我国规划层级与行政管理体系相对应，主要分为"五级"，具体包括国家级、省级、市级、县级和乡镇级。根据组织编制机关的不同职能，各层级规划具有相应的侧重点和编制深度。

国家级规划：侧重于战略性，是国家层面的最高层级规划，注重国家的长远发展和全局性战略部署，体现国家意志和宏观发展目标，为国家的发展方向、重大战略任务和关键领域提供指导，确保国家战略目标的实现。国家级规划具有高度权威性和严肃性，通常具有法律效力，是各级政府和相关部门必须遵循的政策依据，也是各级地方规划贯彻落实的依据，当地方规划与国家级规划存在不一致时，地方规划服从国家级规划。同时，国家级规划制定也应考虑地方发展的实际情况，因地制宜、实事求是，确保规划可实施性。

省级规划：侧重于协调性，是落实国家级规划的重要载体，具有承上启下的功能，对省域国民经济和社会发展或各领域任务进行统筹部署。省级规划需要落实国家规划的重大战略、目标任务和约束性指标，结合地方实际提出省级目标任务和工作安排。同时，省级规划既要为编制市级、县级规划提供重要依据，也要加强与周边省级行政区域规划的协调衔接。

市级、县级及乡镇级规划：侧重于实施性，结合本区域实际情况，落实国家级、省级的战略要求，突出落地性和管控性。

（三）规划咨询的主要内容

根据《工程咨询行业管理办法》，规划咨询服务的范围包括总体规划、专项规划、区域规划及行业规划的编制。在咨询实践工作中，主要涉及五年发展规划、国土空间规划、区域规划和专项规划等四类规划咨询。

1.五年发展规划咨询

五年发展规划作为一份全面引领全国或某地区经济社会发展的重要纲领性文件，对规划期内国家或地方政府在国民经济、社会发展等诸多方面作出总体布局与具体安排。规划内容聚焦于剖析规划期内的经济社会发展总体态势，确立政府的发展战略、目标任务和基本方针，并针对不同领域的发展方向进行协调安排。同时，它也为相关专项规划和区域规划的制定与落实提供了根本原则和方向指引。

五年发展规划作为政府主导的整体性规划，是各级政府在其管辖范围内制定的关于经济和社会发展的蓝图。在这一过程中，政府不仅扮演着规划编制者的角色，更是规划实施的责任主体。各级政府部门会根据本地区的实际情况和发展需求，制定相应的发展目标和策略。

工程咨询单位在受托开展五年发展规划咨询时，需要深入分析发展背景与当前问题，准确把握发展面临的宏观形势，明确设定战略目标和相应战略内容，系统规划经济及产业发展的整体路径，全面布局社会、科技、人才及环境的发展策略，有效协调经济、社会、人口、资源、环境之间的综合发展，科学规划区域及空间的整体开发方案，明确规划顺利实施所必需的保障措施等。

2. 国土空间规划咨询

国土空间规划是针对特定区域的时空规划，旨在指导国土空间的合理开发与保护。它不仅为国家空间发展提供了方向，还为实现可持续发展绘制了空间蓝图，并为各类开发、保护和建设活动提供了基本依据。该规划的核心目标是合理保护和高效利用土地、海洋、生态等国土空间资源，通过协调生产、生活、生态等空间要素，提高空间利用效率，保障空间权益的公平分配。目前，主体功能区规划、土地利用规划、城乡规划等多种空间规划已被整合进统一的国土空间规划体系中，形成了覆盖国家、省、市、县以及乡镇的五级规划结构。

我国的国土空间规划体系由三个主要部分构成：总体规划、详细规划和专项规划。国家、省、市县三级政府负责制定国土空间的总体规划，而乡镇政府则根据本地实际情况制定相应的规划。专项规划则是为特定区域或领域量身定制的，以满足其独特的功能需求，并对空间的开发、保护和利用作出专门规定。总体规划不仅为详细规划提供了指导，也为各专项规划奠定了基础。同时，各专项规划之间也需要相互协调，确保与详细规划保持一致。

工程咨询单位在开展国土空间规划咨询过程中，应开展现状调研和风险评估，以评估资源环境的承载能力；明确国土空间开发保护的目标与战略；推动区域间的协同发展与陆海整体布局优化；优化国土空间的整体结构和布局；明确国土空间开发保护的目标与战略；实现资源要素的保护与合理利用；规划城

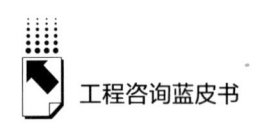

市和农村重点发展区域的空间布局；设计综合交通体系，涵盖交通发展目标、区域交通网络、城市交通设施规划等；确保安全韧性与市政基础设施的合理布局；强化历史文化保护与城乡特色风貌的塑造；规划国土综合整治与生态修复策略等。这些重点内容的综合考量，旨在为国土空间规划提供全面、专业的咨询支持。

3. 区域规划咨询

区域规划是政府调控地域空间开发、利用、治理与保护的关键手段。受不同区域特征、发展目标及其所面临挑战的差异影响，区域规划涉及的范围广泛、内容多样且规划的重点和内容会有所不同，但总体上区域规划主要包括区域背景与发展策略、整体布局构想、产业分布与空间优化指引、城乡体系及农村居民点规划、基础设施布局、水土资源利用与环保规划，以及区域发展政策等七个核心方面的内容。由于区域规划需要协调多个行政区的发展并进行整体部署，规划主体通常为覆盖该区域的上级政府或相关行政区的政府联合体。

工程咨询单位在承担区域规划咨询任务时，其核心关注点主要包括三个方面：一是指导性的规划要素，这些要素涉及功能定位、总体布局，以及在专项战略中所确立的原则和目标导向；二是具有强制性的规划要点，这既包括总体布局中的刚性规定，也涉及专项规划中的约束性条款；三是政策框架的设计，如工业空间配置、资源利用和环境保护等方面的指导政策。这些内容不仅能够直接转化为区域规划实施的具体行动方案，还能为国家和地方政府在制定区域政策和地方发展战略时提供有力的政策保障。

4. 专项规划咨询

专项规划是对总体规划在特定领域的进一步深化和具体落实，它聚焦社会经济发展的核心领域和薄弱环节，致力于解决重大发展难题。由于不同专项规划关注的问题和涉及领域各有差异，因此研究侧重点也有所不同。总体上，专项规划的主要内容包含定位与性质界定、现状与问题分析、目标与任务设定、重点项目与配套工程规划、投入预算、保障措施以及应急预案等。专项规划的编制与管理实施，由专项领域的相关部门或跨部门联合体共同负责，这些部门或联合体构成了规划的主体，确保规划的专业性和实施的有效性。

工程咨询单位在受托开展专项规划咨询时，主要关注的核心内容包括：一是产业类规划，包括农业、工业（如机械工业、化学工业、煤炭工业、钢铁工业、汽车工业等细分行业）以及服务业（如金融业、旅游业等领域）的发展策略与规划；二是基础设施类规划，覆盖交通、水利、供水供电、通信、能源等关键基础设施领域的规划与布局；三是可持续发展类规划，聚焦于生态环境建设、资源开发与循环利用、水土保持及荒漠化防治等内容；四是社会事业类规划，包括体育、社会福利、老龄事业、教育、科技创新、医疗卫生、信息化及人才发展等；五是其他如食品安全、安全生产、防灾减灾、气象灾害防治及农村人口转移等特定领域的规划。通过这些咨询服务，工程咨询单位为各行业的科学规划和有序发展提供了有力支撑。

二 规划咨询政策文件概述

《关于统一规划体系更好发挥国家发展规划战略导向作用的意见》（以下简称《意见》），提出建立以国家发展规划为统领，以空间规划为基础，以专项规划、区域规划为支撑，由国家、省、市县各级规划共同组成，定位准确、边界清晰、功能互补、统一衔接的国家规划体系，并要求提高国家发展规划的战略性、宏观性、政策性，增强指导和约束功能，聚焦事关国家长远发展的大战略、跨部门跨行业的大政策、具有全局性影响的跨区域大项目，把党的主张转化为国家意志，为各类规划系统落实国家发展战略提供遵循。《意见》首次提出了统一规划体系，确立了国家发展规划的统领地位，有效推动解决规划体系不统一、规划目标与政策工具不协调等突出问题，从顶层设计上进一步健全了政策协调和规划实施机制。

《关于建立国土空间规划体系并监督实施的若干意见》（以下简称《若干意见》），明确将主体功能区规划、土地利用规划、城乡规划等空间规划融合为统一的国土空间规划，实现"多规合一"，标志着国土空间规划体系顶层设计和"四梁八柱"基本形成。同时，《若干意见》在规划的编制与实施、监督与评估、法规政策与技术保障、工作责任与协调性方面提出任务要求，旨在加快构建一个全国统一、权责清晰、科学高效的国土空间规划体系，以实现国土空间的合理开发和有效保护，促进经济社会的可持续发展。

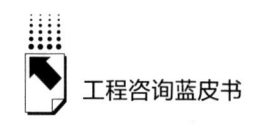

三 五年发展规划咨询相关政策文件研究与解读

（一）党中央、国务院文件

1.《国务院关于加强国民经济和社会发展规划编制工作的若干意见》

随着我国社会主义市场经济体制逐渐成熟，国家计委在2001年启动了规划体制的改革，目的是构建一个逻辑清晰、功能完善的规划体系，并提高规划编制的科学性、民主性和规范性，确保规划在实施过程中责任明确、执行有力。为此，国家层面不断完善相关政策文件，为发展规划咨询工作的顺利推进提供依据。2005年《关于加强国民经济和社会发展规划编制工作的若干意见》发布，正式确立了从国家到省（区、市）再到市县的三级规划层次，并将规划分为总体规划、专项规划和区域规划三种类型。该文件还强调了要做好国家级专项规划、需国务院审批的专项规划以及跨省级行政区划区域规划的前期工作，鼓励引入社会参与和专家评审机制，并推行规划实施评估体系，以全面推动规划工作的深入展开和有效执行。

2.《中共中央 国务院关于统一规划体系更好发挥国家发展规划战略导向作用的意见》

党的十八大以来，国家发展规划在宏观调控中的作用日益凸显，对于推进国家治理体系和治理能力现代化起到了至关重要的作用。受规划体系的不统一以及规划目标与政策工具之间的不协调等问题影响，国家发展规划在全面发挥战略导向作用方面仍存在一定的不足。2018年9月，中央全面深化改革委员会第四次会议通过了《关于统一规划体系更好发挥国家发展规划战略导向作用的意见》，首次提出了构建统一规划体系的构想，并明确了各类规划的角色与定位，包括国家发展规划及国家级专项规划、区域规划和空间规划。根据该文件，国家级专项规划、区域规划和空间规划的制定都需以国家发展规划为基准，同时国家级空间规划在空间布局方面对国家级专项规划具有指导和制约作用。这一新的规划体系以国家发展规划为核心，以空间规划为基石，辅以专项规划和区域规划，覆盖国家、省、市县各个层面。该规划体系强调各级规划间的精准定位、明确边界、功能互补及顺畅衔接。在省级和市县级规划的制定中，需严格遵循国家发展规划的指引，同时积极与国家级各类规划进行协调配合，以确保全国规划的整体统一。通过明确规划编制的基本原则和遵循，深化重大问题的研究论证，创新规划编制的方式方法，严格规划编制的程序，提升规划编制的科学性、民主性、法制性和规范性，确保规划实用且管用。通过明确"谁牵头编制谁组织实施"的基本原则，落实规划实施的责任，并通过完善监测评估机制、强化分类实施以及提升规划实施效能等措施来加强规划的实施。规划编制部门应负责开展规划的年度监测分析、中期及总结评估工作，并积极推动第三方评估的开展，以加强监测评估结果的实际运用。

3.《中共中央关于制定国民经济和社会发展第十四个五年规划和二〇三五年远景目标的建议》（简称规划《建议》）和《中华人民共和国国民经济和社会发展第十四个五年规划和2035年远景目标纲要》（简称《纲要》）

在通常情况下，五年规划的编制包括基本思路研究、党中央起草并通过规划《建议》、国务院根据党中央的规划《建议》制定《纲要》草案以及全国人大最终审议通过《纲要》等几个主要阶段。以"十四五"规划为例，其编制过程严格遵循了这一流程。2020年3月，中央政治局决定由党的十九届五中全会审议"十四五"规划建议，为此专门设立了文件起草小组开展规划《建议》的起草工作。与此同时，国务院各相关部门也开始着手编制《纲要》的框架。党中央的规划《建议》一旦获得通过，国务院会迅速成立规划纲要编制工作小组，以规划《建议》为依据编制《纲要》草案，并广泛听取社会各界的意见和建议。在《纲要》草案的编制过程中，还将组织规划专家委员会进行咨询和论证，提出专业的咨询报告，并将其随同《纲要》草案一起提交全国人大审议。

（二）部委文件

国家发展改革委于2023年2月10日印发《关于开展"十四五"规划实施中期评估工作的通知》，明确要求中央和国家机关的相关部门，以及各省级行政区和计划单列市，依照《中华人民共和国各级人民代表大会常务委员会监督法》和《纲要》等相关法规和指导文件，有序开展"十四五"规划实施中期评估工作。2月28日，国家发展改革委召开全国范围的"十四五"规划实施中期评估工作启动会，标志着这项工作全面进入实施阶段。随后，各级地方

政府也积极响应，纷纷指导本地的发展改革部门着手开展相应的"十四五"规划实施中期评估工作。

《关于开展"十四五"规划实施中期评估工作的通知》详细规定了各项评估工作的责任主体。具体而言，国家发展改革委承担主导国家"十四五"规划实施中期评估的重任，其他有关部门按职能分工配合开展工作。这次中期评估工作全面回顾和审视国家"十四五"规划纲要、国家级专项规划以及地方"十四五"规划的执行情况，重点关注主要目标指标的实现、高质量发展的进展情况，以及重大战略任务和工程项目的实施情况，并对发展形势的变化进行深入分析和梳理。此次评估全面评价规划实施至今的成效，总结有效经验，客观揭示存在的问题，并深入探究制约发展的根本原因和关键。同时，结合国内外发展环境的最新变化，科学调整发展目标指标，并提出有针对性的优化建议。在评估环节，重视方法创新，综合运用自评估与第三方评估、综合评估与专题评估、目标导向与问题导向、过程评估与效果评估、标准评估与个性化评估。这样的做法旨在进一步凸显规划的战略引领作用，促进各项任务的顺畅推进，以保障"十四五"时期的经济社会发展目标能够按既定计划顺利达成。

四　空间规划咨询相关政策文件研究与解读

（一）法律文件解读

1.《中华人民共和国城乡规划法》

《中华人民共和国城乡规划法》（简称《城乡规划法》）自2007年颁布以来，历经2015年和2019年两次修订。该法引入城乡统筹的理念，标志着城乡统一规划法律体系的初步形成。《城乡规划法》构建了一套完备的城乡规划架构，包含"城镇体系规划、城市规划、镇规划、乡规划及村庄规划"五大类别，同时确立了"总体规划与详细规划"两个规划层级。在此过程中，分区规划被废除，而乡规划与村庄规划则被并入城乡规划框架内，相关专项规划亦被纳入总体规划中。另外，近期建设规划从总体规划中剥离，成为规划执行阶段的一个组成部分，从而进一步增强了规划实施的有序性和条理性。

2.《中华人民共和国土地管理法》和《中华人民共和国土地管理法实施条例》

党中央和国务院对土地制度改革给予了高度关注。《中华人民共和国土地管理法》(简称《土地管理法》)于1986年首次颁布,历经多次修订。在深入总结土地征收、集体经营性建设用地入市及宅基地制度改革试点的经验后,2019年再次对《土地管理法》进行重大修改,新法从2020年1月1日开始生效。修改后的《土地管理法》第18条首次以法律形式确立了国土空间规划制度,并强调了国土空间规划的法律地位。2021年,我国修订并颁布了《中华人民共和国土地管理法实施条例》,该条例对《土地管理法》的核心内容进行了详尽的阐释和补充。特别是在第二章中,设立了关于"国土空间规划"的专题章节。在这一章节中,明确以"国土空间规划"替代原"土地利用总体规划",并进一步强调了国土空间规划的法律效力和具体内容。按照规定,国土空间规划必须综合考量农业、生态和城镇等各类功能空间的分布,明确划定并严格执行永久基本农田、生态保护红线和城镇开发边界等关键界线。同时,规划还应涵盖国土空间的开发保护格局、规划用地的布局与结构、用途管制要求等关键要素。此外,国土空间规划还应详尽设定建设用地规模、耕地保有量、永久基本农田保护面积以及生态保护红线等各项细化指标,旨在提升土地的节约集约利用水平,确保土地资源的可持续利用。

(二)党中央、国务院文件解读

1.《中共中央 国务院关于建立国土空间规划体系并监督实施的若干意见》

《中共中央 国务院关于建立国土空间规划体系并监督实施的若干意见》明确提出了构建统一的国土空间规划体系并强化其实施监督的任务。文件要求整合主体功能区规划、土地利用规划、城乡规划等各类空间规划,实现"多规合一"。同时,文件还设定以2020年为基本建立国土空间规划体系框架的时间节点,包括完善规划编制审批、实施监督、法规政策支持以及技术标准支撑等4个子体系。文件提出的系列举措旨在优化国土空间布局、提升规划实施效率、促进可持续发展。

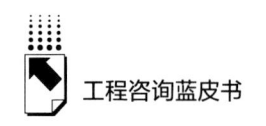

2.《全国国土空间规划纲要（2021—2035年）》

《全国国土空间规划纲要（2021—2035年）》是我国首个将多种规划整合于一体的国土空间规划，于2022年公布并于次年实施。该纲要在"五级四类"规划体系中处于顶层位置，以战略性为重心，对2021~2035年的国土空间发展作出全面规划。它不仅作为全国国土空间保护、开发、利用和修复的总指导，更标志着"多规合一"改革的重要进展。文件重点突出了将主体功能区规划、土地利用规划、城乡规划等各类空间规划进行有机融合的理念。为确保"多规合一"的顺利推进，规划将从编制审批、监督执行、法规政策和技术标准4个层面加以实施。由于"三区三线"布局覆盖了近半数的国土面积，这为保障国家粮食安全、生态安全、能源安全以及城乡的可持续发展打下了坚实基础。

《全国国土空间规划纲要（2021—2035年）》明确指出，在详细规划的处理上，必须保证城乡规划与土地利用规划之间的协调性和一致性。对于城区范围，应修订控制性详细规划，以作为城市更新和各类建设活动的指导。农村地区则应编制村庄规划，推动乡村振兴。关于专项规划，国家和区域层面的规划由专业部门主导编制，经过国土空间规划的统筹协调后，统一纳入国土空间规划图，确保其落地实施。在市、县两级，按照《城乡规划法》的规定，相关的专项规划作为总体规划不可或缺的一部分，应由自然资源部门与其他相关部门密切协作，在总体规划的基础上同步进行，并最终整合到国土空间规划图中，从而确保其具备法律效力和实际可操作性。

3.《省级空间规划试点方案》

中共中央办公厅与国务院办公厅联合印发的《省级空间规划试点方案》是对《生态文明体制改革总体方案》确定的重要战略任务的贯彻落实。该方案强调，在推进省级空间规划试点的过程中，必须以主体功能区规划为基础，协调各类空间规划，以推进"多规合一"的战略部署。这涉及对国土空间基础条件的全面梳理与分析，划定包括城镇、农业、生态在内的各类空间范围，以及生态保护红线、永久基本农田、城镇开发边界等重要界线。在此过程中，要特别关注开发强度的合理管控和主要控制线的有效落地。此外，方案还鼓励有条件的试点省份在协同编制省级与市县级空间规划方面进行探索。特别是在县（市、区）数量较少的市地级行政单元内，可以尝试采用新的协同规划方法和模式，以促进省级与市县级空间规划的高效整合与顺畅连接，并确保与其他相关规划的协调统一。

（三）部委文件解读

1.《关于全面开展国土空间规划工作的通知》

自然资源部为落实"多规合一"改革要求，积极推动国土空间规划体系构建，印发了《关于全面开展国土空间规划工作的通知》。通知规定规划期展望至2035年并延至2050年，其间各地不再单独编制传统规划，已获批的规划需融入新体系。通知详细列出了报批审查要点，以指导各级政府高效推进国土空间规划工作。通知规定，省级和市县级国土空间规划主要接受控制性审查，关注目标定位、底线约束、关键指标和相邻关系，并进行合规性检查。省级规划的核心审查内容包括开发保护目标、关键指标分解、主体功能区划分、城镇与区域协调、生态保护、基础设施、地方特色保护、乡村布局及实施保障等。而市级规划在此基础上还需深化细化，特别关注市域分区、重大设施布局、公共服务设施、历史文化保护、城市形态及中心城区布局等要点。对于其他市、县、乡镇级的国土空间规划审查，各省（区、市）需根据当地实际情况，参考上述审查要点进行相应制定。

2.《关于开展国土空间规划"一张图"建设和现状评估工作的通知》

《关于开展国土空间规划"一张图"建设和现状评估工作的通知》指出构建国土空间规划"一张图"的实施步骤包括：整合形成统一底图、完善国土空间基础信息平台、将各级各类规划成果叠加至该图。通知要求各地以第三次全国国土调查数据为基础，整合规划所需的空间现状信息和数据，确保坐标和边界的一致性，为国土空间规划编制提供有力支持。此外，该通知也着重指出了对国土空间开发保护现状进行评估的重要性，认为这是制定科学国土空间规划和实施有效监管的基础。市、县两级需结合通知中的28个核心指标及地方实际情况，构建一套既能体现地方特色又能真实反映现状的指标体系。在此基础上，通过综合运用多种手段如基础调查、专题研究等，全面了解当地现状，并定期评估市、县在底线管控、空间结构和利用效率等方面的情况，准确识别存在的问题，并提出相应的解决策略。

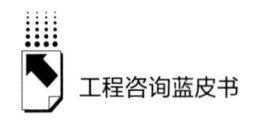

3.《省级国土空间规划编制指南（试行）》

《省级国土空间规划编制指南（试行）》作为极具专业性和权威性的技术指导文件，在省级规划编制领域发挥着至关重要的作用。该指南不仅系统地概述了规划编制的定位、原则、任务、内容、程序以及管控指导等核心要素，确保了规划编制的科学性、系统性和可操作性，还对规划成果提出了明确要求，包括规划文本、相关附表、图件、解释说明、专题研究报告等多元化内容，以全面反映规划编制的细致考虑和深入研究。同时，该指南特别强调了基于国土空间基础信息平台的集成性"一张图"的重要性，旨在推动规划信息化水平的提升。该指南的出台为省级国土空间规划的编制提供了全面的技术支持和专业指导，有助于推动国土空间规划领域的科学化、规范化和高效化发展。

4.《市级国土空间总体规划编制指南（试行）》

《市级国土空间总体规划编制指南（试行）》详细界定了规划编制所需达成的任务、目标和价值取向，旨在为市级规划工作提供清晰、具体的指导。该指南不仅包括明确主体功能定位、优化整体空间布局、严格资源环境底线等九大核心编制要点，还涵盖了城市规划的各个方面，确保了规划编制的全面性和系统性。同时，针对规划编制过程中可能出现的关键性技术问题，该指南也提供了明确的规定和阐释，为规划编制人员提供了有力的技术支持，确保市级国土空间总体规划编制能够更加科学、规范、高效地进行，为有效促进城市可持续发展提供了重要基础。

5.《市级国土空间总体规划制图规范（试行）》和《市级国土空间总体规划数据库规范（试行）》

为指导和规范市级国土空间规划编制工作，自然资源部研究制定了《市级国土空间总体规划制图规范（试行）》和《市级国土空间总体规划数据库规范（试行）》，旨在对市级国土空间总体规划在图纸呈现上的各个方面，包括要素选取、色彩搭配、符号使用等细节，都进行明确而具体的规定，以统一制图的标准和风格，提升市级国土空间规划编制工作的整体质量和效率。《市级国土空间总体规划制图规范（试行）》涵盖了多个重要部分，包括总则、通用规定以及针对调查型图件和管控型图件的不同制图要求等，内容丰富而全面。此外，为了让制图工作更加便捷高效，附件提供了一套含有31张参考样图的市级国土空间总体规划制图规范参考图集，以保证市级规划制图工作科学、规范、高效。

6.《关于规范和统一市县国土空间规划现状基数的通知》

《关于规范和统一市县国土空间规划现状基数的通知》针对市县国土空间规划现状基数的统计与核定，提出了严格且具体的要求。通知详细列举了五种不同情况下的数据处理方法，涉及已审批但未建设的用地和用海、未经审批但已建设的用地，以及已拆除建筑物或构筑物的原建设用地等多个方面。为了统一标准，通知要求按照《国土空间调查、规划、用途管制用地用海分类指南（试行）》对"三调"数据进行归并和细化，制定出国土空间功能结构调整表。在处理这些数据时，应尊重建设用地的合法权益，并严格按照相关政策要求和规划管理规定进行分类转换。此外，通知还着重强调了将规划现状基数纳入国土空间规划"一张图"的重要性，以确保规划现状基数矢量图斑和矢量成果的专属性，专用于国土空间规划的编制工作，并在经过审核后纳入系统。同时，通知严禁对"三调"成果数据进行任何更改，也不允许擅自将违法用地、用海合法化。

7.《关于进一步加强国土空间规划编制和实施管理的通知》

根据《关于进一步加强国土空间规划编制和实施管理的通知》，在构建国土空间规划"一张图"时，需全面衡量各类空间开发与保护需求，保障布局合理且功能协调，避免潜在冲突，并严格控制用地规模，提高资源使用效率。通知还特别要求将耕地保有量、永久基本农田保护面积、生态保护红线范围及新增建设用地规模等核心控制指标细化下达到各级规划，并清晰界定新增建设用地的分类，如城镇、村庄、交通水利及能源矿产等。其中明确规定，涉及国有土地使用权出让、规划许可审批、低效用地再利用、土地征收成片开发方案执行及城市更新等项目，必须严格遵守控制性详细规划的要求。在审批全域土地综合整治项目以及乡村建设规划许可时，必须严格遵守村庄规划或乡镇国土空间规划的规定，编制或修改控制性详细规划应以市县国土空间总体规划为依据。同时，严禁以专项规划、片区策划、实施方案、城市设计等名义替代详细规划，来擅自设定或更改规划条件进行规划许可审批，以防止因追求单一地块的财务利益而擅自调整规划条件。

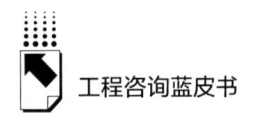

8.《关于加强国土空间详细规划工作的通知》

《关于加强国土空间详细规划工作的通知》着重突出了详细规划在国土空间治理中的法定地位和政策导向作用。通知指出，国土空间详细规划不仅是落实国土空间用途管制、核发城乡建设项目规划许可、推进城乡开发建设、整治更新、保护修复等工作的法定依据，更是优化城乡空间布局、完善功能设施、释放发展活力的重要政策工具。该通知进一步明确了详细规划涵盖范围，既包括城镇开发边界内的规划，也拓展至边界外的村庄及风景名胜区规划等。随着详细规划由传统静态图纸向全周期、全过程的动态管理转变，其制度体系将不断完善，将构建从规划编制、实施推进到效果评估、维护更新的完整管理链条；详细规划的角色也将从单纯的技术性文件逐步演变为制度设计和公共政策制定中的关键环节，其在自然资源管理全生命周期中的核心地位将愈加显著。

9.《城市、镇控制性详细规划编制审批办法》

《城市、镇控制性详细规划编制审批办法》规定，控制性详细规划是城乡规划主管部门作出规划行政许可、实施规划管理的重要依据，也是国有土地使用权划拨、出让的必备条件，必须严格确保其与控制性详细规划相符。该办法进一步详细规定了控制性详细规划的主要内容，包括功能控制、用地指标、城市基础设施保障以及"四线"划定等多个方面。在编制过程中，必须严格遵循已经批准的城市、镇总体规划，将其作为编制控制性详细规划的指导性文件。同时，编制工作还需遵循国家的相关标准和技术规范，涵盖城市规划标准以及其他相关行业的标准和规范，并确保所使用的基础资料符合国家的相关规定。

10.《关于加强国土空间规划监督管理的通知》

《关于加强国土空间规划监督管理的通知》规定，依法依规开展国土空间规划的编制与审批，严禁在现行规划架构外另行制定或审批如土地利用总体规划、城市（镇）总体规划等空间规划，亦不得发布与新发展理念及"多规合一"要求相冲突的空间规划类标准规范。为保障规划流程的公正性与专业性，须完善国土空间规划的编制与审批分离机制。规划编制实行编制单位终身责任制，规划审查环节应充分发挥规划委员会的作用，执行参编单位专家回避原则，并推动独立的第三方技术审查。此外，下级国土空间规划必须严格遵循上级规划所定的约束性指标和刚性管控要求，各地在审批其他各类规划时亦不得违背这些规定。规划的修改必须严格遵守法定程序，严禁以非法手段擅自修改或违规变更规划条件。同时，为了有效推进国土空间规划的实施，按照"每年一体检，五年一评估"的原则，定期开展城市体检评估。市县自然资源主管部门应定期公开评估结果，接受社会监督。

11.《国土空间规划城市体检评估规程》

自2019年以来，我国已经全面建立了新的国土空间规划体系，各类规划成果也陆续揭晓。当前，规划工作的重点已经逐渐从编制阶段转向长期的实施和监督阶段。为确保规划管理的有效性，对主要管理对象进行定期、系统的评估与分析已成为必要之举。《国土空间规划城市体检评估规程》明确指出，国土空间规划的城市体检评估范围不仅限于城市自身的状况，还包括规划实施的具体情况。在评估城市特征状态时，将从安全、创新、协调、绿色、开放、共享六大角度进行综合监测和评价，同时建立了一个包括6个一级类别、23个二级类别和122项具体指标的细致评估框架。此外，规划实施的有效性也将从战略定位、底线管理、规模与结构、空间分布、支持体系和实施保障等六个层面进行深入评估，以反映规划实施的各方面效果，包括一致性、合理性、使用主体评价以及规划的适应性和作用。同时，规程还创新性地提出了"五个一"附件内容，即一张表监测指标完成情况、一套图分析空间要素变化、一清单记录重点任务实施进度、一调查跟踪居民满意度、一平台汇聚体检大数据。这些措施将有助于更全面地了解规划实施情况，为未来的规划工作提供有力支持。

12.《国土空间规划技术标准体系建设三年行动计划（2021—2023年）》

《国土空间规划技术标准体系建设三年行动计划（2021—2023年）》的印发意在加快构建全国统一、规范的国土空间规划技术标准体系，确保规划编制、审批、实施及监督等各环节遵循统一标准。该行动计划不仅凸显了国家对国土空间规划标准化的重视，也是提升规划科学性和精准性、保障实施一致性和有效性的关键。它将有效解决各地规划实践中标准不一的问题，提升规划整体质量，同时强调监督环节中的标准化工作，以维护规划的严肃性和权威性，促进国土空间资源的合理利用和可持续发展。该文件为我国国土空间规划工作的规范化、标准化和科学化提供了有力支撑，预示着我国国土空间规划事业将迎来更广阔的发展前景。

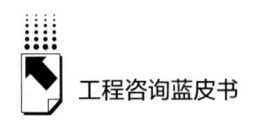

五 区域规划咨询相关政策文件研究与解读

（一）概述

改革开放以后，我国所实施的区域规划政策大致可归纳为三大类别。第一类是作为国家整体发展战略核心组成部分的政策，诸如东部率先发展、西部大开发、东北全面振兴以及中部地区崛起等相关政策，均属于此列；第二类是被选定为改革开放先行示范区和试验田的区域政策，例如，改革开放初期赋予广东、福建两省的"特殊政策，灵活措施"，以及为经济特区、经济技术开发区、高新技术开发区等各类开发区所制定的政策；第三类是针对具有特殊问题或功能的区域所实施的政策，如针对自然保护区、水源保护地、资源枯竭型地区及贫困区域等实施的政策，也是区域规划政策的重要组成部分。

党的十八大之后，政府相继发布了一系列重要文件和规划，以推动各地区经济的稳步发展。党中央、国务院对海洋经济的发展一直给予高度关注，并坚定实施陆海统筹策略。党的十八大明确提出了构建海洋强国的宏伟蓝图，并强调"十三五"时期是我国海洋经济结构深度调整、发展方式加速转变的重要时期。为紧抓共建"一带一路"倡议带来的宝贵机遇，积极推动海洋经济的稳健发展，2017年5月，《全国海洋经济发展"十三五"规划》的印发实施，为海洋经济的发展提供了更为明确的指引和助力。

为了贯彻落实党的十八大精神，政府陆续印发了一系列其他区域规划和相关规划文件或指导意见和批复，诸如《赣闽粤原中央苏区振兴发展规划》《晋陕豫黄河金三角区域合作规划》等。这些规划和文件的发布，不仅体现了政府对区域发展的全面布局和深思熟虑，也为各地区的发展提供了有力的政策支持和保障。党的十九大之后，为了推动区域协调发展迈向更高水平和质量，并促进国家重大区域战略之间的协同，2018年11月，中共中央、国务院颁布了《关于建立更加有效的区域协调发展新机制的意见》。同时，政府还相继印发了《关中平原城市群发展规划》等一系列区域规划，旨在加强各地区间的协调合作，共同推动国家的繁荣与发展。

表 1　部分区域规划情况

规划名称	概述
《京津冀协同发展规划纲要》	从战略意义、总体要求、定位布局、有序疏解北京非首都功能、推动重点领域率先突破、促进创新驱动发展、统筹协同发展相关任务、深化体制机制改革、开展试点示范、加强组织实施等方面描绘了京津冀协同发展的宏伟蓝图，是推动这一重大国家战略实施的纲领性文件和指导京津冀协同发展的基本依据
《长江经济带发展规划纲要》	长江经济带覆盖11省市，面积约205万平方公里，占全国的21%，人口和经济总量均超过全国的40%，生态地位重要，综合实力较强，发展潜力巨大。规划纲要描绘了长江经济带发展的宏伟蓝图，是推动长江经济带发展重大国家战略的纲领性文件，是当前和今后一个时期指导长江经济带发展工作的基本遵循
《粤港澳大湾区发展规划纲要》	对湾区的未来做出了总体规划，共有11章41节，涵括科技创新、基础设施、产业布局、营商环境、合作功能区定位等要点。其中规划纲要指出，大湾区的战略定位为：充满活力的世界级城市群、具有全球影响力的国际科技创新中心、"一带一路"建设的重要支撑、内地与港澳深度合作示范区、宜居宜业宜游的优质生活圈。该规划纲要是指导粤港澳大湾区当前和今后一个时期合作发展的纲领性文件。规划近期至2022年，远期展望到2035年
《长江三角洲区域一体化发展规划纲要》	规划纲要分析了长三角一体化发展所具备的基础条件以及所面临的机遇挑战，明确了"一极三区一高地"的战略定位，按照2025年和2035年两个时间节点设置了分阶段目标，部署了9个方面任务，并对推进规划实施作出了具体的安排部署。是指导长三角地区当前和今后一个时期一体化发展的纲领性文件
《黄河流域生态保护和高质量发展规划纲要》	规划范围为黄河干支流流经的青海、四川、甘肃、宁夏、内蒙古、山西、陕西、河南、山东9省区相关县级行政区。旨在构建协调发展格局，提升流域治理水平，加强生态环保，到2030年增强防洪与水资源保障，巩固国家粮食能源基地，促进城市群发展，振兴乡村与黄河文化，提高公共服务水平。到2035年，黄河流域将实现生态保护与高质量发展重大突破，全面改善生态环境，繁荣经济与文化，显著提升人民生活水平，支撑社会主义现代化强国建设
《成渝地区双城经济圈建设规划纲要》	规划纲要明确了成渝地区双城经济圈建设的战略定位，即具有全国影响力的重要经济中心、具有全国影响力的科技创新中心、改革开放新高地、高品质生活宜居地。根据规划纲要，到2025年，成渝地区双城经济圈经济实力、发展活力、国际影响力大幅提升，一体化发展水平明显提高，区域特色进一步彰显，支撑全国高质量发展的作用显著增强；到2035年，建成实力雄厚、特色鲜明的双城经济圈，成为具有国际影响力的活跃增长极和强劲动力源。规划纲要共12章，提出了推动成渝地区双城经济圈建设的9项重点任务

资料来源：根据公开资料整理。

（二）部委文件

《国家级区域规划管理暂行办法》规定，国家级区域规划主要针对国家发展规划中划定的核心区域、跨行政区的紧密相连的经济社会片区,以及担负重要战略角色的特定地区。其主要目标是实施关键区域策略、处理跨区问题,并强调各区域的独特性,以促进协调一致的发展。此类规划是指导特定区域进步和政策制定的基石,必须根据国家整体发展规划来制定,详细实施其中的战略任务,由国务院相关部门起草并报请审批。未列入国务院批准的清单或计划的规划,原则上不得编制或批准实施。

在国家级区域规划编制过程中,必须严谨收集数据、实地调查、分析信息和专题研究,全面论证发展目标、功能定位、区域分布、资源环境承载力、重大项目、政策措施等关键问题。同时,应进行环境影响和社会稳定风险评估,并在规划中体现或作为附件上报。规划的后评估主要关注规划的总体要求、定位、主要任务和保障措施的实施情况,评估规划效果、存在的问题和改进建议。评估报告应反馈给实施主体和相关部门,由国务院发展改革部门定期汇总并备案,作为推动规划实施和调整的重要依据。

六 专项规划咨询相关政策文件研究与解读

(一)部委文件

1.《国家级专项规划管理暂行办法》

《国家级专项规划管理暂行办法》对国家级专项规划的编制提出了明确要求,强调规划应具备指导性、预测性和宏观性,同时遵循政企分开、明确政府职能的原则,充分发挥市场在资源配置中的基础性作用。对于可以通过市场机制或指导意见等有效手段进行引导和调控的领域,一般不再纳入规划编制范畴。在规划范围上,该办法明确指出,国家级专项规划应主要关注对国民经济和社会发展具有全局性、战略性、长远性影响的领域,涉及重大生产力布局、资源配置、基础设施、生态环境以及公共服务等关键方面。对于需要国务院审批或核准的重大项目、涉及国家重大投资或资源开发的领域,以及法律法规和国务院要求的其他重要事项,也应纳入国家级专项规划的编制内容中。通过科学合理地确定规划范围和内容,国家级专项规划将更有效地指导我国经济社会的发展。

2.《关于做好"十四五"国家级专项规划中期评估工作的通知》

国家级专项规划在国家统一规划体系中扮演着至关重要的角色，具体细化了国家在特定领域的战略任务。国家发展改革委于2023年印发了《关于做好"十四五"国家级专项规划中期评估工作的通知》，敦促相关部门对规划执行情况进行中期评估，确保规划任务在时间和进度上达到预定目标，通过梳理成效、发现短板、分析原因、提出改进措施，为"十四五"规划顺利实施提供有力支持。该通知确定了评估的核心内容，强调要系统评估国家级专项规划，聚焦于清单所列规划，同时全面考虑各类国家级规划；专题评估需突出其专门性，但也需考虑全局性；评估应聚焦于主要目标、重点任务和重大工程，深入分析环境变化对规划的影响及存在的挑战，并结合党的新部署，提出切实可行的实施建议。

（1）主要目标指标进展情况

对各专项规划中设定的重要目标指标的实际达成状况进行评估，特别是对那些具有约束性的指标进行紧密追踪。详细审视这些目标指标的完成度与进度情况，进一步判断它们是否按照预期进度推进，以及是否有望在五年内达成预定目标。对于现状与预期值存在的差距进行深入剖析，并基于此提出针对目标指标是否调整及如何调整的建议和依据。

（2）重点任务推进情况

对专项规划中的各项任务进行详细分解，系统梳理每项任务在推进过程中所完成的主要工作、出台的相关政策文件、构建的工作机制以及取得的核心成效。并基于此，进一步分析评估规划中明确的重大战略、任务和举措的具体实施进度，全面展现工作推进的全貌。同时，深入探究任务推进的成因，寻求有效策略，并提出切实可行的建议，为后续工作的顺利开展奠定基础。

（3）重大工程项目进展情况

围绕专项规划所明确的重点项目，对每个工程项目的建设阶段进行逐一梳理，以全面展现项目从开工在建、即将动工到前期规划论证等不同阶段的最新进展。对于已开始建设的项目，需详细列明资金投入使用情况、当前施工进度及未来预期；而对于那些未能按计划开工或进度偏慢的项目，则必须深入分析导致此种情况的具体原因，并制定出明确的推进计划和实施方案。同时，对于那些实施效果显著的重大工程项目及其背后的相关部门、单位和地区，应重点

挖掘并总结其成功的经验和做法，为其他同类项目的顺利实施提供有价值的参考和借鉴。

（4）规划实施面临的主要问题和风险挑战

在全面分析总结主要目标指标、重点任务、重大工程项目推进情况的基础上，结合经济社会发展格局、发展趋势和政策导向，深入研判规划中后期经济社会发展面临的外部环境，分析重点领域和重点行业发展形势变化，找寻存在的主要困难和矛盾，研判规划实施面临的关键约束和核心风险。

（5）下一步推进规划实施的评估建议

在充分考虑新形势、新任务、新要求和新目标的基础上，结合可行性与可操作性，深入探究并提出切实可行的举措，以进一步推动规划的有效实施。根据实际需要，对规划进行适当调整或修订，特别是对于因重大政策或体制机制调整而导致规划中的部分任务、工程难以继续实施的情况，应及时提出相应的规划调整建议，确保规划能够承上启下，保证各项指标和任务能够如期顺利完成。

（二）国家级专项规划

国家级专项规划是指国务院有关部门以经济社会发展的特定领域为对象编制的、由国务院审批或授权有关部门批准的规划。其主要涉及关系国民经济和社会发展全局的重要领域、需要国务院审批或核准重大项目以及安排国家投资数额较大的领域、涉及重大产业布局或重要资源开发的领域以及法律、行政法规和国务院要求的领域。部分"十四五"期间印发的国家级专项规划如表2所示。

表2 部分"十四五"期间印发的国家级专项规划情况

规划名称	规划概述
《"十四五"现代物流发展规划》	部署了六方面工作：整合物流枢纽资源、构建国内外物流大通道、优化服务体系、拓展价值链条、强化民生保障和提升安全应急能力。同时，规划明确了深化流通市场改革、完善商贸流通架构和推动物流体系快速发展三大任务
《"十四五"新型城镇化实施方案》	强调五大路径：推进农业转移人口市民化，以城市群为主导，协调大中小城市和小城镇发展，促进城市健康、宜居、安全，提升城市治理现代化水平，加强城乡融合发展

续表

规划名称	规划概述
《"十四五"国民健康规划》	至2025年完善卫生健康体系与医疗卫生制度,提升疫情及公共卫生防控水平,增强健康科技创新能力,人均预期寿命增加。至2035年,建立匹配的卫生健康体系,人均预期寿命达80岁。其间强化公共卫生服务,控制重大疾病,提升医疗质量与健康产业水平,完善健康政策
《"十四五"中医药发展规划》	旨在到2025年显著提升中医药服务能力,完善高质量发展政策与体系,发挥其在健康中国建设中的优势。主要任务包括深化改革创新,满足民众需求,提高中西医结合水平,加强特色人才队伍建设,以推动中医药高质量发展
《"十四五"国家老龄事业发展和养老服务体系规划》	明确了九大任务:增强社保与基础养老服务,拓展普惠型养老服务,提升居家社区养老能力,优化老年健康服务,繁荣银发经济,推广积极老龄观,建设老年友好环境,强化发展资源配置,维护老年人合法权益
《"十四五"国家应急体系规划》	2025年推进应急管理体系和能力现代化,提升法治、科技信息化水平,确保安全生产与防灾减灾。2035年构建现代化大国应急体系,实现依法、科学、智慧应急。任务包括深化体制改革,强化法治,防范风险,加强应急力量,优化资源配置
《"十四五"推进农业农村现代化规划》	旨在2025年前稳固农业基础,全面推进乡村振兴,显著提升农业农村现代化水平,有条件地区率先实现,脱贫地区巩固成果与乡村振兴有效衔接。到2035年,乡村全面振兴将取得决定性成果。规划聚焦"三个提升、三个建设、一个衔接"七大任务
《计量发展规划(2021—2035年)》	到2025年前让计量科技跻身全球先进行列,并在部分领域领先,强化其在经济社会的作用,完善体制机制。2035年目标是建立以量子计量为核心的世界一流测量体系,重点加强基础研究与应用、服务关键领域、增强能力建设和提高监管效率
《"十四五"市场监管现代化规划》	针对"大市场、大质量、大监管"的建设需求,确定了加强现代化市场监管机制、推动超大规模市场持续优化的政策方向,并细化了六大核心任务和五个保障措施
《"十四五"特殊教育发展提升行动计划》	至2025年构建高质量特殊教育体系,普及率达97%,增加非义务教育阶段机会。提升教育质量,完善课程、深化教学、建立评价体系,推进融合教育,对困难学生免费,提高经费与教师保障水平,强化队伍专业水平
《"十四五"节能减排综合工作方案》	旨在到2025年降低能耗13.5%,控制能源消费。化学需氧量、氨氮、氮氧化物、挥发性有机物排放应比2020年降低8%~10%。方案致力于完善政策、提升重点行业效能和减少污染物排放,推动经济社会显著向绿色发展转型
《"十四五"城乡社区服务体系建设规划》	旨在完善服务布局、增加资源、提高效率、推进数字化及培养人才,确保2025年底农村社区综合服务设施覆盖率达80%,每百户居民享30平方米设施

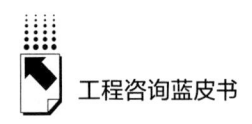

续表

规划名称	规划概述
《"十四五"旅游业发展规划》	重点推动创新与"互联网+旅游",优化布局与建设特色目的地,科学保护资源并丰富产品,扩大消费与提升服务水平,建立现代治理体系,提升文明旅游,加强开放合作
《"十四五"现代综合交通运输体系发展规划》	2025年实现交通运输一体化、智能化、绿色化发展,提升能力、品质、效率,迈向世界一流。2035年建成便捷、高效、安全、绿色、智能的交通网,实现快速出行与物流,建设交通强国。主要任务有构建高质量交通网等
《"十四五"数字经济发展规划》	2025年数字经济占GDP10%,数据市场初步形成,产业升级、公共服务数字化及治理完善。2035年领先数字经济市场。重点包括优化数字设施,发挥数据效能,促进产业数字融合,发展数字产业,提升公共服务,完善治理与安全,加强国际合作
《"十四五"现代流通体系建设规划》	现代流通领域首个五年规划,目标是构建现代流通网络,到2025年自然村通硬化路比例超85%,支持实体商贸创新转型,推动高效、便捷、安全的现代流通体系发展,为经济社会健康发展提供支撑
《"十四五"冷链物流发展规划》	构建"321"冷链物流体系,2025年建成100个国家骨干基地。2035年全面建成世界先进体系,提升监管治理能力,支撑现代化经济,满足人民美好生活需求
《"十四五"公共服务规划》	旨在2025年前完善公共服务制度,保障政府基本供给,鼓励社会多元参与,共建共享新格局。规划将提升民生福祉,提供优质均衡便捷的公共服务,增强人民群众的获得感、幸福感和安全感
《"十四五"对外贸易高质量发展规划》	展望2035年外贸前景,提出增强贸易、创新协调、深化合作等目标。规划明确优化贸易、创新服务、加快新业态与数字化绿色贸易等45项任务,制定6项保障措施
《国家标准化发展纲要》	至2025年提升国家竞争力,推动高质量发展,转变标准方式,实现政府与市场并重。至2035年完善标准体系和管理,形成全面开放格局。实施新产业标准化工程,研究新兴和未来产业标准,推动平台经济和共享经济标准化
《"十四五"文物保护和科技创新规划》	旨在提升文物保护水平和科技创新能力,设立6个方面21项指标。重点任务包括加强资源管理、文物安全、科技考古、古迹保护、革命文物管理、博物馆活力、社会文物服务、文物活化利用、国际交流合作和人才队伍建设
《"十四五"国家知识产权保护和运用规划》	加强保护,提高转化效率,建立服务体系,推进国际合作及加强人才文化建设。重点为保护升级、支持实体经济、完善服务、国际合作突破及夯实发展基础,设8个预期指标
《"十四五"全民医疗保障规划》	致力于建设公平、法治、安全、智慧、协同的医保体系,2025年制度更成熟、管理更精细、服务更便捷。重点任务包括完善多层次保障制度,优化协同治理,构筑坚实服务支撑,强化公共服务、法治、安全、信息化和标准化建设

续表

规划名称	规划概述
《全国高标准农田建设规划（2021—2030年）》	涵盖土壤、水利、道路、林业、电力、科技和管理等方面，确保农田达到高标准，并明确重点建设区域。规划目标是在2025年和2030年完成大规模建设和改造任务，到2035年实现更高水平发展，保障农业和粮食安全
《"十四五"就业促进规划》	到2025年实现就业形势平稳、质量提升、结构矛盾缓解。重点任务包括扩大就业、强化创业、支持重点群体、提升技能、推进市场建设、优化环境和应对失业风险，旨在提升就业质量、保障劳动者权益、支撑经济社会发展
《"十四五"残疾人保障和发展规划》	旨在到2025年巩固残疾人脱贫成果，提升生活品质；到2035年确保残疾人事业与经济社会同步发展，推动全面发展和共同富裕。重点任务包括完善社保、促进就业、加强关爱服务及保障平等权利，打造无障碍生活环境
《全民科学素质行动规划纲要（2021—2035年）》	提高公民科学素质，2025年公民具备科学素质比例超15%，2035年达25%。规划提出针对青少年、农民、工人、老年人和领导干部等人群的科学素质提升行动，实施五大重点工程优化科普资源、信息化、基础设施、基层能力和国际交流
《新能源汽车产业发展规划（2021—2035年）》	到2025年降低纯电动汽车电耗，销量占比20%，特定场景实现自动驾驶商业化。到2035年，纯电动汽车成主流，自动驾驶规模化。规划提出技术创新、新产业生态、融合发展、完善设施和深化合作等任务，推动新能源汽车健康发展

资料来源：根据公开资料整理。

参考文献

杨伟民等：《新中国发展规划70年》，人民出版社，2019。

全国咨询工程师（投资）职业资格考试参考教材编写委员会编《2024版宏观经济政策与发展规划》，中国统计出版社，2024。

尹俊、徐嘉：《中国式规划：从"一五"到"十四五"》，北京大学出版社，2021。

黄晓芳：《总体构建国土空间规划体系》，《经济日报》2023年9月1日。

B.3
项目咨询政策研究与解读报告

伍 迪　刘义成　张雪飞*

摘　要： 项目咨询为项目科学决策提供支撑，需要聚焦项目基本特征提供有针对性的智力服务。本文在对项目咨询的内涵及特征、主要类别等进行总体概述的基础上，按照投融资管理体制、可行性研究、投融资策划等方面对近几年项目咨询领域出台的有关政策进行梳理，并重点对2023年出台的主要政策内容进行简介。

关键词： 项目咨询　投融资管理体制　投融资策划

一　项目咨询政策总体概述

根据2017年国家发展改革委发布的《工程咨询行业管理办法》，工程咨询是遵循独立、公正、科学的原则，综合运用工程实践经验和现代科学管理方法，在经济社会发展、投资建设项目决策与实施活动中，为投资者和政府部门提供咨询和管理的智力服务。这里的工程咨询可以对应项目咨询的含义，其核心要义是为项目咨询提供科学化、民主化、程序化决策的基础和依据。本文立足于项目咨询的基本内涵、主要特征、目标导向，对项目咨询有关政策展开历史回顾和概览。项目咨询政策的演进和优化对项目分类管理制度的形成具有重要意义，同时为不同细分领域的项目咨询提供基本政策遵循。

---

* 伍迪，中国国际工程咨询有限公司研究中心副处长、副研究员，主要研究方向为基础设施不动产投资信托基金（REITs）、政府和社会资本合作（PPP）等基础设施投融资；刘义成，中国国际工程咨询有限公司研究中心产业研究处副处长、副研究员，主要研究方向为投融资、技术经济、风险管理等；张雪飞，中国国际工程咨询有限公司研究中心助理研究员，主要研究方向为基础设施投融资。

（一）项目咨询聚焦项目，为决策提供支撑

1. 项目咨询的基本内涵

项目咨询聚焦于工程项目，服务于投融资决策，为政府、企业等各类项目投资人提供专业化意见，针对项目投资的必要性、可行性、可获得的利益、融资活动、实施过程等进行专业化分析，为投资人提供决策方面的技术支撑。这里所谓的项目，亦称工程项目，一般是投资于工程建设的项目。这里所谓的决策，乃是一种旨在实现特定目标的策略性选择过程。此过程是在多元化的备选方案中，通过缜密地分析与比较，进而甄选出最优化的方案。决策的流程可细化为四个关键阶段：信息的全面搜集与整合、方案构思与设计、方案评价与评估、方案抉择。这四个阶段紧密相连、互为支撑，且在决策的全过程中循环往复，共同构成了决策活动的核心框架。

就项目咨询的服务范围而言，根据《工程咨询行业管理办法》，项目咨询具体包括项目投资机会研究、投融资策划、项目建议书（预可行性研究）、项目可行性研究报告、项目申请报告、资金申请报告的编制、政府和社会资本合作（PPP）项目咨询等。在工程咨询服务具体实践中，还可包括传统的项目初步设计方案咨询及基础设施不动产投资信托基金（REITs）等非标准化的创新性项目咨询。

项目咨询一般是由委托方委托咨询公司或其他咨询组织承担某个或多个项目过程的咨询服务。咨询需要针对委托方的个性化需求，提供具体的有针对性的咨询方案、建议及具体实施办法，为委托人获得投资、建设、运营等方面的竞争优势，而不是提出固定套路的解决方案与办法。因此，项目咨询需要聚焦项目本身，不能仅局限于提出常规解决办法，而是要做到有针对性，挖掘委托方和项目独具特色的优势和竞争力。

2. 项目咨询需要聚焦项目的基本特征并提供有针对性的咨询服务

在我国投资建设活动中，对项目有不同的称谓，如投资项目、建设项目、工程项目等，但在学术研究领域，这些称谓既有相同的含义，又有一些区别。投资项目，亦即固定资产投资项目，系指为实现既定目标，调动资金与资源，在特定时间框架内构建或购置固定资产的综合性活动。投资项目广泛涵盖两大类：一是涉及实体建设的工程项目，如工厂、铁路、公路、矿山及水电站等的

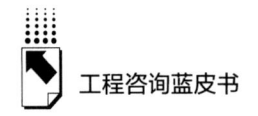

兴建；二是单纯的设备采购，如飞机、车船等资产的购置。建设项目是指按照一个主体设计进行建设并能独立发挥作用的工程实体。建设项目依次划分为单项工程、单位工程、分部工程、分项工程。工程项目是侧重于通过投资与建设，形成特定的生产能力或使用功能，并最终使工程转化为固定资产的各类项目。这一范畴既包含建筑安装工程的实施，也涵盖设备的购置，诸如飞机、车船等资产的购置。

工程项目具有独特性、一次性、固定性、整体性、不可逆转性，以及不确定性等特征。关于独特性，工程项目的独特性源于各自独特的时间背景、地理位置和特定的建设条件。这种独特性使每个项目都面临前所未有的挑战和机遇，即便是在看似相似的项目中，如众多住宅楼的建设，每一座楼也因其独特的设计和条件而与众不同。关于一次性，每个工程项目都有明确的开始和结束，随着项目的推进，它逐步从起点抵达终点，一旦项目的目标达成或确定不再需要或无法实现，项目即告完成。关于固定性，是工程项目有别于非工程项目最主要的特征。例如，工程项目的建设通常包含建筑安装工程，这些工程被固定在特定的地点，不可移动，因此受到当地资源、气候等因素的制约。关于整体性，一个工程项目的产品往往由多个单项工程和多个单位工程构成，这些部分相互依存，共同发挥作用，以实现项目的整体功能和效益。关于不可逆转性，一旦工程项目完成，其生命周期内通常不会推倒重建，因为这样的行为将带来巨大的经济和社会损失。关于不确定性，从规划到建设再到运营，整个过程涉及的方面广泛且复杂多变。建设过程涉及面广，各种情况复杂多变，不确定性大。与其他项目相比，工程项目在生产过程、组织结构和环境因素上都展现出更高的复杂性。这种复杂性要求项目团队具备较高的应变能力，以应对各种未知的挑战。

3. 项目咨询为实现特定项目目标提供决策支撑

项目目标的设定通常涵盖两个维度：宏观目标和具体目标。根据《项目决策分析与评价》的阐释，项目的宏观目标聚焦于项目对国家、地区、部门或行业整体发展目标的积极贡献和效应。不同性质的项目，其宏观目标各有侧重。举例来说，对于工业项目，宏观目标的核心在于满足国民经济发展对特定产品的需求，推动相关产业链的繁荣，促进产业结构的优化与升级。对于交通运输项目，其宏观目标则聚焦于改善交通网络、提升运输效率、为民众生活带来便利，同时刺激沿线地区的经济、社会发展，促进资源的有效开发。对于文化、教育、卫生等社会公益项目，宏观目标的设定更侧重于提升公众的生活质量，包括改善人们的工作与活动环境，提高生活品质，满足人们日益增长的物质生活和精神文化需求，促进社会的全面进步。

项目的具体目标是指通过投资建设所期望实现的直接成果和成效，通常涵盖效益目标、规模目标、功能目标以及市场目标等多个方面。其中，效益目标旨在实现经济效益、社会效益、环境效益以及生态效益的具体数值或指标，确保项目在多个维度上都能产生积极的影响。规模目标则针对项目的建设规模设定了明确的目标值，如在城市轨道交通项目中，规模目标包括确定线路的总长度、车站的数量等具体参数，以确保项目能够按照既定的规模进行建设。功能目标则是对项目功能的精确定位和设定，例如，通过扩大生产规模来降低单位产品成本；通过向前延伸产业链，生产所需原材料，从而降低产品成本和经营风险；向后延伸产业链，延长产品生产链，以提高产品的附加值；利用先进技术设备提升产品的技术含量和质量；进行技术改造，调整产品结构，以开发更加符合市场需求的产品；利用专利技术，开发高新技术产品，提升市场竞争力；通过拓宽投资领域来分散经营风险；等等。市场目标关注的是项目产品或服务在目标市场上的定位和市场份额的确定，通过精准的市场分析和策略规划，确保项目产品或服务能够在竞争激烈的市场中占据一席之地，实现良好的市场表现。

基于项目目标，投资决策是确定是否投入资源建设某一项目的最终选择。这一决策过程可细分为政府决策、企业决策和金融机构决策三个层面。政府决策层面，相关投资管理部门根据社会经济发展的需求，以实现经济调节、确保国家经济安全、满足社会公共需求以及推动经济的可持续增长为目标，按照政府投资的范围和目标，审慎决策是否投资建设某一项目。企业决策则基于企业自身的整体发展战略和规划，同时考虑资源条件、市场竞争中的地位以及项目产品在其生命周期中的位置，以追求经济效益、社会效益和可持续发展的能力为核心目标，来决定是否投资建设某一项目。企业投资项目原则上应由企业依法依规自主决策投资，同时遵循相关法规要求，完成备案或政府核准程序。金融机构决策则侧重于风险管理和盈利考量，银行等金融机构遵循"独立审贷、自主决策、自担风险"的原则，根据申请贷款的项

目法人单位信用记录、经营管理能力和还贷能力以及项目盈利能力，综合判断是否提供贷款支持。

（二）项目咨询政策按照投资主体进行分类规范

1.项目咨询政策对项目分类管理的发展历程

依据不同的划分标准，工程项目有着不同的分类方式。从投资主体的角度来看，工程项目可以分为政府投资项目和企业投资项目两大类；根据项目的建设性质，分为新建项目、改建项目和扩建项目；按项目用途来划分，可以分为生产性项目和非生产性项目；从产业领域的角度来看，工程项目可细分为工业项目、交通运输项目、农林水利项目和社会事业项目等；此外，根据项目的经济特征，还可以将工程项目分为竞争性项目、公共项目和其他项目；为了市场监管的需要，政府主管部门还会依据一定的标准将工程项目划分为大型、中型和小型项目。

项目咨询伴随着项目决策，是一个由粗到细、由浅及深的递进过程，在咨询过程中，主要成果包括项目投资机会研究、投融资策划、项目可行性研究报告、项目申请报告、政府和社会资本合作（PPP）项目咨询、项目初步设计方案等，必要时需要辅助一些专题研究。这些过程形成的报告构成了项目的主要咨询成果，投资主体不同的项目，其咨询成果呈现较大差异性。因此，项目咨询主要根据不同的投资主体进行分类管理，即包括政府投资项目和企业投资项目的咨询。

立项是体现政府投资项目和企业投资项目差异的重要事项，是项目咨询工作的重要工作阶段，也是项目前期阶段和项目决策的核心环节。由于基础设施项目存在投资主体、投资行业、投资规模、项目性质（是否盈利）之间的差异，因此立项应实行差异化管理。当前，项目立项分为审批、核准、备案三种方式，分别施行相应的决策程序。从咨询成果角度来看，项目正式立项的标志在于政府投资主管部门对采用审批制的项目出具的可行性研究报告的正式批复，或者对采用核准制的项目所提交的项目申请报告给予的核准。完成项目的可行性研究，标志着项目决策工作完成，正式转入工程设计、招标及施工准备等后续阶段。我国当前形成的项目立项管理制度是经历了漫长和重大的改革历程后的产物，与我国经济体制改革相伴相生。

改革开放初期,我国对于所有固定资产投资项目基本还是实行政府审批制。随着社会主义市场经济体制的持续健全与完善,国家开始深化投资体制改革,并在此过程中逐步确立了企业在投资活动中的主体地位,投资决策随着投资主体、范围的变化开始细化和分类,但审批制的立项制度一直延续到2004年。

2004年7月,结合改革开放20多年来国家一系列的改革精神,国务院发布了投资管理手续方面具有纲领性和指导性的文件——《关于投资体制改革的决定》。《关于投资体制改革的决定》改革了原先的投资管理方式,不再根据投资规模大小由各级政府及有关部门统一审批。明确对于使用政府资金的项目继续沿用审批管理的方式;而对于企业不使用政府投资建设的项目,一律不再实行审批制,依据不同投资项目的资金使用性质、类别、事权等情形分别适用核准制或备案制等相应的管理程序。这一改革旨在提高投资决策的效率和灵活性、更好地适应社会主义市场经济体制的发展需求。

党中央、国务院于2016年7月发布的《关于深化投融资体制改革的意见》,进一步针对审批制、核准制、备案制项目分别提出不同的审批程序以及规范要求。具体而言,对于采用直接投资和资本金注入方式的政府审批制项目,要采取严格的审批流程,确保项目建议书、可行性研究报告、初步设计等关键环节的全面审查;对于企业投资核准制项目,遵循核准范围最小化的原则,大幅精简投资项目准入阶段的相关手续;对于企业投资备案制项目,政府部门依托投资项目在线审批监管平台或政务服务大厅进行并联审查,同时明确不得设置任何前置条件,以进一步简化流程,为企业投资提供便利。

近年来,我国投融资体制改革成就斐然。投资项目审批范围大幅缩小,投资管理工作重心逐步从事前审批转向过程服务和事中事后监管,进一步赋予企业更大的投资自主权,确保投资活动更加灵活高效。政府投资项目和企业投资项目在投资范围、投资主体、投资内容和程序、决策过程和管理模式等方面不同,其项目咨询的成果要求也存在差异。

2.《政府投资条例》及相关文件是政府投资项目咨询的基本政策遵循

根据《政府投资条例》,政府投资是指在中国境内使用预算安排的资金进行固定资产投资建设活动,包括新建、扩建、改建、技术改造等。政府投资资金按项目安排,以直接投资方式为主;对确需支持的经营性项目,主要采取资

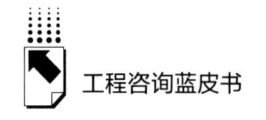

本金注入方式，也可以适当采取投资补助、贷款贴息等方式。

按照《政府投资条例》和国务院相关规定，国务院投资主管部门履行政府投资的综合管理职责。国务院其他有关部门依照该条例和国务院规定的职责分工，履行相应的政府投资管理职责。在地方层面，县级以上地方人民政府投资主管部门和其他有关部门依照该条例和本级人民政府规定的职责分工，履行相应的政府投资管理职责。

政府投资项目，即政府通过直接投资或资本金注入方式参与的项目。在项目启动时，项目单位应当编制项目建议书、可行性研究报告、初步设计，并按照政府投资管理权限和规定的程序，报投资主管部门或者其他有关部门审批。除涉及国家秘密的项目外，投资主管部门和其他有关部门应当通过投资项目在线审批监管平台，利用在线平台生成的项目代码办理政府投资项目审批手续。投资主管部门和其他有关部门应当通过在线平台公示与政府投资有关的规划、产业政策等，并公开政府投资项目审批的办理流程、办理时限等，为项目单位提供必要的咨询服务。对于涉及经济社会发展、对社会公众利益有重大影响或者投资规模较大的政府投资项目，投资主管部门或者其他有关部门应当在综合考量中介服务机构评估、公众参与意见、专家评议结果和风险评估的基础上，作出是否予以批准的决定。

国务院投资主管部门负责编制政府投资年度计划，国务院其他有关部门对其负责安排的本行业、本领域的政府投资编制相应的政府投资年度计划。同样地，县级以上地方人民政府有关部门按照本级人民政府的规定，编制政府投资年度计划。政府投资年度计划应当明确项目名称、建设内容及规模、建设工期、项目总投资额、年度投资额及资金来源等关键要素，以确保政府投资的合理规划和有效执行。

政府投资项目开工建设，必须满足《政府投资条例》及相关法律、行政法规所规定的各项建设条件，否则项目无法正式开工。对于政府投资项目，其实施过程必须严格遵循投资主管部门或其他相关部门所批准的建设地点、建设规模和建设内容。若项目计划变更建设地点，或对建设规模、建设内容等进行重大调整，则需按照既定程序向原审批部门进行申报并获得批准。此外，政府投资项目不得由施工单位垫资建设。政府投资项目建设投资原则上不得超过经核定的投资概算，以保证投资的合理性和效益性。

为了确保政府投资项目的有效实施，投资主管部门和负责监督管理政府投资项目的其他部门应当采用在线监测和现场核查等手段，对政府投资项目的进展情况进行严格监督与检查。项目单位应当通过在线平台真实、准确地报送政府投资项目开工建设、建设进度以及竣工状态等基本信息。投资主管部门和依法对政府投资项目负有监督管理职责的其他部门应当建立政府投资项目信息共享机制，通过在线平台实现政府投资项目信息的实时共享，以便更好地进行协调和管理。

二 项目咨询领域2023年主要政策梳理

项目咨询领域政策主要体现在投融资管理体制及投资项目可行性研究、投融资策划等方面。2023年发布的主要政策梳理如下。

（一）投融资管理体制

现阶段，我国投融资管理体制基本形成以《政府投资条例》《企业投资项目核准和备案管理条例》《外商投资法》《外商投资法实施条例》为框架的制度体系，2023年发布的政策主要是《关于进一步优化外商投资环境加大吸引外商投资力度的意见》。

（二）投资项目可行性研究

1. 投资项目可行性报告编写大纲

2023年，国家发展改革委在总结2002年版《投资项目可行性研究指南》发布以来我国可行性研究工作经验的基础上，强化系统观念，形成了投资项目可行性研究报告编写大纲，具体包括《政府投资项目可行性研究报告编写通用大纲（2023年版）》《企业投资项目可行性研究报告编写参考大纲（2023年版）》《关于投资项目可行性研究报告编写大纲的说明（2023年版）》。

2. 投资项目可行性研究其他相关政策

其他与投资项目可行性研究相关的政策主要体现在空间规划、产业结构调整、节能审查、数字经济等方面，具体包括《国土空间调查、规划、用途管制用地用海分类指南》《产业结构调整指导目录（2024年本）》《固定资产投

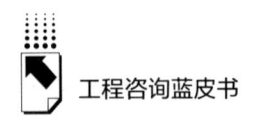

资项目节能审查办法》《空气质量持续改善行动计划》《数字经济促进共同富裕实施方案》等。

（三）投融资策划

投融资策划领域发布的政策主要体现在投资项目运作模式、中央预算内资金管理及项目资金筹划等方面。

1. 运作模式

运作模式相关政策主要是对投资项目参与主体、交易结构、回报机制、风险分配等方面提出的原则性要求，具体包括《关于规范实施政府和社会资本合作新机制的指导意见》《生态环境导向的开发（EOD）项目实施导则（试行）》。

2. 预算管理

预算管理相关政策主要是对中央预算内资金的使用、评审、项目管理等方面提出的要求，具体包括《预算评审管理暂行办法》《中央预算内投资项目监督管理办法》《关于印发〈重大水利工程等农林水气项目前期工作中央预算内投资专项管理办法〉的通知》《关于修订印发〈煤矿安全改造中央预算内投资专项管理办法〉的通知》。

3. 资金筹划

资金筹划相关政策主要是对激活民间资本、盘活存量等方面提出的意见或要求，具体包括《关于进一步抓好抓实促进民间投资工作努力调动民间投资积极性的通知》《关于完善政府诚信履约机制优化民营经济发展环境的通知》《关于规范高效做好基础设施领域不动产投资信托基金（REITs）项目申报推荐工作的通知》。

三 2023年度主要政策内容简介

项目咨询政策的演进和优化为工程项目投融资决策咨询提供了基本政策遵循。2023年，投资主管部门国家发展改革委发布的《政府投资项目可行性研究报告编写通用大纲（2023年版）》《企业投资项目可行性研究报告编写参考大纲（2023年版）》为项目前期决策咨询提供了重要指引。此外，

《国务院办公厅转发国家发展改革委、财政部〈关于规范实施政府和社会资本合作新机制的指导意见〉的通知》，对规范与引导政府和社会资本合作的模式方向提供了有力支撑，为采用PPP模式的项目咨询评估有关工作提供重要参考。国家发展改革委发布《关于规范高效做好基础设施领域不动产投资信托基金（REITs）项目申报推荐工作的通知》，对推进基础设施REITs常态化发行具有重要指导意义，为提升基础设施REITs有关咨询工作提供方向指引。

（一）可行性研究有关政策简介

2023年3月，国家发展改革委正式发布《政府投资项目可行性研究报告编写通用大纲（2023年版）》（以下简称《通用大纲》）和《企业投资项目可行性研究报告编写参考大纲（2023年版）》（以下简称《参考大纲》）（两个文件以下简称《可研大纲》），为项目咨询有关工作提供了重要参考。

1.《可研大纲》是投资项目可行性论证的重大飞跃

国家发展改革委本次正式印发的《可研大纲》，不仅体现了最近20年投融资体制深化改革的重要成果，也体现了新时代高质量发展的理念要求，其推广应用将有利于全面提升我国投资项目可行性研究的整体水平，有利于发挥可行性研究对项目投资科学决策的关键支撑作用，在扩大有效投资、推动投资项目高质量发展的实际工作中发挥引领作用。

2.《可研大纲》构建了统一的可行性研究逻辑框架体系

《可研大纲》为编写可行性研究报告提供了关于内容和深度的通用指导。在实际应用中，不同行业或领域的可行性研究报告应在"三大核心目标、七个关键维度"的总体结构下，根据各自行业或领域的特性以及项目的具体情况，灵活调整并合理设计其篇章结构和内容。这样的做法旨在确保报告既符合一般要求，又能准确反映特定行业和项目的特性。

（1）项目建设必要性

项目建设必要性分析强调从经济社会发展的宏观视角出发，结合战略规划管理的维度，深入剖析宏观战略、发展规划、社会需求、市场预测以及企业战略等多个方面，分析项目建设的理由，作为提出拟建项目近期和远期目标、产品或服务的需求总量及结构，以及研究确定项目建设内容和规模的重要依据。

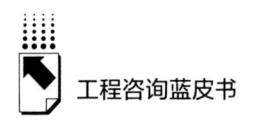

(2) 方案可行性

① 选址和要素保障是项目建设的前提条件。项目选址或选线是比选和择优项目场址或线路方案的过程，必须坚持国土空间资源的"唯一性"要求，落实项目建设的各项条件，并为提升项目财务效益，实现项目预期经济社会、生态环境等正向效果奠定基础。

要素保障是项目方案可行性的基础条件，是项目方案可行性研究的重要内容。为了突出要素保障条件在项目方案优化中的重要性，《可研大纲》将要素保障独立出来，作为一个特定维度进行专业论证。项目要素涉及范围较广，《可研大纲》着重关注项目建设中至关重要的土地、资源、环境等约束性要素指标，要求项目建设应先行落实土地、岸线、航道、水资源、能耗、碳排放强度和污染减排等要素保障条件。同时，从方案优化的角度出发，对这些要素指标进行深入分析，以优化资源配置。这一过程强调了市场机制在推进要素资源配置中的基础性地位，通过市场手段有效促进资源的合理配置和利用。

② 项目周期全过程数字化应用。《可研大纲》强调在优化项目建设方案时，需要充分考虑到数字化转型的需求。对于条件成熟的项目，鼓励探索并推动数字化设计、施工和运维等模式的创新，以建立一种以数字化交付为核心目标的新型建设运行机制。这样不仅能够提升项目的整体效率和质量，还能更好地适应数字化时代的发展需求。

③ 运营方案通过有效运营实现项目投资产出和回报。《可研大纲》要求摒弃过去"重建设、轻运营"的做法，强调从经营管理者的角度出发，深入分析项目在投入运营后能够实现的产出目标。这一转变要求对运营方案的可行性进行深入研究，确保项目的长期运营效益和可持续性。

④ 投融资和财务方案强调从项目周期的视角全面评估投入产出效率。《可研大纲》除了要求提高项目投资估算的准确性，以及加强财务盈利能力、债务清偿能力和财务可持续性评价要求之外，还特别突出了对项目融资方案的深入研究。这包括对权益性融资和债务性融资的来源及结构、融资方式及融资成本等方面的细致分析，以评估项目的融资潜力。同时，《可研大纲》还关注项目获得绿色金融、绿色债券等创新金融工具支持的可能性，旨在通过金融手段促进项目的可持续发展。

《可研大纲》提出，对于具备资产盘活条件的基础设施项目，要求研究项目建成后采取基础设施 REITs 等方式盘活存量资产、实现项目投资回收，以实现项目—资产—资本—资金—投资的良性循环。

⑤ 项目影响效果评价突出体现绿色发展和以人民为中心的新发展理念。《可研大纲》明确提出，在进行项目的可行性研究时，必须充分考虑到项目的特性和实际需求，着重开展安全影响效果的分析与论证。这样做的目的是更好地平衡发展与安全之间的关系，增强供应链的韧性和安全性能，确保经济效益、社会效益、生态效益以及安全效益能够相互协调、共同提升。

（3）风险管控方案旨在确定项目可行的边界及其转换机制

风险可控性分析强调坚持底线思维，通过采用科学的评价方法和技术手段，全面识别项目的主要风险因素，在深入分析和评估风险的基础上，研究确定项目面临的主要风险，并据此制定具有针对性的风险防范和化解措施，研究制定重大风险应急预案，以确保在风险发生时能够迅速、有效地进行应对，保障项目的顺利进行。

3.《可研大纲》体现了五个方面的重大变革

一是推动高质量发展。《可研大纲》立足新发展阶段，强调贯彻新发展理念，坚持以人民为中心的发展思想，关注绿色发展、自主创新、共同富裕、国家安全、风险管理等理念以及投资建设数字化转型等要求，并充分汲取联合国可持续发展目标（SDGs），世界银行有关环境社会影响评价（ESIA）分析框架，以及环境、社会和治理（ESG）等理念，补充完善可行性研究相关内容，以促进实现高质量发展。

二是适应投融资体制改革新要求。《可研大纲》积极响应投融资体制改革的新要求，全面考虑了当前投融资体制深化改革的背景，坚持政府投资项目与企业投资项目分类管理，明确不同投资主体编写项目可行性研究报告的特殊要求。例如，在政府投资项目债务清偿能力分析中，《可研大纲》特别强调了要关注项目是否会对当地政府财政支出造成额外负担，以及是否会引发地方政府隐性债务风险等问题，以确保项目的财务稳健性和可持续性。

三是采用"三大目标、七个维度"结构化分析框架。《可研大纲》通过"三大目标、七个维度"结构化分析框架，形成了可行性研究报告编写的基本逻辑框架。框架中不仅考虑到了政府投资项目与企业投资项目在需求上的差异性，同时避免了对可行性研究报告的具体章节安排进行单一的硬性约束规定，

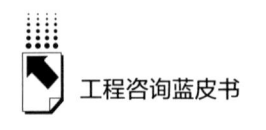

这将有利于推动可行性研究工作从传统的格式化文本编写转向更为专业、深入的内容论证，从而确保研究的科学性和实用性。

四是重视可行性研究系统化方案优化。《可研大纲》强调投资项目的可行性研究工作应超越部门利益，坚守独立且客观的专业准则。研究过程中，应将各类专项评估综合纳入考量，形成系统化的论证体系。这个体系将从战略视角、经济效益、环境影响、社会效益、财务稳健性、商业模式以及管理层面等多个维度出发，进行全面的多目标剖析。通过对多个潜在方案的综合比对和优选，深入论证项目的建设必要性、实施方案的可行性以及潜在风险的可控性，从而确保项目能够在多个层面上实现综合效益的最大化。

五是立足前期研究指引项目全生命周期专业化管理。《可研大纲》突破传统的"工程建设可行性研究"的视野范畴，强调投资—建设—运营一体化的视角，统筹项目的需求、要素、影响和风险，将可行性研究报告作为项目投资主体内部决策、政府审批和核准及备案、银行审贷、投资合作、工程设计、项目实施、竣工验收，以及项目后评价等工作的基本依据，为全过程工程咨询提供指引，为项目全生命周期风险管控奠定基础。

4. 明确政府投资和企业投资项目可行性研究分类管理的具体要求

在"三大目标、七个维度"的基本框架下，根据投资项目分类管理要求，本次发布的《可研大纲》以《通用大纲》和《参考大纲》的形式，分别明确了政府投资项目和企业投资项目可行性研究报告编写的不同要求。

一是投资价值理念：公共利益与商业价值。政府投资项目旨在实现公共利益的最大化，这一理念强调在资源配置中优先考虑公平，同时兼顾效率，其可行性研究应突出经济社会综合效益，确保项目的实施能够为社会带来广泛且持久的福祉。相比之下，企业投资项目则更加侧重于市场机制的作用，其可行性研究更加强调项目的经济性和商业价值。

二是可研报告目的：行政审批与内部决策。政府投资项目需要遵循审批制，由政府投资主管部门对项目的可行性研究报告进行审批。企业投资项目则根据项目的不同性质，分别实行核准制和备案制，不再需要政府投资主管部门审批项目可行性研究报告，企业投资项目可行性研究报告主要用于企业内部决策、银行贷款审查和项目申请报告（或项目申请书）编写的参考依据，可行性研究报告建议的项目方案将指导工程设计、建设准备、服务、设备采购、投融资以及运营管理等多个环节，成为企业实施项目的主要依据和行动指南。

三是可研报告内容体现明显差异。国家发展改革委本次发布的《可研大纲》，以政府投资项目《通用大纲》和企业投资项目《参考大纲》的形式呈现。

四是与可行性研究其他成果的衔接。《可研大纲》明确了政府投资项目可行性研究报告与建议书的关系，重申建议书重在论述项目建设的必要性，建议书编写可参考政府投资项目可行性研究《通用大纲》的要求，并对相关内容予以适当简化。企业投资项目可行性研究报告为企业投资决策提供依据，也为项目申请书的编写提供重要支撑，其可行性研究报告成果可以转化为项目申请书的相关内容。

5.《可研大纲》强调可行性研究适应高质量发展的新要求

《可研大纲》站在推动实现高质量发展的战略高度，特别聚焦了多个体现新发展理念的关键领域，为可行性研究注入新的内涵。《可研大纲》特别强调了要素保障、数字化方案、绩效管理方案、可融资性评价、REITs盘活存量资产分析、碳达峰碳中和分析等体现新发展理念要求的可行性研究内容。《可研大纲》的这些新要求，旨在提升可行性研究的专业性和全面性，弥补可能存在的专业知识短板，从而完善投资项目的报告内容，为实现高质量发展提供坚实的支撑。

（二）政府和社会资本合作（PPP）有关政策简介

2023年11月，《国务院办公厅转发国家发展改革委、财政部〈关于规范实施政府和社会资本合作新机制的指导意见〉的通知》（以下简称《PPP新机制》）正式对外公开，这是我国政府和社会资本合作发展史的重要里程碑。《PPP新机制》建立了特许经营新模式，其显著特征在于积极鼓励民间资本参与、充分发挥市场机制的作用，并有效遏制新增的地方政府隐性债务。新机制不仅重新构建了特许经营项目的全周期管理流程，使其更加高效和系统化，而且成功地消除了新建、改扩建项目与存量资产盘活之间的障碍，促进了资源的优化配置，标志着PPP模式在经历了2023年2月的清理核查之后，再次焕发活力，踏上了高质量发展的新道路。

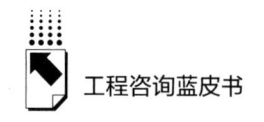

1. 积极鼓励、优先选择民营企业参与，并实施分类管理

PPP，即 Public-Private Partnership，通常被翻译为"公私合作"或"公私伙伴关系"。在我国，这一模式得到了广泛的推广和应用，并被统称为"政府和社会资本合作"。其中，第二个"P"淡化了"Private Sector"的本意，涵盖了国有企业、民营企业、外资企业、混合所有制企业等多种所有制形式，以及其他具有投资或经营资格的主体。

（1）背景

我国的 PPP 早期是由外商投资企业投资建设和运营的。近十年来，PPP 项目招标或采购实践更偏向资金或施工实力较强的国有企业。

（2）政策解决办法

① 民营企业。《PPP 新机制》首次制定《支持民营企业参与的特许经营新建（含改扩建）项目清单（2023 年版）》，旨在通过精准地分类管理来适应不同行业的特性和新建项目的需求，同时考虑到了民营企业的专业能力。

为确保特许经营者的选择过程公正透明，《PPP 新机制》明确设定了一系列公开竞争条件，这些条件包括但不限于项目运营方案、项目收费单价、特许经营期限、项目运营管理经验、专业运营能力、企业综合实力和信用评级标准等。此举旨在不再过分强调融资和施工能力，而是为那些拥有优秀运营能力和管理经验的民营企业提供更多的机会，使它们能够在竞争中脱颖而出。

② 外商投资企业。《PPP 新机制》积极鼓励外商投资企业参与政府和社会资本合作项目，可参照《支持民营企业参与的特许经营新建（含改扩建）项目清单（2023 年版）》执行，并应满足外商投资管理有关要求。如果外商投资企业投资建设数据中心 PPP 项目，其股权比例应不低于35%且不超过50%。

2. 采用特许经营，聚焦使用者付费

《PPP 新机制》要求采用特许经营模式，明确终止可用性付费方式，强调市场化机制，并要求所有政府和社会资本合作项目均应采用特许经营模式实施（基于使用者付费），以此来充分发挥市场机制的效能，并着重强调以使用者付费为基础的经营模式。

《PPP 新机制》所提倡的使用者付费项目，指的是那些具有清晰明确的收费途径和方式，其项目运营收益能够覆盖建设投资和运营成本，并具备一定投资回报的项目。这些项目不会因采用特许经营模式而给地方财政带来额外的未来支出责任。

为了有效防范地方政府新增隐性债务，《PPP新机制》明确提出，不得通过可行性缺口补助、承诺保底收益、可用性付费等任何形式使用财政资金来弥补项目建设和运营成本。然而，这并不意味着完全排除政府投资支持和政府付费的可能性，而是对政府的支出条件进行了更为严格的限制和规范。

3. 建立特许经营管理新程序，规范推进项目建设实施

一是明确职责分工并重构项目周期管理流程。《PPP新机制》明确了特许经营项目的管理职责分工，同时重构了特许经营项目全生命周期的管理流程。

二是先行开展特许经营方案可行性论证工作。《PPP新机制》要求先行开展特许经营模式可行性论证，包括特许经营方案的编制、评估和审核等环节。其中，特许经营方案编制工作由实施机构牵头，可参考《国家发展改革委关于印发投资项目可行性研究报告编写大纲及说明的通知》等官方指导文件的要求和标准进行编制。

三是PPP项目的"两评一案"已经成为历史。《PPP新机制》特别强调了对特许经营项目周期的方案优化，以确保项目的长期效益和可持续性。在项目建设实施阶段，新机制要求特许经营者必须深入细致地做好项目的前期工作，严格按照相关规定对工程建设方案进行优化，合理安排项目工期，严格控制成本造价，确保工程质量的高标准，并提前做好运营筹备工作。而在项目运营监管阶段，新机制则要求实施机构将社会公众的意见和反馈作为项目监测分析和运营评价的重要考量因素。通过构建有效的绩效评价反馈机制，不断对项目运营管理方案进行改进和优化，以满足社会公众的需求。

4. 特许经营与REITs相得益彰，打通"投融建管退"

一是特许经营与基础设施REITs具有天然的融通性。PPP和REITs作为两种重要的投融资模式创新，已经成为推动存量资产盘活并带动增量投资的关键发展路径。《PPP新机制》再次明确"积极支持符合条件的特许经营项目发行基础设施领域不动产投资信托基金（REITs）"。

另外，《PPP新机制》提出，特许经营期限原则上不超过40年，不仅提高了特许经营权资产估值，也为REITs提供了更多符合发行条件的特许经营权资产；同时，基础设施REITs作为权益性融资，要求资产所属的项目公司100%股权通过资产支持证券，完全转让给公募基金，并在沪深证券交易所公

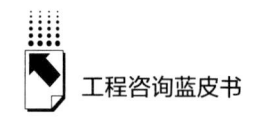

开募集资金，为特许经营者提供了一条极佳的资本退出途径。

二是打通了新建、改扩建项目与存量资产盘活的壁垒。《PPP新机制》以新建PPP项目为主线，同时充分考虑到盘活存量资产和改扩建项目的特殊需求。而且，《PPP新机制》支持创新项目实施方式，"鼓励符合条件的国有企业通过特许经营模式规范参与盘活存量资产"，为文旅基础设施发行REITs提供了新的视角和策略。此外，《PPP新机制》在特许经营协议变更和项目移交等工作中，明确"如果特许经营者因改扩建等原因需要重新选择特许经营者的，同等条件下可优先选择原特许经营者"，这一规定为涉及改扩建的高速公路项目在发行REITs时有效地减少了原始权益人因公开招标而可能失去改扩建工程投资建设机会的风险。

（三）基础设施领域不动产投资信托基金有关政策简介

2023年3月，国家发展改革委发布《关于规范高效做好基础设施领域不动产投资信托基金（REITs）项目申报推荐工作的通知》（以下简称"236号文"），该文件对REITs试点工作从前期筹备到运营管理的全流程要求进行了全面梳理和进一步提升，展现了申报推荐工作向规范化、标准化和精细化管理的转变。236号文对于提高项目申报推荐的质量和效率，以及推动基础设施REITs的常态化发行具有重要的指导作用。

1. 前期培育被纳入基础设施REITs项目发行上市的必经阶段

前期培育是基础设施REITs必不可少的自我成长阶段。我国REITs一级市场的持续火爆和二级市场的稳健表现，根本上源于项目资产质量过硬。前期培育的实质，是一个对底层资产进行质量提升和完善的过程，旨在使其达到并满足基础设施REITs的发行标准。

前期培育是发起人（原始权益人）的主动作为过程。我国基础设施REITs申报推荐政策明确要求，发起人要认真学习REITs申报推荐要求，提高风险甄别和尽职调查能力，真实、全面、客观反映项目情况，不得弄虚作假、避重就轻、违规包装。而且，为了促进消费、带动经济增长，236号文首次将消费基础设施纳入REITs底层资产，明确提出"优先支持百货商场、购物中心、农贸市场等城乡商业网点项目，保障基本民生的社区商业项目发行基础设施REITs"。

前期培育主要对标基础设施REITs发行条件，针对具体项目发现问题、分析问题和解决问题，主动防范和提前化解项目可能存在的重大风险。这不仅有助于提升项目的资产质量，也有助于减轻后续审核和监管的压力，提高推荐和发行的效率。

2. 规范透明展现了基础设施REITs项目申报推荐程序的鲜明特色

基础设施REITs尚属新鲜的金融创新产品，试点项目的行业类型、区域范围、发行数量和市场规模还很有限，很多领域发行REITs的关键问题尚在探索研究中，但规范申报审核程序、明确申报要求和发行条件、做好项目协调服务和推荐工作，一直是监管部门倡导和践行的目标。

在项目完成前期培育、申报材料符合发行要求的条件下，236号文对基础设施REITs申报推荐工作提出了严格时限要求，倒逼相关单位及时"出手"。① 省级发展改革委初审项目时限为5个工作日，该期限内要么正式受理，要么明确回复不予受理；国家发展改革委对中央企业直报的项目材料进行初审也一视同仁。② 咨询评估机构受国家发展改革委委托，开展项目评估时限一般不超过30个工作日；特殊情况难以完成时，需要书面申请延期。③ 从正式受理至推荐项目的总期限不超过3个月，不含补充和修改项目材料的时间。

程序公开和标准透明也倒逼项目申报前做足功课。236号文对项目申报材料提出更高要求：省级发展改革委或中央企业正式报送的项目材料，如果国家发展改革委受理后认为明显不符合发行条件或材料不完整、不齐备，将面临被"退回"的风险，虽然项目理论上还存在重新申报的机会，但对发起人（原始权益人）或基金管理人（ABS管理人）的声誉可能产生负面影响。

3. 资产分类管理明晰了基础设施REITs项目发行的关键条件

（1）进一步明确不同类型项目收益率要求

236号文将基础设施资产区分为经营权类和产权类项目，对最低收益门槛进行了适度的下调，鼓励更多优质资产参与REITs市场，有利于更多原始权益人发行基础设施REITs产品，准确反映不同项目的投资收益水平，促进投资人对项目收益率作出合理判断。

① 产权项目。236号文将对产权项目的净现金流分派率准入门槛由4%调减至3.8%，明显地高于二级市场的投资收益率，对于投资人仍具有较大的认可度和吸引力，也有利于原始权益人将更多符合条件的产权项目发行REITs

产品。

② 经营权项目。236号文对经营权项目不再统一规定最低的净现金流分派率，规定首发REITs项目IRR原则上不低于5%，略低于9单已上市经营权REITs的实际收益率，但明显高于市场大多数理财产品收益率，也有利于推动更多经营权资产进入公募REITs市场。

（2）对于保障性租赁住房类项目提出专门要求

236号文将保障性租赁住房首发当期不动产评估净值降至不低于8亿元，这一举措将促进更多地区将优质的保障房资产引入公募REITs市场，有利于通过REITs模式盘活存量保障房资产，从而更有效地解决新市民、青年人等住房问题。

（3）规范投资管理合规性手续要求

236号文明确了项目管理手续补办的原则，有利于更好判断项目合规性。投资管理手续合规性要以项目投资建设时的法律法规和国家政策作为主要判定依据，重大改扩建工程主要依据改扩建时的相关手续办理情况。投资管理手续总体处理原则是应补尽补，不能简单地以函代补。

同时，236号文严把投资管理合规性，分类明确了不同情景下补办手续的原则，具体分为三种情景：① 投资建设时无须办理但按现行规定应当办理的手续（如2010年以前建设项目的节能评估）；② 投资建设时应当办理但现行规定已经取消（如建设用地批准书）或与其他手续合并的有关手续（如划拨用地的土地预审意见）；③ 投资建设时和现行规定均需办理的有关手续，分别提出了相应的解决问题路径，为发起人（原始权益人）和地方政府相关部门协同办理相关手续提供了依据。

4. 资金监管和运营责任凸显了基础设施REITs项目的周期管理

236号文强化了资金监管和运营责任，回应了募集资金投向多元化和使用年限适当延长等诉求，有利于保障基础设施REITs净回收资金的有效投资。

回收资金用途和使用方面，首次调整回收资金用途。236号文提出不超过30%的净回收资金可用于盘活存量资产项目，不超过10%的净回收资金可用于已上市基础设施项目的小股东退出或补充发起人（原始权益人）流动资金等。

236号文对净回收资金的使用进度提出了新要求，即2年内使用率达到75%以上，3年内全部使用完毕，旨在督促回收资金尽快投入使用；同时，建立了回收资金使用的直报制度，即每季度结束后5个工作日内向国家发展改革委投资司直接报送回收资金使用情况，便于监督检查，保障回收资金高效发挥作用。

运营管理方面，236号文进一步夯实了基金管理人运营管理责任，要求运营管理机构更加注重项目运营可持续性。基金管理人必须加强资产的运营质量责任、安全生产责任、环境社会责任等方面管理，及时披露项目运营信息。

此外，236号文延续2022年的617号文的要求，将基础设施REITs首发项目的实际运营表现与扩募资格挂钩。因此，资产运营管理能力日益成为影响REITs发展全局的关键因素。

B.4
评估咨询政策研究与解读报告

姜富华 曹玫 苗雨菲*

摘　要： 咨询评估是我国工程项目投资管理的重要组成部分，是工程咨询业的最基础内容之一，近年来的受重视程度进一步提升。从政策体系来看，综合咨询评估领域已经形成了"1+3+N"的政策体系，共同为保障投资咨询评估质量、提升投资效率和效果保驾护航。专项评价如环境影响评价、节能评估、社会稳定性风险评估、项目支出绩效评价等的政策也在不断完善。进入高质量发展阶段，工程咨询机构应在现有的咨询评估政策体系下，从沟通交流、人员配置、质量管控等多角度出发，不断地提升自我，更好完成咨询评估业务。

关键词： 咨询评估　专项评估　工程咨询

咨询评估是我国工程项目投资管理的重要组成部分，是工程咨询业的最基础内容之一。它以第三者的角度对投资项目事前、事中、事后进行公正、独立、客观的评价，对提高投资决策的科学性和民主性、建立健全项目全生命周期的监测管理体系具有重要意义。近年来，我国政府越来越重视政府投资的咨询评估，企业投资也越来越重视咨询评估，参照政府部门的做法聘请咨询机构进行评估，咨询评估受重视的程度进一步提升。

---

* 姜富华，中国国际工程咨询有限公司研究中心主任，教授级高级工程师，咨询工程师（投资），主要从事水利、生态、咨询理论方法标准等领域的研究及咨询评估工作；曹玫，中国国际工程咨询有限公司研究中心处长，正高级经济师，主要从事投资管理政策、工程咨询方法及技术经济研究；苗雨菲，中国国际工程咨询有限公司研究中心职员，助理研究员，从事工程咨询政策及方法研究。

一　评估咨询政策概述

《工程咨询基本术语》（GB/Z 40846-2021）将评估咨询定义为：对规划、项目或特定事项的决策、实施过程与结果进行评价的咨询活动与交付物，可包括规划评估、项目决策评估、规划和项目中期评估、投产（运行/运营）前评估、后评价等综合性评估，也可包括安全评估、绩效评估、能效评估等专项评估。另外还提出了专项评价的概念，指对规划和工程项目的重要建设条件和方案效果、影响而进行的评估，例如，规划和项目地震安全性、地质灾害危险性、消防安全性和环境影响等专项评价。

分析来看，无论是专项评估还是专项评价，它们都是服务于规划、项目决策和建设的某个环节，比如土地利用的有关规划需在编制过程中组织进行环境影响评价，编写该规划有关环境影响的篇章或者说明；专项规划应该在该专项规划草案上报审批前组织进行环境影响评价，并向审批机关提出环境影响报告书。节能评估、社会稳定性风险评估、通航影响评价等是可行性研究报告审批或企业投资项目核准的必备要件，且其有关结论均需在可研报告或项目申请书中予以展示。环境影响评价、地质灾害风险性评估、地震安全性评价、洪水影响评价等则需要在开工前完成，否则不能取得开工许可证。基于这一考虑，本文重点对综合咨询评估政策进行解读，并简要介绍部分重要的专项评估政策。综合评估与常见专项评估/评价的关系如图1所示。

二　综合评估咨询政策的由来与发展

新中国成立初期我国大规模推进经济建设，规划和实施了以156项重点工程为代表的工程项目，当时主要学习苏联的基本建设管理经验，成立了一批勘察设计机构，逐步开展了一些以勘察设计为主的项目前期论证。改革开放后，党中央、国务院进一步认识到决策民主化和科学化的极端重要性，要求加强投资项目的研究决策工作，克服建设的盲目性，提高科学性。1981年，我国首次提出所有新建、扩建大中型项目都必须编制项目可行性研究报告。1985年，在时任国务委员兼国家计划委员会（以下简称"国家计委"）主任宋平同志的

工程咨询蓝皮书

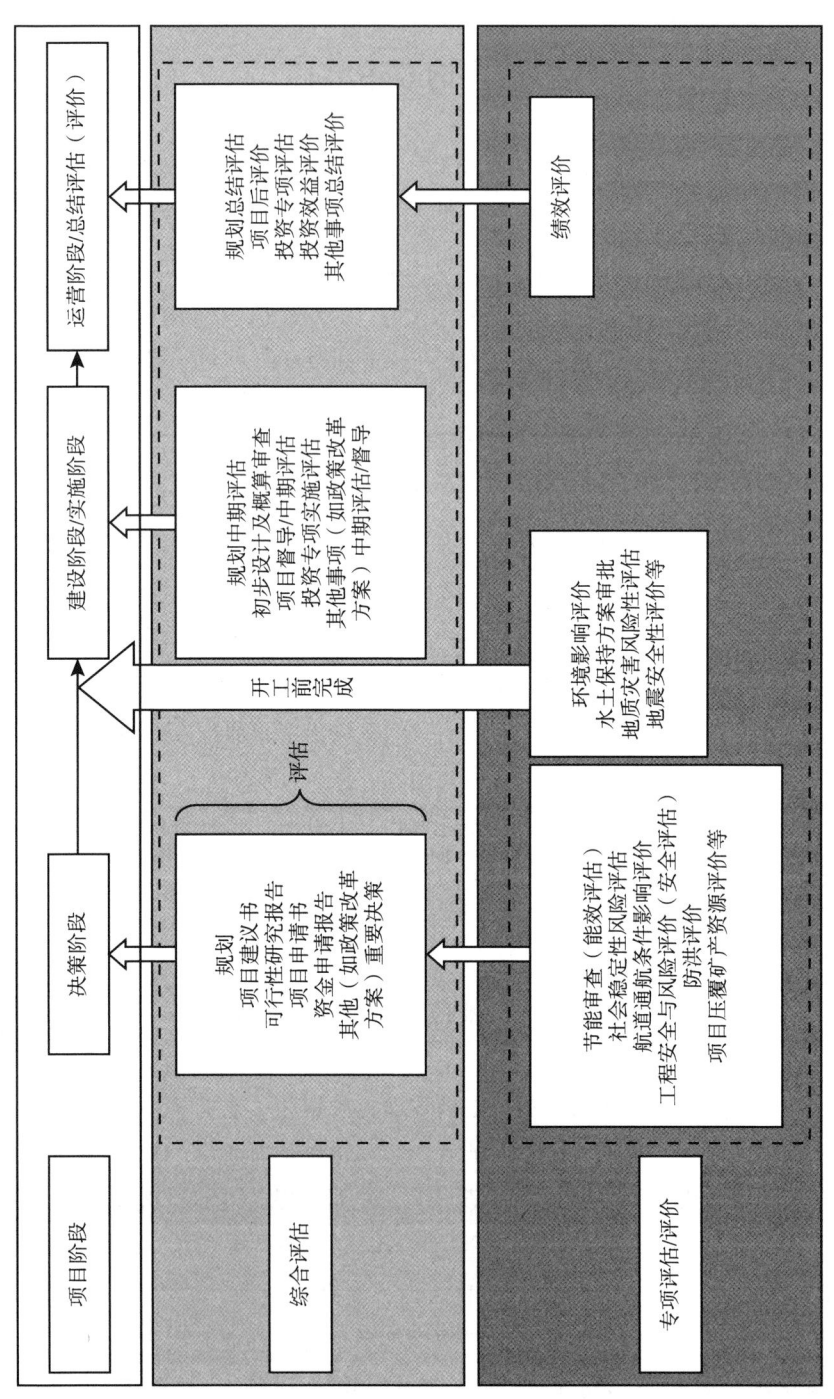

图1 综合评估与常见专项评估/评价的关系

项目阶段	决策阶段	建设阶段/实施阶段	运营阶段/总结阶段（评价）
综合评估	规划 项目建议书 可行性研究报告 项目申请书 资金申请报告 其他（如政策改革方案）重要决策	规划中期评估 初步设计及概算审查 项目督导/中期评估 投资专项中期评估 其他事项（如政策改革方案）中期评估/督导	规划总结评估 项目后评价 投资专项评估 投资效益评估 其他事项总结评价
专项评估评价	节能审查（能效评估） 社会稳定性风险评估 航道通航风险评价 工程安全与风险评价（安全评估） 防洪评价 项目压覆矿产资源评价等	环境影响评价 水土保持方案审批 地质灾害风险性评估 地震安全性评价等	绩效评价

评估：开工前完成

资料来源：作者自绘。

建议和推动下，国务院批准了国家计委报送的《关于加强中国国际工程咨询公司的报告》，标志着我国基本建设领域正式确立了"先评估、后决策"的制度，这是对基本建设投资决策程序的重大改革，标志着投资项目决策民主化科学化进入崭新时期。1986年，国家计委发布《中国国际工程咨询公司关于组织大中型项目评估工作的暂行规定》。1987年10月，国家计委批复同意《中国国际工程咨询公司建设项目评估暂行办法》，对项目建议书、可行性研究和初步设计的评估内容及工作质量提出了规范性要求，进一步完善了建设项目"先评估、后决策"的制度，推动了投资项目决策民主化和科学化的进程。

随着改革开放的深入和社会主义市场经济体制的确立，我国投资项目前期决策的科学化、民主化进程加快。2004年《国务院关于投资体制改革的决定》提出：要健全政府投资项目决策机制。政府投资项目一般都要经过符合资质要求的咨询中介机构的评估论证，咨询评估要引入竞争机制，并制定合理的竞争规则；特别重大的项目还应实行专家评议制度。2004年9月，依据《国务院关于投资体制改革的决定》，国家发展和改革委员会（简称"国家发展改革委"）印发《国家发展改革委委托投资咨询评估管理办法》，明确本办法适用的咨询评估事项、入选咨询机构应当符合的条件及委托咨询评估的规则和程序。

2009年3月，为进一步完善委托投资咨询评估工作，国家发展改革委继续修订《国家发展改革委委托投资咨询评估管理办法（2009年修订）》，提高了入选评估机构的标准，要求评估机构每年1月20日前向国家发展改革委报送上一年度的咨询评估工作年度总结报告，并明确提出了对评估机构的处罚规定。党的十八届三中全会提出，要加强中国特色新型智库建设，建立健全决策咨询制度。2015年1月，中共中央办公厅、国务院办公厅印发的《关于加强中国特色新型智库建设的意见》提出，"决策咨询制度是我国社会主义民主政治建设的重要内容"。2015年7月，继续修订《国家发展改革委委托投资咨询评估管理办法（2015年修订）》，在原有制度文件的基础上，对评估工作时限提出了要求。

党的十八大以来，中国特色社会主义进入新时代，投资项目前期论证和决策进入促进经济社会持续健康发展、推动国家治理体系和治理能力现代化的蓬勃发展阶段。2016年3月，习近平总书记再次强调，"要坚持抓好理论研究和决策咨询"。党中央和习近平总书记的指示要求，为新时代我国投资决策的发展指明了前进的道路和方向。2016年7月，中共中央、国务院印发《关于深化投融资体制改革的意见》要求，规划政府投资管理，采用直接投资和资本金注入方式的项目，对经济社会发展、社会公众利益有重大影响或者投资规模较大的，要在咨询机构评估、公众参与、专家评议、风险评估等科学论证基础上，严格审批项目建议书、可行性研究报告、初步设计；同时要求加强政府投资事中事后监管。

2018年11月，国家发展改革委根据《中共中央 国务院关于深化投融资体制改革的意见》《企业投资项目核准和备案管理条例》《工程咨询行业管理办法》等要求制定《国家发展改革委投资咨询评估管理办法》，明确提出了投资咨询评估的事项、咨询评估机构管理的要求、咨询评估工作规范以及咨询评估质量管理的具体要求。

2022年4月，国家发展改革委根据《中共中央 国务院关于深化投融资体制改革的意见》《政府投资条例》《企业投资项目核准和备案管理条例》《工程咨询行业管理办法》等，修订《国家发展改革委投资咨询评估管理办法》，严格质量评价和年度考核，加强咨询评估全过程闭环监督管理，推动高质量做好咨询评估工作。2023年1月，为完善国家发展改革委投资咨询评估工作机制，进一步规范投资咨询评估程序，切实提升投资咨询评估质量，国家发展改革委在《国家发展改革委投资咨询评估管理办法》的基础上，配套印发实施《国家发展改革委投资咨询评估工作指引》、《国家发展改革委投资咨询评估报告格式规范》和《国家发展改革委投资咨询评估机构年度考核细则》。表1列出了2004年以来5个咨询管理办法的基本情况，各文件间的具体差别参见附录附件1。

表1 2004年以来5个评估咨询管理办法基本情况

序号	文件名称	发布时间	废止时间	主要内容或修订内容
1	《国家发展改革委委托投资咨询评估管理办法》	2004年9月15日	2009年3月26日	业务范围、咨询机构条件、委托规则和程序
2	《国家发展改革委委托投资咨询评估管理办法（2009年修订）》	2009年3月26日	2015年7月31日	调整业绩要求和严格咨询评估质量管理

续表

序号	文件名称	发布时间	废止时间	主要内容或修订内容
3	《国家发展改革委委托投资咨询评估管理办法（2015年修订）》	2015年7月31日	2019年1月1日	放松业绩要求，进一步明确延期评估任务的相关期限
4	《国家发展改革委投资咨询评估管理办法》（2018版）	2018年11月5日	2022年5月1日	进一步扩大业务范围、提高业绩要求、进一步严格咨询评估质量管理
5	《国家发展改革委投资咨询评估管理办法》（2022版）	2022年5月1日	现行有效	进一步严格咨询评估管理规范

资料来源：根据公开资料整理。

三 国家层面综合咨询评估政策体系现状及导向

（一）政策体系现状

现阶段工程咨询评估领域已经形成了"1+3+N"的政策体系，以《国家发展改革委投资咨询评估管理办法》为主体，以《国家发展改革委投资咨询评估工作指引》、《国家发展改革委投资咨询评估报告格式规范》和《国家发展改革委投资咨询评估机构年度考核细则》为配套文件，以《国家发展改革委评估督导工作办法（试行）》《国家发展改革委中央政府投资项目后评价管理办法》《关于企业投资项目咨询评估报告的若干要求》《企业投资项目咨询评估报告编写大纲》《工程咨询单位资信评价标准》等为相关支持文件的政策体系，共同为保障投资咨询评估质量、提升投资效率和效果保驾护航。

1. 一个主体文件

《国家发展改革委投资咨询评估管理办法》从咨询评估范围、咨询评估机构管理、委托咨询评估程序、咨询评估管理规范、咨询评估质量评价和监督等五个方面提出了要求。其中，咨询评估范围明确包括相关规划、项目建议书、可行性研究报告、项目申请书、资金申请报告等投资决策评估，投资决策中期评估和后评价。咨询评估机构管理部分明确承担咨询评估任务的机构应当满足资信、业绩、备案管理等相关要求，国家发展改革委按照咨询评估专业选择咨询评估机构，并原则上对各专业咨询评估机构每三年动态调整一次。委托咨询评估程序明确按照主办司局提出申请→委托评估系统自动生成咨询评估机构名单→主办司局核实确认→投资司审核委托评估申请→主办司局办理咨询评估委托书发文事宜的流程开展工作，并明确具体评估事项选取咨询评估机构的规则。咨询评估管理规范部分对咨询评估机构、参与咨询评估的项目负责人、工作小组及人员提出要求；咨询评估任务完成时限一般不超过 30 个工作日，规划评估不超过 45 个工作日；咨询评估报告包括标题及文号、目录、摘要、正文、附件等。咨询评估质量评价和监督部分明确咨询评估机构和参与评估评审专家的六项违规行为，咨询评估报告的质量评价及对报告质量较差的咨询评估机构的处理方式，明确每年 1 月底提交工作总结报告，并提出国家发展改革委取消咨询评估机构资格的六种情形。

2. 三个配套文件

《国家发展改革委投资咨询评估工作指引》适用于列入国家发展改革委投资咨询评估机构名单的机构接受国家发展改革委委托。该文件明确委托咨询评估工作包括咨询评估任务下达与接收、评估前期准备、开展评估、编写评估报告、报告签发及报送、任务总结及归档等投资咨询评估工作 6 个环节，给出了工作流程图，并进一步细化了各环节时间节点、具体工作内容和相应工作要求。对于评估报告提出应根据不同的评估内容确定不同的评估要点，包括规划（规划调整）咨询评估报告、可行性研究报告（项目建议书）咨询评估报告、项目申请书咨询评估报告、资金申请报告咨询评估报告、初步设计及概算评审报告、政府投资项目后评价（中央预算内投资专项实施情况评估、投资效益评价）报告、基础设施领域不动产投资信托基金（REITs）及其事项评估报告等 7 种类型。

《国家发展改革委投资咨询评估报告格式规范》参照公文排版要求，明确了咨询评估报告的主要内容、排版格式等，便于查阅、管理和归档。具体包括语言规范要求、正文层次编排要求、字号要求、页面设置、页码编排、附件等。在此基础上给出了咨询评估报告格式模板。

《国家发展改革委投资咨询评估机构年度考核细则》从年度工作总结、评估任务完成情况、日常管理和监督检查、创新创优奖励和否决项 5 个方面制定了咨询评估机构年度考核标准，并明确国家发展改革委咨询评估机构考核以年度为周期，在次年初对上年度工作进行综合性考核，考核等次分为优秀、合格、不合格，而考核等次与咨询评估年度费用结算直接挂钩。

3. N 个相关政策文件

从《国家发展改革委投资咨询评估管理办法》的咨询评估范围来看，国家层面还有其他相关文件对咨询评估工作提出相关要求和规范。按照咨询评估范围分类，主要相关政策文件如下。

（1）项目评估

《中央预算内直接投资项目管理办法》明确提出审批直接投资项目时，一般应当委托具备相应能力的工程咨询机构对项目建议书、可行性研究报告进行评估。《中央预算内投资资本金注入项目管理办法》明确审批资本金注入项目时，原则上应委托工程咨询单位对项目建议书、可行性研究报告进行评估。《中央预算内投资补助和贴息项目管理办法》明确国家发展改革委受理资金申请报告后，视具体情况对相关事项进行审查，确有必要时可以委托相关单位进行评审。

2008 年，国家发展改革委发布的《中华人民共和国国家发展和改革委员会公告》中提出《关于企业投资项目咨询评估报告的若干要求》和《企业投资项目咨询评估报告编写大纲》，明确工程咨询机构承担项目申请报告的核准评估工作后，要重点从维护经济安全、合理开发利用资源、保护生态环境、优化重大布局、保障公共利益、防止出现垄断和不正当竞争等角度进行评估论证；咨询评估报告的开头部分，应编写内容提要，扼要介绍报告正文的核心内容，主要包括评估的基本背景、主要评估内容及重要评估结论和建议，并给出了细化到二级目录的咨询评估报告编写大纲。

2014 年 9 月，为规范项目后评价工作、提高政府投资决策水平和投资效益、加强中央政府投资项目全过程管理，国家发展改革委印发《中央政府投资项目后评价管理办法》和《中央政府投资项目后评价报告编制大纲（试行）》。管理办法从基本要求、工作程序、自我总结评价报告内容及所需资料清单、后评价项目选择范围、咨询机构工作要求、后评价方法、成果应用等方面提出了具体的要求。编制大纲（试行）给出了细化到二级目录的后评价报告编制大纲。2024 年 4 月，《国家发展改革委重大项目后评价管理办法》向社会公开征求意见。

此外，为规范包括重大战略规划、重大工程在内的 4 个重大事中、事后阶段的评估工作和实施情况督导工作，2023 年 7 月，国家发展改革委评估督导司印发了《国家发展改革委评估督导工作办法（试行）》。办法从评估的对象、要点、工作组织、报告内容等方面提出了相关要求。同时评估督导司正在

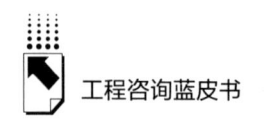

尝试制定工作指南用于指导4个重大的评估督导工作。

（2）规划评估

《全国人大常务委员会关于加强经济工作监督的决定》《关于统一规划体系更好发挥国家发展规划战略导向作用的意见》等明确提出了应进行年度监测分析、中期及总结评估工作。

五年规划的评估主要是通过国家发展改革委的通知来提出要求和组织实施。如2023年2月10日国家发展改革委发布《关于开展"十四五"规划实施中期评估工作的通知》，明确了中期评估的总体要求、评估重点、评估方式方法、分工安排、时间要求、中期评估报告框架示例等相关内容。

区域规划的评估方面，2015年7月，国家发展改革委正式印发《国家级区域规划管理暂行办法》，详细界定了区域规划评估的程序、标准和要求，明确了评估结果的运用以及规划调整的程序。

国土空间规划的评估主要根据自然资源部的有关要求进行。目前报批审查主要是按照《关于全面开展国土空间规划工作的通知》《关于加强国土空间规划监督管理的通知》进行。国土空间开发保护现状评估和定期评估按照《关于开展国土空间规划"一张图"建设和现状评估工作的通知》进行。城市体检评估按照《国土空间规划城市体检评估规程》进行。

此外，《国家发展改革委评估督导工作办法（试行）》包含重大战略规划评估的有关要求，重大战略规划评估督导的工作指南正在制定中。

（3）其他评估

按照《政府投资条例》的有关要求，对经济社会发展、社会公众利益有重大影响或者投资规模较大的政府投资项目，在初步设计审查过程中，投资主管部门或者其他有关部门应当在中介服务机构评估、风险评估等的基础上作出是否批准的决定。经投资主管部门或者其他有关部门核定的投资概算是控制政府投资项目总投资的依据，按照《中央预算内直接投资项目概算管理暂行办法》，中央预算内直接投资项目概算由国家发展改革委在项目初步设计阶段委托评审机构进行专业评审后核定，涉及概算调整时，也应进行委托评审。《中央预算内投资资本金注入项目管理办法》明确审批初步设计、核定投资概算，原则上应该经过专业评审。

中央预算内投资专项也会根据工作需要进行中期评估和总结评估（见图2）。

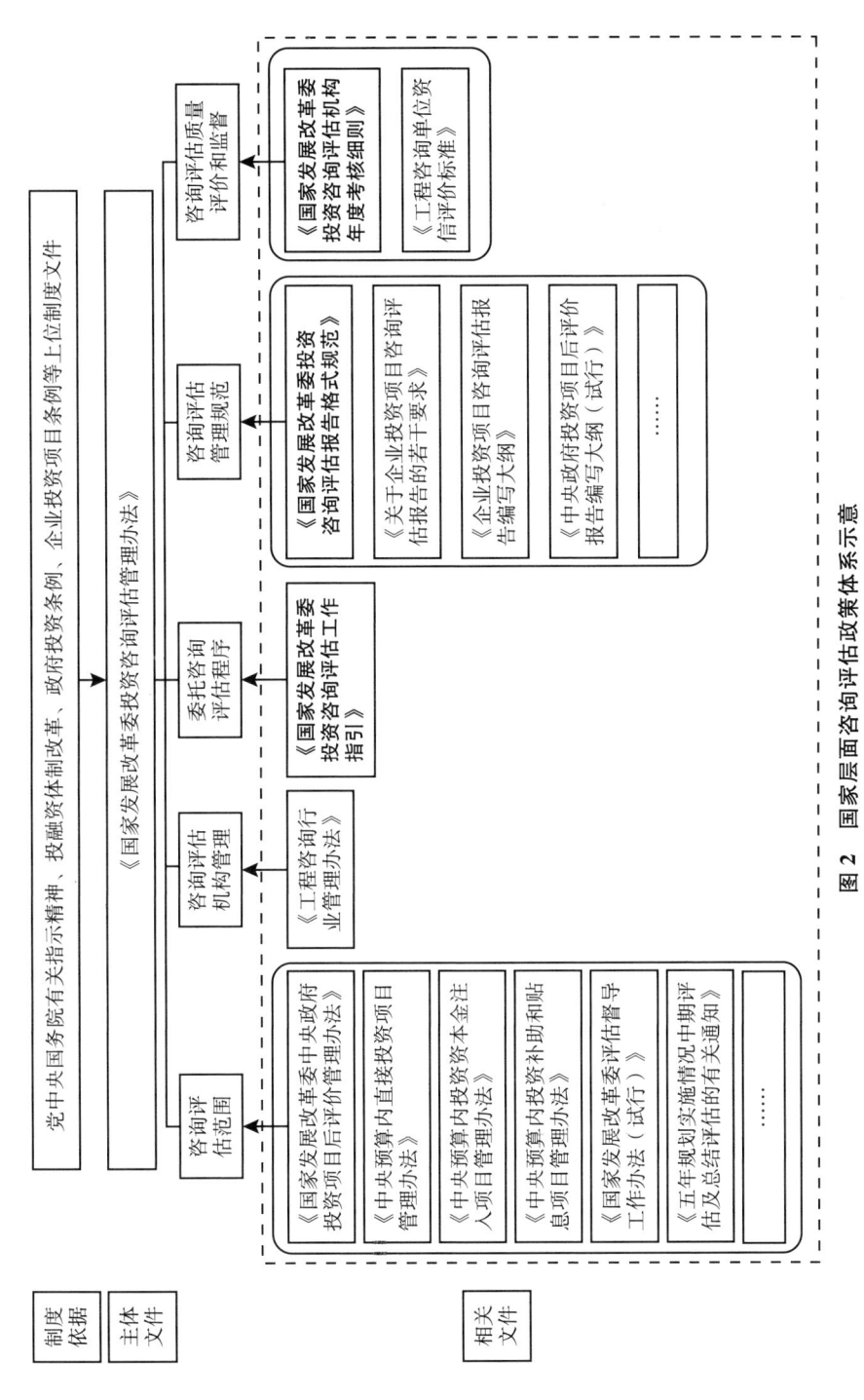

图 2　国家层面咨询评估政策体系示意

注：黑体为《国家发展改革委投资咨询评估管理办法》的核心配套文件。

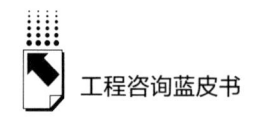

此外，为加强对工程咨询业的管理，规范从业行为，保障工程咨询服务质量，2017年11月，国家发展改革委印发实施《工程咨询行业管理办法》。办法从工程咨询单位管理、从业人员管理、行业自律和监督检查、法律责任等角度提出了相关要求。2018年4月，为落实办法，国家发展改革委印发《工程咨询单位资信评价标准》，提出了总体要求的同时分别提出了甲级专业资信评价标准和乙级专业资信评价标准。

（二）政策导向

1. 管理事项涉及投资事项的全生命周期

根据5个咨询评估管理办法和相关政策文件，咨询评估事项范围已经基本涵盖了国家发展改革委事权范围内的所有投资事项，包括规划（含规划调整）和各类使用中央预算内建设资金的项目。另外，为适应政府投资管理重心从事前审批转向事中事后监管的趋势，咨询评估管理办法不仅针对决策咨询评估，还针对投资决策的中期评估和后评价，涵盖了投资事项的事前、事中和事后，政策适用于全生命周期中的各类咨询评估工作。其他相关政策文件也在不断对咨询评估工作提出要求。与此同时，自然资源部也在不断完善国土空间规划评估和评价的有关要求。

2. 咨询评估管理更加规范

咨询评估管理包括机构管理、程序管理、作业规范管理等内容。承担具体咨询评估机构的条件，根据监管趋势变化、咨询事项范围调整、咨询行业管理要求等变化相应调整和优化。程序管理基本维持既有的程序，但是进一步去除人为因素对委托评估单位选择的影响，更多地使用委托评估系统随机选取咨询评估机构。作业规范管理要求更加明确，2022年版文件中新增要求签订承诺书，并报投资司存档备查；与此同时提出，项目负责人应当具有执业资格，工作小组成员应该熟悉国家和行业发展有关法规、政策、规划以及技术标准规范，具有一定数量的本专业高级技术职称人员；明确有关单位提供补充说明等材料的时间，不作为计时时间等。而其他已经出台或陆续即将出台的文件也从工作程序、工作方法、文本规范和格式等角度提出要求或参考示范大纲。

3. 高度重视咨询评估质量评价

投资决策管理部门对咨询评估质量越来越重视。一方面，在原有对咨询评估报告划分评价等级的基础上,提出主办司局对咨询评估报告评价的时间周期是10个工作日内,并直接体现在委托评估系统中,投资司也会同步对咨询评估报告进行评价。管理办法同时对咨询机构被删除的条件进行了调整和修改,将连续两年年度考核不合格明确列入其中,倒逼咨询评估机构注重评估工作质量管理。另一方面,在年度考核的基础上,更进一步提出国家发展改革委投资司每年可选择一定数量的咨询评估机构,对其向国家发展改革委出具的咨询评估报告的质量,以及专业能力、人员配备等情况,组织第三方机构或专家进行评价、核查和监督检查。

4. 强调政策学习、培训和指导

近年来,国家发展改革委在不断地出台政策完善投资管理政策体系,满足国家委托咨询评估工作的要求。对比2018版的办法,2022版的办法明确提出了国家发展改革委投资司应当加强对咨询评估机构的培训和指导,督促咨询评估机构及时了解、掌握与咨询评估密切相关的法律制度、政策文件、工作要求等。各专业司局应当就相关行业或领域的法律制度、政策要求、标准规范等,加强对相应专业的咨询评估机构的指导,以共同促进评估工作质量提升。

四 地方综合咨询评估政策现状及特征

(一)地方政策现状

在国家层面政策文件的指导下,全国31个省(区、市)中4个转发了《国家发展改革委投资咨询评估管理办法》作为本省(区、市)的指导文件,16个省(区、市)制定了本省(区、市)的《投资咨询评估管理办法》,两者合计占全国省(区、市)的65%。分析来看,具体如下。

1. 14个省(区、市)调整了业务范围

北京、天津、河北、山西、上海、江苏、浙江、广西、河南、湖北、山东、宁夏、陕西和贵州调整了业务范围,例如,天津根据本市具体情况,增加了初步设计、投资概算、社会稳定风险评估报告等;河南增加了初步设计、核定的政府投资项目投资概算、固定资产投资项目节能报告、基本建设资金、专项资金等;调整各省(区、市)的业务范围,使本省(区、市)政策更加适应地方实际情况,有利于提高项目质量和效益、优化资源配置。

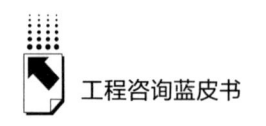

2. 14个省（区、市）调整了咨询机构资格条件

天津取消了金额及业绩数量要求。河北、上海、江苏、浙江、广西、河南、安徽、湖北、山东、宁夏、陕西、西藏和贵州门槛设置为1亿~2亿元不等，与国家级的3亿元相比均有降低；要求完成的业绩项目数在10~50项，这与国家级标准的20项相比有所不同。一些省（区、市）接受乙级资信等级，如上海、广西、安徽、湖北、宁夏、陕西，而国家级政策要求甲级资信等级。

3. 4个省（区）根据自身情况制定了不同频率的调整政策

广西、安徽和陕西都缩短调整周期至每两年一次，而西藏更为频繁，每年进行一次调整。这些差异体现出地方政府在追求更加灵活高效的管理咨询评估机构，以适应快速变化的经济环境和项目需求。缩短调整周期的目的主要是加强监管，及时淘汰表现不佳的机构，引入新的、有活力的参与者，从而提升咨询评估服务的整体质量和行业竞争力。

4. 部分省（区、市）增加了处罚措施和年度考核管理制度

北京市针对延迟提交成果报告、成果报告质量不合格以及违反禁止性规定等情况，制定了具体惩罚条款，处罚手段包括：扣除一定比例的工作费用，在违规次数超过规定阈值时解除聘用关系、建议资质管理部门处理，并限制一定时间内不安排相关工作。此外，通过年度考核淘汰表现不佳的中介机构，并及时补充新机构，以维持市场总量稳定。这些措施有助于提高中介服务质量，确保项目按时完成并符合标准要求，遏制和惩戒违规行为，促进行业内良性竞争和自我纠正，推动投资咨询评估项目管理向更加透明和规范化方向发展。

表2 现阶段地方层面评估咨询管理政策基本情况

序号	省（区、市）	文件名称	发布时间	与国家层面政策文件的主要差别				
				咨询评估范围	咨询评估机构管理	委托咨询评估程序	咨询评估管理规范	评价和监督
1	北京市	《北京市发展和改革委员会投资咨询评估等中介机构管理办法（试行）》（废止日期：2023年12月29日）	2006年2月14日	√			√	
2	天津市	《天津市发展和改革委员会投资咨询评估管理办法》	2023年5月16日	√	√		√	√

续表

序号	省（区、市）	文件名称	发布时间	咨询评估范围	咨询评估机构管理	委托咨询评估程序	咨询评估管理规范	评价和监督
3	河北省	《河北省发展和改革委员会投资咨询评估管理办法》	2019年7月17日	√	√		√	
4	山西省	《山西省发展和改革委员会投资咨询评估管理办法》	2024年6月28日	√	√			
5	上海市	《上海市发展和改革委员会投资咨询评估管理办法》	2019年12月30日	√	√			√
6	江苏省	《江苏省发展改革委委托投资咨询评估管理办法》	2013年9月30日	√	√			
7	浙江省	《浙江省发展改革委投资咨询评估管理办法》	2022年10月31日	√	√			
8	安徽省	《安徽省发展改革委投资咨询评估管理办法》	2023年8月28日		√			√
9	山东省	《山东省发展和改革委员会投资咨询评估管理办法》	2022年12月3日	√	√			
10	河南省	《河南省发展和改革委员会投资咨询评估管理办法》	2023年4月17日	√	√		√	√
11	湖北省	《湖北省发展改革委投资咨询评估管理办法（2022修订征求意见稿）》	2022年8月1日	√	√			
12	广西壮族自治区	《广西壮族自治区发展和改革委员会投资咨询评估管理暂行办法》	2022年9月1日	√	√	√		
13	贵州省	《贵州省发展改革委投资咨询评估管理办法（征求意见稿）》	2019年8月15日	√	√			
14	西藏自治区	《西藏自治区发展改革委投资咨询评估管理办法》	2021年8月20日	√	√	√		√
15	陕西省	《陕西省发展改革委投资咨询评估管理办法》	2022年2月21日	√	√	√		√
16	宁夏回族自治区	《宁夏回族自治区发展和改革委员会投资咨询评估管理办法（试行）》	2021年1月6日	√	√	√	√	

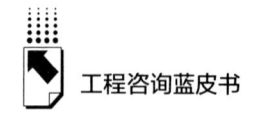

（二）地方政策特征

1. 符合地方咨询评估工作的实际需求

为了更好地适应本地经济发展的实际情况，并促进当地咨询评估行业的成长。地方政策在满足国家层面政策要求的前提下，更注重考虑本地区的经济发展水平、项目规模和类型等因素，以制定更适应地方市场状况的咨询评估政策。通过降低总投资金额的门槛和调整业绩数量要求，这些政策鼓励更多地方企业参与评估任务，特别是中小型项目，以反映它们在地方经济中的重要性。同时，针对特定领域，如节能和PPP项目设定专项要求，旨在推动评估机构提升服务能力，满足市场的特殊需求。此外，省级政策的灵活性有利于快速响应市场变化和支持行业创新，同时增强地方政府在根据实际情况制定标准方面的自主性。这些措施共同作用，有助于确保项目评估工作的高质量和有效性，支持地方经济建设和社会发展的广泛目标。

2. 实操性更突出

地方政策倾向于提供给中介机构更具体、更详细的操作指南或服务指南，例如，上海市针对政府投资房屋建筑项目的可行性研究报告审批改革试点工作，发布《上海市发展和改革委员会关于开展政府投资房屋建筑项目可行性研究报告（初步设计深度）审批改革试点工作的通知》；并制定了多个中介服务指南，如《政府投资项目建议书编制服务指南》、《政府投资项目初步设计评审和概算评估服务指南》及《项目申请报告评估（含社会稳定风险评价）服务指南》等，旨在为中介机构提供具体操作指导，推进投资项目的规范化管理。这些举措有助于提高政府投资项目的效率和质量，确保投资决策的科学性和透明度，同时促进咨询评估行业的健康发展。

3. 考核和激励机制更加明确

部分省份会在政策中制定更加明确的年度考核和激励机制，激励中介机构提升服务水平，促进行业健康发展。如北京市明确提出：延迟提交成果报告的，每次延期扣除15%相应委托工作费用；一年超4次，解除聘用关系。成果报告质量每次不合格，责令修改并扣除30%工作费用；一年超4次，解除聘用关系，建议资质管理部门处理，并三年内不安排相关工作。违反禁止性规定：

每次违规，扣除60%工作费用，减少后续委托工作；一年超2次，解除聘用关系，建议资质管理部门处理，并五年内不安排相关工作。

五 部分专项评估政策要求

（一）环境影响评价

根据建设项目对环境的影响程度，我国对建设项目的环境影响评价实行分类管理：可能造成重大环境影响的，应当编制环境影响报告书，对产生的环境影响进行全面评价；可能造成轻度环境影响的，应当编制环境影响报告表，对产生的环境影响进行分析或者专项评价；对环境影响很小、不需要进行环境影响评价的，应当填报环境影响登记表。建设项目的环境影响评价分类管理名录，由国务院生态环境主管部门制订并公布，最新修订且现行有效的是2020年11月30日生态环境部令第16号《建设项目环境影响评价分类管理名录（2021年版）》。

根据最新修订的《中华人民共和国环境影响评价法》和《建设项目环境保护管理条例》等要求，建设项目的环境影响报告书应当包括：建设项目概况；建设项目周围环境现状；建设项目对环境可能造成影响的分析、预测和评估；建设项目环境保护措施及其技术、经济论证；建设项目对环境影响的经济损益分析；对建设项目实施环境监测的建议；环境影响评价的结论。环境影响评价报告表和环境影响登记表的内容和格式，由国务院生态环境主管部门制订。

环境影响评价文件是开工前的必要文件，即建设项目的环境影响评价文件未经法律规定的审批部门审查或者审查后未予批准的，该项目不得开工建设。另外，现阶段已经不再强制要求由具有资质的环评机构编制项目环境影响报告书和环境影响报告表，建设单位可以委托技术单位编制，也可以自行编制。

规划方面，土地利用的有关规划在有关环境影响的篇章或者说明，应当对规划实施后可能造成的环境影响作出分析、预测和评估，提出预防或者减轻不良环境影响的对策和措施。专项规划的环境影响评估报告书应该包括：实施该

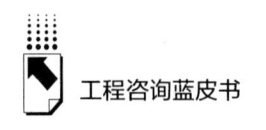

规划对环境可能造成影响的分析、预测和评估；预防或者减轻不良环境影响的对策和措施；环境影响评价的结论。

（二）节能评估

根据 2018 年最新修订的《中华人民共和国节约能源法》，我国实行固定资产投资项目节能评估和审查制度。节能评估是根据节能法规、标准，对固定资产投资项目的能源利用是否科学合理进行分析评估，并编制节能评估报告书、节能评估报告表的节能评估文件或填写节能登记表的行为。

2023 年 3 月，国家发展改革委新修订并发布了《固定资产投资项目节能审查办法》，要求节能报告应进一步完善能源消耗和强度调控，应包括下列内容：项目概况；分析评价依据；项目建设及运营方案节能分析和比选，包括总平面布置、生产工艺、用能工艺、用能设备和能源计量器具等方面；节能措施及其技术、经济论证；项目能效水平、能源消费情况；有关数据与国家、地方、行业标准及国际、国内行业水平的全面比较；项目实施对所在地完成节能目标任务的影响分析。具备碳排放统计核算条件的项目，应在节能报告中核算碳排放量、碳排放强度指标，提出降碳措施，分析项目碳排放情况对所在地完成降碳目标任务的影响。

政府投资项目建设单位应在报送可行性研究报告前取得节能审查意见，企业投资项目应在开工前取得审查意见，未按照规定进行的项目，建设单位不能开工建设。固定资产投资项目节能审查由地方节能审查机构负责。审查意见自印发之日起 2 年内有效，逾期未开工建设或建成时间超过节能报告中预计建成时间 2 年以上的项目应重新进行节能审查。

（三）社会稳定性风险评估

2012 年 8 月，国家发展改革委印发《国家发展改革委重大固定资产投资项目社会稳定风险评估暂行办法》，将社会稳定风险等级分为三级：高、中、低。相应等级由项目群众反映决定，从强烈反对可能引发群体性事件的"高风险"，到理解支持但有少数意见的"低风险"。

项目所在地政府或相关部门指定的机构负责评估论证，通过多种方式收集各方面意见，并确定项目的风险等级，编制社会稳定风险评估报告。该报告的主要内容为项目建设实施的合法性、合理性、可行性、可控性,可能引发的社会稳定风险,各方面意见及其采纳情况,风险评估结论和对策建议,风险防范和化解措施以及应急处置预案等内容。

在组织开展重大项目前期工作中,项目单位需进行社会稳定风险调查分析,征询群众意见,识别风险点,并评估风险的可能性和影响程度。提出防范和化解风险的方案措施,提出采取相关措施后的社会稳定风险等级建议,并将其作为项目可行性研究报告和项目申请报告的关键部分,形成独立篇章。国务院相关部门、省级发展改革部门及中央管理企业在报送项目可行性研究报告、项目申请报告的申报文件中,应当包含对该项目的社会稳定风险评估报告及其意见。国家发展改革委在委托评估机构进行项目评估时,可以要求提出社会稳定风险分析及评估报告的咨询意见。

(四)项目支出绩效评价

2020年2月,财政部依据《中华人民共和国预算法》和《中共中央 国务院关于全面实施预算绩效管理的意见》,在《财政支出绩效评价管理暂行办法》的基础上,修订形成了《项目支出绩效评价管理办法》,以建立科学、合理的项目支出绩效评价体系,提升财政资源的配置效率和使用效益。该办法规定了包括单位自评、部门评价和财政评价在内的三种绩效评价方式,并明确了它们各自的侧重点和衔接性。

绩效评价内容涵盖项目的决策情况、资金管理与使用情况、产出及效益情况等多个方面。指标设置不仅注重项目的产出数量、质量、时效、成本,也强调了经济、社会和生态效益等多维度的考量。评价标准包括计划标准、行业标准和历史标准,评价方法丰富多样,如成本效益分析法、比较法、因素分析法、最低成本法、公众评判法、标杆管理法等,确保评价既具有针对性又能反映实际情况。

《项目支出绩效评价管理办法》特别强调了绩效评价结果的应用和公开,要求将评价结果与预算安排、政策调整紧密联系起来,通过奖优罚劣的手段激励单位提高绩效,同时要求结果的及时反馈和问题整改。在公开透明的原则下,绩效评价工作接受社会监督,并应妥善保存评价档案。

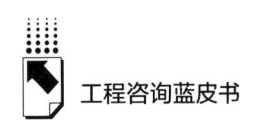

六 工程咨询机构高质量开展评估咨询业务的建议

我国已经进入高质量发展的阶段,工程咨询机构应在现有的咨询评估政策体系下,准确把握促进投资高质量发展的要求,坚持"敢言、多谋、慎断"的基本工作原则,独立、公正、科学、可靠地开展工作。在以下方面不断地提升自我,以便更好地完成咨询评估业务。

一是注重沟通联系。加强与委托方的联系,在明确委托要求和意图的前提下,围绕委托重点开展工作。工作过程中高度重视保密、宣传工作,严格规范专家选聘等人员管理,不断健全咨询机构自身的内部管理制度,做好咨询评估工作基础保障。

二是注重业务能力建设。加强对员工的培训和指导,督促学习重大规划、重大战略和重大政策等顶层文件,深化对投资管理综合性法规、行业政策的理解,打牢咨询评估工作基础。

三是注重咨询成果质量。在国家和地方相关政策的指导下,通过机构管理制度建设、员工培训等多种方式,切实提高咨询评估报告的质量,巩固强化其在工程咨询业中的重要地位,促进提升我国投资管理的水平和质量。

四是注重对新业务的研究和实践。在稳步推进既有业务工作的同时,积极围绕全过程工程咨询、数字化转型等行业发展新趋势新实践,不断增强自身能力,共同推动工程咨询业健康可持续发展。

B.5
全过程工程咨询政策研究与解读报告

姜富华 张蓉 牛耘诗*

摘　要： 随着我国固定资产投资项目建设水平逐步提高，投资者或建设单位对综合性、跨阶段、一体化的全过程工程咨询服务需求日益增加。全过程工程咨询政策文件在全过程工程咨询推广过程中具有重要的调控和指导作用。本报告梳理了自2017年2月国务院办公厅首次提出鼓励发展全过程工程咨询以来，国家部委、行业协会、各省（区、市）不同层级发布的全过程工程咨询相关政策文件，分析解读其核心内容并总结全过程工程咨询的发展趋势和热点问题，为政府、投资人、咨询机构等相关主体开展全过程工程咨询工作提供参考。

关键词： 全过程工程咨询　政策导向　行业标准

一　全过程工程咨询政策概述

改革开放以来，我国工程咨询服务市场化快速发展，形成了投资咨询、招标代理、勘察、设计、监理、造价、项目管理等专业化的咨询服务业态，部分专业咨询服务建立了执业准入制度，促进了我国工程咨询服务专业化水平提升。随着我国固定资产投资项目建设水平逐步提高，为更好地实现投资建设意图，投资者或建设单位在固定资产投资项目决策、工程建设、项目运营过程中，对综合性、跨阶段、一体化的咨询服务需求日益增加。这种需求

---

* 姜富华，中国国际工程咨询有限公司研究中心主任，教授级高级工程师，咨询工程师（投资），主要从事水利、生态、咨询理论方法标准等领域的研究及咨询评估工作；张蓉，中国国际工程咨询有限公司研究中心理论方法处副处长，正高级经济师，主要研究方向为工程咨询理论与方法、技术经济；牛耘诗，中国国际工程咨询有限公司研究中心副研究员，主要研究方向为基础设施投融资等。

与现行制度造成的单项服务供给模式之间的矛盾日益突出。

为深入贯彻习近平新时代中国特色社会主义思想和党的十九大精神，深化工程领域咨询服务供给侧结构性改革，破解工程咨询市场供需矛盾，必须完善政策措施，创新咨询服务组织实施方式，大力发展以市场需求为导向、满足委托方多样化需求的全过程工程咨询服务模式。2017年2月发布的《国务院办公厅关于促进建筑业持续健康发展的意见》（以下简称"19号文"）中，首次明确提出了"完善工程建设组织模式，培育全过程工程咨询"，鼓励投资咨询、勘察、设计、监理、招标代理、造价等企业采取联合经营、并购重组等方式发展全过程工程咨询；政府投资工程应带头使用全过程工程咨询，鼓励非政府投资工程委托全过程工程咨询服务。

推行全过程工程咨询服务，是管理创新在建筑业生产方式中的具体体现，有利于控制造价、提高工程建设组织效率和工程质量，实现对建设项目全生命周期的系统兼顾和整体优化。为更好地满足新时代咨询市场需求，促进行业可持续健康发展，国家持续加强顶层设计，出台系列政策文件加快培育全过程工程咨询，引导工程咨询业健康发展。全过程工程咨询政策文件在全过程工程咨询推广过程中具有重要的调控和指导作用。本报告梳理了19号文发布以来，国家/部委、行业协会、试点省（区、市）不同层级发布的全过程工程咨询相关政策文件（见图1），为政府、投资人、咨询机构等相关主体开展全过程工程咨询工作提供参考。

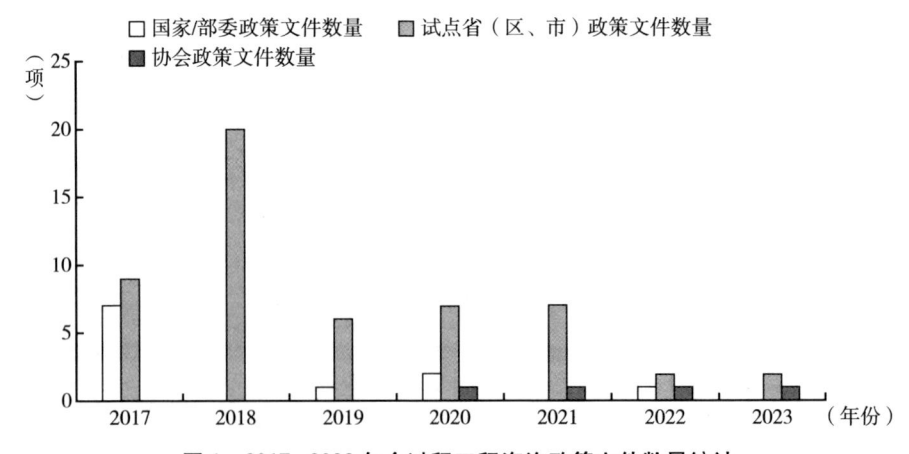

图1　2017~2023年全过程工程咨询政策文件数量统计

资料来源：作者根据公开资料整理。以下若无说明，图表均为作者根据公开资料整理。

国家/部委层级与全过程工程咨询相关的政策发布主体主要包括国家发展和改革委员会（以下简称"国家发展改革委"）、住房和城乡建设部（以下简称"住建部"），梳理了10项部委层级政策、4项行业协会发布的全过程工程咨询相关政策、19个全过程工程咨询试点省（区、市）发布的全过程工程咨询相关政策。

二 国务院、部委全过程工程咨询政策解读

本节主要梳理19号文发布以来，建筑业主管部门住建部、工程咨询业主管部门国家发展改革委发布的与全过程工程咨询相关的10项政策文件，划分为专项政策、相关政策、相关部门规章三个层级，如图2所示。其中，针对全过程工程咨询的专项政策4项，涉及全过程工程咨询试点、指导意见和实践相关的规范性文件；提及全过程工程咨询的相关政策4项，主要为建筑业相关行业的发展规划和意见；相关部门规章2项，主要为涉及全过程工程咨询的相关管理办法。

（一）国务院办公厅相关指导政策

国务院办公厅在2017年2月发布的《关于促进建筑业持续健康发展的意见》中提出"全过程工程咨询"的概念，强调通过提高专业服务水平、加强项目全生命周期管理，推动建筑业的持续健康发展。文件对全过程工程咨询的业务范围、发展路径、标准规范、技术研发应用等方面作出了相关要求。

1. 培育全过程工程咨询

鼓励投资咨询、勘察、设计、监理、招标代理、造价等企业采取通过联合经营、并购重组等方式，发展全过程工程咨询，培育一批具有国际水平的全过程工程咨询企业。

2. 制定技术标准和合同范本

为保障全过程工程咨询服务规范发展，制定相关技术标准和合同范本，确保服务质量和合同执行的一致性和高效性。

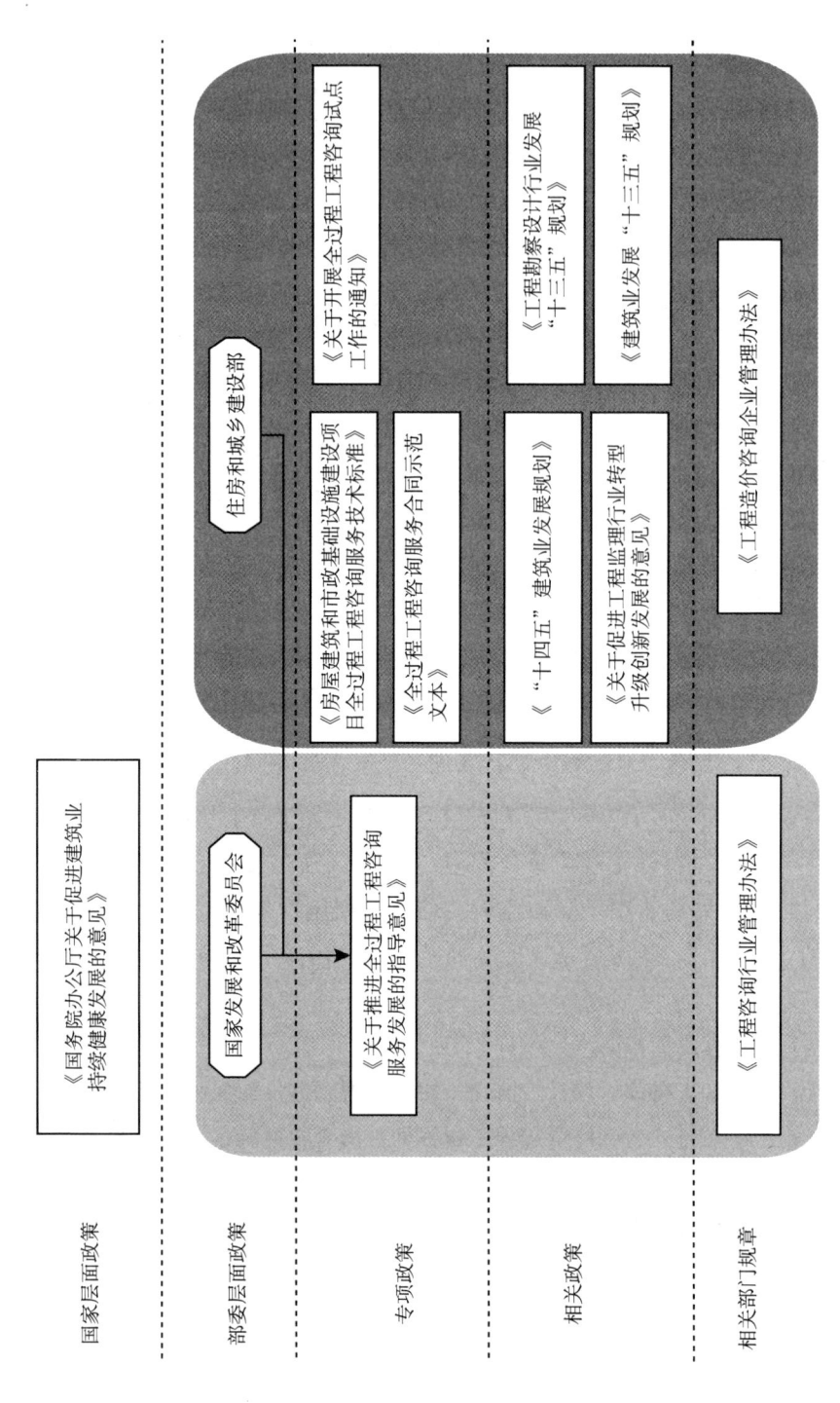

图2 国务院、部委全过程工程咨询政策文件体系

国家层面政策
- 《国务院办公厅关于促进建筑业持续健康发展的意见》

部委层面政策
- 国家发展和改革委员会
- 住房和城乡建设部
- 《关于推进全过程工程咨询服务发展的指导意见》
- 《关于开展全过程工程咨询试点工作的通知》

专项政策
- 《房屋建筑和市政基础设施建设项目全过程工程咨询服务技术标准》
- 《全过程工程咨询服务合同示范文本》

相关政策
- "十四五"建筑业发展规划
- 《关于促进工程监理行业转型升级创新发展的意见》
- 《工程勘察设计行业发展"十三五"规划》
- 《建筑业发展"十三五"规划》

相关部门规章
- 《工程咨询行业管理办法》
- 《工程造价咨询企业管理办法》

3. 强调政府投资工程的示范作用

政府投资工程应带头推行全过程工程咨询，鼓励非政府投资工程委托全过程工程咨询服务，促进全过程工程咨询服务模式在建筑业的普及。

4. 完善招标投标制度

进一步简化招标投标程序，尽快实现招标投标交易全过程电子化，推行网上异地评标。

5. 强调建筑师的主导作用

在民用建筑项目中，特别强调要充分发挥建筑师的主导作用，并鼓励提供全过程工程咨询服务。

6. 加强技术研发应用

加快推进建筑信息模型（BIM）技术在规划、勘察、设计、施工和运营维护全过程的集成应用，实现工程建设项目全生命周期数据共享和信息化管理，为项目方案优化和科学决策提供依据，促进建筑业提质增效。

19号文的发布是对中国建筑业发展方向的重要指引，吹响了工程咨询业向高质量全过程工程咨询转型的号角，意味着工程咨询服务需要创新组织管理模式，从前期决策、设计、施工、运营维护等项目全生命周期不同阶段的碎片化的单项咨询服务逐渐转变为综合性、跨阶段、一体化的全过程咨询服务。

（二）全过程工程咨询专项政策文件

1. 开展全过程工程咨询试点

2017年5月，住建部发布《关于开展全过程工程咨询试点工作的通知》，选择北京、上海、江苏、浙江、福建、湖南、广东、四川8省（区、市）以及40家企业开展全过程工程咨询首批试点，健全全过程工程咨询管理制度，完善工程建设组织模式，培养有国际竞争力的企业，提高全过程工程咨询服务能力和水平，为全面开展全过程工程咨询积累经验。

文件针对房屋建筑和市政工程领域，对试点省（区、市）和项目的试点方案制订、管理机制创新、项目落地保障、分类推进实施、企业能力提升和经验总结推广等方面提出了相关要求。文件提出，试点地区住建部门要研究全过程工程咨询管理制度，制定全过程工程咨询服务技术标准和合同范本等文件，

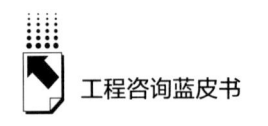

创新开展全过程工程咨询试点。坚持政府引导与市场选择相结合的原则，因地制宜，探索适用的试点模式，在有条件的房屋建筑和市政工程领域实现重点突破。全过程工程咨询试点工作推行至今，已有19个省（区、市）被列入试点范围，其中16个试点省（区、市）共计发布试点企业1138家。

2.行业主管部门联合发布指导意见

2019年3月，国家发展改革委、住建部共同发布《关于推进全过程工程咨询服务发展的指导意见》（以下简称《指导意见》）。《指导意见》是19号文提出全过程工程咨询概念后推进全过程工程咨询的提纲挈领性的文件，对于提升固定资产投资决策科学化水平、进一步完善工程建设组织模式、推动高质量发展具有重要意义。

一是明确了培育发展全过程工程咨询的两个重要抓手。结合投资高质量发展和工程质量提升需求，遵循项目周期规律和建设程序的客观要求，《指导意见》提出针对项目决策和建设实施两个阶段，重点培育发展投资决策综合性咨询和工程建设全过程咨询，为推进全过程工程咨询指明了发展方向和实施路径。

二是明确了全过程工程咨询的业务范围和服务内容。对于投资决策综合性咨询，要统筹考虑影响项目可行性的各种因素，将国家法律法规和产业政策、行政审批中要求的专项评价评估等一并纳入可行性研究统筹论证，体现决策环节在项目建设程序中的统领作用，提高决策科学化水平。在房屋建筑、市政基础设施等工程建设中，鼓励实施工程建设全过程咨询，由咨询单位提供招标代理、勘察、设计、监理、造价、项目管理等全过程咨询服务。

三是明确了全过程工程咨询的服务模式和相关要求。《指导意见》提出，投资决策综合性咨询服务可由工程咨询单位采取市场合作、委托专业服务等方式牵头提供，或由其会同具备相应资格的服务机构联合提供。鼓励纳入有关行业自律管理体系的工程咨询单位开展综合性咨询服务，鼓励咨询工程师（投资）作为综合性咨询项目负责人。工程建设全过程咨询服务可由一家具有综合能力的咨询单位实施，也可由多家具有招标代理、勘察、设计、监理、造价、项目管理等不同能力的咨询单位联合实施。此外，工程建设全过程咨询单位提供勘察、设计、监理或造价咨询服务时，应当具有与工程规模及委托内容相适应的资质条件。工程建设全过程咨询的项目负责人应当取得工程建设类注册执业资格且具有工程类、工程经济类高级职称，并具有类似工程经验。对于工程建设全过程咨询服务中承担工程勘察、设计、监理或造价咨询业务的负责人，应具有法律法规规定的相应执业资格。

四是鼓励发展多种形式的全过程工程咨询服务模式。《指导意见》坚持市场培育和政府引导相结合的原则，鼓励咨询单位根据市场需求，从投资决策、工程建设、运营等项目全生命周期角度，开展跨阶段咨询服务组合或同一阶段内不同类型咨询服务组合，促进全过程工程咨询的市场化、多样化创新发展。

此外，《指导意见》提出了优化全过程工程咨询服务市场环境的相关要求，包括建立咨询服务技术标准和合同、完善酬金计取方式、建立服务管理体系、加强人才队伍建设等方面。明确了推进全过程工程咨询服务发展的部门职责分工，以及加强政府监管和行业自律等保障措施，确保全过程工程咨询服务持续健康发展，提升工程咨询企业在国际工程咨询服务市场的竞争力。

3. 指导实践的规范性文件

2020年4月和8月，住建部相继发布《房屋建筑和市政基础设施建设项目全过程工程咨询服务技术标准（征求意见稿）》（以下简称《技术标准》）和《全过程工程咨询服务合同示范文本（征求意见稿）》（以下简称《合同示范文本》），这两个文件是对《指导意见》的贯彻落实，是促进全过程工程咨询服务科学化、标准化和规范化的重要举措。

《技术标准》明确了全过程工程咨询的范围和内容以及程序、方案和成果要求，旨在通过全过程工程咨询的内涵和外延，统一建筑业和工程咨询业对全过程工程咨询的理解和认识。这有助于解决相关行业对全过程工程咨询概念理解不统一、认识各异的问题，为全过程工程咨询服务的技术标准提供实践指导。

《合同示范文本》为房屋建筑和市政基础设施项目中的全过程工程咨询服务提供了一个标准化、规范化的合同框架，兼顾不同阶段、不同方式的咨询服务及费用计取等需求，由协议书、通用合同条件和专用合同条件三部分组成。其中，协议书集中约定了协议双方的基本权利义务，包括项目概况、服务范围、期限、费用等；通用合同条件对咨询服务的实施及相关事项、双方的权利

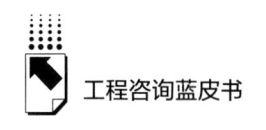

义务作出原则性约定，包括一般规定、委托人、咨询人、服务要求和成果、服务费用和支付、违约责任等；专用合同条件可对相应通用条件中的原则性约定进行细化、完善、补充、修改或另行约定，包括服务范围、服务费用和支付、进度计划以及主要咨询人员等。

（三）全过程工程咨询相关政策文件

2017年4月，住建部发布《建筑业发展"十三五"规划》，对全过程工程咨询在建筑业中的发展提出了相关要求。

①提出产业结构调整目标，促进大型企业做优做强，形成一批以开发建设一体化、全过程工程咨询服务、工程总承包为业务主体，技术管理水平领先的龙头企业。

②改革承（发）包监管方式，完善工程招投标监管制度，落实招标人负责制，简化招投标程序，推进招投标交易全过程电子化，促进招投标过程公开透明。

③为提升工程咨询服务业发展质量指明方向，改革工程咨询服务委托方式，研究制定咨询服务技术标准和合同范本，引导有能力的企业开展项目投资咨询、工程勘察设计、施工招标咨询、施工指导监督、工程竣工验收、项目运营管理等覆盖工程全生命周期的一体化项目管理咨询服务，培育一批具有国际水平的全过程工程咨询企业。

④鼓励加强关键技术研发支撑，加快推进建筑信息模型技术在规划、工程勘察设计、施工和运营维护全过程的集成应用。

⑤支持推进绿色建筑规模化发展，推动建筑废弃物的高效处理与再利用，实现工程建设全过程低碳环保、节能减排。

⑥提出完善监督管理机制，切实履行建筑节能减排监管责任，构建建筑全生命期节能监管体系，加强对工程建设全过程执行节能标准的监管和稽查。

⑦强化建筑施工安全监管，建立完善工程建设全过程风险控制体系，确保质量安全水平。

2017年5月，住建部发布《工程勘察设计行业发展"十三五"规划》，提出在工程勘察设计行业培育全过程咨询业务，探索总结全过程工程咨询的服务模式和监督管理。

①鼓励大型勘察设计企业发展成为能够提供项目前期咨询、项目管理和融资等集成化服务的工程公司或工程顾问咨询公司，鼓励中小型勘察设计企业发展成为在特定专业技术领域具有显著优势的专业公司。

②支持勘察设计企业的全过程工程咨询服务内容进行全面拓展，依托企业的设计、研发能力以及专利和专有技术，从传统的工程咨询领域扩展到装备制造、设备成套、项目运营维护等相关业务，逐步形成覆盖工程项目全生命周期的一体化服务体系，强化勘察设计企业的综合服务能力，提高服务质量和效率。

③通过全过程工程咨询服务推动工程勘察设计行业的转型升级，促进行业结构优化和市场拓展。鼓励政府在政策上支持全过程工程咨询服务的发展，强调制定行业规范和标准，以确保服务质量和行业的有序发展。

④鼓励勘察设计企业通过全面提升服务能力和拓展业务范围，增强在国内市场的竞争力，并参与国际市场竞争。

2017年7月，住建部发布《关于促进工程监理行业转型升级创新发展的意见》，提出，工程监理企业转型的主要任务之一是创新工程监理服务模式，鼓励并支持监理企业在其核心领域——施工阶段监理服务的基础上，向工程项目全生命周期的上下游拓展业务领域，提供项目咨询、招标代理、造价咨询、项目管理、现场监督等多元化的"菜单式"咨询服务。对于选择具备相应工程监理资质的企业开展全过程工程咨询服务的项目，建设单位可以不再另行委托监理服务。通过服务模式的转型升级，培育一批智力密集型、技术复合型、管理集约型的大型工程建设咨询服务企业，使监理行业的核心竞争力显著增强。

2022年1月，《住房和城乡建设部关于印发"十四五"建筑业发展规划的通知》明确了"十四五"期间全过程工程咨询的发展目标，包括加快建立全过程工程咨询服务交付标准、工作流程、合同体系和管理体系，明确权责关系，完善服务酬金计取方式；发展涵盖投资决策、工程建设、运营等环节的全过程工程咨询服务模式，鼓励政府投资项目和国有企业投资项目带头推行；培养一批具有国际竞争力的全过程工程咨询企业和领军人才。该文件中关于全过程工程咨询的主要内容和指导思想可以归纳为以下几点。

①培育全过程工程咨询企业。鼓励监理、招标代理、造价等企业采用联合经营、并购重组等方式发展全过程工程咨询服务，旨在培育具有国际水平的全过程工程咨询企业和领军人才，以提升咨询行业的整体服务水平和国际竞争力。

②政府投资工程的先行示范。鼓励政府投资项目和国有企业投资项目带头推行全过程工程咨询服务，不仅能够提升政府投资项目的管理效率和质量，同时也能为企业投资项目提供示范，有序推动全过程工程咨询服务的广泛应用。

③全过程工程咨询在工程总承包中的应用。在工程总承包模式中，除了必须进行招标的项目外，总承包单位可以直接承担或转包合同中涵盖的其他专业业务，全过程工程咨询与工程总承包模式的结合，为工程建设提供了更加高效的集成管理模式。

（四）全过程工程咨询相关部门规章

2017年11月，国家发展改革委发布《工程咨询行业管理办法》，提出工程咨询的服务范围包括全过程工程咨询，全过程工程咨询是指采用多种服务方式组合，为项目决策、实施和运营持续提供局部或整体解决方案以及管理服务，并提出实行咨询成果质量终身负责制。

2020年2月，住建部修订《工程造价咨询企业管理办法》，提出工程造价咨询企业可以对建设项目的组织实施进行全过程或者若干阶段的管理和服务。

（五）政策导向

从国务院发布的19号文首次提出全过程工程咨询的概念开始，以《指导意见》为工作纲领，国家发展改革委和住建部在行业建设和管理层面，不断地落实19号文和《指导意见》提出的与全过程工程咨询相关的目标和任务，包括出台《工程咨询行业管理办法》、修订《工程造价咨询企业管理办法》、发布《技术标准》《合同示范文本》《住房城乡建设部关于促进工程监理行业转型升级创新发展的意见》等。梳理这些文件，国家和部委层面政策对于全过程工程咨询提出了以下发展方向和要点。

一是全面拓展咨询服务范围。鼓励工程咨询企业提供包括投资决策、工程建设、运营等环节在内的全过程工程咨询服务，使工程咨询不再局限于项目的某一阶段，而是涵盖从项目策划开始直至运营结束的全生命周期咨询服务。

二是加快推进标准化和规范化。加快建立全过程工程咨询服务的交付标准、工作流程、合同体系和管理体系，明确全过程工程咨询各环节的权责关系，确保服务的透明性和效率。

三是完善服务酬金体系。完善全过程工程咨询服务的酬金计取方式，保证服务提供方的合理收益。酬金计取方式应通过全过程工程咨询为工程建设或运行增值而体现咨询企业的市场价值，促使全过程工程咨询单位努力提升服务能力和水平。

四是发挥政府投资项目和国有企业投资项目的引领作用。鼓励政府投资项目和国有企业投资项目在全过程工程咨询服务方面发挥带头作用，通过项目的实施和示范效应，推动咨询行业市场的转型升级。

五是培养具有国际竞争力的企业和人才。重点培养一批具有国际视野和影响力的全过程工程咨询企业和领军人才，提升中国工程咨询业的整体服务水平和国际竞争力。

三 行业协会全过程工程咨询政策解读

自2017年以来，据不完全统计，行业协会在全过程工程咨询领域主要发布4项政策文件，均为团体标准。该类政策文件属于标准化文件，主要遵循国务院、部委的相关政策法规导向，为标准化全过程工程咨询服务的活动或成果提供相关规则、指导和要求，涵盖服务范围、服务内容、服务模式、实施流程、服务费用等基本内容，兼顾了理论性、系统性和可操作性，对促进全过程工程咨询服务的标准化、规范化，提升工程咨询业服务水平具有积极作用。

2020年，中国建筑业协会发布《全过程工程咨询服务管理标准》（T/CCIAT0024-2020），这是国内第一项指导全过程工程咨询项目实施的团体标准，主要规定了全过程工程咨询的适用范围、组织机构和实施流程，具有较强的行业指导性和权威性。

2021年，中国工程咨询协会发布《水利水电工程全过程工程咨询服务导则》（T/CNAEC8001-2021），重点规范水利水电项目全过程工程咨询服务的范围内容、服务模式、服务准则和服务费用，对促进水利水电工程咨询业健康持续发展具有开创性指导意义。

2022年，中国工程建设标准化协会发布《建设项目全过程工程咨询标准》（T/CECS1030-2022），该文件侧重于规范建设项目全过程工程咨询的管理活动，界定建设项目全过程工程咨询的管理角色定位、管理层级、职能模块、内容界面、方法流程、成果文件、绩效评价等要素。

2023年，中国勘察设计协会发布《全过程工程咨询服务规程》（T/CECA20037-2023），该文件参考FIDIC等国际规则，结合现行建筑业管理体制，重点突出设计+管理，明确了各阶段全过程工程咨询服务的内容、范围、成果和各方责任利益，首次形成了以设计为引领的全过程工程咨询规程（见表1）。

表1　行业协会全过程工程咨询政策文件汇总

序号	文件名称	发布机构	文件类型	发布时间	实施时间	主要贡献点	主要技术内容
1	全过程工程咨询服务管理标准（T/CCIAT0024-2020）	中国建筑业协会	团体标准	2020年10月	2020年12月	国内第一项指导全过程工程咨询项目实施的团体标准	主要包括：总则、术语、基本规定、全过程工程咨询管理策划、项目决策咨询阶段的咨询服务、勘察设计阶段的咨询服务、招标采购阶段的咨询服务、工程施工阶段的咨询服务、竣工验收阶段的咨询服务、项目运营维护阶段的咨询服务、全过程工程咨询服务的数字化管理等
2	水利水电工程全过程工程咨询服务导则（T/CNAEC8001-2021）	中国工程咨询协会	团体标准	2021年7月	2021年7月	对促进水利水电工程全过程工程咨询业务健康持续发展具有指导意义	主要包括：范围、术语、总则、咨询单位要求、咨询服务范围和内容、咨询服务模式、咨询服务准则、咨询服务费用等

续表

序号	文件名称	发布机构	文件类型	发布时间	实施时间	主要贡献点	主要技术内容
3	建设项目全过程工程咨询标准（T/CECS1030-2022）	中国工程建设标准化协会	团体标准	2022年3月	2022年8月	规范建设项目全过程工程咨询的管理活动	主要包括：总则、术语、基本规定、全过程工程咨询组织机构、全过程工程咨询项目管理、项目投资决策咨询及管理、工程勘察设计咨询及管理、工程监理咨询及施工管理、工程招标采购咨询及管理、工程投资造价咨询及管理、工程专项专业咨询及管理、工程竣工验收咨询及管理、项目运营维护咨询及管理等
4	全过程工程咨询服务规程（T/CECA20037-2023）	中国勘察设计协会	团体标准	2023年8月	2024年1月	首次形成了以设计为引领的全过程工程咨询规程	主要包括：总则、术语、基本规定、投资决策阶段、勘察设计阶段、施工招标采购阶段、施工阶段、运营维护阶段、第三方审查等

四 试点省（区、市）全过程工程咨询政策解读

2017年，住建部公布北京、上海、江苏、浙江、福建、湖南、广东、四川、广西、黑龙江等10个省（区、市）列入全过程工程咨询试点省（区、市）。2018年以来，试点省（区、市）进一步扩大，新增陕西、贵州、宁夏、山东、吉林、河南、安徽、内蒙古、重庆等9个省（区、市）。截至2023年底，据不完全统计，全过程工程咨询试点省（区、市）共计19个。其中，16个试点省（区、市）出台试点方案或指导意见（北京、上海、重庆未公布），9个试点省（区、市）出台招标文本、合同示范文本、服务指引、服务导则、服务规程等标准化文件；16个试点省（区、市）发布试点企业1138家，基本形成了地方全过程工程咨询的政策体系和实践基础，对促进全过程工程咨询服务的落实落地、推广发展具有重要的指导作用和现实意义（见图3）。

工程咨询蓝皮书

图3 试点省（区、市）全过程工程咨询政策文件体系

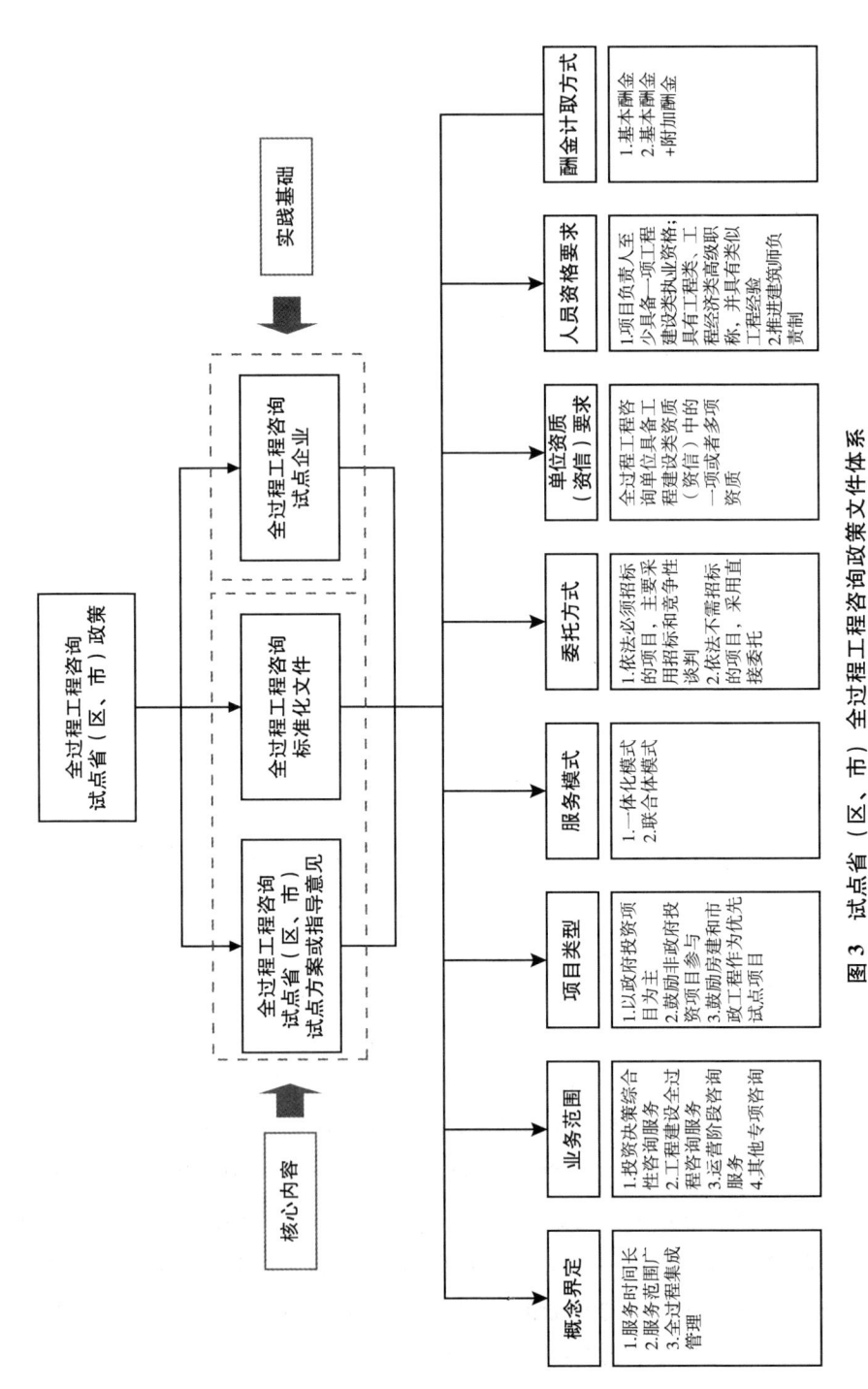

本报告搜集了19个试点省（区、市）共53份与全过程工程咨询相关的政策文件，从概念界定、业务范围、项目类型、服务模式、委托方式、单位资质（资信）要求、人员资格要求和酬金计取方式等8个维度梳理全过程工程咨询服务的核心内容，并通过分析解读，总结政策文件对全过程工程咨询热点问题的相关规定。

（一）概念界定

19个试点省（区、市）的全过程工程咨询相关政策文件中，有10个省（区、市）对全过程工程咨询的概念进行了界定，但尚未完全统一，具体如表2所示。

表2 试点省（区、市）全过程工程咨询概念界定统计

序号	试点省（区、市）	概念界定	主要特点		
			服务时间长	服务范围广	集成管理
1	北京	未明确			
2	上海	未明确			
3	江苏	是对工程建设项目前期研究和决策以及工程项目实施和运行(或称运营)的全生命周期提供包含设计在内的涉及组织、管理、经济和技术等各有关方面的工程咨询服务	√	√	
4	浙江	采用多种服务方式组合，为项目决策、实施和运营持续提供局部或整体解决方案以及管理的服务	√	√	√
5	福建	未明确			
6	湖南	是指业主在项目建设过程中将工程咨询业务整体委托给一家企业，由该企业提供项目策划、可行性研究、环境影响评价报告、工程勘察、工程设计、工程监理、造价咨询及招标代理等工程咨询服务活动	√（未明确全生命周期）	√	√
7	广东	是指对建设项目全生命周期提供组织、管理、经济和技术等各有关方面的工程咨询服务，包括项目的全过程工程项目管理以及投资咨询勘察、设计、造价咨询、招标代理、监理、运行维护咨询以及BIM咨询等专业咨询服务	√	√	
8	四川	未明确			
9	广西	工程咨询单位综合运用多学科知识、工程实践经验、现代科学技术和经济管理方法，采用多种服务方式组合，为发包人在项目投资决策、工程建设、项目运营阶段持续提供局部或整体解决方案的咨询服务活动	√	√	√

续表

序号	试点省（区、市）	概念界定	主要特点		
			服务时间长	服务范围广	集成管理
10	陕西	是指采用多种形式，为项目决策阶段、施工准备阶段、施工阶段和运维阶段提供部分或整体工程咨询服务，包括项目管理、决策咨询、工程勘察、工程设计、招标采购咨询、造价咨询、工程监理、运营维护咨询以及BIM咨询等服务	√	√	√
11	安徽	是指咨询人综合运用多学科知识、工程实践经验、现代科学技术和管理方法，为委托人在建设项目投资决策、工程建设以及运营维护阶段提供全过程或跨阶段或某一阶段经济、技术、管理等工程咨询服务的活动	√	√	√
12	贵州	未明确			
13	河南	未明确			
14	黑龙江	工程咨询方综合运用多学科知识、工程实践经验、现代科学技术和经济管理方法，采用多种服务方式组合，为委托方在项目投资决策、建设实施乃至运营维护阶段持续提供局部或整体解决方案的智力性服务活动	√	√	√
15	吉林	是在项目全寿命周期中，对工程建设项目前期研究和决策以及工程项目实施阶段包括设计和规划在内的涉及组织、管理、经济和技术等各有关方面的工程管理和技术服务，可采用多种组织方式，为项目决策和实施提供局部或整体解决方案	√（未含运营阶段）	√	√
16	内蒙古	未明确			
17	宁夏	未明确			
18	山东	在委托人授权范围内采用多种服务方式组合，为建设项目决策、实施和运维管理持续提供局部或整体的解决方案的智力服务活动	√	√	√
19	重庆	未明确			

从表2内容可以看出，目前我国全过程工程咨询虽然尚无统一概念，但与传统工程咨询模式相比，主要体现了3个特点。

一是服务时间长。在提出概念界定的10个试点省（区、市）中，除湖南、吉林外，体现了全生命周期或整体的含义，服务时间跨度包含项目决策阶段、建设阶段和运营阶段。

二是服务范围广。有概念界定的 10 个试点省（区、市）明确提供涉及组织、管理、经济和技术等各有关方面的工程咨询服务。

三是全过程集成管理。8 个试点省（区、市）明确提供局部或整体解决方案，即综合考虑项目质量、安全、环保、投资、工期等目标以及合同管理、资源管理、信息管理、技术管理、风险管理、沟通管理等要素之间的相互制约和影响关系，实施集成化管理。

因此，全过程工程咨询可以理解为是综合性、跨阶段、一体化的工程咨询服务，是一种高端的工程咨询业务形态。

（二）业务范围

根据国务院和住建部、国家发展改革委发布的相关政策文件，全过程工程咨询的业务范围主要分为四个部分，分别是投资决策综合性咨询服务、工程建设全过程咨询服务、运营阶段咨询服务和工程专项咨询服务。其中，工程建设全过程咨询服务包括招标采购、工程勘察、工程设计、项目管理、工程监理等，工程专项咨询服务包括项目融资咨询、信息技术咨询、建筑节能与绿色建筑咨询等。根据上述要求，本文对 19 个试点省（区、市）的全过程工程咨询业务范围进行分类统计，具体如表 3 所示。

表 3　试点省（区、市）全过程工程咨询业务范围统计

序号	试点省（区、市）	投资决策综合性咨询服务	工程建设全过程咨询服务					运营阶段咨询服务	工程专项咨询服务
			招标采购	工程勘察	工程设计	项目管理	工程监理		
1	北京	未明确							
2	上海	未明确							
3	江苏	√	√	√	√	√	√		造价咨询、BIM 咨询、绿建咨询、海绵城市
4	浙江	√	√			√	√		造价咨询、BIM 咨询
5	福建	√	√			√	√	√	造价咨询、BIM 咨询
6	湖南	√	√	√	√	√	√		造价咨询、BIM 咨询

续表

序号	试点省(区、市)	投资决策综合性咨询服务	工程建设全过程咨询服务					运营阶段咨询服务	工程专项咨询服务
			招标采购	工程勘察	工程设计	项目管理	工程监理		
7	广东	√	√	√	√	√	√		造价咨询、BIM咨询
8	四川	√	√	√	√	√	√	√	造价咨询、BIM咨询
9	广西	√				√		√	造价咨询、BIM咨询
10	陕西	√	√	√	√	√	√		造价咨询、BIM咨询、绿建咨询
11	安徽	√	√		√	√	√		造价咨询、BIM咨询
12	贵州	√	√			√			造价咨询、BIM咨询
13	河南	√	√		√	√		√	造价咨询、BIM咨询
14	黑龙江	√	√		√	√			造价咨询、BIM咨询
15	吉林	√	√		√	√	√		造价咨询、BIM咨询
16	内蒙古	√	√		√	√			造价咨询、BIM咨询
17	宁夏	√							造价咨询
18	山东	√	√		√	√	√	√	造价咨询、BIM咨询、项目融资咨询
19	重庆	未明确							

从表3可以看出，除北京、上海和重庆三个直辖市外，其他试点省（区、市）均明确了全过程工程咨询的业务范围。

16个试点省（区、市）均将投资决策综合性咨询服务和工程建设全过程咨询服务纳入全过程工程咨询业务范围。16个省（区、市）的工程建设全过程咨询服务基本包括招标采购、项目管理和工程监理咨询服务，但对于是否包括工程勘察和工程设计，差异较大。浙江、福建和广西将勘察管理及设计优化纳入业务范围，但勘察管理和设计优化并不等同于勘察、设计，因此上述3个省（区、市）并未明确规定全过程工程咨询业务包含勘察和设计；内蒙古和河南两个省（区、市）将工程设计纳入业务范围，但未规定工程勘察。除上述5个省（区、市）外，其余11个试点省（区、市）均明确规定工程建设全过程咨询服务涵盖工程勘察与工程设计。

9个试点省（区、市）明确了运营阶段的咨询服务。其中，陕西、吉林、广西将运营维护咨询纳入业务范围；福建要求纳入项目后评价和配合审计；四川提出后期运营也属于全过程工程咨询的业务范围，但未明确具体内容；安徽、河南提出包括运营维护阶段项目管理、设施和资产管理；黑龙江、山东提出运营管理策划、运营维护咨询、项目绩效评价等。

16个试点省（区、市）对工程专项咨询服务提出相关要求。总体来看，造价咨询成为工程专项咨询服务的"必选科目"，BIM咨询成为第二大"热门科目"，此外还包括绿建咨询、项目融资咨询等。

（三）项目类型

国务院、部委相关政策文件指出，引导政府投资项目和国有企业投资项目带头推行全过程工程咨询，鼓励民间投资项目实施全过程工程咨询。在19个试点省（区、市）中，除北京、上海、内蒙古3个省（区、市）未提出明确规定以外，其他省（区、市）全过程工程咨询的适用项目类型均与国家政策基本一致，具体如表4所示。

表4 试点省（区、市）全过程工程咨询适用项目类型统计

序号	省（区、市）	基本要求		优先试点领域
		政府投资项目带头开展	鼓励非政府投资项目积极参与	
1	北京	未明确		
2	上海	未明确		
3	江苏	√	√	重点选择有条件的房屋建筑和市政工程项目
4	浙江	√（国有投资项目）	√	原则上为通用技术的房屋建筑和市政工程项目，主要为省级审批的政府投资项目、未来社区项目、PPP项目、EPC项目以及其他特别重大项目中选取
5	福建	√	√	综合性强、技术复杂、投资规模较大的房屋建筑和市政工程项目
6	湖南	√ [国有(资金)投资项目]	√	优先确定部分重点工程、PPP项目、政府投资项目及工业园区等项目

续表

序号	省(区、市)	基本要求		优先试点领域
		政府投资项目带头开展	鼓励非政府投资项目积极参与	
7	广东	√	√	优先选择代建、工程总承包、PPP等项目,原则上应为采用通用技术的房屋建筑和市政基础设施工程
8	四川	√	√	选取一些本地区有代表性的房屋建筑和市政基础设施工程项目
9	广西	√	√	优先确定部分重点工程、工程总承包项目及工业园区项目
10	陕西	√	√	优先选择政府投资建设工程、PPP等项目作为试点项目,原则上应为采用通用技术的房屋建筑和市政基础设施工程
11	安徽	√	√	选择若干有影响力、有示范作用的政府投资工程项目
12	贵州	√(国有投资项目)	√	
13	河南	√	√	本地区有代表性的建设项目
14	黑龙江	√(国有投资项目)	√	
15	吉林	√(国有投资项目)	√	
16	内蒙古	未明确		鼓励支持采取代建、工程总承包、PPP等方式建设的房屋建筑和市政工程建设项目
17	宁夏	√	√	推动综合性强、技术复杂、投资规模较大的房屋建筑和市政工程等区、市各级重点工程项目开展试点
18	山东	√[国有(资金)投资项目]	√	
19	重庆	√	√	

16个试点省(区、市)明确以政府投资项目作为推动全过程工程咨询的主要方式,同时鼓励非政府投资工程积极参与全过程工程咨询的试点工作。其

中，浙江、湖南、贵州、黑龙江、吉林、山东6个省提出政府投资项目、国有（资金）投资项目采用全过程工程咨询，其他试点省（区、市）均未提及"国有（资金）投资项目"。

此外，8个试点省（区、市）鼓励房屋建筑和市政工程作为优先试点项目，但各省（区、市）的相关要求有所差异。其中，浙江为未来社区项目、PPP项目、EPC项目等；福建、宁夏为综合性强、技术复杂、投资规模较大的项目；广东、内蒙古为代建、工程总承包、PPP等项目；陕西为政府投资建设工程、PPP项目等；江苏、四川将优先试点项目限定在房屋建筑和市政工程领域，但未明确项目类型。

（四）服务模式

从国家以及试点省（区、市）的相关政策来看，目前全过程工程咨询服务模式主要有两种：一是一体化模式，即业主委托单一咨询单位，由一家具有综合能力的咨询单位实施项目全过程工程咨询服务；二是联合体模式，即业主委托多家单位组成联合体，由多家具有招标代理、勘察、设计、监理、造价、项目管理等不同能力的咨询单位分别承担一项或多项咨询服务，以一家咨询单位作为牵头企业负责总体协调，共同合作完成项目全过程工程咨询服务。本节从服务模式和与相关单位的利益关系两个维度对19个全过程工程咨询试点省（区、市）的相关政策进行了统计分析，具体如表5所示。

表5 试点省（区、市）全过程工程咨询服务模式统计

序号	试点省（区、市）	全过程工程咨询服务模式		禁止与相关单位存在利益关系			不得与承包人具有利益关系
		一体化模式	联合体模式	设计企业	施工企业	材料设备供应单位	
1	北京	未明确					
2	上海	未明确		√	√	√	
3	江苏	√	√				
4	浙江	√	√	√	√	√	
5	福建	√	√				
6	湖南	√					
7	广东	√	√				√

续表

序号	试点省（区、市）	全过程工程咨询服务模式		禁止与相关单位存在利益关系			不得与承包人具有利益关系
		一体化模式	联合体模式	设计企业	施工企业	材料设备供应单位	
8	四川	√	√		√	√	
9	广西	√	√	√	√	√	
10	陕西	√	√				
11	安徽	√	√				
12	贵州	√	√		√	√	√
13	河南	√	√		√	√	
14	黑龙江	√	√		√	√	
15	吉林	√	√		√	√	
16	内蒙古	√	√		√	√	
17	宁夏	√	√				
18	山东	√	√		√	√	√
19	重庆	未明确					

1. 服务模式选择

从表5可以看出，江苏、浙江、福建等15个省（区、市）明确全过程工程咨询的服务模式包括一体化模式和联合体模式两种模式，其中仅四川规定联合体由两家单位组成，其他省（区、市）对联合体数量未做规定。湖南在全过程工程咨询概念中提及"业主在项目建设过程中将工程咨询业务整体委托给一家企业"，但未清晰界定服务模式。北京、上海和重庆未明确全过程工程咨询的服务模式。

2. 利益关系要求

目前，各试点省（区、市）全过程工程咨询的业务范围均不包含施工和材料设备供应，因此承接全过程工程咨询业务的企业一般不能承担同一项目的施工和材料设备供应业务。12个试点省（区、市）明确禁止全过程工程咨询服务单位与施工企业和材料设备供应单位存在利益关系。其中，上海、浙江、广西3个省（区、市）还禁止与同一项目的设计单位存在利益关系，根据表3信息，浙江和广西均未将工程设计纳入全过程工程咨询的业务范围。

广东、贵州、河南、黑龙江、吉林、内蒙古、山东7个试点省（区、市）规定,同一项目的全过程工程咨询单位不得与承包人具有利益关系;其他省(区、市)未对承担全过程工程咨询业务企业的相关利益关系进行明确规定。

(五)委托方式

国家已出台的政策文件明确全过程工程咨询的委托方可通过招标或直接委托方式委托全过程工程咨询业务;对于项目分包,全过程工程咨询单位可将自有资质证书许可范围外的咨询业务依法依规择优委托给具有相应资质或能力的单位。部分试点省(区、市)依据国家规定,对全过程工程咨询的委托方式、分包(转委托)、所涉单项咨询业务招标方式等提出相关要求,具体如表6所示。

表6 试点省(区、市)全过程工程咨询委托方式统计

序号	试点省(区、市)	全过程工程咨询委托方式			依法必须招标项目的单项咨询业务是否需要单独招标	是否允许分包(转委托)
		依法必须招标的项目		依法无须招标的项目		
		招标	竞争性谈判	直接委托		
1	北京	未明确				
2	上海	未明确			否	未明确
3	江苏	√		√	否	是
4	浙江	√		√	未明确	未明确
5	福建	√		未明确	否	是
6	湖南	√		√	否	未明确
7	广东	√	√		未明确	是
8	四川	√		√	否	未明确
9	广西	√		√	否	是
10	陕西	√	√	√	未明确	是
11	安徽	√	√	√	否	是
12	贵州	√		√	未明确	是
13	河南	√	政府购买服务	√	否	是
14	黑龙江	√		√	未明确	是
15	吉林	√		√	否	是
16	内蒙古	√		未明确	未明确	未明确
17	宁夏	√		√	否	是
18	山东	√		√	未明确	是
19	重庆	未明确				

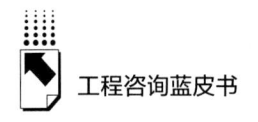

从表6中19个试点省（区、市）的统计情况可以看出，16个试点省（区、市）明确规定依法应当招标的项目应通过招标方式委托全过程工程咨询服务，其中，广东、陕西、安徽和河南4个省明确，依法应当招标的项目，符合相关法律法规规定的，可采用竞争性谈判方式（或政府购买服务方式）委托全过程工程咨询服务。14个试点省（区、市）规定依法无须招标的项目可以直接委托全过程工程咨询服务。

在单项咨询业务招标方面，10个试点省（区、市）规定，在一定条件下部分单项咨询业务无须单独招标，但不单独招标的前提条件以及单项咨询业务的类型则各不相同。例如：上海规定，具有相应工程监理资质的单位，依法通过招标方式取得工程项目管理服务（至少包含施工阶段项目管理服务）的，经建设单位同意，可在其资质许可范围内承接同一工程的监理工作；江苏规定，采用建筑师负责制的工程项目，监理、招标代理、造价咨询等技术服务可不另行招标；福建规定，经过依法发包的全过程工程咨询服务项目，不再另行组织规划、可研、评估、勘察、设计、监理、造价等单项咨询业务招标；湖南规定，对于已经公开招标委托单项工程咨询服务的项目，在具备条件的情况下，可以补充合同形式将其他工程咨询服务委托给同一企业，开展全过程工程咨询工作；四川规定，对于必须招标的项目，只需对勘察设计、工程监理其中一项进行招标即可，其他咨询服务可直接委托同一单位；广西规定，经过依法发包的全过程工程咨询服务项目，可不再另行组织前期咨询、工程监理、招标代理和造价咨询等单项咨询业务招标；等等。

在允许分包（转委托）方面，11个试点省（区、市）规定，在保证整个工程项目完整性的前提下，按照合同约定或经建设单位同意，可将自有资质证书许可范围外的咨询业务依法依规择优分包（转委托）给具有相应资质或能力的单位。关于分包（转委托）的法律责任，广东、吉林规定，分包单位按照分包合同的约定对全程工程咨询单位负责，全过程工程咨询单位和分包单位就分包的其他咨询业务对建设单位承担连带责任；安徽规定全过程工程咨询企业对委托业务的质量和效率全面负责；其他省（区、市）未见明确规定。

（六）单位资质（资信）要求

国务院和部委相关政策文件规定，工程建设单位应当选择具有相应工程勘察、设计、监理或造价咨询资质（资信）的单位开展全过程工程咨询服务。13个试点省（区、市）根据国家规定对全过程工程咨询单位资质（资信）提出相关细化要求，大多提出需具备勘察、设计、监理、招标代理、造价咨询、工程咨询等工程建设类资质（资信）中的一项或者多项资质（资信）。其中，工程监理占比100%，工程设计和造价咨询占比87%，工程咨询和工程勘察占比38%，招标代理占比23%，工程施工占比15%，具体如表7所示。

表7 试点省（区、市）全过程工程咨询服务单位资质（资信）要求统计

序号	省（区、市）	工程咨询	工程勘察	工程设计	工程监理	造价咨询	招标代理	工程施工	资质(资信)数量
1	北京	未明确							
2	上海				√				1项
3	江苏			√	√	√			1项
4	浙江			√	√	√			1项
5	福建	未明确							
6	湖南	未明确							
7	广东	√	√	√	√	√	√	√	1项
8	四川	√		√	√	√			2项及以上
9	广西						√		1项/2项及以上
10	陕西	√	√	√	√	√			1项
11	安徽								
12	贵州	√	√	√	√	√			1项
13	河南								1项/2项及以上
14	黑龙江			√					
15	吉林	√		√	√	√		√	1项
16	内蒙古	在资质范围内完成相应业务							
17	宁夏								1项
18	山东	全过程工程咨询企业提供勘察、设计、监理等服务时，其自身或联合体一方应当具有与工程规模及委托内容相适应的资质条件							
19	重庆	未明确							

注：①2021年4月1日，《关于废止部分规章和行政规范性文件的决定》取消招标代理资质；2021年6月3日，《国务院关于深化"证照分离"改革进一步激发市场主体发展活力的通知》取消造价咨询资质。②表7内容原则上按各试点省（区、市）全过程工程咨询相关政策文件整理，不对资质（资信）要求做相应调整。

从表7可知，12个试点省（区、市）对具备资质（资信）的数量提出明确要求。上海、江苏、浙江、广东、陕西、安徽、贵州、吉林和宁夏9个省（区、市）明确允许具备1项资质（资信）即可开展全过程工程咨询服务；四川要求具备工程建设类2项及以上的资质（资信）。广西和河南的规定较为特殊，要求具备工程设计、工程监理、造价咨询2项及以上的甲级资质，或具备单一资质且年营业收入在行业排名各省辖市、省直辖县（市、港区）前三的企业。

（七）人员资格要求

国家规定全过程工程咨询的项目负责人应当取得工程建设类注册执业资格且具有工程类、工程经济类高级职称，并具有类似工程经验；在民用建筑中实施全过程咨询的，要充分发挥建筑师的主导作用。除北京、上海和重庆以外，16个试点省（区、市）都对项目负责人提出资格要求，并强调重点推进建筑师负责制在全过程工程咨询中的作用，具体如表8所示。

表8 试点省（区、市）全过程工程咨询人员资格要求统计

序号	试点省（区、市）	项目负责人资格要求		其他管理人员资格要求	建筑师负责制
		工程建设类执业资格	具有工程类、工程经济类高级职称，并具有类似工程经验		
1	北京	未明确			
2	上海	未明确			
3	江苏	√	√		√
4	浙江	√		√	
5	福建	√			√
6	湖南	√			
7	广东	√	√		√
8	四川	√			√
9	广西			√	
10	陕西	√			√
11	安徽	√		√	
12	贵州		√		
13	河南	√	√		√
14	黑龙江	√	√		√
15	吉林	√	√		√

续表

序号	试点省（区、市）	项目负责人资格要求		其他管理人员资格要求	建筑师负责制
		工程建设类执业资格	具有工程类、工程经济类高级职称，并具有类似工程经验		
16	内蒙古	√		√	√
17	宁夏	√			
18	山东	√	√		
19	重庆	未明确			√

目前，16个试点省（区、市）基本要求全过程工程咨询项目负责人至少具备一项工程建设类执业资格（一级注册建造师、一级注册建筑师、注册造价工程师等）。其中，江苏、广东、河南3个省明确允许工程类、工程经济类高级职称可代替注册执业资格，并要求项目负责人必须具备相关经验；贵州、黑龙江、吉林和山东4个省要求负责人既要具备工程建设类注册执业资格，也要具备工程类、工程经济类高级职称和类似工程经验。除项目负责人以外，浙江、广西、安徽和内蒙古还对其他管理人员或专业负责人有明确规定。

13个试点省（区、市）明确鼓励、倡导采用建筑师负责制，在全过程工程咨询中发挥建筑师的主导作用。其中，除江苏和四川外，均明确鼓励在民用建筑或建筑项目中推行建筑师负责制；江苏对以设计单位为主体实施全过程工程咨询的项目，提倡建筑师作为项目负责人并发挥主导作用；四川未明确建筑师负责制的适用项目。

（八）酬金计取方式

针对全过程工程咨询服务酬金计取方式，《指导意见》提出投资者或建设单位应当根据工程项目的规模和复杂程度，咨询服务的范围、内容和期限等与咨询单位确定全过程工程咨询服务酬金，可按各专项服务酬金叠加后再增加相应统筹管理费用计取，也可按人工成本加酬金方式计取。目前国家层面暂未发布与酬金计取相关的规范性指导文件，缺乏统一、详细、可操作的收费标准和机制。19个试点省（区、市）全过程工程咨询政策文件对服务酬金计取方式的相关规定情况如表9所示。

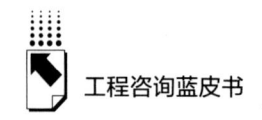

表9 试点省（区、市）全过程工程咨询政策文件对服务酬金计取方式统计

序号	试点省（区、市）	基本酬金计取方式			附加酬金计取方式	
		工程概算比例	人工成本费用法	各专项咨询服务酬金叠加	奖励（按节约投资比例）	统筹管理费
1	北京	未明确				
2	上海	未明确				
3	江苏	未明确			√	
4	浙江		√	√		√
5	福建			√	√	
6	湖南	√		√	√	
7	广东			√		
8	四川		√	√		
9	广西		√	√	√	√
10	陕西			√		
11	安徽		√	√		
12	贵州			√	√	
13	河南		√	√		
14	黑龙江		√	√	√	
15	吉林		√	√		
16	内蒙古					
17	宁夏		√	√	√	
18	山东		√	√	√	√
19	重庆	未明确				

从表9可以看出，除北京、上海、重庆未明确酬金计取方式外，其他省（区、市）提出的全过程工程咨询服务酬金计取方式可以划分为两类：基本酬金、基本酬金+附加酬金。基本酬金计取方式主要分为三种，分别是按工程概算比例计取、按人工成本费用法计取和各专项咨询服务酬金叠加计取。附加酬金是指在基本酬金的基础上再增加的相应费用，计取方式主要为两种，包括多项咨询服务的统筹管理费、按节约投资额一定比例计算的奖励。

基本酬金计取方面，除北京、上海、江苏和重庆4个试点省（区、市）外，其他15个试点省（区、市）明确了具体计取方式。其中，15个省（区、市）均提出可采用各专项咨询服务酬金叠加的计取方式；浙江、四川、广西等9个省（区、市）提出可按人工成本费用法的计取方式；湖南提出可按工程概算一定比例计算的计取方式。

附加酬金计取方面，除北京、上海和重庆3个试点市外，其他16个试点省（区、市）均明确了具体计取方式。其中，除浙江外的15个省（区、市）均鼓励根据节约投资额以奖励形式计取；浙江、广西、黑龙江、吉林、宁夏、山东6个省（区、市）提出可在基本酬金的基础上增加相应统筹管理费用。

参考文献

苟护生：《为科学决策提供坚实可靠支撑——我国工程咨询事业的光辉历程与宝贵经验》，《中国投资》（中英文）2022年第Z8期。

丁士昭：《全过程工程咨询概念和核心理念》，《建筑知识》2018年第9期。

郭俊峰、高振宇、李林燕等：《北京市工程咨询行业发展报告（2022年）》，北京市工程咨询协会，2023。

皮德江：《全过程工程咨询内容解读和项目实践》，中国建筑工业出版社，2019。

赵振宇、高磊：《推行全过程工程咨询面临的问题与对策》，《建筑经济》2019年第12期。

杨卫东：《推行全过程工程咨询的思考和认识》，《建设监理》2023年3月2日。

张蓉、赵博、宋萌等：《基于价值链理论的全过程工程咨询价值研究》，《中国工程咨询》2021年第5期。

关颖：《全过程工程咨询发展路径及对建设工程管理的意义》，《市场调查信息：综合版》2019年第9期。

曾大林、张学文、房红伟等：《全过程工程咨询服务发展现状分析——基于2017~2021年的市场交易数据》，《建筑经济》2023年第1期。

田兆东、刘晓娟、纪勇志：《中国全过程工程咨询业发展报告（2023年）》，中导智慧城市规划设计研究院，2023。

《十年"质"的飞跃——中国工程咨询行业规模持续扩大》，《中国工程咨询》2022年第11期。

杨树红：《城市更新背景下全过程工程咨询面临的问题与挑战》，《北京规划建设研究》2022年第2期。

汪洋：《全过程工程咨询发展趋势探析》，《中国勘察设计》2022年第6期。

中国工程咨询协会：《关于印发〈工程咨询行业2021~2025年发展规划纲要〉的通

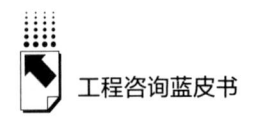

知》，《中国工程咨询》2021年第5期。

刘斐然、刘洁、孟令轲：《关于推动工程咨询行业更快更好高质量发展的思考》，《中国工程咨询》2022年第8期。

董博浩：《工程公司全过程工程咨询业务的认识与实践》，《中国勘察设计》2023年第9期。

李巍、王华林、江志学：《广东全过程工程咨询的多样化发展与实践》，《中国勘察设计》2023年第4期。

于娜娜、陈慧、刘志浩：《企业开展全过程工程咨询业务的发展路径研究》，《城市情报》2022年第20期。

刘芳：《全过程工程咨询背景下工程咨询企业发展态势研究》，《工程经济》2023年第2期。

苗晋维：《全过程工程咨询模式下咨询企业的发展困境与对策》，《建筑设计管理》2022年第10期。

吴海洋：《全过程工程咨询发展现状及趋势展望》，《工业》2022年第1期。

马勇：《全过程工程咨询服务发展的制约因素及解决策略》，《建设科技》2022年第24期。

吴亚平：《推进全过程工程咨询服务发展的几点思考》，《建设管理》2023年第4期。

刘阳：《推行全过程工程咨询面临的问题与对策》，《工程技术》2021年第1期。

石振：《工程造价咨询企业开展全过程工程咨询的策略分析》，《门窗》2023年第11期。

李强：《中国中元：全过程工程咨询引领企业改革创新综合发展》，《中国勘察设计》2023年第10期。

周倍立：《全过程工程咨询发展的分析和建议》，《建筑经济》2019年第1期。

郑琪：《全过程工程咨询建筑行业创新发展的新动力》，《中国勘察设计》2019年第5期。

唐怀坤：《2021—2025年数字经济九大技术趋势展望》，《通信世界》2021年第1期。

刘河山：《需求视角下企业知识型员工激励机制研究》，《中国市场》2017年第7期。

尹贻林、张勇毅：《中国工程咨询业的发展与演进》，《土木工程学报》2005年第10期。

专题研究篇

B.6 数字化转型赋能工程咨询业发展研究

数字化转型工程咨询课题组*

摘　要： 本文通过分析企业数字化转型的背景、国内外数字化转型发展的现状、国内数字化转型赋能工程咨询业发展的挑战和机遇以及国外数字化转型赋能工程咨询业的模式，发现国内咨询行业数字化转型面临的问题，总结提炼出国内工程咨询业数字化转型的关键点，并结合中国国际工程咨询有限公司数字化转型发展项目提出数字化转型赋能中国咨询行业的策略与建议，为中国工程咨询业数字化转型提供理论参考，推动工程咨询业数字化发展。

关键词： 数字化转型　工程咨询业　数字化发展　数字技术　数字经济

---

* 课题组成员：熊麟、张恩铭、王潇、李纯如、李欣珏，中国国际工程咨询有限公司。

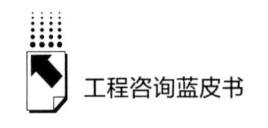

一 数字化转型的背景分析

（一）社会环境

当今社会数字化转型已经成为新时代的鲜明特征。信息化强调信息系统的建设，实质上是将企业的生产过程、物料移动、事务处理、现金流动、客户交互等业务从线下搬到线上。数字化是将人们所生活的真实世界和虚拟的数字表达连接起来，从而寻求全新的商业模式和服务模式。数字化转型不仅仅是将数字技术整合到业务运营的各个方面，从根本上改变组织运营和向客户提供价值的方式，而且是建立在数字化转换、数字化升级的基础上，将企业核心业务向以新建一种商业模式为目标的高层次转型，通过开发数字化技术及支持能力以新建一个富有活力的数字化商业模式。

1. 数字技术促进转型驱动

随着数字技术的发展，互联网、云计算、人工智能和数据分析等技术正助力加快企业数字化转型的进程，日益增加的连通性和可访问性也使个人和企业能够利用数字技术满足其日益增加的需求。同时各类企业清晰地认识到数字化转型是当今企业保持竞争力、提高效率、增强客户体验和适应不断变化的市场需求的战略要求，这种转型不仅涉及技术，还涉及企业的文化和组织变革，要有拥抱技术、数字优先的心态。

2. 数据成为战略资产

大数据的兴起使数据成为决策和创新的关键资产，企业可利用获取到的数据来辅助决策、洞察和预测行业发展趋势、优化企业内部流程、提升用户体验、创新产品开发、优化供应链、识别潜在风险和漏洞。

3. 数字应用场景不断丰富

数字技术不断催生新的应用场景。数字技术与实体经济的有机融合催生了新业态新模式，在医疗卫生、城市规划与智慧城市、教育培训、公共安全保障等领域发挥了重要作用。例如，在医疗领域，利用先进技术和大型数据集可以实现个性化医疗、疾病预测分析，改善医疗效果；在城市规划与智慧城市领域，利用先进技术和数据分析有助于优化资源配置、交通管理和能源消耗，有助于智慧城市的发展；在教育培训领域，利用先进技术和大数据可以帮助教育工作者根据个人需求定制教学方法，从而提高学习效果；在公共安全保障领域，利用先进技术和大数据能够优化应急响应，提升早期发现威胁的能力，增强公共安全。

4. 数字经济蓬勃发展

数字经济以数字化的知识和信息为关键生产要素，以数字技术为核心驱动力，不断提高数字化、网络化、智能化水平，加速重构经济发展与治理模式的新型经济形态，是高质量发展的新引擎。《数字中国发展报告（2022年）》[①]显示，2022年我国数字经济规模达50.2万亿元，总量稳居世界第二，同比名义增长10.3%，占国内生产总值比重提升至41.5%。《中国数字经济产业发展研究报告（2023）》显示，产业数字化产值占数字经济产业产值比重由2007年的52.9%提升至2022年的81.7%。产业数字化发展提速，成为数字经济发展的主引擎，融合发展向深层次演进。数字化转型已成为现代企业发展过程中不可或缺的成长要素，相关企业纷纷加快数字化转型步伐，投入各类企业资源，形成由内而外的目标共识和主观驱动力。

（二）政策环境

党的十八大以来，以习近平同志为核心的党中央从国家发展全局出发，准确把握全球大势，高度重视数字化发展，围绕数字经济、网络强国、数字中国建设等作出了一系列重大部署，我国数字经济发展取得显著成绩。

党的二十大报告提出，加快发展数字经济，促进数字经济和实体经济深度融合，打造具有国际竞争力的数字产业集群。数字经济发展速度之快、辐射范围之广、影响程度之深前所未有，正在成为重组全球要素资源、重塑全球经济结构、改变全球竞争格局的关键力量。

2020年4月，中共中央、国务院印发《关于构建更加完善的要素市场化配置体制机制的意见》[②]，明确提出"加快培育数据要素市场"，将"数据"

---

① 《国家互联网信息办公室发布〈数字中国发展报告（2022年）〉》，https：//www.cac.gov.cn/2023-05/22/c_1686402318492248.htm。

② 《中共中央 国务院关于构建更加完善的要素市场化配置体制机制的意见》，https：//www.gov.cn/zhengce/2020-04/09/content_5500622.htm。

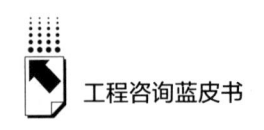

与土地、劳动力、资本、技术等传统要素并列。数据已成为现代社会基础设施的有机组成部分，大数据的运用改变了传统的生产方式和企业运行机制，能够提升企业运行水平和效率，持续激发商业模式创新，不断催生新业态，成为"互联网+""智能+"等新兴领域促进业务创新增值、提升企业核心价值的重要驱动力。

2020年8月，国务院国资委印发《关于加快推进国有企业数字化转型工作的通知》[1]，就推动国有企业数字化转型作出全面部署，为国有企业推进数字化转型工作吹响了新号角。

2021年12月，中央网络安全和信息化委员会印发《"十四五"国家信息化规划》[2]，对我国"十四五"时期信息化发展作出部署安排。"十四五"时期，信息化进入加快数字化发展、建设数字中国的新阶段。

2021年12月，国务院印发《"十四五"数字经济发展规划》，明确"十四五"时期推动数字经济健康发展的指导思想、基本原则、发展目标、重点任务和保障措施。提出"促进数字技术在全过程工程咨询领域的深度应用，引领咨询服务和工程建设模式转型升级"是全面深化重点产业数字化转型的重要组成部分。

2023年2月，中共中央、国务院印发《数字中国建设整体布局规划》[3]，指出建设数字中国是数字时代推进中国式现代化的重要引擎，是构筑国家竞争新优势的有力支撑。加快数字中国建设，对全面建设社会主义现代化国家、全面推进中华民族伟大复兴具有重要意义和深远影响。

加快数字化发展、建设数字中国，是顺应新发展阶段形势变化、抢抓信息革命机遇、构筑国家竞争新优势、加快建成社会主义现代化强国的内在要求，是贯彻新发展理念、推动高质量发展的战略举措，是推动构建新发展格局、建设现代化经济体系的必由之路，是培育新发展动能、激发新发展活力、弥合数

---

[1] 《关于加快推进国有企业数字化转型工作的通知》，http://www.sasac.gov.cn/n2588020/n2588072/n2591148/n2591150/c15517908/content.html。

[2] 《"十四五"国家信息化规划》，https://www.cac.gov.cn/2021-12/27/c_1642205314518676.htm。

[3] 《中共中央 国务院印发〈数字中国建设整体布局规划〉》，https://www.gov.cn/xinwen/2023-02/27/content_5743484.htm。

字鸿沟、加快推进国家治理体系和治理能力现代化、促进人的全面发展和社会全面进步的必然选择。

（三）经济环境

1. 生产效率逐步提高

数字化转型可以通过自动化流程、优化供应链、提升生产效能等方式，显著提高企业的生产效率。通过数据的搜集、分析和实时监控，企业能够更精确地预测市场需求、优化生产计划，减少资源的浪费，提高生产线的利用率。同时，数字化转型还有助于降低生产成本，通过数据分析，企业能够找到降低成本的潜在机会，从而提高竞争力、推动经济发展。

2. 服务模式不断创新

数字化转型为企业创造了更多创新服务模式。通过数据分析，企业能够更深入地了解消费者的需求和偏好，开发出更具个性化、更精准的产品，提供更精细的服务。以电商平台为例，通过对用户购买记录、行为轨迹等数据的挖掘和分析，平台能够向用户推送更符合其兴趣的商品信息，提升用户体验，从而促进商品消费的增长。数字化转型还能够帮助企业打破传统的销售模式，通过互联网和移动技术，企业能够更加高效地与消费者互动，建立更加紧密的关系，进而提高销售额。

3. 企业决策能力不断加强

数字化转型可以为企业提供更多可靠的决策依据。通过对大数据的收集和分析，企业能够更全面地了解市场动态、竞争对手和消费者需求，从而进行更准确、更及时的决策。例如，在零售行业中，通过对历史销售数据的分析，企业能够预测消费者的购买行为，优化商品陈列和定价策略，提高销售业绩。数字化转型还能够帮助企业进行风险评估和管理，通过数据分析，企业能够及时发现潜在的风险，采取相应的措施，从而推动企业稳定发展。

4. 产业升级稳步推进

数字化转型为产业升级提供了新的机遇。随着物联网和人工智能等技术的发展，企业和组织能够从传统的生产和经营模式转向智能化的模式。通过物联网设备的连接和数据的传输，企业能够实现设备的远程监控和预测性维护，提高设备的使用寿命和运行效率。同时，通过人工智能技术的应用，企业能够实

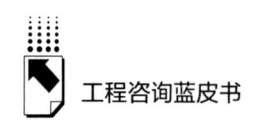

现更智能化的生产和管理，提高生产效率和产品质量。产业升级不仅能够增加经济的附加值，也对经济的可持续发展发挥了积极的作用。

二 国内外咨询行业数字化转型的发展现状

（一）国外头部咨询企业数字化转型发展现状

1. 咨询企业加速数字化转型布局

在数字化时代，国外咨询企业为了保持自身的领先地位和竞争力，在帮助政府部门和传统企业进行数字化转型的同时也在积极推进自身的数字化转型，主要有三种方式。一是成立专门的数字化部门或子公司专注于提供数字化战略、数据分析、人工智能、数字营销等领域的咨询服务，集聚专业的数字化人才和技术资源。例如，麦肯锡成立麦肯锡人工智能实验室、数字学院等内部数字化部门；贝恩将相关数字化功能整合到业务中并开发了数字化功能集成交付平台，集合一批专门从事数字化转型的合作伙伴为数字化战略制定和实施落地提供系统支持；波士顿咨询成立由全球近3000名技术专家组成的跨学科团队BCG Gamma负责数字化构建与设计等。二是收购或投资相关的数字化公司或平台以帮助企业拓展数字化服务的范围和深度，获得更多的客户资源和市场份额。例如，麦肯锡收购了LUNAR Design、QuantumBlack等设计和数据科学公司；贝恩收购了FRWD等数字营销公司；波士顿咨询收购了Maya Design等创新设计公司。三是建立合作伙伴关系或生态系统，通过合作伙伴关系或生态系统帮助企业获得利用外部数字化资源和能力的机会，提高其数字化服务的质量和效率。例如，麦肯锡与谷歌、微软、亚马逊等科技巨头建立了战略合作伙伴关系，共同为客户提供云计算、人工智能等领域的解决方案；贝恩与红帽、Salesforce等软件公司建立了合作伙伴关系，共同为客户提供开源软件、客户关系管理等领域的解决方案；波士顿咨询与阿里巴巴、腾讯等互联网公司建立了合作伙伴关系，共同为客户提供电商、社交媒体等领域的解决方案。

2. 数字化推动咨询服务模式创新

在数字化时代，传统的咨询服务模式和方式已经难以满足客户的需求和期望，国外咨询企业的模式创新主要有三种。一是从项目导向向产品导向转变。传统的咨询服务模式以项目为单位，为客户提供一次性的咨询报告或建议，几乎未涉及项目实施或运营过程。在数字化时代，为解决传统模式的灵活性和持续性不足问题，咨询企业开始开发和提供更加标准化、可配置、可持续的数字化产品或平台，帮助客户实现数据收集、分析、管理、优化等功能，并为项目实施或运营提供持续的支持和更新。如麦肯锡的 Wave 产品旨在为客户提供集中式项目管理解决方案，使客户能够管理转型的计划、跨团队沟通、跟踪时间表里程碑和预测进度，并量化项目对整体财务绩效的影响，贝恩的 NPS Prism 提供基于云的客户体验基准测试服务等。二是服务产品和方式从高端定制向大众普惠型转变。传统的咨询服务方式是以高昂的费用为客户提供高端定制的咨询服务，较少考虑中小型企业或个人用户的需求。在数字化时代，为兼具包容性和普惠性，咨询公司开始利用数字化技术和渠道，为更广泛的客户群体提供更低成本和更易获取的咨询服务，帮助客户获取最新的行业洞察、管理知识、学习资源等，并提供在线互动和社区交流等功能。如麦肯锡推出麦府学堂 McKinsey Academy，向企业提供以大规模在线学习、核心能力混合培养项目及定制化培养项目为核心的培训服务；贝恩的 Bain Insights 提供行业研究、技能知识学习和专栏内容；波士顿咨询的 BCG Perspectives 提供研究报告、简报等免费下载等。三是从单一服务价值向多元服务价值转变。传统的咨询服务价值以为客户提供专业的建议和解决方案为主，涉及的创新或变革较少。在数字化时代，为突出差异化，咨询企业开始拓展和提升其咨询服务价值，帮助客户实现新业务模式、新产品开发、新市场拓展等创新或变革，并提供投资、孵化、合作等支持。如贝恩成立创新咨询中心、波士顿咨询旗下成立风投和孵化公司等。

3. 咨询服务领域不断拓展

在数字化时代，针对客户的需求更加复杂、多元，并涉及更多领域、更多层面的问题，国外咨询企业主要采取了以下三种策略。一是深入探索新兴领域和前沿技术。数字化技术的发展和应用，催生许多新兴领域和前沿技术，如云计算、人工智能、物联网、区块链等。这些领域和技术为客户带来了新的机遇和挑战，也为咨询行业带来了新的需求和市场。因此，咨询企业积极地深入探索这些新兴领域和前沿技术，为客户提供最前沿的咨询服务，帮助客户利用最

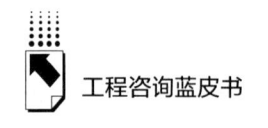

先进的技术和方法，解决最复杂的问题，实现最大的价值。如麦肯锡合并100多家办事处的AI团队成立统一的人工智能部门，贝恩成立高级分析和数据科学专家组，波士顿咨询成立数字化平台和数据平台等。二是横向拓展相关领域和辅助服务。数字化技术的普及和渗透，使客户的需求和问题不再局限于单一的领域或层面，而是涉及多个相关领域和辅助服务，如设计、营销、人力资源、法律等。这些领域和服务与咨询服务有着密切的联系和互补性，也为咨询行业带来了新的需求和市场。咨询企业积极地在横向上拓展这些相关领域和辅助服务，为客户提供更加全面和一体化的咨询服务，帮助客户从不同的角度和维度，在战略、产品、品牌、组织等方面不断进行优化，提升其整体竞争力和效率。如贝恩推出提供数字产品和相关服务的媒体实验室（Bain Media Lab）；波士顿咨询成立布鲁斯·亨德森智库，致力于开拓新思路、新方法，提供企业发展战略等。三是纵向延伸上下游领域和价值链。数字化技术的创新和变革，使客户的需求和问题不再停留于单一的阶段或环节，而是涉及整个上下游领域和价值链，如研发、生产、销售、服务等。这些领域和价值链与咨询服务有着紧密的依赖和影响关系，也为咨询行业带来了新的需求和市场。咨询企业积极地纵向延伸这些上下游领域和价值链，为客户提供更加完整和连贯的咨询服务，帮助客户从策划到执行、从创意到实现、从理念到结果，支持其实现数字化转型的全过程管理。如麦肯锡卓越实施团队致力于融合丰富的实操经验与麦肯锡经典方法论为企业提供综合解决方案；贝恩投资秉承以咨询为基础的私募股权投资策略，参与被投公司运营；波士顿咨询成立数字风险投资部门，与客户共同投资。

（二）国内咨询业数字化发展现状

1.数字化咨询业务不断兴起

随着全社会数字化转型工作的逐步推进，提供数字化咨询服务逐步成为国内咨询企业数字化转型的第一步。数字化转型咨询服务借助数据分析、人工智能和云计算等前沿技术帮助客户分析当前转型存在的问题，制定转型战略，提出转型路径，并为客户提供更为智能、个性化和高效的解决方案。例如，在为制造企业提供数字化制造解决方案时，通过引入物联网设备和实时数据分析，有助于制造企业实现生产线的数字化监控，提高生产效率、降低成本。

2. **先进技术和系统不断赋能**

咨询企业在数字化转型方面逐渐迈入新阶段,技术驱动的解决方案成为咨询企业转型的重要组成部分。对内建设应用系统,包括办公系统、客户关系管理(CRM)系统、项目管理软件以及基础的数据分析工具,信息系统的建设使管理和业务流程优化,大大提高了生产效率;对外引入基于自然语言处理的智能咨询助手,通过深度学习分析海量行业数据,为客户提供即时、个性化的业务建议,提高咨询服务的效率,人工智能的应用也为咨询企业业务拓展提供了新的方向。工程咨询企业通过引进先进技术和系统如建筑信息模型(BIM)、虚拟设计与施工(VD&C)、实时监测技术等,在项目规划、设计、施工和监管等环节发挥着重要的作用,提高了项目的效率和质量。

3. **数据分析与大数据应用不断深化**

数据分析和大数据应用在咨询企业中扮演着关键角色,在工程咨询项目中,数据分析被用于优化资源分配、风险评估和项目管理,为咨询企业模型算法提供支撑,分析行业发展现状以及预测行业发展趋势。在项目管理方面,咨询企业通过分析项目执行阶段数据并及时调整资源分配,降低成本,提高项目的整体效率。在业务流程优化和创新方面,咨询企业通过对业务流程数据进行分析,发现流程中的低效环节和瓶颈,通过数字化转型和创新解决方案,提升业务流程执行效率。在辅助决策方面,数据分析可以帮助企业决策者更好地了解企业运行状况、市场变化、客户需求以及预测未来趋势,决策者能够根据这些数据准确、高效、及时地作出明智的决策。

(三)国内咨询业数字化发展面临的问题

1. **数据尚未成为主要生产要素**

咨询企业作为智力输出型企业,在数字化转型过程中,不仅需要依靠内部数据,也需要大量的外部数据支撑。咨询企业在生产经营过程中会产生大量数据,这些属于企业的内部数据,数据的收集是以企业内部个人和部门为单位的,即使是同一个部门的数据,也可能存放在不同的数据库中,要将这些数据打通存在管理和技术的壁垒。在实际咨询业务中,每个员工都会用到大量细分行业、企业、产品数据,还有对行业发展现状、问题、趋势分析的数据等,这

些外部数据点多面广、来源复杂，对企业数据收集、存储、分析的系统性有着较高的要求，企业外部数据不打通，业务部门就无法将不同维度的数据进行关联和整合，无法挖掘更深层次的数据价值。

同时，企业内部数据盘点不清晰、数据资产价值不明晰、数据未形成闭环、数据质量没有保障、数据缺少沉淀和积累等问题也日益凸显，"数据孤岛"现象普遍存在。

2. 应用系统不能满足增长的需求

应用系统的使用能帮助咨询企业提高工作效率，但咨询企业在数字化转型过程中经常遇到应用系统不健全的问题。一是企业应用系统开发模式过于传统，企业的应用开发多为定制性的，造价高、开发周期长、响应滞后，易生成"数据孤岛"。二是企业在数字化转型过程中的系统建设多以管理信息系统为主，如办公系统、客户关系管理系统、项目管理系统等，服务企业管理的系统多，服务咨询业务的系统少，且业务数字化需求分散、涉及面广，较难形成统一的需求共识。

3. 数字化人才存在缺口

数字化转型是让数据驱动业务，首要的是数字化人才队伍建设。完整的数字化转型团队应由数据战略的高层人才，熟稔技术、应用、算法的中层和基层数字化人才组成。咨询企业主要业务工作的特点是专业性和系统性，相比专业的数字化企业，咨询企业推进数字化的时间较短，数字化人才储备较少，人才引进多以传统咨询业务人才为主，缺少对数字化转型工作中的项目管理、系统开发、数据分析以及数字化和业务复合型人才的引进，导致咨询企业数字化团队在业务经验、知识结构、与一线咨询工作衔接协调能力等方面存在不足。

4. 数字化与传统咨询业务缺乏深度融合

咨询企业内部业务部门不能提出清晰的需求，数字化部门不能在短时间内帮助业务部门高效且精准地实现需求，且业务部门需求分散、孤立，缺少对共性需求的统筹，无法发挥协同效应。这一矛盾往往会让企业决策者认为数字技术的投入与产出不成正比，在一定程度上使其对数字化转型的战略持犹豫观望的态度，不仅影响了企业挖掘数字化时代的商机，也阻碍了企业依靠数字化转型沉淀技术和数据应用能力的进程。要想扭转这种局面，需要依靠专业的数字化团队构建大数据应用场景,让业务人员了解数据真正的价值,并不断提高数据与业务融合的实践能力,不断积累数字化转型的经验。

三 国内数字化转型赋能工程咨询行业发展的机遇与挑战

(一)机遇

1. 数字经济成为社会变革的重要引擎

数字经济蓬勃发展,世界上的主要发达国家不仅积极营造开放、包容、创新、有序的适合数字经济发展的市场环境,还出台了一系列激励政策支持数字经济发展。数字经济呈现发展速度快、辐射范围广的特点,全要素数字化转型能够让人们的生产方式、生活方式和社会治理方式发生改变,成为重组全球要素资源、重塑全球经济结构、改变全球竞争格局的关键力量。

党的十八大以来,以习近平同志为核心的党中央高度重视数字生态建设,习近平总书记多次指出,要加快数字经济发展。党中央高度重视发展数字经济,将其上升为国家战略,使我国数字经济得到迅猛发展。目前,以技术和数据为关键要素的数字经济蓬勃发展,数字技术与各行业加速融合正在成为中国经济高质量发展最为重要的推动力,数字化赋能为解决中国经济发展中的不平衡不充分问题提供了新的思路。

2. 数据分析成为决策的重要支撑

随着互联网的迅猛发展,大数据已成为企业、社会、国家重要的基础性战略资源,"用数据说话、用数据决策、用数据管理、用数据创新",实现决策科学化,已经成为国家经济建设、社会治理、企业经营管理升级的关键因素。尽管数据作为信息,无法直接应用于生产,但通过分析和预测数据指导经济物品的生产与应用,将显著降低经济物品的交易成本,从而提高劳动生产率。未来企业将更加注重发挥数据要素的价值,进一步提升数据思维、创新数据政策、优化数据管理,充分释放数据红利,强化数据资源在经济建设中的关键作用,推动数字全方位赋能,促进产业发展迭代进化、加速创新。

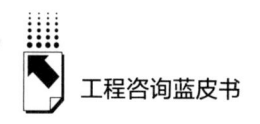

3. 数字化转型成为企业打造新的生产力和核心竞争力的重要抓手

随着数字经济的发展，5G、云计算、大数据等技术打破了生产要素流动的空间局限，实现了要素更充分地流动、更广泛地传播、更高效地共享，从而拓展了企业的市场边界，帮助其接触到更加广阔的市场。与此同时，企业通过大数据分析能够更加准确地掌握客户的特点和需求，提供具有特色的个性化、差异化产品，让产品开发、市场拓展更为高效。咨询企业在利用数据分析为用户提供既有咨询服务之外，还可以基于对密集型数据环境下动态数据的预测来为客户企业寻找新兴机会，通过价值比较创建新业务，针对特定行业提供数据研究服务以及涉及数字经济价值的分析预判。

（二）挑战

1. 安全和隐私问题逐渐凸显

随着数据的爆发式增长，数据安全和个人隐私保护成为重要话题。特别是随着数字化不断融入人们的日常生活，越来越多用户个人的数据被上传到网上，这些数据一旦被不法分子获取，将给用户带来不可预知和无法防范的风险。对于咨询这类涉及商业机密的行业而言，企业需要和客户保持长期的交流互通状态，企业业务流程和客户信息的安全隐私保护十分重要。企业有保护数据安全的责任和义务，在为用户提供高质量的产品和服务的同时，要妥善收集、保管和使用数据，要提高网络安全意识，加强网络安全建设，提高信息安全防护能力，加大数据保护力度，确保企业数据和网络安全。

2. 数据质量参差不齐

海量数据的开发、非结构化数据的爆发式增长给予咨询企业丰富的数据资源，企业可以对具有代表性的不同维度的数据样本进行分析。但是由于现实社会中产生的数据是未经过加工筛选的原始数据，投入大量人力、时间和技术成本进行开发不一定能与得到的数据价值量成正比，从海量数据中所获取的有用数据仍然相对短缺。不同咨询企业由于规模和行业保密等原因，数据管理系统类型各异，不同的数据格式难以兼容，阻碍了对数据的进一步开发利用。数据收集和分析是咨询企业开展工作的重要基础和依据，在数字化转型不断深入的大环境下，数据增长迅速，但由于数据的来源不同，失真数据的占比越来越高，企业如果不能利用真实且高质量的数据进行分析，将会给客户造成巨大的损失。

3.互联网企业参与市场竞争

近年来,互联网企业和其他专业性强的企业纷纷进入咨询行业,如阿里研究院和汾酒研究院等。数字经济时代,咨询企业作为智库,在微观方面为客户数字化转型建言献策,其自身在数字化转型升级过程中也产生了新的需求,将传统咨询业务与数字信息技术相结合并融入互联网元素,可以更好地发挥咨询企业作为智库的作用。在此过程中,掌握成熟信息技术资源和丰富实践经验的互联网公司也"跨界"进入咨询行业,为需要转型的企业提供解决方案。传统咨询企业迫切需要适应新的环境,推进企业自身革新。

4.人员组织亟待完善

工业化时代将所获取的商业信息单纯提供给客户的服务方式已经不再是咨询业务的主要方式,大数据时代客户对于获取的数据价值也有了更高的要求。咨询企业帮助客户从大批量的非结构化数据中分析提取有价值的信息成为大数据时代咨询企业新的价值增长点。非结构化数据蕴含的价值参差不齐,且其数据价值挖掘需要专业技术支撑。虽然各种数据获取软件和数据开放措施降低了获取数据资源的成本,但咨询企业掌握大数据处理技术的专业人才还不够充足,人才素质有待提高,另外咨询企业的人才也在逐渐流失,国内咨询业亟待加强数据资源搜集、分析、管理以及有相应互联网知识的复合型人才队伍建设。

四 数字化转型赋能工程咨询业的模式

(一)国外咨询企业数字化转型模式

综观国外知名的咨询企业,均抓住了数字化转型机遇、充分利用数字化手段,不断提高自身分析和管理能力,形成了自主基础数据资源体系,并在此基础上利用人工智能、大数据与人工智力,形成以高质量数据要素供给为依托,协同化、全程化、便捷化的智力输出格局。

IBM 于 2005 年着手布局大数据平台业务,通过收购各个专业领域的数据分析公司和人工智能公司,不断完善自己在大数据领域的布局并着力提高服务

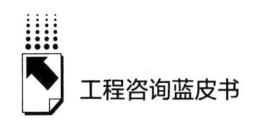

各行业的能力。IBM 在对收购的公司进行资源整合后面向不同行业提供专业的大数据分析解决方案，一跃成为全球大型企业级大数据及高级分析供应商之一。其大数据分析平台包括分析及数据管理、行业解决方案、Watson 分析以及云数据服务，涉及包括数据分析、数据库、数据集成、数据治理、数据集市、数据连接、数据存储和开发者服务等在内的完整链条。

德勤建立德勤产业链行业数据库，依托 AI 与大数据处理技术，结合人工监测与校准，从市场多个公开数据源，经过爬虫及人工补录，精心梳理 10 年行业数据，搭建囊括行业主营业务数据、行业基本面数据、行业地区数据及行业特色数据等超 2000 个指标的全方位专业数据库，能够提供 10 年 1200 余个细分行业的财务、经营、产业链以及特色数据。德勤产业链行业数据库可用于行业、企业基础投资研究、量化避险，能够提供由产业链结构分析出的可比企业清单，解决可比企业找不准、找不对的问题。通过精准的行业数据库，德勤产业链通过直观的可视化图表，清晰还原行业现状，通过与同级其他行业的对比，为行业与产业链分析提供辅助。德勤利用产业链数据库，提炼出一套适用于全市场、跨行业可比的行业分析体系。该体系由行业基本面评估系统和行业景气度追踪系统共同构成，从定性、定量两个角度对行业特征进行了刻画，帮助分析师解决行业信息收集困难、研究不成体系、分析结果过于主观等问题，满足客户在不同应用场景下的分析需求，为金融投资与风险管理提供大数据时代行业中观分析新视角。

埃森哲建立知识管理系统全球知识共享网络，能够提供业务文档、业务管理、专业研究、培训学习、沟通交流，以及获取外部资源等功能，由技术人员对资料库实现全天候的技术支持，在全球范围还实施了标准化工作站配置和技术基础架构，方便员工分享知识。此外，埃森哲还建立了 eScheduling 网站，网站包含埃森哲所有的人员信息，方便项目负责人检索和人员的调配，让组建咨询服务团队变得灵活。通过系统，埃森哲把咨询顾问个人的技能、知识、经验与公司常年累积的知识进行了有机结合。

（二）数字化转型模式的关键点

数字化时代，千行百业的咨询服务需求呈现新的特点。知识差时限的越来越短让客户对咨询服务的要求越来越前瞻化；管理理论和管理实践知识的普及让客户对咨询服务的要求越来越个性化;客户业务窗口期越来越短,使咨询服务的周期越来越短、客户需求的满足越来越敏捷化;咨询企业从单纯给出一个专业规划报告到帮助客户持续运营,也体现出客户对生态的重构、选择、定位与运营的要求。咨询企业和咨询行业数字化转型要围绕以下几个关键点进行。

1. 咨询企业数字化转型的关键点

(1) 消除"数据孤岛"

在企业信息化发展阶段,咨询企业建设了各类提升管理效率和工作效率的信息系统,但这些管理信息系统都是面向具体部门的,各信息系统之间难以实现数据资源共享,数据难以统一协调,"数据孤岛"普遍存在,仅能满足单一的管理者和被管理者使用,缺乏统一的数据标准和服务规范,无法发挥数据综合效益。咨询企业要通过管理的手段结合技术手段着力消除"数据孤岛",为企业充分发挥数据融合价值打好基础。

(2) 不断提高效率

在当前信息系统功能不断迭代、新兴软件层出不穷的大环境下,咨询企业要不断满足企业内部的需求以提高员工及团队的工作和服务效率,包括及时解决信息系统在使用中发现的问题,持续优化完善系统的功能;不断优化企业内部管理流程,通过自动、标准和灵活的流程控制,减少对流程的手动干预;针对企业员工工作的需求和工作方式,引入先进的办公协同软件;适度尝试新技术的应用,探索新技术在企业中的应用场景和潜力,把握好新技术给企业带来的新机遇等。

(3) 坚持自主可控

随着企业信息系统的不断建设,企业系统运维的压力也越来越大,对系统优化和升级迭代的控制权和主动权正在逐步丧失。不同的系统开发商甚至同一家开发商的不同系统开发团队代码的编写能力都存在差异,如果系统开发商不提供系统的源代码只交付产品,那么对于用户来说就是得到一个只能实现功能需求的"黑匣子",后续在不推翻现有系统的情况下,系统的迭代升级只能与原供应商合作,且会在需求、价格、工期、质量等方面被原供应商"绑架",无法坚持自己的主张。坚持自主可控的原则对系统进行开发,不仅可以掌握系统开发话语权,避免被供应商"绑架",还可以适当节约系统开发的投资。

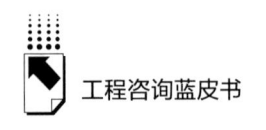

（4）发挥历史数据价值

咨询企业在服务国家经济社会发展，特别是在国民经济各行业重大工程建设的咨询评估、项目监理、全过程项目管理过程中，积累了大量的原始数据，这些数据是我国工程建设领域非常宝贵的财富，具有覆盖面广、产业类型全等特征。利用历史数据训练大模型或建立数据分析模型可提升咨询水平、质量和效率。例如，利用数据构建供应链图谱生成、产业竞合分析等工具，帮助员工快速了解产业链情况；开发咨询报告自动生成工具，帮助提升咨询报告编写效率和质量；通过国内外统计数据，研发开展产业发展趋势、资源最优配置等研究的量化分析工具，帮助员工开展量化分析，提升产业研究的科学性。深度挖掘历史咨询项目数据，使其作为咨询企业打造新生产力和核心竞争力的重要抓手。

2. 咨询行业数字化转型的关键点

（1）加强交流与合作

充分高效的交流可以增进彼此的了解、提高工作效率。企业内部交流可以帮助员工充分了解业务流程和用户需求，企业外部交流可以拓展、完善模型和方法。

合作是数字化时代企业共生共赢的必然选择，企业要在数字化时代获得竞争优势，立于不败之地，当务之急就是秉持开放合作的理念，实施全方位的协同合作。企业内部合作可以为相关部门提供支持保障，引导各业务部门提升系统应用水平、提高协同能力。企业外部合作可以取长补短，发挥各自的核心优势，有助于思维创新和竞争力的提升。

（2）建立标准规范和共享机制

标准规范体系建设是数字化转型工作的重要基础，在数字化转型工作中发挥着引领性作用。标准促进互联互通，有利于开放和共享。建立标准体系可以打破数据的信息孤岛、数字鸿沟，能够有效整合资源、固化创新成果、形成统一规范、提供安全保障，实现最佳秩序和最大经济效益。

数字化转型不是企业内某个部门、某项业务的局部转型，而是涉及各个环节、各个业务部门的系统性变革。数字化转型的成功源自跨部门、跨单位、跨职能的集体努力和知识共享。数据本身的价值有限，甚至没有价值，只有通过数据共享，再经过特定场景重新组合、资源整合、信息聚合，才会让数据增值,数据分析价值才能真正体现。

(3) 建立数字化转型培训体系

一是加快构建线上学习平台,以视频、音频、文档等形式提供全方位、全渠道的知识学习途径,同时积极推动信息资源开发利用与共享、推动信息资源跨职责跨部门互联互通,形成完整的职责知识体系。

二是通过收集和分析学习数据,可根据个人学习需求和兴趣,提供个性化的学习路径和推荐内容,量身定制学习计划,提供个性化的学习支持。数字化平台能够根据学习结果进行反馈,对职员能力水平进行测评,帮助其了解学习进度、优化培训内容和方法、提升能力素养。

五 数字化转型赋能中国工程咨询业的策略与建议

(一) 强化顶层设计

数字化转型是企业发展理念、组织方式、业务模式、经营手段等全方位的变革,需要统筹规划、系统推进,而做好企业顶层设计是保障数字化转型成功的关键。企业数字化转型顶层设计要适应当前经济社会的发展趋势,充分分析当前及未来一段时间市场和用户的需求以及企业自身的发展条件,选择有利于企业发挥各类资源优势的转型路径,企业数字化转型工作是一个与时俱进、持续推进的动态过程。

工程咨询企业要适应数字化时代咨询服务需求的新特点,以数据为驱动,以数字技术为支撑,在人力智慧的基础上,构建数字化运营生态,创新服务模式。

(二) 加快数字化技术的应用

企业数字化转型需要适应不断变化的社会需求和持续迭代的数字化技术。适应不断变化的社会需求,需要积极利用数字化技术,创新服务模式,提供数字化、网络化和智能化服务,不断提升满足客户新需求的能力和服务质量。要加强互联网、大数据、人工智能、区块链等新技术的应用,提高企业对新技术、新应用的掌控能力,将新技术、新应用充分融入企业的业务发展和创

新中。

工程咨询企业要提高数字技术的应用能力，按照先易后难、先内部后外部、促进业务创新等原则，通过 AI、大数据、云计算等技术实现企业内部各个部门、各业务板块之间的高效协调，降低生产和运营成本，提高科学管理的能力。

（三）加快挖掘数据价值

数字经济时代，企业积累的数据资源是企业赖以生存的核心竞争力。企业要在数据积累、数据互联互通以及数据质量等方面为挖掘数据价值打好基础，要借助数字技术，积累和整合企业各个环节的数据资源，着力促进数据在企业内部的流动，提高数据质量和数据使用的频率，降低数据资源的流通成本，更好发挥数字化建设的成效。

工程咨询企业要统筹规划企业数据资源，构建企业大数据中心，实现企业数据资源统一规划、统一存储、统一管理。要根据数据流动需求，不断优化完善信息系统，持续推进系统间的互联互通。要构建企业数据开发利用统一支撑平台，完善数据开发利用规则，立足企业内部各信息系统、数据资源以及应用的开展现状，设计一套有针对性的数据资产管理组织架构、管理流程、管理机制和考核评估办法，通过管理的手段明确数据资产管理体系下的"责、权、利"，以数据应用创新推动业务创新变革。

（四）加强人才培育和引进

任何行业的发展都离不开专业人才，人才是企业的战略资源，企业需要结合当前经济社会发展的趋势制订符合企业发展的人才计划。既要通过外部招聘和内部培养提升企业数字化队伍的整体水平，做到人尽其才、才尽其用，也要通过完善薪酬激励规划留住人才、激发技术人才干事创新的活力。

工程咨询企业要切实加强企业数字化人才保障，完善企业内部的薪酬激励体系，成立企业数字化转型战略研究团队，提高企业全体员工数字化技术应用能力，提高数字技术研发、集成应用和运维保障等领域人员比例，增强数字化部门的保障能力，以技术创新和先行应用来保障、引领企业数字化转型。

（五）加大交流与合作

在数字经济时代，数字化全球互联让信息传递变得更加迅速、便捷，使跨国交流变得更为高效。企业和个人可以通过数字平台在瞬息之间分享想法、经验和创新，促进全球性的知识流动。数字化也为企业间的合作带来了新的商业模式。通过数字平台，企业能够更容易地找到合作伙伴，共同探索创新解决方案，共享资源和技术。良好的内部沟通是数字化转型成功的关键因素。组织内部不同部门之间的协同合作，以及对数字化策略的清晰传达，有助于确保全体员工理解并共同推动数字化变革。与供应商、合作伙伴和客户之间建立紧密的数字化连接，有助于共享信息和各类资源。通过建立开放、高效的交流与合作渠道，企业能够更好地利用数字技术推动转型，取得更为显著的成果。

工程咨询企业要不断探索协同合作机制，以利益为纽带实现业务协同、数据共享。在企业内整合数字资源，利用部门各自优势，提升数据在企业内部的流动性，如部门协同、系统互联、数据共享和服务协同等。在企业外，探索不同企业在行业间数据整合方面的应用前景，联合国内各大研究院所、咨询企业以及智库机构，与数据供应商建立合作，推进数据共享。建立信息交流转化机制，组织社会力量，吸收社会各界研究成果，促进信息资源的汇聚分享、高质量的理论成果向智力成果转化、技术与产业的结合、数据要素和商业模式重构。

（六）加强安全体系建设

在数字经济时代，网络安全无论是对个人、企业，还是对国家，重要性都不言而喻。网络安全的核心是数据的安全，无论是个人的隐私被泄露，还是企业的商业秘密、国家核心数据被窃取，都会造成巨大的损失。谁能完整、准确、全面地掌握数据，谁就能在一定程度上掌握未来的主动权。

工程咨询企业要坚持安全和系统建设"同步规划、同步建设、同步运行"的原则，加强安全防控，构建多层次安全保障体系，建设动态感知平台，建立安全应急机制，实现对从数据的形成、存储到数据的传输、应用以及共享整个过程的有效监管。

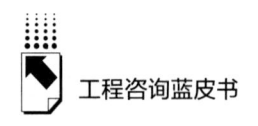

参考文献

张震宇、侯冠宇:《数字经济赋能经济高质量发展:历史逻辑、理论逻辑与现实路径》,《西南金融》2023年第11期。

王钦敏:《以数字政府建设全面引领驱动数字化发展》,《学习时报》2023年4月18日。

周雪松:《数字经济十年跨越发展》,《服务外包》2022年第7期。

《"十四五"国家信息化规划:新目标、新行动、新举措》,《中国建设信息化》2022年第1期。

孙慧:《数字经济浪潮下企业面临的机遇及挑战》,《通信世界》2022年第12期。

陆峰:《企业数字化转型的八个关键点》,《学习时报》2020年4月3日。

B.7 工程咨询中的绿色低碳研究

李浩铭 木其坚 张英健[*]

摘　要： 本文深入研究分析了工程咨询中绿色低碳的相关问题。首先，详细阐述了绿色低碳的政策背景及其内涵和外延。其次，对工程咨询中绿色低碳业务的现状与挑战进行了全面分析，包括业务的价值与影响、发展现状以及所面临的主要问题及挑战。再次，探讨了工程咨询绿色低碳业务的发展趋势，包括多环境要素的演进、全生命周期理论的广泛应用以及数字化与绿色化的融合发展。最后，对工程咨询绿色低碳业务的未来进行了前瞻性展望，提出了绿色低碳评价和咨询标准化、服务模式创新和业务领域拓展、数字化能力提升以及认知和市场接受程度提高等方面的发展建议。

关键词： 工程咨询　绿色低碳　环境要素

一　引言

（一）政策背景

绿色低碳是实现经济社会高质量发展的必然要求。党的二十大报告指出，"推动经济社会发展绿色化、低碳化是实现高质量发展的关键环节"。习近平总书记指出，"绿色循环低碳发展，是当今时代科技革命和产业变革的方向，

---

[*] 李浩铭，中国国际工程咨询有限公司资源与环境业务部高级工程师，主要研究方向为生态环境保护、碳达峰碳中和；木其坚，中国国际工程咨询有限公司资源与环境业务部处长，副研究员，主要研究方向为生态文明建设、绿色发展、碳达峰碳中和；张英健，中国国际工程咨询有限公司资源与环境业务部主任，正高级经济师，主要研究方向为资源循环利用、生态环境保护以及碳达峰碳中和。

是最有前途的发展领域"。工程咨询业是工程项目的重要参与者和服务者，对投资建设领域的绿色低碳发展具有重要的影响和作用。受到全球绿色低碳的发展趋势、政策支持、客户需求变化和技术创新的影响，工程咨询企业开始提供绿色低碳的咨询服务，贯彻新发展理念，推动可持续发展并为客户提供更具竞争力和可持续性的解决方案。自2015年开始，工程咨询领域中建筑工程、电力、水利、交通基础设施建设等多个行业增速逐步放缓，工程咨询业逐步探索开始推行全过程工程咨询模式，并由规模扩张阶段转为绿色转型升级阶段，助力经济社会发展绿色低碳转型。工程咨询的绿色低碳导向要求在项目规划和实施的全过程推动可持续发展，对经济、社会和生态环境因素进行综合考虑，以提供绿色低碳的系统解决方案。

2010年2月，国家发展改革委发布《工程咨询业2010—2015年发展规划纲要》，明确提出工程咨询业的发展重点和主要任务，其中与绿色低碳经济咨询有关的是"工程咨询工作在继续重视提高投资效益、规避投资风险、保障工程质量的同时，必须全面关注经济社会的可持续发展。从提高投资建设效果的角度出发，更加注重对投资建设项目市场的深入分析、技术方案的先进适用性评价和产业、产品结构的优化"，体现了鲜明的绿色低碳导向，要求从以人为本的角度出发，更加注重投资建设对所涉及人群的生活、生产、教育、发展等方面所产生的影响；从全面发展的角度出发，更加注重投资建设对转变经济发展方式和促进社会全面进步所产生的影响；从协调发展的角度出发，更加注重投资建设对城乡发展、区域发展、经济社会发展、人与自然和谐发展、国内发展和对外开放等方面的影响；从可持续的角度出发，更加注重投资建设中资源、能源的节约与综合利用以及生态环境承载力等因素，促进循环经济的发展。

2021年10月，国务院发布的《2030年前碳达峰行动方案》指出，推进城乡建设绿色低碳转型：倡导绿色低碳规划设计理念，增强城乡气候韧性，建设海绵城市。推广绿色低碳建材和绿色建造方式，加快推进新型建筑工业化，大力发展装配式建筑，推广钢结构住宅，推动建材循环利用，强化绿色设计和绿色施工管理。加强县城绿色低碳建设。推动建立以绿色低碳为导向的城乡规划建设管理机制，制定建筑拆除管理办法，杜绝大拆大建。建设绿色城镇、绿色社区，为工程咨询绿色低碳化拓展了新的空间。

2022年3月，中国工程咨询协会印发《关于加快推进工程咨询业高质量发展的指导意见》，强调工程咨询业的高质量发展要完整准确全面贯彻新发展理念，以提升服务能力和服务质量为核心，深化工程咨询业改革开放，促进实现我国"创新成为第一动力、协调成为内生特点、绿色成为普遍形态、开放成为必由之路、共享成为根本目的"的经济社会高质量发展。2022年9月，中国工程咨询协会印发《工程咨询标准体系（2022）》，将碳达峰碳中和咨询服务纳入项目前期咨询标准，扩充了工程咨询服务范围。

2022年6月，住房和城乡建设部、国家发展改革委印发《城乡建设领域碳达峰实施方案》，作为我国碳达峰、碳中和1+N政策体系在建筑领域的落地性文件，实施方案中提出建设绿色低碳城市与打造绿色低碳县城和乡村等主要方向，对建筑设计、物化、运行三个阶段提出任务要求。

2023年4月，国家标准委等11个部门联合发布《碳达峰碳中和标准体系建设指南》。该指南以能源、工业、交通运输等重点领域的碳达峰碳中和工作为覆盖对象，进一步拓宽了工程咨询服务过程中绿色低碳的服务范畴。重点领域"双碳"标准体系的建设，将有助于推动各行业的低碳转型、促进能源结构的优化和能效的提升。同时，这也为工程咨询服务领域提供了更广阔的发展空间，要求咨询机构在项目规划、设计和实施过程中，充分考虑绿色低碳，为客户提供更加专业、全面的咨询服务。

2023年8月，国家发展改革委等10个部门印发《绿色低碳先进技术示范工程实施方案》，要求到2025年，通过实施绿色低碳先进技术示范工程，一批示范项目落地实施，一批先进适用绿色低碳技术成果转化应用，若干有利于绿色低碳技术推广应用的支持政策、商业模式和监管机制逐步完善，为重点领域降碳探索有效路径。到2030年，通过绿色低碳先进技术示范工程带动引领，先进适用绿色低碳技术研发、示范、推广模式基本成熟，相关支持政策、商业模式、监管机制更加健全，绿色低碳技术和产业国际竞争优势进一步加强，为实现碳中和目标提供有力支撑。

（二）内涵和外延

工程咨询绿色低碳包括两方面。一是绿色项目的工程咨询，也就是为绿色项目提供咨询服务，例如，为可再生能源项目、能源效率项目、废物管理项目、废物处理处置项目等绿色项目提供可行性研究、技术评估、风险管理、项

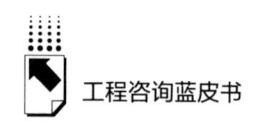

目实施等方面的支持,以促进绿色项目的发展。二是工程项目的绿色化咨询,例如,为传统工程项目提供绿色化咨询服务,以降低其对生态环境的影响,通过提供节能减排方案、环境影响评估、碳足迹评估、可持续材料选择等方面的咨询服务,帮助客户实现绿色化目标。本文讨论的是全口径的工程咨询绿色低碳,包括从投资决策、建设实施到运营维护的全过程管理以及技术创新。

1. 内涵

工程咨询中的绿色低碳内涵包含如下几个方面。

(1) 绿色规划与设计

在项目规划和设计阶段,工程咨询应依据相关政策制度,践行绿色设计理念,制定可持续发展目标,明确项目目标和绿色建造的要求。同时规划咨询要着眼于生态环境保护和资源科学开发利用,考虑项目对周边生态系统的影响,寻找降低对生态环境负面影响的方法。

(2) 优化工程建造方式

通过合理安排整体工序流程,尤其是合理安排工序穿插,进而实现控制关键节点、减少工作界面闲置的效果,并采用最新的系统化集成设计方案,通过使用系统化集成设计、精益化生产施工、一体化装修等方式,提升工程建造的智能化绿色化水平,降低建造过程中环境污染,减少废物排放。

(3) 全产业链协同发展

工程咨询中应建立协同设计机制,促进设计、生产、施工的深度协同,制定协同设计机制以减少设计错误和返工浪费,优化施工工艺,优化整个建造过程。同时强化产业链合作,加强设计、生产、施工、运营全产业链上下游企业的沟通合作,构建绿色建造产业链。

(4) 资源节约与碳减排

选择高效、可循环利用的绿色建材,推广材料工厂化加工,进行建筑生命周期分析以综合考虑整个生命周期的影响,采用先进的能源管理和监控系统,强化施工设备管理,以及在项目交付阶段通过数字化交付实现全面评估,从而实现全方位的可持续发展和绿色低碳目标。

(5) 信息化管理

采用先进的信息技术如BIM(建筑信息模型)、物联网、大数据等,实现建筑信息的集成和全过程管理。涵盖从设计、施工到运营的全生命周期管理,通过数字化交付对建筑效果进行全面评估。此外，还注重能源管理与监控系统的应用，实时监测重点能耗设备的能耗情况，优化能源使用、减少浪费，为实现项目的绿色低碳目标提供科技支持。

2. 外延

工程咨询中绿色低碳外延同样重要，主要涵盖如下几个方面。

（1）政策导向与政策支持

工程咨询需要熟悉用户绿色低碳目标要求，深入研究并分析相关行业的绿色低碳政策，了解政府对于咨询行业的绿色低碳政策。在项目审批、资金扶持等方面积极争取政策支持，以推动项目朝着绿色低碳方向发展。

（2）宣传引导与社会合作

积极宣传推广绿色建造的成功经验和典型做法，引导企业和社会更广泛地参与到绿色低碳建设中。加强国际交流与合作，学习国际先进经验，促进全球工程咨询绿色低碳共同发展。

（3）可持续发展理念

强调全要素、全过程的绿色发展理念，将可持续发展理念纳入项目规划和实施的各个环节。根据地区特点和实际需求，制定适应性强的工程咨询绿色低碳方案。

（4）产业链与社会共建

促进产业链上下游企业的合作，实现专业分工和社会协作，优化资源配置，构建绿色工程产业链。强调建设绿色低碳的美丽中国是全社会的共同责任，鼓励企业与社会携手共建共享绿色低碳成果。

总体而言，通过全方位考虑并实施工程咨询中的绿色低碳要求，推动建筑工程、电力、水利、交通基础设施建设等下游行业向更加环保、更可持续、更加低碳的方向发展。

二 工程咨询绿色低碳业务发展现状和面临的挑战

（一）业务价值和影响

在当今全球社会，可持续发展已经成为各国政府和国际社会关注的焦点之

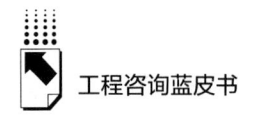

一，创新和绿色是实现高质量发展的重要前提和抓手。在这一背景下，工程咨询绿色低碳业务在国家宏观层面扮演着不可或缺的角色，其业务价值和影响涵盖了诸多方面，从推动国家绿色发展到为工程咨询企业本身创造商业机会和竞争优势都有体现。

1. 推动国家绿色发展

工程咨询绿色低碳业务对推动国家绿色发展具有直接而深远的促进作用，这主要体现在可持续基础设施建设方面。工程咨询开展过程中通过提供专业的可持续建设方案，为国家建设更为环保和可持续的基础设施提供指导和支持。在能源领域，推动国家可再生能源项目发展，提高能源利用效率，减少对传统能源的依赖。在投资项目节能咨询、节能量审核、能源审计、合同能源管理咨询过程中加强对能源供应侧和需求侧平衡的综合考虑、节能减排技术绿色溢价的经济性考量以及区域联动减排发展的研究，从多方面降低碳排放强度，达到提高新能源利用比例的目的。在建筑工程咨询中，在建筑工程的选址、结构、材料、动力和照明用电、用水用气、供热等方面都要统筹考虑节能降耗，最大限度地开发替代能源，使建筑尽可能做到绿色环保。这种可持续基础设施建设不仅有助于保护环境，还能促进经济的可持续增长。

2. 创造商业价值和提高竞争优势

在商业层面，工程咨询绿色低碳业务为企业发展提供了重要的业务价值。"双碳"目标为工程咨询业带来了不同地区、不同领域、不同行业、不同技术方面的咨询需求。首先，随着绿色技术的不断进步，工程咨询机构不仅能够为客户提供创新的工程解决方案，同时也能满足国家对可持续发展的迫切需求。这种技术理念的创新优势带来的是商业机会，尤其是在全球范围内不断增加的对可持续发展的需求下，工程咨询机构的绿色低碳业务有望取得长足的发展。其次，工程咨询机构的参与有助于风险管理。绿色低碳项目往往需要遵守环保法规、社会责任等方面的要求。通过专业的咨询服务，咨询机构能够帮助客户规避潜在的环境和社会风险，使客户提前采取相关措施，保障项目顺利推进。这不仅有助于确保项目的长期可持续性，而且也有利于企业市场声誉和品牌形象的提升。

整体而言，工程咨询的绿色低碳业务价值和影响巨大，在国家宏观层面不仅推动国家绿色发展战略的实施，也为国民提供更为环保、健康和可持续的生活环境。同时，通过为企业创造业务机会和竞争优势，工程咨询在绿色低碳领域的积极参与促进了可持续发展理念的传播和实践。这种综合影响将为未来的可持续发展奠定坚实基础，使工程咨询在社会和经济可持续性的实现中发挥关键作用。

（二）业务发展现状

综观工程咨询发展历史，工程咨询业理论体系始终随着我国经济发展不断拓展、创新。早在20世纪50年代，我国工程咨询业就采用技术经济论证方法；改革开放后，引入西方市场经济、费用效益分析、组织论等理论，结合中国工程实践，形成适应我国发展特点的咨询理论体系。工程咨询服务在绿色低碳经济领域经历了从传统工程咨询到绿色低碳导向的工程咨询的转型和发展。传统工程咨询主要关注工程建设的经济效益和可行性，而绿色低碳导向的工程咨询则更加注重生态环保和低碳排放，强调绿色发展和可持续性。如今我国已进入高质量发展阶段，工程咨询业的理论体系既需要与国际接轨，践行可持续发展理念，又需要强调"以人民为中心"，实现共同富裕目标。随着全球对气候变化和环境保护的关注度不断提高，工程咨询服务在绿色低碳经济中的作用也越来越重要。而"双碳"目标的提出，不仅是我国进入新发展阶段的必然需求，而且是高质量发展不可或缺的重要组成部分，同时对工程咨询业的理论水平与服务理念提出了更高的要求。

目前，绿色低碳在工程咨询的业务发展中呈现以下显著特征。

首先，绿色低碳已经成为工程咨询业务的重要标配。越来越多的工程项目在规划和设计阶段就将绿色低碳作为项目的基本要求。客户对于环保、节能和可持续性的关切日益增加，对咨询机构提供全面的绿色低碳解决方案的需求不断增加。因此，工程咨询机构纷纷将绿色低碳融入业务模式中，不仅是为了符合政策法规要求，更是为了满足市场和客户的需求，提升项目的可持续性和竞争力。

其次，数字化技术的广泛应用推动了绿色低碳的发展。BIM、大数据分析、物联网等先进技术的应用使工程咨询机构更加精准地进行资源管理、能源优化和环境监测。BIM技术在设计和施工阶段的应用，不仅提高了项目的效率，还为绿色建筑的可行性分析和设计提供了更为全面的数据支持。数字化技

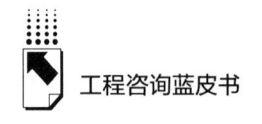

术的不断发展使工程咨询机构能够更好地满足绿色低碳的各项指标，并在项目实施中更为灵活地应对复杂的环境和能源挑战。

再次，国际合作与经验分享促进了绿色低碳的业务发展。在全球范围内，绿色建筑和低碳工程已经成为国际合作的重要领域。工程咨询机构通过参与国际性的绿色建筑认证和合作项目，获取了更多的经验和最佳实践。这种国际经验分享不仅促使工程咨询机构在国内提高绿色低碳业务的水平，也为其在国际市场上的竞争提供了更丰富的资源和技术支持。

最后，行业标准和认证体系的不断完善也推动了绿色低碳的发展。各国纷纷建立了绿色建筑认证体系，如 LEED（美国绿色建筑评估系统）、BREEAM（英国建筑环境评估方法）等。这些认证体系的不断完善和推广，使工程咨询机构在提供绿色低碳服务时能够更为系统和可信地评估项目的绿色性能。认证标准的制定和遵循，不仅提高了绿色低碳项目的整体水平，也为客户提供了可靠的参考依据，增强了项目的市场竞争力。

（三）业务发展面临的主要问题和挑战

近几年，随着"双碳"目标的提出、相关政策的落地，以及绿色技术的不断完善，工程咨询绿色低碳化迎来发展良机，但同时也面临诸多问题和挑战。

1. 成本压力

要实现绿色低碳目标在短期内不仅难以带来可观的经济效益，反而有可能导致明显的成本增加。这主要是因为采用绿色建材和技术、进行额外的员工培训以及申请绿色认证等都需要企业增加投资支出。对于部分实力相对较弱的企业来说，这些成本可能成为它们望而却步的原因，它们担心绿色低碳实践会对企业的盈利能力产生负面影响。此外，绿色低碳目标的实现还可能涉及一些潜在的成本，如转型过程中的生产调整、市场不确定因素等。因此，在推动绿色低碳发展的过程中，需要充分考虑企业的成本承受能力，制定合理的政策措施，以降低企业的成本压力，提高其参与的积极性和可行性。同时，企业也需要加强技术创新和管理优化，提高资源利用效率，降本增效，争取实现经济效益和环境效益的双赢。

2. 技术水平差异明显

要达成工程咨询业的绿色低碳目标，通常需要借助创新科技手段和应用最新的工程建造技术。然而，目前一些企业的技术水平参差不齐，这导致在某些重要的工程项目中，可能由于缺乏必要的专业知识储备和经验技术积累，绿色低碳建造的实施遇到困难，最终使整个项目难以达到预期的绿色目标。这种技术水平不均的现象，在一定程度上制约了工程咨询业的绿色低碳发展。

3. 回报周期较长

某些绿色低碳投资的经济回报周期相对较长，短期内难以直接量化经济效益。这导致一些企业和项目在投资绿色低碳项目时积极性不高。投资方依据现行的财务测算模型，往往难以达到预期的项目收益目标，导致在工程咨询过程中，绿色低碳目标与财务收益目标产生冲突。在这种情况下，需要重新审视和优化财务测算模型，以更好地反映绿色低碳项目的长期价值。同时，也需要加强对绿色低碳技术和项目的研究与推广，提高其经济效益和市场竞争力，吸引更多的投资和参与。此外，政府和社会也可以通过政策支持和激励措施，促进绿色低碳项目的发展，缩短回报周期，实现可持续发展的目标。

4. 法规政策不明确

近年来，绿色低碳领域才得到社会的广泛关注，部分相关法规政策的制定主要停留在宏观目标和框架层面，具体实施细则的缺乏以及政策的变化使企业在规划和实施符合法规要求的绿色低碳策略方面面临困难。这种不确定性导致企业在决策过程中犹豫不决，可能会延缓绿色低碳转型的进程。为了解决这个问题，政府部门需要进一步完善法规政策体系，明确具体的标准和要求，为企业提供清晰的指导。同时，提高政策的稳定性和可预见性，减少不必要的变动，有助于企业更好地制定长期的绿色低碳发展战略。此外，行业协会和专业机构也可以发挥积极作用，通过开展研究和咨询工作，为企业提供相关的政策解读和发展建议。这样，企业就能更好地适应法规政策环境，推动绿色低碳发展。

5. 产业链协同难度

在工程咨询中，绿色低碳产业链涉及面广，包括绿色建筑工程、新能源电力、水利、智能交通和绿色金融等多个领域。绿色低碳目标的实现需要上下游产业链各环节的协同合作，但各环节的协同合作可能会面临困难和利益分配等问题，从而对目标实现造成一定的影响。各环节之间的信息流通、技术标准、政策等都可能影响产业链的协同效果。此外，不同企业之间的利益诉求也可能存在差异，导致在资源共享、风险共担等方面难以达成一致。因此，需要加强产业链各环节之间的沟通与协调，建立有效的合作机制和利益共享机制，促进产业链的协同发展。同时，政府和行业组织也应加大对产业链协同的支持和引导力度，提供政策保障和技术支持，推动绿色低碳产业的健康发展。

6. 技术创新风险

部分绿色低碳技术还处于发展的早期阶段，采用新兴的绿色低碳技术可能伴随一定的技术创新风险。在引入新技术时，企业可能面临技术人员对新技术掌握不熟练的问题，同时也可能对相关技术的应用以及未来环境影响认识不足，这可能导致新技术在实际工程项目中的运用效果不理想，甚至可能带来相反的结果。此外，技术创新过程中还存在不成熟、可靠性低、成本高、市场不确定性大等风险因素，这些都给企业的技术创新决策带来了挑战。因此，在推动绿色低碳技术创新的过程中，需要加强对技术风险的评估和管理，加大对研发的投入力度，提高技术的成熟度和可靠性。同时，也需要加强对技术人员的培训和教育，提高其对新技术的理解和应用能力，以确保技术创新的成功实施。

工程咨询企业需要瞄准工程项目绿色低碳转型的难点和痛点，为客户提供高质量的咨询服务，切实推进绿色低碳发展。与此同时，工程咨询的绿色低碳业务发展也存在市场认知不足和信息不对称两大难点。

第一，市场认知不足。部分市场对绿色低碳的认识可能存在局限性，投资者和客户在选择工程咨询服务时，更倾向于传统因素，而非绿色低碳实践经验。这使提供工程咨询服务的一方在与投资者和客户沟通时，需要投入大量时间和精力来宣传和讲解绿色低碳的重要性，从而增加了各方的沟通和协调成本。此外，市场对绿色低碳的需求也可能受到多种因素的影响，如消费者的环保意识、政策法规的引导、技术成本等。因此，提高市场对绿色低碳的认知是推动绿色低碳发展的关键之一。这需要政府、企业和社会各方共同努力，通过教育宣传、政策激励等方式，引导投资者和客户更加关注绿色低碳实践，促进工程咨询绿色低碳服务的市场需求增长。同时，工程咨询服务提供方也应不断提升自身的专业能力和服务质量，以满足市场对绿色低碳的需求。

第二，信息不对称。在绿色低碳领域，客户、投资方和从业者之间存在信息不对称的现象。部分利益相关者对绿色低碳技术和实践的认识有限，难以全面评估项目的可持续性。同时，客户、投资方和从业者在预期收益和利益方面可能存在差异，这使他们在具体的绿色工程咨询实践中难以进行公开透明的信息交流，进而导致各方信息不对称，最终影响项目绿色低碳目标的实现。为解决这一问题，需要加强信息共享和沟通，提高利益相关方对绿色低碳技术及其实践的了解程度。此外，建立透明的评估体系和标准，也有助于各方更好地评估项目的可持续性，减少信息不对称带来的影响。

推动绿色低碳转型，不仅需要企业和政府的积极参与，也需要全社会的共同努力，通过制定有利于绿色低碳发展的政策、加强跨行业合作、提高社会对绿色低碳的认知等方式，共同推动工程咨询领域的绿色低碳化发展。

三　工程咨询绿色低碳业务的发展趋势

（一）多环境要素演进

2022 年 6 月，生态环境部等 7 部门联合印发《减污降碳协同增效实施方案》。方案中重点强调了要推进大气、水、土壤、固体废物污染防治与温室气体协同控制。这标志着工程咨询绿色低碳业务正在从关注单一环境要素逐渐发展为综合考虑多个环境要素，即关注项目污染防治、废物处理利用、温室气体排放控制、绿色增汇等多方面的综合环境表现及各环境要素之间的协同性，从而提供面向绿色可持续发展的综合性解决方案。

传统的工程咨询绿色低碳业务往往更多聚焦于能源利用或单一环境污染问题，而如今"绿色低碳"的内涵变得愈加丰富，越来越多的业务开始不仅聚焦于污染与降碳的协同治理，也更多地开始关注绿色增汇与生态系统功能的保护。例如，一些工程项目的规划和建设可能会对土地资源造成影响，包括土地开垦、开发和改造等，因此，越来越多的工程项目设计实施前需要评估土地的可持续利用潜力，寻求土地规划和管理的建议，以确保土地资源的合理利用和保护。同时，生物多样性保护也逐渐成为工程咨询中绿色低碳的重要议题。一些工程项目的建设可能会干扰或破坏当地的生物多样性，威胁到珍稀物种和生态系统的完整性，工程咨询绿色低碳业务需要注重进行生物多样性评估，提供保护和恢复生物多样性的方案，确保工程项目最大限度地减少对当地生物多样

性的负面影响。

生态系统的功能性也逐渐得到重视，例如，水源保护、气候调节、土壤保持等。一些工程项目的规划和建设可能会对这些生态系统服务功能产生正面或负面的影响，因此，越来越多的工程咨询绿色低碳业务开始重视综合评估生态系统服务的价值，提供保护和增强生态系统服务的建议，确保工程项目对生态系统服务的负面影响最小化。工程咨询企业需要综合考虑土地利用、生物多样性保护、生态系统服务等方面的因素，确保项目在实施过程中尽可能减少负面影响，并最大限度地保护和维护工程项目周围的生态系统。

工程咨询中的绿色低碳业务除了关注工程项目的环境影响，也开始逐渐关注项目本身对环境的韧性，例如，气候变化对工程项目的影响。随着气候变化的加剧，极端天气事件如暴雨、洪水、风暴等发生频率提高、强度逐年增加，这些对工程项目造成潜在损害风险，如冲刷地基、破坏结构等。同时，气候变化还可能导致降水模式变化、温度升高和自然灾害风险增加，对工程项目基础设施的设计、建设和维护提出更高要求，需要项目在设计和规划阶段就充分考虑足够的韧性和适应性。对于沿海城市，气候变化带来的海平面上升也对部分工程项目造成潜在风险，需要咨询机构认真评估风险，增加相应的适应性措施，如抗洪防御设施、海堤加固和城市规划调整等。近些年，许多工程咨询开始重点关注极端天气事件、海平面上升以及气候变化对基础设施的长期影响，咨询机构通过对项目的气候风险评估、适应性措施和合适的设计标准，确保工程项目具备足够的适应性来应对不断变化的气候挑战。

除了自然环境因素，工程咨询的绿色低碳也开始逐渐注重项目的社会影响。例如，一些工程项目有可能会对周围社区产生如噪声、交通拥堵、土地使用变化等直接或间接的影响，所以，在项目建设过程中，应积极与利益相关者进行充分沟通，尽可能减少对当地居民的负面影响，促进社区的可持续发展。也有一些工程项目的实施可能会对社会经济群体的就业机会、收入分配和社会福利等方面产生潜在影响，所以近些年有一些工程咨询业务开始将社会影响评估纳入绿色发展评估体系中，通过提供相应的社会包容性措施，促进公平和社会正义。同时，许多工程项目用地可能涉及具有历史、文化和艺术价值的建筑物、遗址等，所以一些工程咨询绿色低碳业务也涉及文化遗产评估，确保工程项目在尊重和保护文化多样性的同时实现可持续发展的目标，为社会创造更多的福祉，促进社会的和谐与进步。

在多环境要素演进的大趋势下，工程咨询绿色低碳业务的内涵和外延不断拓展，从只聚焦单一元素逐渐演化为重视多环境要素的协同治理，从只聚焦项目对环境的影响逐渐演化为关注环境和项目的互馈关系，从只聚焦环境问题逐渐演化为重视环境、经济与社会的协同发展。

（二）全生命周期理论的推广和应用

在工程咨询绿色低碳领域，全生命周期理论正在逐渐被广泛应用于项目可持续性的评估，例如能源利用、材料选择、环境影响、减排策略等方面。咨询企业采用全生命周期理论分析来评估产品或服务在其整个生命周期（制造、分销、使用和报废阶段）中产生的环境影响。全生命周期流程包括设计、制造（如原材料、辅助材料和运营材料生产）、运输、使用和处置（如废物焚烧或填埋）相关的上游（如供应商）和下游（如废物管理）活动。全生命周期理论分析考虑多种资源环境要素，如矿石和原油、水和土地使用，以及向大气、水体和土壤中的排放物，如二氧化碳、甲烷、氮氧化物等。

在全生命周期理念下，需要综合考虑项目从资源获取到废弃处理的全过程的环境、经济和社会影响。这样的综合性评估可以对项目的可持续性进行多维度、多层面、多视角评价。在产品设计阶段，全生命周期理论可以用来评估不同方案的环境影响，包括原材料选择、生产过程、运输方式等，为项目制定合理的绿色发展策略。在选择上游供应商时，需要考虑供货商的环境表现，尽可能减少产品上游的环境足迹，提升整体供应链的绿色可持续性。在运输和物流管理中，需要考虑不同运输方式和物流方案的环境影响，选择更加绿色低碳的方案。

全生命周期理论在工程咨询中，能够科学识别项目中的关键节点，精准定位高能耗、高排放、高污染环节，为项目的减污降碳提出具有针对性的解决方案，辅助项目的整体规划决策。通过对整个生命周期的影响进行评估，可以有效优化设计方案，选择更加环保和经济可行的解决方案，提高项目的可持续性；此外，还能够识别项目的潜在风险。

近些年，国内开始密集出台相关政策，强制要求企业披露其生产过程中的碳排放情况，按照碳排放核算边界可分为范围一、范围二和范围三。企业碳排

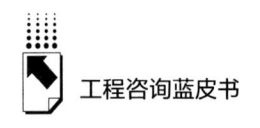

放范围一为企业直接拥有和控制的排放源，如工厂和设备的排放；范围二为企业购买能源所产生的间接排放；范围三为企业活动所引起的其他间接排放，主要是企业活动所引起的其他间接排放，比如供应链中的运输、原材料生产等。这些范围的划分能够帮助企业了解其生产经营活动中不同阶段的碳排放，从而采取相应的减碳措施来实现绿色发展。

2023年以前，国际可持续性报告标准委员会（ISSB）对企业碳排放范围的要求包括披露企业范围一和范围二的碳排放情况，即直接排放和能源相关的排放。2023年6月，ISSB发布的《关于可持续发展相关财务信息披露的一般要求》（IFRS S1）和《气候相关披露》（IFRS S2）两则新规（这两项标准于2024年1月1日之后的年度报告期生效）中，针对上市及非上市公司要求测定并披露绝对总温室气体排放，即企业范围一、范围二和范围三的排放，这是对范围三温室气体排放量核算提出了要求。简言之，ISSB最新要求扩展到范围三，鼓励企业自愿披露其全产业链碳排放，这正是全生命周期理论所强调的内容之一，即需要综合考虑产品或项目从资源获取到废弃处理的全过程。通过全生命周期分析对碳排放情况进行全面评估，能够更好地满足准则的要求，提高企业的可持续发展水平。企业碳排放披露可以提高企业环境信息的透明度，帮助投资者和利益相关者更好地了解企业的环境表现，推动企业朝着更加可持续的方向发展，还能督促企业履行其社会责任，促使其更加积极地采取减排措施。

未来，工程咨询中的绿色低碳将越来越多地采用全生命周期的方法来评估项目的全产业链环境影响和绿色可持续性，从而制定更加科学合理的项目规划，优化设计方案，采取更加可持续的解决方案，实现项目的绿色低碳目标。

（三）数字化和绿色化的融合发展

随着新一代信息技术的不断发展，绿色低碳工程项目中对数字化技术的需求与日俱增。传感器、物联网和自动控制系统的应用可以实现建筑设备的智能监测和控制，近些年，许多工程项目开始利用数字化技术优化项目能源系统，实现项目能源和资源的高效利用，提升项目的绿色水平。

当前，云计算技术能够帮助企业实现数据中心的虚拟化和集中管理，有效降低能源消耗和碳排放。物联网技术应用于智能建筑和智能工厂，通过连接各种设备和传感器，可实现能源的智能监测和控制，优化能源利用，减少能源浪费。大数据分析技术能够帮助企业快速、准确地分析能源使用数据和环境数据，发现能源利用的潜在问题和改进空间，制定更有针对性的节能减排策略。人工智能技术应用于智能能源管理系统，通过预测和优化能源消耗，可实现能源的智能调控，提高能源利用效率，同时降低碳排放。区块链技术主要应用于能源交易和碳排放权交易市场，提高交易的透明度和可信度，推动绿色能源的使用和碳排放的监管。遥感技术广泛应用于监测森林覆盖变化、土地利用变化等环境数据，为环境保护和碳排放监管提供数据支持。建筑信息模型技术在建筑设计和施工阶段的应用，可优化建筑结构和材料利用，降低建筑的能耗和碳排放。

工程咨询绿色低碳业务中有一些项目开始使用数字化技术进行设计和模拟，更加直观地展示方案的优化数据。例如，通过创建建筑信息模型，工程咨询可以集成建筑设计、施工和运营的信息，实现全生命周期的数据管理和协作，用于模拟建筑的能源消耗、室内环境质量和环境影响，支持可持续材料选择、能源效率优化和环境性能评估等方面的决策。VR 和 AR 技术可以帮助工程咨询在设计阶段进行虚拟演示和模拟，通过使用虚拟现实头盔或增强现实设备，将设计方案可视化，并模拟建筑的能源效率、室内环境质量和环境影响等方面的表现，帮助用户更好地理解和评估设计方案的绿色化潜力，并进行必要的调整和优化。CFD 模拟可以评估建筑的通风效果、室内空气质量和热舒适性等方面，通过模拟不同的设计方案和运行条件，可以优化建筑的能源效率和室内环境质量，并提供改进建议。一些工程项目还利用能源模拟软件对建筑的能源消耗进行模拟和优化，通过建立建筑的能源模型，分析不同的能源系统配置和能源管理策略，评估其对能源效率和环境质量的影响，据此提供最佳的能源解决方案，包括能源供应策略、节能措施和可再生能源的应用等。

在组织人员协作方面，数字化技术可以支持虚拟协作和远程工作，使工程咨询绿色低碳业务可以通过云平台、在线会议和协作工具等远程方式进行工作，这样可以减少人员交通和出差所带来的碳排放，降低能源消耗。同时，虚拟协作也提高了人员之间的合作效率和灵活性。数字化技术还可以将文档和工作流程数字化，实现电子化的文件管理和信息交流，通过电子文档和协作平台，相关人员可以更高效地共享和访问项目信息，减少纸质文件的使用和印

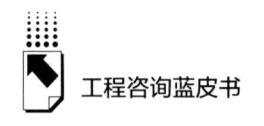

刷，降低资源消耗和环境影响。

数字化与绿色化的有机融合正在成为工程咨询绿色低碳业务的一大发展趋势。未来将深化数字化技术的应用，赋能工程项目的节能、减排、降污工作，提高自身协作效率，高效实现绿色低碳发展目标。

四 工程咨询绿色低碳业务展望

（一）绿色低碳评价和咨询的标准化

标准化是未来绿色低碳评价和咨询业务的必经之路。绿色低碳评价和咨询的标准化可以确保不同项目的咨询过程具有统一的规范和标准，提高行业的一致性和可比性。具体来说，标准化有助于确保评价和咨询工作在方法论和结果呈现上具有一致性，在不同项目之间的评价结果上更具可比性。标准化能够有效提高工程咨询绿色低碳服务的质量、降低信息不对称、增强市场透明度、降低咨询结果的不确定性和主观性、提高咨询服务的专业性和可信度。同时，标准化还能够促进工程咨询绿色低碳行业间的信息共享和合作交流，推动行业的整体进步，促进行业间的友好交流与合作。

未来可以通过制定行业标准、推广标准应用、建立机制认证和持续改进标准等四个方面将绿色低碳评价和咨询标准化。在制定行业标准时，可以让行业组织、政府部门和高校联合制定绿色低碳评价和咨询的标准，确保标准的评价指标、方法和流程具有科学性、可操作性和实用性，确保评价结果具有客观性和可比性。同时还可以广泛征求行业内外的意见和建议，确保制定的标准符合实际需求，能够得到广泛认可和应用。在明确定义行业标准后，工程咨询绿色低碳服务可以更好地引导和规范绿色低碳评价和咨询的实践，提高整体服务水平，促进可持续发展。

在制定行业标准后，工程咨询绿色低碳服务可以进一步推广标准的应用。通过培训和宣传活动，增强工程咨询师和其他从业人员对标准的认识和理解，指导他们如何应用于实际工作中，推动标准的进一步落实。还可以通过行业会议、论坛、期刊、公众号平台等渠道，发布标准应用的案例分析和成功经验，鼓励更多的从业人员积极应用这些标准，扩大标准的使用范围。

此外，还可以通过建立认证机制来推动绿色低碳评价和咨询的标准化。认证机制的建立需要明确的标准和程序，以确保认证的客观性和公正性。认证标准应当涵盖评价指标、数据采集和分析方法、报告撰写规范等方面，以确保认证的全面性和严谨性。认证机制建立后，鼓励工程咨询公司对从事绿色低碳评价和咨询的工程咨询师进行培训，使其了解并掌握认证标准和程序。培训可以提高从业人员的专业水平，促使他们更好地应用绿色低碳评价和咨询标准。对通过认证的工程咨询师，发放认证证书并定期进行复审，以确保其在实践中持续符合认证标准。建立认证机制将有助于规范行业内部的从业人员，提高其专业水平和市场竞争力，推动绿色低碳评价和咨询标准化。

工程咨询绿色低碳服务需要定期评估标准的实施效果，收集相关反馈意见，并结合行业和社会的发展变化，对标准进行修订和完善，确保标准的科学性和实用性。行业组织可以建立反馈机制，鼓励工程咨询师和相关从业人员就标准化评价和咨询过程中遇到的问题提出意见和建议。这些反馈将为标准的不断改进提供宝贵的信息。同时，行业内部可以建立案例库，总结和分享标准化评价和咨询的成功经验和创新做法，以促进行业整体水平的提升。通过持续改进，工程咨询业可以不断提升绿色低碳评价和咨询的标准化水平，推动行业整体向更统一、专业的方向发展。

（二）服务模式和业务拓展

拓展并完善绿色设计和绿色低碳咨询服务业务，以协助客户实现节能减排和资源有效利用的目标，为客户提供创新性的解决方案和专业指导。在绿色建筑设计方面，通过充分考虑建筑材料的环境影响、能源效率、室内环境质量等因素，提供符合可持续发展原则的设计方案。运用先进的技术和工程知识，结合客户的需求和目标，设计既美观又环保的建筑，以最大限度地减少能源消耗和碳排放。在可持续基础设施规划方面，通过系统性地分析和评估，帮助客户制定可持续发展的基础设施规划方案。综合考虑水资源、能源利用、生物多样性等方面的需求和挑战，提出综合性的解决方案，以优化资源利用、降低环境影响、提高社会效益。通过合理规划和整合各项基础设施，实现资源的有效利用和环境的可持续发展。

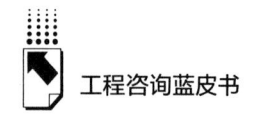

鼓励积极投入资源开展绿色技术研究和评估，了解最新的环保技术和工程解决方案，或者与专家、学术机构和行业伙伴合作，共同探索和评估适用于各种工程项目的绿色技术，如可再生能源、节能技术、废物管理等，并推广应用新型环保技术和工程解决方案，以提供更环保的工程设计和咨询服务。同时，还可以与环保科技公司、供应商和其他专业机构建立合作伙伴关系，促进技术交流和创新，获得最新的环保技术和解决方案，并将其应用于咨询项目中，共同推动绿色技术的发展和应用。在与客户合作过程中，分析项目需求和可行性，通过制订技术推广计划，将绿色技术和解决方案引入项目中，提供适用的环保技术和工程解决方案，帮助客户实现节能减排、资源有效利用和环境保护的目标。

持续加强并完善全生命周期咨询服务，从项目的初期规划到后期运营，为客户提供全方位的支持和指导，确保项目在整个生命周期内实现节能减排和资源有效利用的目标。全生命周期咨询服务涵盖项目从规划和设计阶段到施工、运营和维护阶段的整个过程。在规划和设计阶段，提供专业的咨询意见，包括绿色建筑设计、可持续基础设施规划、能源效率评估等方面，以确保项目在初期阶段就考虑到环境影响和资源利用的最佳实践。在施工阶段，工程咨询公司可以提供施工监理和质量控制服务，确保项目按照可持续设计要求进行施工，还可以监督工程进展，确保材料选择、施工工艺和能源使用等方面符合可持续发展的理念。在运营和维护阶段，工程咨询公司可以提供运营管理和维护优化的咨询服务，协助客户制定可持续的运营策略，包括能源管理、水资源管理、废物管理等方面，以提高项目的运营效率和资源利用水平。在监测和评估阶段，工程咨询公司可以定期对项目进行环境性能评估和可持续性评估，以确保项目在整个生命周期内持续地达到可持续发展的目标。

（三）不断提升数字化能力

在数字化与绿色化融合发展的大趋势下，工程咨询绿色低碳服务应该更加注重数字化能力的提升，通过主流的数字化技术来进行项目的绿色低碳管理。数字化技术可以实现数据的实时监测和分析，有助于准确了解项目能源消耗和环境影响，及时发现问题并提出改善措施，从而降低项目碳排放和环境污染。同时，数字化技术可以助力优化项目能源利用和生产流程，通过数据分析和建模，找出能源利用的潜在问题，并提出改进建议，以提高能源利用效率，减少能源浪费，实现绿色低碳管理。数字化技术还可以在产品设计和制造过程中发挥作用，通过虚拟设计和数字化制造技术，优化产品结构和制造工艺，减少材料和能源的使用，从而降低产品的碳排放。

数字化技术在提升绿色低碳管理能力方面发挥着重要作用，未来工程咨询绿色低碳业务可以通过运用数字化技术来实现项目的绿色发展。通过数据分析和大数据技术，能够深入了解能源消耗和排放数据，找到节能减排的潜在路径，实现能源利用的最优化。智能监控系统能够实时监测能源消耗和环境参数，为实现精细化的能源管理和减排控制提供辅助。虚拟仿真技术能够在设计阶段对建筑和工程进行模拟，优化设计方案，降低能耗。供应链数字化技术能够实现对原材料和能源的可持续采购和利用，从源头上降低碳排放。数字化技术的集成应用，可以帮助工程咨询优化项目的绿色管理模式，提高能源利用效率，降低碳排放。在建筑设备和系统中安装传感器和监测设备，可以实时监测能源消耗、室内环境质量、水资源利用等关键指标。物联网技术可以将环境污染与能源消耗数据传输到中央控制系统，帮助企业实现对建筑设备的智能监测和控制。因此，通过以上数字化服务的监测与控制，工程咨询师可以及时发现能源浪费和环境问题，并提供相应的建议措施以实现工程项目的优化。同时，基于智能监测的数据，工程项目可以采用自动化系统对建筑设备进行调节和优化。例如，通过自动化控制系统调整照明和空调系统的运行模式，根据实际需求进行能源节约和环境优化。自动化调节和优化可以根据实时数据和预设参数自动进行，减少人为干预，提高效率和精确度，从而更有效地实现绿色化发展。

如今，一些主流的数字化技术已经在很多工程项目中得到广泛应用。未来，绿色低碳工程中需要进一步深化数字技术的应用，以实现更高效的能源利用、资源管理和环境监测，开展数据驱动的决策，优化生产流程，有效降低对生态环境造成的潜在影响，推动项目的绿色低碳发展。

（四）进一步提升认知及市场接受度

随着全球对环境可持续性和气候变化的关注不断增加，绿色低碳工程项目正在蓬勃发展。工程咨询企业应提升客户对项目绿色低碳化的认知，使其意识

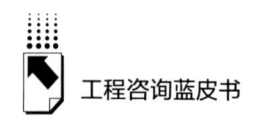

到绿色低碳发展的必要性。

首先,绿色低碳工程项目能够减少温室气体和其他污染物的排放,有助于提高空气质量、保护生态系统和减轻对自然资源的压力,通过采用可再生能源、节能技术和清洁生产方法,可以降低对环境的负面影响,促进项目的绿色可持续性,有效降低项目所面临的潜在环境规制风险。其次,通过优化能源利用、减少能源浪费和资源消耗,绿色低碳工程项目可以减少对有限资源的依赖,提高资源利用效率,有效降低长期运营成本和运营风险。最后,绿色低碳工程项目对企业的品牌形象和声誉有积极的影响,通过积极参与环保和可持续发展,能够树立良好的社会形象,赢得利益相关者的认可和支持,提高市场竞争力,并吸引更多的投资和合作伙伴。此外,国家和许多地区制定了环保和碳减排的政策法规和激励措施,工程项目绿色低碳转型不仅可以避免可能的罚款和法律风险,同时还可以帮助项目获取绿色低碳资金扶持。

客户对绿色低碳的正确认知和市场对绿色低碳化接受度的提升,将会进一步带动工程咨询绿色低碳业务的需求增长,扩大绿色低碳客户群体,深度激发工程咨询绿色低碳业务的发展活力与潜力。

参考文献

习近平:《高举中国特色社会主义伟大旗帜 为全面建设社会主义现代化国家而团结奋斗:在中国共产党第二十次全国代表大会上的报告》,人民出版社,2022。

《国家发展改革委关于印发工程咨询业 2010~2015 年发展规划纲要的通知》,中华人民共和国国家发展和改革委员会,https://www.ndrc.gov.cn/xxgk/zcfb/ghwb/201002/t20100222_962105.html。

《国务院关于印发 2030 年前碳达峰行动方案的通知》,中华人民共和国中央人民政府,https://www.gov.cn/zhengce/content/2021-10/26/content_5644984.htm。

《中国工程咨询协会关于印发〈关于加快推进工程咨询业高质量发展的指导意见〉的通知》,中国工程咨询协会,https://www.cnaec.com.cn/news/4058.html。

《关于印发〈工程咨询标准体系(2022 年版)〉〈工程咨询标准制定工作建议(2022~2026 年)〉的通知》,中国工程咨询协会,https://www.cnaec.com.cn/news/362.html。

《住房和城乡建设部 国家发展改革委关于印发城乡建设领域碳达峰实施方案的通知》,中华人民共和国住房和城乡建设部,https://www.mohurd.gov.cn/gongkai/zhengce/zhengcefilelib/202207/20220713_767161.html。

《关于印发〈碳达峰碳中和标准体系建设指南〉的通知》,国家标准化管理委员会,https://www.sac.gov.cn/xxgk/zcwj/art/2023/art_e579ce66f6144b05907ed151a225f034.html。

《国家发展改革委等部门关于印发〈绿色低碳先进技术示范工程实施方案〉的通知》,中华人民共和国国家发展和改革委员会,https://www.ndrc.gov.cn/xwdt/tzgg/202308/t20230822_1359999.html。

《习近平在第七十五届联合国大会一般性辩论上的讲话》,求是网,http://www.qstheory.cn/yaowen/2020-09/22/c_1126527766.htm。

《关于印发〈减污降碳协同增效实施方案〉的通知》,中华人民共和国生态环境部,https://www.mee.gov.cn/xxgk2018/xxgk/xxgk03/202206/t20220617_985879.html。

《国际可持续准则理事会发布〈国际财务报告可持续披露准则第1号——可持续相关财务信息披露一般要求〉》,会计准则委员会,https://www.casc.org.cn/2023/0628/243203.shtml。

《国际可持续准则理事会发布〈国际财务报告可持续披露准则第2号——气候相关披露〉》,会计准则委员会,https://www.casc.org.cn/2023/0628/243205.shtml。

B.8 国际工程咨询发展历程及展望

国际工程咨询课题组*

摘　要： 本文详细追踪了国际工程咨询的发展，即从最初的简单个体操作到复杂的全球网络和系统化服务的演变。重点强调了技术和管理知识的传播，尤其是早期美国的咨询公司对欧洲市场的影响以及国际援助机构对全球工程咨询服务的推广。中国在国际工程咨询领域的发展与国家经济政策和国际合作紧密相关，随着"一带一路"倡议的实施，中国的国际工程咨询公司在国际市场上的作用日益增强。本文将中国国际工程咨询的发展历程划分为起步、发展、快速增长和高质量发展阶段，每个阶段都有详细的时期和特点描述。此外，本文还讨论了行业的未来展望，包括应对全球经济和政治变化带来的挑战，以及如何通过创新和适应国际标准来提升国际竞争力。

关键词： 国际工程咨询　风险管理　绿色发展　民生项目　数字化转型

一　国际工程咨询发展历程

（一）国际工程咨询发展概述

国际工程咨询通常指的是在全球范围内，咨询机构和咨询工程师针对各种工程项目（如基础设施、建筑、能源等）提供专业意见和服务的活动，包括但不限于项目规划、设计、建造、运营及维护等各个阶段的咨询和管理。

国际工程咨询的发展历史可以追溯到19世纪末。以美国建筑师梅斯丁成立土木工程协会为标志，工程咨询业进入萌芽阶段。此时的工程咨询业务以个

---

* 课题组成员：张辉、王维辰、谭苑、邓宇恒、李媛媛，中国国际工程咨询有限公司。

人咨询为主，行业规模相对较小。20世纪30年代后，工程咨询逐步遍及交通领域、农业领域及工业领域，工程咨询公司的规模也逐步扩大，但仍未达到国际化的程度。20世纪60年代初，美国的大型工程咨询公司将其业务扩展至欧洲市场，为欧洲地区的咨询公司带去较为先进的管理模式和业务经验，正式开启了工程咨询业的国际化进程。特别是国际工程设计咨询领域成为工程咨询业增长的典型代表。国际工程设计咨询，作为工程咨询业的一个重要分支，专注于为工程项目提供设计和技术解决方案。从21世纪初至今，头部国际工程设计咨询企业的整体营收从几亿美元暴涨至如今的数百亿美元，行业技术壁垒也由此形成。如今，国际工程咨询已经从原来的个人单方面专业技术咨询发展为全过程参与（项目前期阶段、准备阶段、实施阶段以及运营阶段）、面向各类需求的综合式工程咨询业务。

除了面向"工程"的国际工程设计咨询外，广义的工程咨询还包括工程咨询服务业，其在20世纪70年代后开始发展。以日本国际协力机构（JICA）为例，1974年，JICA正式成立，并在此后的50年通过执行日本对外政府援助项目，将咨询业务不断深化、业务范围不断扩大。截至2023年，JICA持有公司资本589.26亿美元，共有员工1968人，在全球设有六大管理区共98个海外办事处，业务覆盖全球大多数国家。JICA的咨询业务包括事前评估（设定项目目标及指标）、项目实施状态监控、事后评估（检验项目目标实现情况）、项目经验教训总结等板块。JICA具有服务对象多样（国家机构、金融机构等）、技术壁垒较高（复杂数学模型的建立与定量化评估标准的制定）、业务范围广泛（医疗、环境、政治等领域）等特点，已经具备如今国际工程咨询服务行业的鲜明特征，其发展历程也是国际咨询业务发展历程的缩影。

总体来看，国际工程咨询在经历不同阶段的发展后，已形成专业化程度高、国际化程度深、行业链条完整的全周期化、综合性产业，成为国际工程中不可缺少的一环。

（二）我国国际工程咨询发展历程

随着我国改革开放的不断深入以及经济建设的不断推进，国内工程咨询产业化、工程咨询单位市场化步伐明显加快，行业规模显著扩大，国内国际工程咨询也应运而生并逐步发展起来。

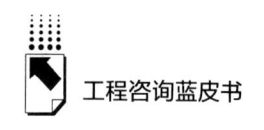

总结中国国际工程咨询业发展历程，大致可以分为4个阶段，分别为起步阶段（1982~2000年）、发展阶段（2001~2012年）、快速增长阶段（2013~2019年）和高质量发展阶段（2020年至今）。

1. 1982~2000年：改革开放后，我国国际工程咨询业开始起步

我国国际工程咨询业的诞生和发展，与中国国际工程咨询公司（2017年底改称"中国国际工程咨询有限公司"，简称"中咨公司"）的创建和发展密切相关。1982年，为适应世界银行、亚洲开发银行等国际金融组织和外国政府贷款项目的决策要求，同时组织我国工程技术力量承揽国外工程，经批准，中咨公司成立，业务类型包括政策研究、规划咨询、项目评估、工程管理等方面，业务领域覆盖国民经济的主要行业，贯穿投资建设全过程，对中央政府在国家重大建设项目的决策和实施方面发挥了重要参谋作用，弥补了重大工程前期宏观政策、产业布局等技术经济研究论证不足的短板。这一时期，我国基本建设工作引入国际上通行的可行性研究制度，现代工程咨询理念得到初步传播。

1994年，为支持中国对外经济贸易投资发展与国际经济合作，国家出资设立直属国务院领导、具有独立法人地位的国有政策性银行——中国进出口银行，旨在围绕服务国家战略，建设定位明确、业务清晰、功能突出、资本充足、治理规范、内控严密、运营安全、服务良好、具备可持续发展能力的政策性银行。

1996年，中国工程咨询协会代表我国工程咨询业加入国际咨询工程师联合会（FIDIC），我国工程咨询开始走向国际，成为我国参与全球经济治理的重要抓手和合作载体。作为全球工程咨询业的权威性组织，FIDIC制定的有关工程建设项目管理的合同条款和标准，是行业最高水平的典型代表，在国际上得到广泛应用。在我国，基于全盘引入国际通行的可行性研究制度而立项实施的多个工程项目，得到了联合国开发计划署、世界银行、亚洲开发银行等国际机构的认可与支持。

1999年10月，亚洲开发银行向科技部提供"中国政府选聘咨询机构（顾问）规则"技术援助项目。中咨公司作为牵头公司，首次中标亚洲开发银行技术援助项目，承担塔吉克斯坦公路修复二期项目咨询任务，实现了中国咨询公司参与亚洲开发银行境外咨询项目零的突破，也象征着我国国际工程咨询业范围的扩大。

2. 2001~2012年：加入WTO后，我国国际工程咨询业进入发展阶段

2001年我国加入世界贸易组织（WTO）之后，政府机构改革，科研设计单位全面转制，工程咨询市场进一步开放。与此同时，国外工程咨询机构也开始大力开拓中国市场，在中国设立办事处或公司。

这一时期，国内工程咨询企业走出国门、融入国际社会、参与国际市场竞争的步伐明显加快，为我国境外投资建设项目决策与实施作出了重要贡献。我国国际工程咨询业由此进入全面迎接国际竞争与规范化发展并重的时代。

2001年，我国唯一的政策性出口信用保险机构——中国出口信用保险公司（以下简称"中国信保"）在北京成立，结束了我国没有出口信用保险专营机构的历史。

2010年，国家发展和改革委员会编制印发了第一个工程咨询业发展纲要——《工程咨询业2010~2015年发展规划纲要》。同年，国际咨询工程师联合会和中国工程咨询协会共同启动FIDIC工程师培训和认证试点工作，进一步加快了我国工程咨询业的国际化进程。

2012年，受中国进出口银行委托，中咨公司对亚吉铁路项目可行性研究报告进行咨询评估。在技术标准体系杂乱、基础数据缺失等情况下，中咨公司深入分析原有建设方案并进行全面优化，耐心协调沟通埃塞俄比亚方业主，按照中国有关规范，全线统一采用中国铁路技术标准和产品标准进行建设，最终得到埃塞俄比亚方认可，并被埃塞方聘为业主代表，执行项目的全过程管理工作。

借助此次咨询工作，我国国际工程咨询机构成功将中国铁路标准推广到埃塞俄比亚和吉布提两国，极大地推动了中国铁路标准"走出去"及中国铁路技术、设备、装备、材料和劳务的出口。亚吉铁路竣工通车，成为中国在非洲建设的第一个全流程"中国元素"铁路项目，开创了新时期我国国际发展双边关系互利合作的新模式。

3. 2013~2019年："一带一路"倡议下，我国国际工程咨询业快速增长

2013年，中国国家主席习近平分别提出建设"新丝绸之路经济带"和"21世纪海上丝绸之路"的合作倡议，自此"一带一路"倡议逐步从中国倡议走向国际实践。

"一带一路"倡议的提出和实施，为我国国际工程咨询业带来了新的发展机遇。2013~2018年，国际工程咨询业务快速增长，政府业务层面，受

国家部委委托，我国国际工程咨询机构承担了多个国别规划、双边规划、五年行动计划和境外自贸区发展规划的咨询工作；市场业务方面，受中国进出口银行、中国信保和广大"走出去"企业的委托，我国国际工程咨询机构在该阶段承担了大量境外基础设施投资项目的咨询工作，同时承担了亚吉铁路、喀麦隆水厂等在国际上有较大影响力的项目的业主代表、现场管理等咨询服务工作，为国家"走出去"战略和"一带一路"倡议的推进作出了重要贡献。

通过参与共建"一带一路"的"走出去"咨询项目，以中咨公司为代表的中国国际工程咨询机构，增加了自身的国际经验，拓宽了业务渠道，突出了品牌效应，加强了对外交往和联系，为中国咨询企业的国际化、市场化打下了较为坚实的基础。

2018年，"一带一路"建设工作5周年座谈会召开，提出推动共建"一带一路"向高质量发展转变。由此，中国对外投资也从以往追求数量转向更加关注质量。在该阶段，我国承建"一带一路"国际项目主要呈现承建规模逐年扩大、承建速度逐步加快、项目领域日益宽广、企业核心竞争力持续提升等向好趋势。中国企业与共建"一带一路"国家和地区在项目建设上的合作程度逐渐加深，参与领域几乎涵盖了所有专业工程领域，这也对我国国际工程咨询管理水平提出了更高的要求。

以中咨公司为例，其与中国信保首创"2+1"合作模式，"2"为中咨公司与中国信保，"1"为企业，搭建互动式合作平台，以项目可行、风险可控、信保可保、银行可融为原则，引导企业积极参加共建"一带一路"国家产业链和基础设施建设，形成第三方咨询服务机构、工程承包公司、投资企业等各类主体参与交流与合作的国际发展合作平台，为企业"走出去"提供战略指导方案，帮助企业树立国际发展理念，打造行业国际品牌。

总体来看，伴随着"一带一路"建设从"大写意"进入"工笔画"阶段，我国国际工程咨询业也进入精雕细琢、打造品牌的业务摸索期。这一阶段，我国工程咨询业的"走出去"，有力支撑了我国对外承包企业在项目执行阶段顺利推进、竣工后更好实现运营绩效，同时这种"全程护航"彰显了我国工程技术与管理水平的先进性，助力我国提升国际话语权，推动"中国技术+中国标准+中国装备+中国建造"全链条"走出去"。

4. 2020年至今：在新发展格局下，我国国际工程咨询业进入高质量发展阶段

在中美博弈长期化、国际经贸环境不稳定性增加的背景下，2020年党中央提出将构建以国内大循环为主体、国内国际双循环相互促进的新发展格局。2023年10月，"一带一路"倡议提出10周年之际，国家主席习近平在第三届"一带一路"国际合作高峰论坛开幕式上宣布了中国支持高质量共建"一带一路"八项行动，深化"一带一路"国际合作，迎接共建"一带一路"更高质量、更高水平的新发展。

在"双循环"新发展格局和高质量共建"一带一路"的大背景下，我国国际工程咨询业开始进入高质量发展阶段，不断开拓创新，根据国际工程咨询需求的变化和自身优势，持续打造"市场+商务+金融+工程技术"的系统服务能力。

2023年9月，在新加坡举办的菲迪克"2023年全球基础设施奖"颁奖典礼上，中国工程咨询协会推荐的10个项目荣获奖项，占全球获奖项目总数的1/3，实现了"十连冠"的辉煌成绩。

二　国际工程咨询主要业务类型

不同于工程咨询在国内多以专业咨询模块进行业务区分，国际工程咨询领域并未将咨询业务进行人为分割，而是由业主根据项目特点选择合适的咨询公司参与阶段性或全过程的工程咨询，并在此基础上按照项目所处生命周期的不同阶段，逐步衍生出海外投（融）资策划、国际工程设计咨询、国际工程项目现场管理、项目运营期投（贷）后管理等多种国际工程咨询的业务类型。

一个建设项目的生命周期，从开始酝酿、规划到进入建设，再到竣工投产，大体分为4个阶段，即立项决策阶段、建设准备阶段、项目实施阶段和验收总结阶段，如图1所示。从项目生命周期每个阶段所需的咨询服务业务类型来看，国际工程咨询与国内工程咨询绝大多数是重合的。本部分将以国际工程咨询服务中与国内有较大不同的业主工程师咨询、国际工程设计咨询、工程项目并购咨询、多边金融机构委托咨询项目以及银团技术顾问咨询五类业务为代表，简要介绍贯穿项目不同生命周期的国际工程咨询业务的典型类型及特征。其中，工程项目

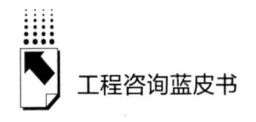

并购咨询涵盖投融资策划、尽职调查、投资风险分析等业务类型，此外，尽管多边金融机构和商业银行委托的项目同属贷款方技术顾问（Lender's Technical Advisor，简称LTA），但两类项目的咨询重点具有一定差异性。

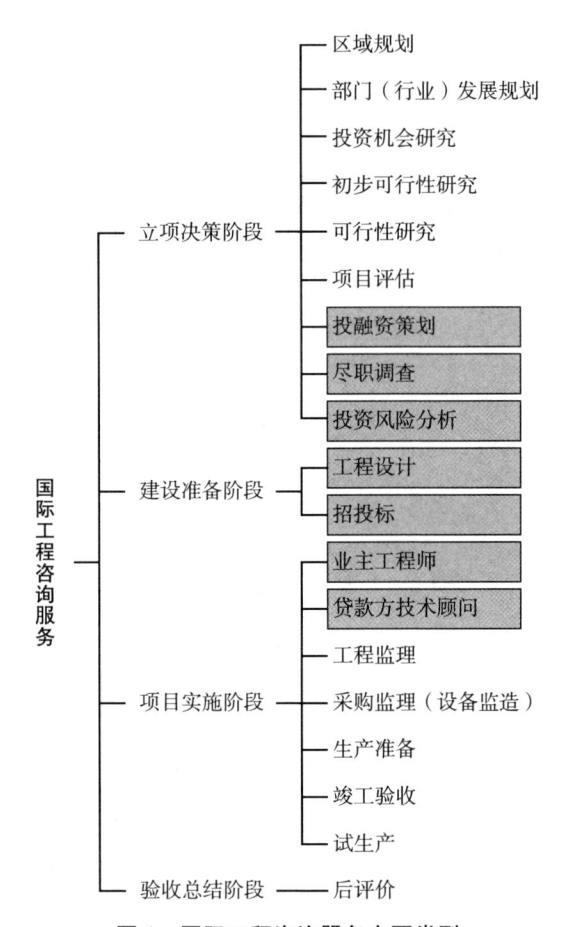

```
国际工程咨询服务
├─ 立项决策阶段
│   ├─ 区域规划
│   ├─ 部门（行业）发展规划
│   ├─ 投资机会研究
│   ├─ 初步可行性研究
│   ├─ 可行性研究
│   └─ 项目评估
├─ 建设准备阶段
│   ├─ 投融资策划
│   ├─ 尽职调查
│   ├─ 投资风险分析
│   ├─ 工程设计
│   └─ 招投标
├─ 项目实施阶段
│   ├─ 业主工程师
│   ├─ 贷款方技术顾问
│   ├─ 工程监理
│   ├─ 采购监理（设备监造）
│   ├─ 生产准备
│   ├─ 竣工验收
│   └─ 试生产
└─ 验收总结阶段
    └─ 后评价
```

图1　国际工程咨询服务主要类型

注：深色部分为国际工程与国内有较大不同的部分。
资料来源：中咨公司整理。

（一）业主工程师咨询

业主工程师（Owner's Engineer，OE）咨询是代表业主方，对工程项目进行技术咨询和统筹管理的工程咨询项目类型，即为业主提供全过程、"一站式"的咨询服务，是工程咨询业发展的重要趋势。该类咨询项目的主要目标是确保工程项目满足业主方既定的成本效益、质量要求和进度要求，同时也保证项目符合所在国别法律、环境和安全标准的要求。

业主工程师的角色与职责是多方面的，包括投资咨询、工程勘察、工程设计、工程监理、招标代理、造价咨询、项目管理等技术和管理咨询。其工作内容涉及从可行性研究评估到项目移交的全链路咨询服务。其中工程项目前期包括立项的分析与决策、项目目标的确立、评估预算与资金来源、施工图的优化以及承包商的选择；工程项目中期包括施工阶段的质量目标控制、进度目标控制、投资目标控制、安全目标控制；工程项目后期包括知识转移培训与竣工验收管理等。

（二）国际工程设计咨询

国际工程设计咨询是指为境外投资建设项目提供工程设计方面的咨询和管理服务，结合了建筑设计、结构设计、机械设计、电气设计、管道设计等工程设计服务，以及项目规划、技术评估、合规风险评估、可行性研究、项目管理和运营维护等工程咨询服务。

（三）工程项目并购咨询

工程项目并购是指企业通过购买、合并或收购其他企业的工程项目，以实现扩张、增强竞争力或进入新市场的战略目标的过程。工程项目并购咨询是指在工程项目并购过程中提供专业的咨询服务。工程项目并购咨询的核心目标是帮助客户在并购过程中识别和评估潜在的风险和机会，并提供专业的建议和解决方案。

工程项目并购咨询通常包括：战略规划；财务、技术、法律等方面尽职调查；对目标企业进行估值和定价分析；协助客户进行并购合同的谈判与签订；规划并实施并购后的整合策略。

（四）多边金融机构委托咨询项目

多边金融机构是一类在多国政府支持下，以多国国家信用、政府信用为基础，以实现公共政策目标为使命，主要面向发展中国家为其经济长期建设提供

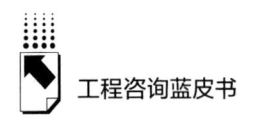

优惠资金的金融机构,其在搭建政府、社会资本和金融机构协商合作的互信机制与投融资平台方面发挥了重要作用。多边金融机构通常在发展中国家或地区资助各种类型的工程项目,如基础设施建设、能源项目、环境保护项目等。多边金融机构委托工程咨询项目是指由多边金融机构(如世界银行、亚洲开发银行等)委托专业的工程咨询公司提供咨询服务,以支持和监督其资助项目的实施过程,目的是确保项目的顺利实施、高质量完成,并确保资金的有效使用。

多边金融机构委托工程咨询项目的主要工作内容包括:参与多边金融机构要求的招标和评选规则;提供技术咨询服务并与项目实施单位密切合作,确保项目按照规定的技术标准和最佳实践实施;帮助多边金融机构识别和管理项目的风险,进行风险评估,制订相应的风险管理计划,并提供解决方案来应对潜在的问题和挑战;对项目的进展和质量进行评估,并提供多边金融机构要求的进度报告;提供培训和技术转让服务等。

(五)银团技术顾问

近年来,随着"一带一路"倡议的提出,银行、基金等金融机构资金也在"走出去"。银团技术顾问专门服务于金融机构,以控制工程项目融资的风险。贷款机构在处理贷款生效条件、资金安全、项目管理和偿债持续性等方面往往缺乏足够的技术支持,贷款方技术顾问服务能提供相应支持,确保贷款的有效性、安全性和合规性。

贷款方技术顾问内容一般包括:贷款人的尽职调查、对关键技术回顾和概念设计审查、运营和维护(O&M)评审、项目协议审查、达产产出评估、许可令和执照等法律文件审查、金融模型审查、环境评审,以及定期操作监控审查等。

三 国际工程咨询业发展情况

(一)国际工程咨询业数据统计

国际工程咨询业的数据统计分析主要以《工程新闻记录》(*Engineering*

News-Record，简称 ENR）① 发布的"国际工程设计公司 225 强"排名（以下简称"225 强排名"）作为分析研究的对象。225 强排名被誉为国际工程设计行业的"晴雨表"。该排名以工程设计为主要统计口径，同时也涵盖国际工程咨询涉及的其他领域，如投融资策划、尽职调查等。多家全球知名的国际工程咨询业龙头企业被纳入 225 强排名，如营收排名位列 2023 年榜单前四的 WSP、Worley、AECOM、ARCADIS 公司，都把工程咨询作为核心业务之一。其中，AECOM 公司从事工程咨询业务的员工占总数的 13%，ARCADIS 的工程咨询业务营收占其当年总营收的比例达到 31%。因此，225 强排名基本能够较为真实地反映出国际工程咨询业的发展现状与未来趋势。

ENR 在 2023 年发布了最新的全球国际工程设计咨询企业 225 强排名，对该行业 2022 年的各项数据进行了统计。根据权威的统计资料分析可知如下方面。

1. 按类型统计

（1）国际工程设计咨询业务类型分析

2022 年国际工程设计咨询不同业务类型的营收主要有三个特点：一是头部企业的市场占有率极高，前十名的国际工程设计咨询公司的营收几乎占到行业总营收的 60%~70%；二是中国国际工程设计咨询企业在电力领域占据龙头地位，而在其他领域与国外企业的市场占有率差距较大；三是存在如 WSP、AECOM 等在不同领域几乎均能入围前十的综合实力极强的国际工程设计咨询公司。

①交通领域：营收排名前三的为 WSP、AECOM 和 LAVALIN 公司，前十名总营收达 120 亿美元，占参评的 225 家公司的 60.2%，中国企业未能入围前十。

②建筑领域：营收排名前三的为 WSP、DAR 和 ARCADIS 公司，前十名总营收达 81.4 亿美元，占参评的 225 家公司的 56.7%，中国企业未能入围前十。

③石油化工领域：营收排名前三的为 WORLEY、FLUOR 和 WOOD 公司，

---

① ENR 于 100 多年前创办，以其深厚的工程设计从业背景和专业独到的统计分析而闻名，是全球公认的工程设计咨询与建设领域最为权威的学术刊物。

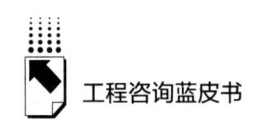

前十名总营收达91.6亿美元，占参评的225家公司的85.3%，其中中国化学工程集团有限公司营收排名第六，与上年相同，中国石油集团工程有限公司营收排名第十，较上年下降三名。

④电力领域：营收排名前三的为中国电力建设集团有限公司、中国能源建设集团有限公司和WSP公司，前十名总营收达56.5亿美元，占参评的225家公司的64.3%，中国企业在营收排名前三名中占据前两席。

⑤危险废品处理领域：营收排名前三的为ARCADIS、WSP和AECOM公司，前十名总营收达34.2亿美元，占参评的225家公司的93.7%，中国企业未能入围前十。

⑥工业领域：营收排名前三的为JACOBS、WORLEY和HATCH公司，前十名总营收达29.4亿美元，占参评的225家公司的70.8%，其中中国建材集团有限公司入围前十，排名第八。

⑦水利、污水处理、制造加工及通信领域：前十名总营收为10亿~20亿美元，占参评的225家公司的70%左右，中国企业未能入围这些领域的营收前十。

（2）中国国际工程设计咨询业务类型分析

从中国的国际工程设计咨询业务在各领域的收入情况来看，2018~2022年收入结构总体变化不大，其中电力能源领域始终是收入占比最高的重点领域，占比不低于50%；排名第二的为交通领域，占比在15%~22%；石油化工和建筑及其他等领域的收入情况波动较为明显（见图2）。

2019年，电力能源领域的工程设计咨询收入占比达到70.4%，为近五年内最高，营收额达30.2亿美元。这是由于自2018年起中美经贸摩擦严重影响了中国工程设计咨询业务在海外市场的发展，而电力能源业务挑起重担，在助力"一带一路"建设过程中维持了中国企业与国际各方的合作热度，为中国国际工程设计咨询业后续的回暖打下基础。到2021年，疫情影响叠加国际局势动荡，导致供应链条问题不断，各类重要大宗商品价格起落显著，但中国企业仍能依托共建"一带一路"国家，实现营收回升，拓宽业务范围。总体来看，中国国际工程设计咨询业中，电力能源业务是体量最大、影响力最广的业务领域，在我国国际工程设计咨询行业"走出去"的过程中起到"压舱石"的作用。未来随着共建"一带一路"国家基础设施日趋完善,其他领域的设计咨询需求将逐步浮现。届时,中国的国际工程设计咨询行业结构将更加丰富多样,抗风险能力也将进一步提升(见图2)。

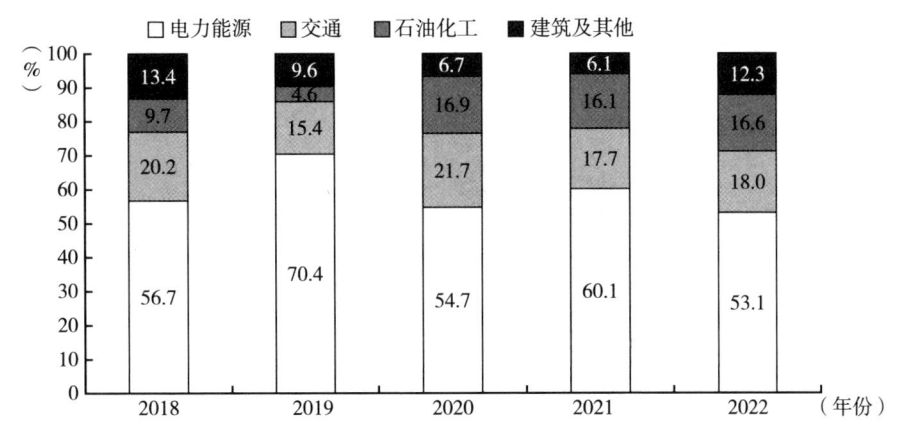

图2　2018~2022年中国国际工程设计咨询业务各领域收入占比

年份	电力能源	交通	石油化工	建筑及其他
2018	56.7	20.2	9.7	13.4
2019	70.4	15.4	4.6	9.6
2020	54.7	21.7	16.9	6.7
2021	60.1	17.7	16.1	6.1
2022	53.1	18.0	16.6	12.3

资料来源:Engineering News-Record。

此外,入围2023ENR 225强排名的23家中国公司中,前八家公司营收合计占23家总营收的87.1%。其中中国电力建设集团有限公司和中国能源建设集团有限公司营收都突破10亿美元,两家公司营收合计占比达到52.9%(见图3),占据了中国入围榜单公司总营收的半壁江山,侧面体现了电力能源领域的设计咨询业务在我国国际工程设计咨询业的突出地位。前八家公司几乎全为电力能源、石油化工、交通及建筑领域的企业,表明我国的国际工程设计咨询行业目前基本以这4个领域为主。

2.按区域统计

(1)国际工程设计咨询业务各地区收入分析

从国际工程设计咨询的市场区域来看,2022年国际工程设计咨询业务主要集中于欧洲、美国及加拿大①、亚洲和中东地区,费用占比分别为29.1%、27.8%、13.3%和10.0%,4个区域的国际工程设计咨询费用占全球当年总费用的80.2%。其中欧美地区的国际工程设计咨询业务需求量最

---

① 依据惯例将美洲分为两个区域:美国及加拿大区域、拉丁美洲区域(简称"拉美区域"),其中拉美区域指美国以南的美洲地区,包括中美洲、西印度群岛和南美洲。

高,均达到20%以上,而拉美地区的国际工程设计咨询业务费用明显低于上述4个区域(见图4)。

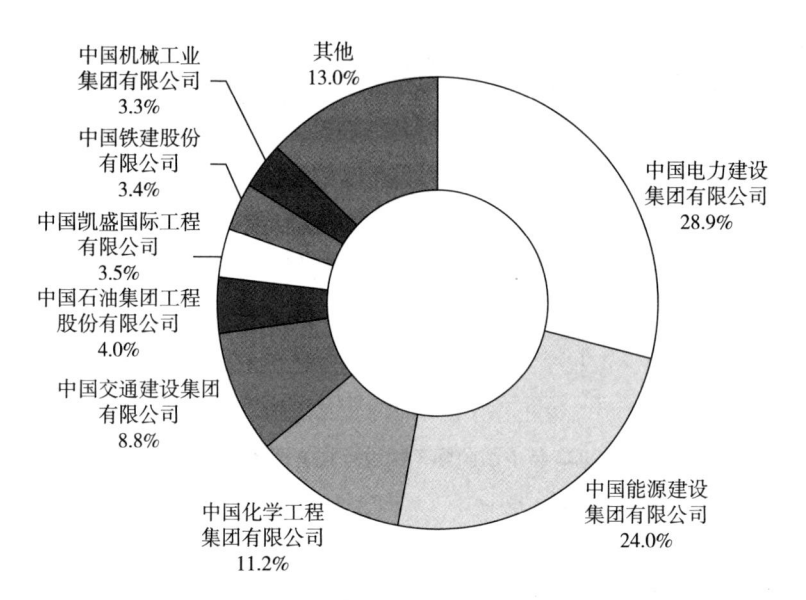

图3　2022年中国国际工程设计咨询业入围公司收入占比

- 中国电力建设集团有限公司 28.9%
- 中国能源建设集团有限公司 24.0%
- 中国化学工程集团有限公司 11.2%
- 中国交通建设集团有限公司 8.8%
- 中国石油集团工程股份有限公司 4.0%
- 中国凯盛国际工程有限公司 3.5%
- 中国铁建股份有限公司 3.4%
- 中国机械工业集团有限公司 3.3%
- 其他 13.0%

资料来源：Engineering News-Record。

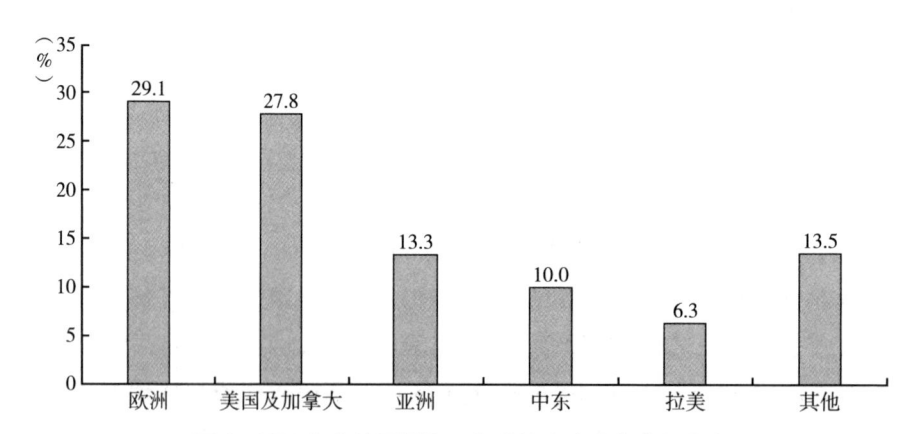

图4　2022年各地区国际工程设计咨询业务费用占比

地区	占比(%)
欧洲	29.1
美国及加拿大	27.8
亚洲	13.3
中东	10.0
拉美	6.3
其他	13.5

资料来源：Engineering News-Record。

中国、美国和加拿大是全球国际工程设计咨询行业的代表性国家。

美国和加拿大无论是整体排名还是头部排名，均实力不俗。在225强企业中，美国公司入围81家，营收总额排名第一，达到172.3亿美元，是中国公司总营收的3.8倍，占225强企业总营收的比重达23.4%，相当于占据了国际市场近1/4的份额。加拿大公司入围4家，尽管入围公司数量几乎最低，但这4家公司的总营收排名第二，达到144.3亿美元，是中国公司总营收的3.2倍，是排名第三的英国公司总营收的2.3倍，可见加拿大国际工程设计咨询公司的实力之强。从头部即入围前十名来看，美国公司入围2家，分别为AECOM公司（第3名）和JACOBS公司（第5名），名次与上年一致，营收分别为排名最靠前的中国公司（中国电力建设集团有限公司）的3倍和2.6倍。加拿大公司入围3家，分别为WSP公司（第1名）、SNC-LAVALIN公司（第6名）和STANTEC公司（第7名），除STANTEC公司名次相较上年前进一名以外，其他两家公司名次与上年一致，营收分别为排名最靠前的中国公司的5.1倍、2.5倍和2.6倍。

中国公司在2023ENR 225强企业中扩围显著。入围的23家公司营收占比约为美国入围公司营收额占比的1/4。其中，入围前20名的公司有2家，分别为中国电力建设集团有限公司（第17名）与中国能源建设集团有限公司（第20名），名次分别较上年下降2位和4位；入围20~50名的公司有2家，分别为中国化学工程集团有限公司（第27名）和中国交通建设集团有限公司（第33名），名次分别较上年上升2位和下降5位。此外，山东电力工程咨询院有限公司、海洋石油工程股份有限公司、中国凯盛国际工程有限公司、中铝国际工程股份有限公司成为新入围ENR榜单的中国内地企业。

（2）中国国际工程设计咨询业务各地区收入分析

2018~2022年，中国国际工程设计咨询业务在各地区的收入占比体现了"一带一路"建设下该行业在全球的发展轨迹。总体来看，沿着"一带一路"建设的发展路径，亚洲、中东、非洲地区的业务营收额占比位居前三。其中，亚洲地区是我国国际工程设计咨询业务的基本盘，该地区收入占比在2018~2022年均为最高，且占比均在50%以上。2018年后，我国国际工程设计咨询在全球各地的业务量下降，2019年，作为业务基本盘的亚洲地区业务总营收占比达到64.8%（见图5），为近年来最高，体现了我国国际工程设计咨询业在亚洲地区不可撼动的地位。此外，近五年来我国的国际工程设计咨询行业在欧洲的业务营收占比持续提升，展现了"一带一路"建设穿越亚洲、直抵欧洲的进程，也从侧面体现了我国公司正在欧美公司的业务领地内渐获认可的趋势。

年份	亚洲	中东	非洲	欧洲	其他地区
2018	59.9	13.7	11.7	5.4	9.3
2019	64.8	8.9	9.9	7.8	8.6
2020	55.5	11.8	13.0	9.9	9.8
2021	62.8	11.0	10.1	11.0	5.1
2022	60.3	10.5	13.2	11.6	4.4

图5　2018~2022年中国国际工程设计咨询业务各地区收入占比

资料来源：Engineering News-Record。

此外，2023年12月ENR与《建筑时报》依据2022年度工程设计营收，对中国工程设计企业60强进行了排名。其中，中国电力工程顾问集团有限公司和中国石化工程建设有限公司位居前两名，总营业额均达到第三名中国铁路设计集团有限公司的两倍左右。总体来看，中国工程设计企业60强绝大多数为电力、交通和建筑领域的企业，极少数为电子信息、水利等领域的企业。60强企业的行业分布特点与我国在全球国际工程设计咨询业的行业分布特点较为一致。

总体来说，国际工程设计咨询业的龙头国家美国和加拿大的业务主要在美加市场、欧洲市场等设计咨询需求排名靠前的地区，而中国的国际工程设计咨询业务主要布局于亚洲和非洲，在其他地区的市场占有率显著低于美国和加拿大（见图6）。

从各区域市场的头部公司来看，亚洲市场前三强为中国能源建设集团有限

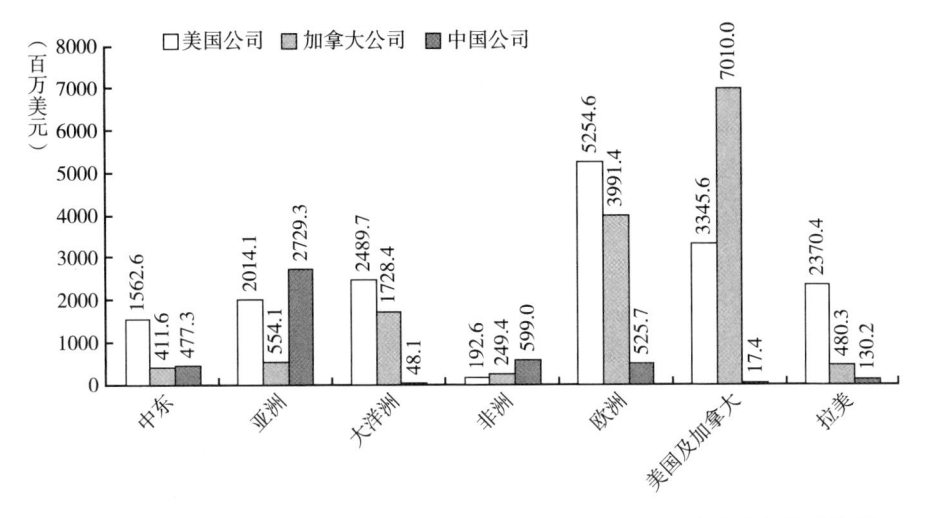

图 6　2022 年中国、加拿大和美国公司在各地区国际工程设计咨询市场的营收额

资料来源：Engineering News-Record。

公司、中国电力建设集团有限公司和 AECOM 公司，亚洲市场前十强的营收占该地区市场总营收的 48.7%。除亚洲市场外，其他地区市场前三强均由欧美及大洋洲公司包揽，其中欧洲市场、美国市场以及大洋洲市场的前三强均有 WSP 公司的身影；亚洲市场、加拿大市场以及大洋洲市场前三强均有 AECOM 公司的席位；中东市场、加拿大市场、拉美及加勒比地区市场前三强均有 WORLY 公司坐镇。总体来看，除亚洲市场外，欧美的国际工程设计咨询企业垄断地位较为明显。此外，头部公司在所在市场的占有率偏高，除亚洲市场、中东市场和非洲市场外，其他市场前十强的营收总额占该地区营收总额的比例均在 60% 以上，美国市场的这一数据甚至达到 84.6%。

3. 按时间统计

（1）2013~2022 年国际工程设计咨询营收分析

从不同年份的国际工程设计咨询营收来看，2013~2022 年，225 强国际工程咨询设计公司的营收出现了两次大幅波动，分别是 2014 年后的营收大幅下降与 2019 年后的营收暴跌。其中，2014 年底全球油价暴跌导致国际工程设计咨询中与石油化工等行业相关的业务营收大幅下跌；2016 年英国"脱欧"事件与中美经贸摩擦事件交织，导致国际工程设计咨询行业营收未能及时回升；

2020年疫情暴发使全球工程市场再度陷入低迷，营收下跌（见图7）。这几次波动，反映出国际工程设计咨询行业对国际局势十分敏感，但放在10年的维度来看，得益于中国"一带一路"倡议的推进和全球为碳中和进程付诸的持续努力，该行业在近十年内仍持续向好、稳中有进，2022年225强企业营收更是达到近十年来的最高峰。

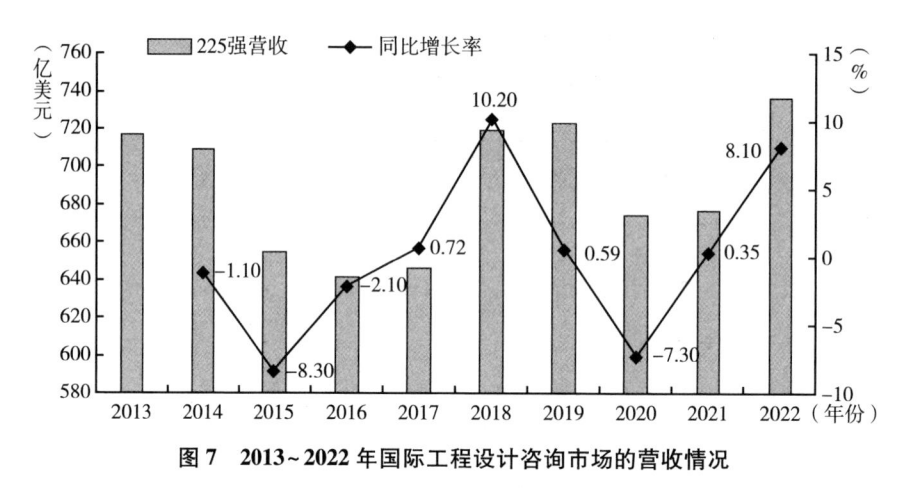

图7　2013~2022年国际工程设计咨询市场的营收情况

资料来源：Engineering News-Record。

（2）2013~2022年中国国际工程设计咨询营收分析

通过对比2013~2022年我国入围225强企业的营收情况与全球行业营收情况可以发现，中国的设计咨询行业不仅与"一带一路"倡议关系密切，同时也受到国际局势的影响，二者的综合作用造就了中国工程设计咨询行业近十年的变迁。

从"一带一路"建设的影响来看，在"一带一路"倡议的推动下，近十年中国的工程设计咨询行业发展势头强劲，2022年总营收额为45.27亿美元，相较于2012年增长了109.6%，年复合增长率达到7.7%。值得注意的是，2016年，中国工程设计咨询行业总营收同比猛增48.1%，增速为2012~2022年中最高。这一猛增势头与"一带一路"建设的节奏密切相关。2015年，推进"一带一路"建设工作会议在北京召开，部署当年及今后一段时期推进"一带一路"建设的重大事项和重点工作，确保"一带一路"建设工作开好局、起好步；同年3月，我国制定了《推动共建丝绸之路经济带和21世纪海上丝绸之路的愿景与行动》，为"一带一路"建设的推进实施注射了"强心剂"。

从国际局势的影响来看，中国工程设计咨询行业在2018~2020年总营收持续下降，与国际上美方于2018年挑起中美经贸摩擦以及2020年发生的疫情密切相关。在上述国际局势影响下，中国的工程设计咨询行业营收显著下降，2019年和2020年的总营收同比下降了9.7%和9.8%。但在"一带一路"建设的拉动下，我国国际工程设计咨询行业展现了韧性强、底气足的特点，依靠深厚的电力能源行业积淀，在复杂多变的国际局势下稳住了国际业务的基本盘，在2021年以16.4%的营收增长率重回2017年的水平（见图8）。

总体来看，中国国际工程设计咨询行业既呈现在"一带一路"建设背景下持续向好发展的特点，也呈现受国际局势影响较为明显的特点。

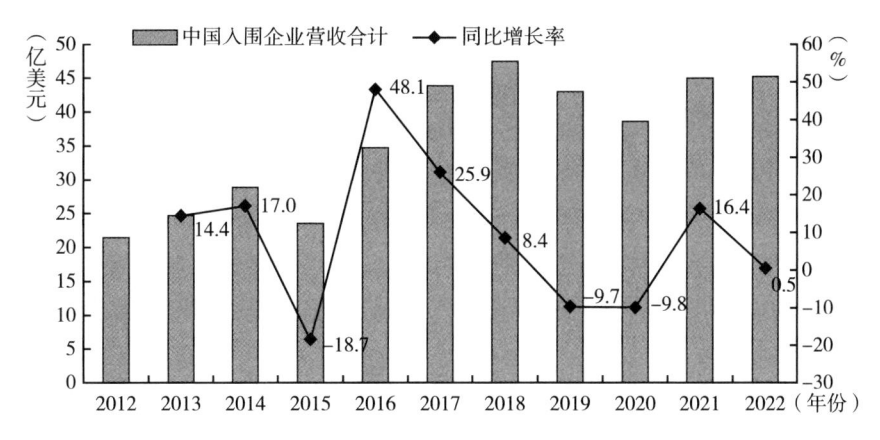

图8 2012~2022年ENR 225强企业中入围的中国咨询公司营收合计

资料来源：Engineering News-Record。

未来要实现可持续发展，中国国际工程设计咨询行业仍面临一系列挑战。一是中国国际工程设计咨询行业在全球市场的占有率仍然不足。相较于美国、加拿大等工程设计咨询强国，中国企业入围225强企业数量较少，营收总额仅为这两个国家的26.3%和32.3%，且至今尚未有中国企业进入前十名。二是业务结构与区域市场分布失衡（见图9）。近五年来电力能源与交通领域均集中了70%以

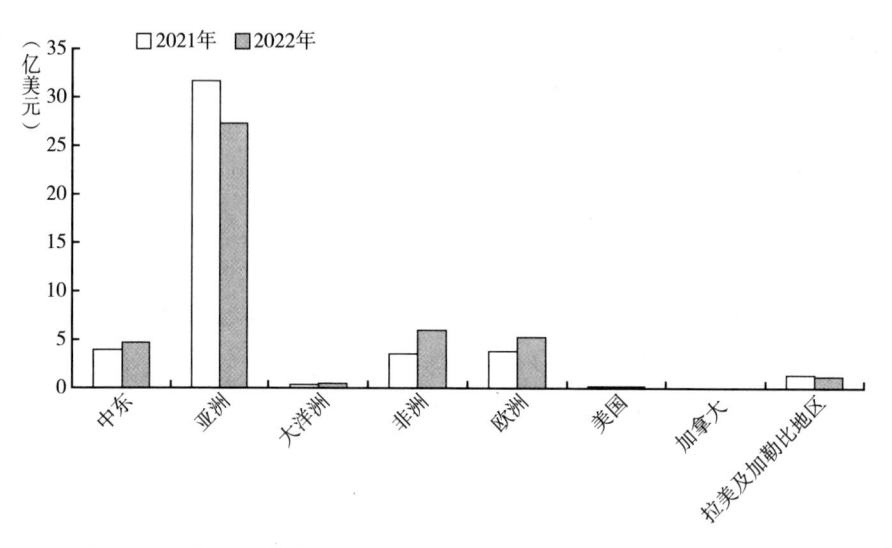

图 9　2021 年和 2022 年中国国际工程设计咨询在各地区市场的营收情况

资料来源：Engineering News-Record。

上的工程设计业务营收，未来中国企业亟须抢占污水处理、制造加工及通信等领域的工程设计咨询技术高地；近五年来在亚洲市场营收占比均为 60% 左右，侧面体现了除亚洲外的国家与地区对"中国标准"和"中国咨询"认可度仍然较低。三是碳捕集、氢产业链、数字化智能服务等咨询领域最前沿赛道已被西方国家抢跑，位列 225 强企业前四的国际工程设计咨询企业均提前布局上述领域，以进一步引领咨询领域未来的市场发展方向。而目前入围 225 强企业的中国企业仍以工程设计巨头为核心，ESG、气候变化等前沿领域的咨询业务尚处于概念提出阶段，因此亟须探讨出一条适合中国前沿工程咨询发展的道路。

（二）国际工程咨询业发展特点及规律

1. 与基础工程建设密切相关

工程设计咨询是国际工程领域的重要环节，其发展速度与基础工程的发展速度呈正相关。二战结束后，国外基础工程建设需求增速显著加快，各类现代化基础工程如高速公路、隧道、大型水电设施、核电站以及新型城市基础设施相继出现。现代化工程对于项目决策、方案设计、实施标准、造价控制以及后期评估的需求不断增加，使国际工程设计咨询行业在 20 世纪 70 年代后迎来大规模扩张。

改革开放后，我国的基础工程建设迎来高速发展期，南水北调、浦东机场、西电东送、西气东输、超超临界火力发电站等涉及国计民生的重大基础工程陆续落地，为我国工程咨询业走向国际积累了丰富的经验。以电力行业为例，凭借超前的电力技术和大型电力设施基础工程，目前我国国际工程设计咨询在电力领域已处于国际"领头羊"的地位。

2. 与新兴行业的发展及行业动向密切相关

快速进入新兴行业并建立行业标准者，通常具有长期保持行业领先地位的能力。以2021~2022年在ENR 225强排名榜中连续两年排名第一的WSP公司为例，该公司收购的柏诚集团（Parsons Brinckerhoff）在成立之初适逢美国开始现代化建设，当时地铁系统、高速公路、桥梁和废水处理工程尚属新兴行业，美国对这些工程的需求极大。柏诚参与了纽约市地铁系统的设计，开展了纽约州水电项目的咨询服务，并参与设计了众多高速公路、桥梁和隧道项目，收购柏诚集团为WSP公司奠定在交通领域的领先地位基础。2021年和2022年，WSP公司连续两年在交通领域保持营收全球第一。

行业动向决定了国际工程咨询领域的发展方向。由于涉及项目决策、方案设计以及方案评估，国际工程咨询业在国际工程中扮演了"先行者""探路者"的角色，因此行业动向发生变化时，国际工程咨询业往往会率先求变。以长期占据全球前三强的AECOM公司为例，该公司最显著的特点是持续关注新兴技术和行业趋势。随着"碳中和"概念的提出，作为高碳排放部门的建筑业和交通业受到越来越多的关注。已经在建筑及交通领域跻身前列的AECOM公司没有故步自封，而是将其在数字化及可持续性技术上的探索应用于这些行业，在城市智能化和绿色低碳化这些最前沿的方向上把持核心技术。因此AECOM公司通过对行业动向的精准把控，在交通、建筑、污水处理等领域始终保持前四的营收业绩。

3. 行业认可度比价格优势更加重要

与项目承包建设等涉及原材料及人力成本均相对标准化的情况不同，国际工程咨询偏向于"软科学"方向，涉及项目可行性、执行标准及项目评估等，咨询成本不易量化。因此，相较于价格优势，业主更倾向于选择行业认可度更

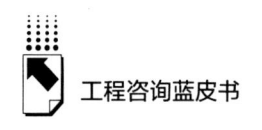

高的国际工程咨询方。

国外企业在这方面有较为深厚的积淀。如 WSP、AECOM 等行业认可度较高的企业，它们一方面通过战略性并购合并了大量上下游及不同专业领域企业，积累了丰富的人才储备与市场经验，如在 2019~2021 年，WSP 完成了 14 次收购，使其能够进入新的市场领域；另一方面将国际工程咨询标准如"FIDIC 合同条件""技术规格书 SPEC 标准"等国际通用标准与自身业务深度融合。因此，随着国际工程咨询业的不断发展，这些外国龙头咨询企业在业内的认可度持续提升，业务量也始终保持高位。

与之相比，尽管我国的国际工程咨询企业在电力领域独占营收前两席，但大部分业务产生于亚洲市场，在其他国际市场上的认可度仍然偏低。究其本质，核心原因在于中国的工程咨询标准与国际标准不易对接。一方面，国外业主对中国的工程咨询实施标准不够了解，在聘请工程咨询公司时往往倾向于外国企业，形成了大量"中国承包施工+外国咨询评估"的案例；另一方面，中国的国际化工程咨询人才短缺，使中国工程咨询企业在沟通协作及标准交流方面均面临不小的挑战。

从国际工程咨询业的发展特点来看，中国对外咨询事业的发展应注重三个方面：一是以提高业内认可度为核心目标，不能仅靠价格优势在国际市场上打拼；二是在对接国际标准的同时，也不宜放弃中国标准的建立与输出，在"一带一路"倡议的背景下坚持国际化标准对接与中国标准完善并重，这样才能将"走出去"的步伐走深走实；三是优先形成合力，先做大做强头部再百花齐放，吸收 WSP、AECOM 等国际龙头工程咨询企业的经验，将人才集中于头部单位，做好重大工程咨询，形成业内认可度，而后再利用先进的经验与标准为中国国际工程咨询企业的百花齐放提供土壤。

4. 工程设计咨询之外，投融资策划等其他工程咨询"走出去"同样重要

尽管投融资策划、规划咨询等其他国际工程咨询服务的业务收入相较国际工程设计的业务收入份额不高，但对中国咨询"走出去"也将起到举足轻重的作用。以 JICA 的业务为例，JICA 于 2016 年为孟加拉国制定了《国家电力系统总体规划》（Power System Master Plan, PSMP）[1]，构建了涵盖能源供需匹

---

[1] 孟加拉国电力部门官方网站。

配、电网配置优化及电价策略规划的综合性蓝图,支持该国至2041年的能源与电力领域发展。通过模型预测,JICA对孟加拉国电力系统的新能源类型选择、各类新能源的未来计划等多项策略进行了深入分析和预测。这类国际咨询服务,实际上不仅是一项独立的"软咨询服务",还关系到未来各类重大工程项目在该国的推进和落地。若能为一些发展中国家制定类似的宏观行业发展规划,能够在当地政府支持下深入了解其发展所需,为其"把脉",开出"良方",将为我国以"带动性""全局性"的姿态推动"一带一路"建设提供重要抓手。因此,重视国际咨询服务行业的发展,对国际工程咨询业发展具有先导性、奠基性的意义。

考虑到全球不少发达国家已经着手推进国际工程咨询服务业务,我国在国际咨询服务行业也需要先集中力量,建立一批具有权威性、可靠性的国际咨询服务单位,加快形成咨询评估的核心专业技术模型,依托我国先进的工程技术经验,获得发展中国家的青睐,从而进一步推动我国国际工程咨询业务走向世界,加快成长为可持续发展的成熟体系。这一发展方向,亦符合全球国际工程咨询业的深层发展规律。

四 新发展格局下我国国际工程咨询业务发展趋势及建议

基于以上对国际工程咨询业发展特点及规律的总结,我们将从新发展格局角度进一步分析我国国际工程咨询业务发展趋势并提出相应建议。

与国内工程咨询业务相比,我国国际工程咨询业务在商务沟通跨文化、法律环境多元化、利益相关方复杂化、技术和标准多样化、风险管理全面化、融资模式复杂化等方面面临更多的不确定性与挑战。在新发展格局思路下,亟须探索出适用于我国国际工程咨询业务高质量发展的可持续发展路径。

(一)新发展格局下国际循环主要特点及方向

新发展格局下的国际循环是以国际分工和国际市场为基础,以国际产业链和价值链为依托,以国际贸易、国际投资和国际金融为主要表现形式,各经济

体基于比较优势相互竞争、相互依存的经济循环体系。在经济全球化的大背景下，国际循环必然与各国经济循环相对接，各国经济也需要在开放中利用国际国内两个市场两种资源以实现更好发展。在目前错综复杂的国际形势下，我国并不是用孤立主义来迎接孤立主义，用保护主义来迎接保护主义，而是在新的开放格局下形成新的理念，进一步以更高水平的开放、以制度型开放来应对世界经济形势的变化。

具体而言，新发展格局下的国际循环与过去几十年践行的国际循环构想相比存在以下四个方面特点。

第一，新的国际循环要基于新的国际布局，顺应全球化新趋势。新的国际循环要适应国际分工在新形势下，特别是在世界百年未有之大变局加速演进的新格局、新规律下的状况，顺应全球经济体系的变化。

第二，新的国际循环降低对外部经济的依赖程度，更加重视供应链和产业链的安全性。世界百年未有之大变局加速演进所带来的不稳定性和不确定性，必然要求新的国际循环全面增强"安全"维度的考量，坚持统筹发展和安全，坚持发展和安全并重。

第三，经济循环的动力机制发生转变，转向国内循环为主。新的经济循环机制是以内为主、内外相互促进，依靠挖掘内部市场活力来提升资源配置效率，以内生技术发展破解"卡脖子"难题，在此基础上重构国际合作的新平台和国际竞争力的新基础。

第四，新的国际循环要以更高水平的开放参与国际经济体系，在统筹开放与安全的基础上、在开放格局和开放模式上进行调整，依托国内经济大循环和技术创新打造国际合作与竞争新优势。以畅通内部循环、满足人们对美好生活的需要为落脚点，以更好、更有弹性、更为安全、更加深入的国际大循环参与为补充和有机组成部分。

（二）新发展格局下我国国际工程咨询业务发展面临的机遇与挑战

共建"一带一路"是构建新发展格局的重要内容、重要平台和重要保证。2023年10月18日，在第三届"一带一路"国际合作高峰论坛开幕式上，习近平主席宣布了中国支持高质量共建"一带一路"的八项行动（以下简称"八项行动"），为"一带一路"高质量建设指明了方向。与"一带一路"建设密切相关的中国国际工程咨询也面临着新时期的机遇与挑战。

第一,"一带一路"建设主流模式发生转变,国际工程咨询需与时俱进挖掘新主流模式。"一带一路"建设的传统主流模式是"中国建设+中国资金",该模式具有决策效率高、见效快和适应各类项目等优点,为共建"一带一路"发挥了重要作用。在新发展格局下,形势发生变化,传统模式难以大规模持续开展,亟待挖掘新的主流模式。八项行动中明确提出以市场化、商业化方式支持共建"一带一路"项目。根据商务部公布的数据,2023年1~11月我国对外非金融类直接投资同比增长18.4%(共建"一带一路"国家同比增长26.8%),而对外承包工程新签合同额同比下降4.5%,由此可见"一带一路"建设已开始向投建营一体化模式转变,国际工程咨询企业需要更加关注投资并购类项目,为"一带一路"高质量建设提供智力支持。

第二,"一带一路"建设强调绿色发展,国际工程咨询要"软""硬"兼施,走绿色创新发展之路。八项行动提出中方将落实"一带一路"建设绿色投资原则,持续深化绿色基建、绿色能源、绿色交通等领域合作,加大对"一带一路"建设绿色发展国际联盟的支持力度,继续举办"一带一路"绿色创新大会,建设光伏产业对话交流机制和绿色低碳专家网络。这就要求国际工程咨询企业不仅要熟悉全球绿色治理机制,也要积极参与打造区域性、行业性的治理机制,建立新的合作模式,既要有基础设施的"硬联通",也要有规则标准的"软联通"。

第三,"一带一路"建设聚焦民生工程,国际工程咨询需关注社会责任兼顾"小而美"项目。八项行动提出中方将统筹推进标志性工程和"小而美"民生项目,中方还将实施1000个小型民生援助项目,通过鲁班工坊等推进中外职业教育合作,并同各方加强对共建"一带一路"项目和人员安全保障。这需要充分发挥企业主体作用,打造标志性工程。加快推进农业生产、加工制造、资源循环利用、公共卫生等领域的"小而美"项目。同时,需要咨询企业特别是政府及智库机构努力发掘"小而美"的新方向、制定新标准,国家政策性机构切实发挥导向引领作用,主动引导发展契合国家政策、有市场潜力、社会效益显著、风险可控的"小而美"项目,建立社会责任体系,有效做好市场引导。

第四,"一带一路"建设注重科技创新,国际工程咨询需关注数字技术走数字化转型之路。八项行动提出中方将继续实施"一带一路"科技创新行动计划，大力发展数字经济，挖掘经济增长新动能。中方提出全球人工智能治理倡议，愿同各国加强交流和对话，共同促进全球人工智能健康安全有序发展。这就需要发挥我国在数字经济方面的优势，通过大数据、云计算、人工智能等数字技术，推动"数字丝绸之路"建设，协助发展中国家发展数字经济，包括互联网普及计划、数字产业推广、推动有关产业数字化等。国际工程咨询企业需要加快数字化转型与升级，推动以数据为核心的信息化建设，增强企业综合实力。

（三）我国国际工程咨询业务未来发展建议

1. 强化风险防范，建立中国特色全过程风险防控体系

在新发展格局下，共建"一带一路"面临的风险挑战明显增多，高质量共建"一带一路"，在目标上要坚持"稳字当头、稳中求进"。因此，面对"一带一路"建设主流模式的转变、投建营项目的增多，国际工程咨询要更加注重风险体系的研究。建议基于中国20多年投建营一体化的实践，基于中国企业海外风险控制特点，基于发展中国家的实际，将风险管控贯穿国际工程咨询的全过程，加速建立既符合中国企业实际，又有利于高质量共建"一带一路"的具有中国特色的风险理论和风控体系。

2. 加强能力建设，提升低碳经济、绿色治理、数字经济等新兴领域咨询服务能力

积极参与全球治理机制制定，打造区域性、行业性的合作模式。加强在新能源、碳市场、绿色金融、卫生健康和生物多样性、数字经济领域的对外合作。加强绿色"一带一路"建设领域的政策研究能力，在"一带一路"建设中全面贯彻绿色发展理念，增强绿色投资项目咨询能力，深入推进绿色采购、绿色生产和绿色消费一体化，大力发展水电、风电、光伏等清洁能源，打造惠及共建国家和地区的绿色产业链，帮助共建"一带一路"国家和地区的能源供给向高效、清洁、多元化方向加速转型。拓宽咨询业务范围，从以"老基建"咨询为主向以数字经济等"新基建"咨询为主转型发展，在"数字丝绸之路"建设框架下，协助发展中国家发展数字经济，包括互联网普及计划、数字产业推广、推动有关产业数字化等。

3. 壮大智库力量，加强"一带一路"智库建设

高质量共建"一带一路"是一项复杂的系统工程，面对百年未有之大变局，存在很多不确定性，也存在很多亟待解决的问题。例如，如何以"市场化、商业化"方式支持共建"一带一路"；如何为"一带一路"高质量建设配套政府政策、金融产品和企业战略；如何打造中国特色风险防控体系；如何推动人民币国际化等。面对各种挑战，亟待加强智库能力建设，为世界经济发展提供中国解决方案，并持续推动"一带一路"建设走深走实、行稳致远。

4. 完善制度保障，加强政策引导和机制保障，推动规则标准的"软联通"

总体上，我国国际工程咨询业务发展仍存在业务规模不大、核心竞争力不强、顶尖品牌较少及政策促进体系待完善等问题，这要求我们持续加强在财税金融保险支持、企业综合竞争力、行业组织和协会作用等方面的政策引导与机制保障。

此外，立足新发展格局，既要有基础设施的"硬联通"，也要有规则标准的"软联通"。我们需要更加关注国际规则标准的对接与联通，加强这一领域的系统规范与前瞻性研究，有力有序推进"一带一路"国际规则标准的"软联通"，从而为全球经济治理的优化调整提供中国智慧和中国经验，推动我国国际工程咨询业务实现高质量发展。

参考文献

向洋看世界：《国际工程｜2023年国际工程设计225强评述》，2023年10月12日，https：//mp.weixin.qq.com/s/9wATr71O5kq6fWw-9pA0Cg。

《2023年度ENR"国际工程设计公司225强"和"全球工程设计公司150强"榜单发布》，《国际工程与劳务》2023年8月15日。

《关于促进对外设计咨询高质量发展有关工作的通知》，中华人民共和国中央人民政府门户网站，2021年1月4日。

《国内外全过程工程咨询行业发展概述》，全过程网，2023年3月9日。

李柳洋、熊雨萱、邓小鹏：《入世20年：2001~2021年国际工程设计咨询发展回顾与展望》，《工程管理学报》2023年第4期。

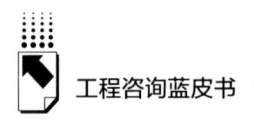

上海同济工程咨询有限公司：《全过程工程咨询实践指南》，中国建筑工业出版社，2018。

陆君明：《我国工程咨询业的伟大实践》，2021年6月28日，https：//mp.weixin.qq.com/s/Sm53hzFS4hmZiG2a30_ oFg。

Nicole Sheynin，Consulting Industry Trends and Outlook for 2024，2023年12月6日，https：//www.alphasense.com/blog/trends/consulting-industry-trends/。

B.9
战略性新兴产业与工程咨询研究

于德营 陈炳全 汪志鸿*

摘 要： 我国战略性新兴产业经过10余年的发展，已经从培育壮大进入快速发展的新阶段，成为推动国民经济高质量发展的强劲新动能，也为工程咨询业带来了全新的发展机遇和挑战。本报告阐述了战略性新兴产业的概念与发展趋势，梳理了工程咨询业在推动战略性新兴产业发展过程中的积极作用，分析了战略性新兴产业工程咨询面临的问题与挑战，提出了相关发展建议，如加强研究新型咨询方案体系、加快提升行业国际化服务水平、大力推动咨询业务数字化转型、全力推进新型咨询人才队伍建设，并结合新能源汽车产业实际案例进行剖析，为政府、企业、咨询机构等各类主体提供参考。

关键词： 战略性新兴产业 工程咨询 新能源汽车

一 战略性新兴产业概述

（一）概念及内涵

根据2010年国家出台的《关于加快培育和发展战略性新兴产业的决定》，战略性新兴产业是指"以重大技术突破和重大发展需求为基础，对经济社会

---

* 于德营，高级工程师，中国国际工程咨询有限公司高技术业务部汽车与船舶处副处长，主要研究方向为汽车行业规划、产业研究、管理咨询、咨询评估等；陈炳全，工程师，中国国际工程咨询有限公司高技术业务部汽车与船舶处项目经理，主要研究方向为汽车行业规划、产业研究、管理咨询、项目评估等；汪志鸿，高级工程师，中国国际工程咨询有限公司高技术业务部总工程师，主要研究方向为高技术领域政策、规划编制、咨询评估、投资咨询、管理咨询等。

全局和长远发展具有重大引领带动作用，知识技术密集、物质资源消耗少、成长潜力大、综合效益好的产业"。

2009年，我国在探索产业转型升级的过程中首次提出了培育和发展战略性新兴产业的思路，国务院、国家发展和改革委员会以及科学技术部等相继明确提出要积极促进战略性新兴产业的发展。2010年，国务院印发《关于加快培育和发展战略性新兴产业的决定》，明确提出了战略性新兴产业的七大方向，包括节能环保、新一代信息技术、生物、高端装备制造、新能源、新材料及新能源汽车等。2016年，《中华人民共和国国民经济和社会发展第十三个五年规划纲要》再次明确提出要支持战略性新兴产业加快发展，促进新产业新业态成长，使战略性新兴产业增加值占国内生产总值比重达到15%。2021年，《中华人民共和国国民经济和社会发展第十四个五年规划和2035年远景目标纲要》将战略性新兴产业重点发展方向修改为新一代信息技术、生物技术、新能源、新材料、高端装备、新能源汽车、绿色环保以及航空航天、海洋装备等九大方向，并提出推动战略性新兴产业增加值占国内生产总值比重超过17%的目标。

（二）发展现状及趋势

1. 发展现状

一是产业发展取得显著成果，规模和质量不断提升。我国战略性新兴产业已从培育壮大进入快速发展的新阶段，正成为推动国民经济高质量发展的强劲新动能。2022年，新一代信息技术、高端装备、新能源汽车等战略性新兴产业增加值占国内生产总值比重超过13%[①]。2023年，规模以上服务业中，战略性新兴服务业企业营业收入比上年增长7.7%；新能源汽车、锂电池、光伏产品"新三样"产品出口突破万亿元大关。战略性新兴产业创新能力显著提升，截至2022年，我国高价值发明专利拥有量达132.4万件，其中属于战略性新兴产业的有效发明专利达95.2万件，同比增长18.7%，占比达71.9%[②]。

---

① 数据来源于中国政府网 https://www.gov.cn/yaowen/liebiao/202307/content_6890146.htm。
② 谷业凯、原韬雄、刘新吾：《专利聚活力 经济添动力（坚定信心 开局起步）》，《人民日报》2023年4月12日；国家信息中心战略性新兴产业研究组：《中国战略性新兴产业集群的发展历程及特征》，2021。

二是各重点领域迅速发展,引领产业高质量发展。新一代信息技术的支柱作用进一步强化,电子信息制造业及软件业快速增长,太空量子通信技术等关键技术取得重大进展。生物产业成为发展新动能,健康消费带动生物产业实现稳步发展。高端装备制造产业突破发展,轨道交通装备制造、航空航天装备制造、智能制造等重点细分领域均表现良好,实现了一系列创新突破。[①] 新能源产业快速增长,在光伏、风能及储能等领域均取得重大技术突破,装机需求持续增加,风电光伏发电量占全社会用电量比重突破15%[②],在建核电机组规模位列世界第一。新能源汽车产业持续高速增长,2023年新能源汽车产量944.3万辆,比上年增长30.3%,新能源汽车产销量占全球比重超过60%[③],行业景气度持续保持高位。

三是企业效益获得显著提高,领军企业不断涌现,发挥引擎作用推动产业持续增长。2022年我国战略性新兴产业企业在世界500强榜单中占有37个席位,数量较2015年增加19个。我国战略性新兴产业企业100强总计实现战略性新兴产业业务营收9.33万亿元,同比增长22.5%,增速提高9.04个百分点,其中23家企业收入超过千亿元,较2021年增加8家,总计营收5.04万亿元,占比54%,头部效应显著[④];战略性新兴产业业务累计利润7670.63亿元,同比增长3.41%,平均利润率为8.22%,高于全部业务6.63%的利润率水平[⑤]。中国移动位列2022年我国战略性新兴产业领军企业100强榜首[⑥],全年战略性新兴产业业务营业收入6462.8亿元,在5G技术方面引领创新,累计牵头197项国际标准,位居全球运营商第一阵营。比亚迪拥有IT、汽车及新能源三大新兴技术产业群,2023年新能源汽车销售302万辆,位居全球新能源汽

---

① 盛朝迅、吴迪:《我国战略性产业发展重点选择与推进策略》,《重庆工商大学学报》(社会科学版)2022年第2期。
② 丁怡婷:《我国可再生能源装机占比过半,今年原油产量稳定在两亿吨以上》,《人民日报》2023年12月26日。
③ 数据来源于观研报告网,https://www.chinabaogao.com/data/202402/691378.html。
④ 数据来源于新华网,http://www.xinhuanet.com/fortune/2022-09/08/c_1128985104.htm。
⑤ 数据来源于宿州市商务局,https://mofcom.ahsz.gov.cn/xxfb/tjzl/193125351.html。
⑥ 数据来源于新华网,http://www.xinhuanet.com/energy/20220906/3091d538f0a543c281a67cf4e81314d6/c.html。

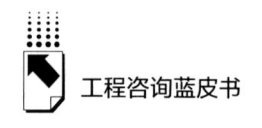

车销量榜首。①

2. 发展趋势

一是产业集群化发展趋势明显。在新时代背景下，全球产业分工模式、产业链布局及创新模式等核心要素正经历深刻变革，我国积极推动战略性新兴产业集群化发展，促进资源集聚，优化资源配置，实现规模效应和协同创新，以适应新一轮科技革命和产业变革的需要。政府、企业、高校、研究机构和社会组织等持续加强合作，逐渐形成包含同一产业链环节的新兴企业及其配套集合在内的横向集群，以及包含产业链上下游新兴企业的纵向集群，总体呈现长三角、环渤海、珠三角以及长江中上游等四大产业集聚区的发展格局。

二是关键领域成为国际竞争焦点。随着科技水平不断提高，以新一代信息技术、人工智能技术、新能源技术、新材料技术、新生物技术等为主要突破口的新一轮科技革命正在孕育，战略性新兴产业将取代传统产业成为新一轮科技革命下各国创新竞争的焦点。各国围绕数字信息技术、智能制造、绿色能源、生命健康等关键领域前瞻预见和战略部署，抢占先发优势，加速推进产业链关键技术自主化。以科技创新驱动社会经济发展、保障国家安全、提升国际竞争力、应对全球挑战成为世界主要国家共同的战略选择。

三是多产业多领域加快深度融合。随着技术不断进步、政策环境持续优化、创新体系逐渐完善，我国战略性新兴产业初步形成多产业、多领域深度融合的格局。战略性新兴产业与前沿科技、数字经济加快融合，规上工业企业逐步实现智能化改造及数字化转型；与现代服务业的融合程度逐渐提高，创新链、产业链、资金链、人才链耦合联动，初步形成技术、产业、城市融合共生、协调发展的战略布局。

（三）面临的挑战

1. 国内发展环境尚待进一步优化

一是产业链协同性不高。现阶段我国战略性新兴产业不同环节之间技术水

---

① 中国工程科技发展战略研究院：《2021 中国战略性新兴产业发展报告》，科学出版社，2021，第 4~6 页。

平与创新能力存在一定差异，部分龙头企业创新能力较强，但未能成为带动产业链整体发展的链主企业，部分集群仅为同类产品企业横向集聚，缺乏上下游纵向延伸，存在产业链断链、弱链和缺链现象。不同地域之间知识产权发展不平衡，经济发达地区先行优势明显，部分地区知识产权运用效率较低。创新的渠道平台不够完善、创新环境不够优化等问题也影响各企业协同开展技术创新。

二是高素质人才短缺。现有高校人才培养方向多为传统产业，虽然清华大学、北京大学等少数高校开设了人工智能、光电信息科学与工程等新兴学科，但相应专业设置尚未在国内大部分高校普及，与战略性新兴产业发展的人才需求相比仍有较大差距。数字化复合型人才尤为紧缺，制约战略性新兴产业发展。海外人才引进体制机制尚不完善，人才质量、保障措施和激励措施等方面存在不足，现有人才配置短时间内难以满足战略性新兴产业发展的需要。

三是资金支持体系较为单一。大部分战略性新兴产业具有"轻资产、高风险"的特点，企业较难通过传统融资渠道获得有效资金支持。我国目前创投体系尚不健全，战略性新兴产业相关企业资金支持渠道较少，且现有渠道难以针对不同生命周期、不同产业链环节的融资主体，提供多样化、差异化、个性化的金融支持。[1]

2. 复杂多变的国际形势带来严峻挑战

一是美国对我国高技术企业大范围打压，持续遏制我国战略性新兴产业发展。自2018年中美经贸摩擦以来，美国颁布多条限制我国高技术企业出口禁止令，针对我国战略性新兴产业的高科技产品征收25%的关税，威胁关闭TikTok[2]公司的美国业务，限制华为及其他33家中国企业使用美国技术和软件生产产品，禁止中国多家网络承运商、应用商店、应用程序（软件）进入美国。中美经贸摩擦还涉及关键技术、知识产权、投资、金融等多个领域的问

---

[1] 中国科学院科技战略咨询研究院：《构建现代产业体系从战略性新兴产业到未来产业》，机械工业出版社，2023，第37~38页。

[2] TikTok是抖音集团旗下的短视频社交平台。全球总部位于洛杉矶和新加坡，办公地点包括纽约、伦敦、都柏林、巴黎、柏林、迪拜、雅加达、首尔和东京。用户直接通过手机捕捉、呈现创意及重要时刻，并在TikTok上创作、浏览短视频。

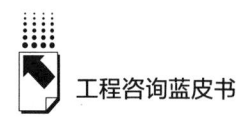

题，将给我国战略性新兴产业的高质量发展带来长期影响。①

二是我国战略性新兴产业出海门槛不断被提高。如2023年欧盟理事会通过的《新电池法》（亦称《欧盟电池与废电池法规》）②将碳足迹声明等纳入强制要求，客观上形成了绿色贸易壁垒，导致我国电池企业出海欧洲的成本大幅提高。

三是发达国家垄断国际标准制定。在战略性新兴产业领域，发达国家通过标准制定掌握话语权。如云计算、纳米技术和生物技术等领域的国际标准制定分别被美国、德国和英国掌控，显著削弱了我国战略性新兴产业的国际竞争力。

二 工程咨询服务战略性新兴产业发展

（一）战略性新兴产业为工程咨询带来的新机遇

1. 创新驱动主旋律激活技术咨询服务市场

战略性新兴产业代表了新一轮科技革命和产业变革的方向，是培育发展新动能、获取未来竞争新优势的关键领域，是形成新质生产力的重要载体，科技创新也是战略性新兴产业发展的主要驱动力。为有效提高科技创新能力，企业对前沿技术研究、技术发展趋势研究、市场发展战略咨询等各类技术咨询服务的需求日益增加。技术咨询服务可提供科学可行的方案，为企业的发展决策提供专业参考，助力企业把握未来发展方向、降低技术风险、实现快速成长。

2. 招商引资需求扩大产业规划咨询市场

从2009年首次提出要大力发展战略性新兴产业以来，我国数次优化战略性新兴产业范畴，不断加大相关产业支持力度，各地方政府也积极推动相关的招商引资工作，吸引战略性新兴产业落地。战略性新兴产业具有区域集聚性较高、上下游产业链协同发展等特点，对集群化发展的需求较强。对于地方政府

---

① 中国工程科技发展战略研究院：《2023中国战略性新兴产业发展报告》，科学出版社，2023，第25~26页。
② 来源于金华贸促网，http://jhmch.jinhua.gov.cn/art/2023/9/20/art_1229655923_58896359.html。

而言，原有的以土地、税收、劳动力等生产要素优惠为主的招商模式已不再适用，转而需要从资源禀赋、上下游连接、科技创新及人才基础等方面进行产业规划。产业规划咨询可为地方政府提供更精细化的招商模式，从产业链梳理到目标企业的选择，帮助地方吸引优质企业，协助企业入驻后实现可持续发展。地方政府此类招商引资需求不断增加，带动了相关产业规划咨询市场的扩容。

3. 小微企业蓬勃发展，呼唤管理咨询市场

随着战略性新兴产业的发展，我国涌现了一批专精特新小微企业，国家对此类小微企业的支持力度也日益加大。2023年国务院印发《关于推进普惠金融高质量发展的实施意见》，提出加大对专精特新、战略性新兴产业小微企业的支持力度；财政部、税务总局发布《关于支持小微企业融资有关税收政策的公告》，提出对金融机构向小型企业、微型企业及个体工商户发放小额贷款取得的利息收入，免征增值税。在各类政策的大力支持下，小微企业蓬勃发展，对管理咨询的需求也逐渐增加，希望通过更好地明确发展战略、用好有利政策，加快发展步伐。管理咨询应用科学的方法，找出企业存在的问题，提出切实可行的改善方案，进而指导企业实施方案，优化企业的运行机制，有效提高企业的管理水平和经济效益，成为小微企业更好地发展战略性新兴产业的必然选择。

4. 全球化布局如火如荼，催生国际咨询市场

当前，我国正在加快构建以国内大循环为主体、国内国际双循环相互促进的新发展格局，扩大高水平对外开放，积极推动高质量共建"一带一路"、推进RCEP区域经济合作提质升级，部分战略性新兴产业也在加快"走出去"的步伐。在此过程中，必然会面临复杂多变的全球化环境，以及世界各国对企业在合规化运营、属地化管理、公司治理体系、跨文化融合等方面的不同要求，迫切需要工程咨询机构提供政治风险评估、市场进入策略、国际合作平台、政策与法规咨询、跨文化咨询交流、规划咨询、评估咨询、全过程工程咨询等方面的咨询服务，专业咨询将为战略性新兴产业"走出去"提供有力指引。

（二）战略性新兴产业工程咨询的业务类型

战略性新兴产业是现代工程咨询的重要领域，具有综合性、系统性、跨学

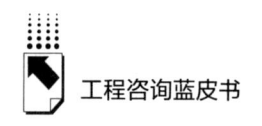

科、多专业等特点，咨询服务类型包括规划咨询、项目咨询、评估咨询等。战略性新兴产业工程咨询综合运用多学科知识、工程实践经验、现代科学管理方法、数字化技术等，在各类项目决策与实施过程中，为投资者和政府部门提供阶段性或全过程咨询服务。

规划咨询。战略性新兴产业作为以重大发展需求为基础，对经济社会全局和长远发展具有重大引领带动作用的产业，其发展具有较强的政策导向性，提供具有全面性、战略性、综合性，且能在一定程度上影响政策制定的咨询服务，对战略性新兴产业发展尤为重要。规划咨询主要包含各类经济社会发展总体规划、专项规划以及战略性新兴产业企业发展战略规划的编制等，可为国家、地区、企业制定战略性新兴产业发展战略和解决其他战略性问题提供综合调查研究资料和系统设计方案，并为决策制定等工作提供协助。

项目咨询。战略性新兴产业发展方向多、领域新，正处于快速发展阶段，各类项目数量众多，内容各不相同，已有的项目经验难以适应战略性新兴产业项目发展需要，针对具体项目提供相关项目决策、管理咨询，是战略性新兴产业发展中的重要一环。此类项目咨询主要包含项目投资机会研究、投融资策划（商业计划）书、项目建议书（预可行性研究报告）、项目可行性研究报告、项目申请报告、资金申请报告的编制，以及各类专题研究报告的编写等。项目咨询可提高战略性新兴产业项目决策水平，提升项目成功率，帮助委托方更好地规划和管理项目，提升企业竞争力。

评估咨询。战略性新兴产业现在仍处于快速发展阶段，不断有新的技术突破，产业发展仍不成熟。评估咨询通过深入调研、数据分析等方法，可全面了解战略性新兴产业发展的本质、原因和影响，为解决问题提供依据；发现潜在机会，剖析潜在优势，并提供相应的策略和措施；提供决策支持并提出改进和优化建议，提高效率和绩效，助力战略性新兴产业高质量发展。

全过程工程咨询。战略性新兴产业由于具有创新导向性、高风险性、跨界融合性等特点，要求设计、施工、监理等环节紧密衔接。全过程工程咨询通过多种服务方式组合，可为客户提供整体的、全过程的、全生命周期的咨询服务方案，持续优化资源配置，最大限度地减少实施风险，协助相关方实现项目的长期效益和可持续发展。

（三）战略性新兴产业特点及对工程咨询的新要求

1. 创新导向性要求咨询服务强化创新理念

以创新为导向是战略性新兴产业的核心特征。技术、产品、工艺和市场等领域的创新已经成为战略性新兴产业高质量发展的核心推动力。同时，战略性新兴产业的发展又为各种创新成果的应用示范和产业化提供了平台，实现了资金、人才、技术等要素资源的集聚，其发展成果体现着国家宏观调控的导向，也对未来经济走势起到重要的信号作用。为更好地服务以创新为导向的战略性新兴产业发展趋势，要求工程咨询业抢抓新科技革命和产业变革的重大契机，加快推进技术创新和模式创新，充分利用大数据、物联网、人工智能等新技术，优化传统服务方式，有效结合全新的技术手段和途径，秉承不断创新的服务理念，加速形成新业态、新模式。

2. 跨界融合性要求咨询服务兼顾多业特点

通过跨界促融合是战略性新兴产业的重要发展途径。在各类创新技术的推动下，不同产业之间融合渗透，战略性新兴产业的边界与传统行业相比变得不再清晰，大量创新成果发生在产业边界交融地带，并进一步向产研融合、数字化、智能化等多方融合的方向发展，形成战略性新兴产业独有的运行生态。跨界融合是个系统性工程，为做好产业支持，要求工程咨询业在政策、科技、规划、人才等方面进一步发力，聚焦重点融合领域，做好相关规划，突出产业的特色化、差异化发展，促进工程咨询与战略性新兴产业各类场景深度融合，不断跨越技术、产业、地理等边界，创造性地整合各种资源和能力，持续迭代产品与服务，形成综合竞争优势。扩大各类资源要素来源渠道，不拘泥于原有的行业内部资源。强化联合外部伙伴，推动与行业利益相关者的深度融合，协同战略性新兴产业的产业链上下游环节，建立交叉关联性。

3. 区域集聚性要求咨询服务注重因地制宜

部分战略性新兴产业呈现区域集群特点，且同一类产业在不同地区呈现不同的发展形态。例如，目前我国战略性新兴产业在广东、北京、上海等地已有较好的基础，生物医药、新型功能材料、智能制造等领域的集群数量较多。但由于地域之间在自然资源、资本积累、教育水平、人才集聚等方面存在差异，战略性新兴产业落地时也会根据当地的资源禀赋特点，选择合适的发展方向，

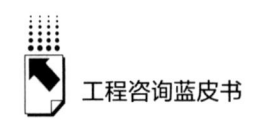

导致同样的产业在不同地区会呈现一定的差异。这就要求工程咨询业进一步提升资源整合能力、统筹规划能力，培育属地化服务理念，做到"一地一案"。同时，注重将工程咨询与当地政策、文化、社会以及规范标准相结合。

4. 技术多样性要求咨询服务强化"一技一策"

战略性新兴产业具有技术路线多元化、产业化成熟度各异等特点。如在新能源汽车动力电池领域，三元锂电池和磷酸铁锂电池已形成完备的产业链供应链，但全固态电池处于研发阶段，尚未实现产业化。面对上述特点，咨询服务机构需充分了解各领域不同技术特点、发展趋势，以及产业链供应链成熟度，按照设计、开发、测试、验证、产业化全流程对各技术进行区分归类，确定技术成熟度和制造成熟度，分类分级建立短板技术攻关库、长板技术储备库、先进适用技术推广库，并与产业相关企业实际发展情况相结合，提出政策引导、产学研合作等差异化技术发展策略，以及产品规划、工艺路线、市场推广等企业发展策略，实现"一技一策"。

5. 激烈市场竞争要求咨询服务兼顾短、中、长期要求

我国战略性新兴产业经过10余年发展，市场规模不断扩大，市场竞争愈加激烈，但部分企业过度追求规模优势，导致产业大而不强，高技术含量、高附加值、竞争力强的产品相对较少。面对上述问题，咨询服务机构应深入了解战略性新兴产业对国家长远发展的重大引领带动作用，平衡好产业和企业发展中的短期利益和中长期预期，在兼顾提升产能规模和市场占有率等短期利益的同时，还要重点关注关键技术研发、体制机制创新、高端人才体系建设等长期发展要求，按照量产一代、研发一代、储备一代的原则推动技术水平不断提升。同时，要推动政府和各类市场主体共同建立更有效率、更加公平、更可持续的市场环境，避免非健康的过度竞争。

6. 高风险性要求咨询服务强化风险管控

大多数战略性新兴产业都处于成长阶段，在产品创新、资本融资等方面机制尚不成熟，经济效益不稳定，发展的不确定性较强，投入风险较高。因此，要加强工程咨询风险的全过程排查和控制，综合运用法律、技术、管理等措施进行风险防控。[1] 特别是培育风控文化，强化全体咨询人员的风控意识，大力

---

[1] 赵文渲、孟海利：《全过程咨询关键环节的风险防控与管理》，《中国招标》2021年第5期。

推广咨询质量负责制,按照"定人、定岗、定责"的"三定"原则,明确出现重大风险时需承担的责任,真正提高从业人员的职业素养,深度参与建设项目从投资决策到项目结束的全过程环节,实现有效应对风险,提高工作综合效果,统筹推进防风险和促发展。

三 战略性新兴产业工程咨询面临的问题及挑战

(一)工程咨询方法体系不够健全

战略性新兴产业往往涉及多个领域,面临技术面广、壁垒高、解析复杂等挑战,对需求分析、工程设计等专业能力要求更高,如新能源汽车产业,就涉及汽车、人工智能、通信、电力、材料等多个领域。传统的工程咨询主要基于某一专业领域,跨领域整合能力较弱,难以为客户提供系统、全面、精准的服务。此外,在面向战略性新兴产业时,工程咨询还存在以下短板:一是创新能力不足,难以持续适应快速变化的新技术与新商业模式,前瞻性和创新性咨询服务较少;二是系统分析能力不够,在对战略性新兴产业进行全面评估及深入了解客户需求与痛点的基础上,提供战略性定制化服务的水平有待提升;三是数字化技术应用不足,难以应用大数据、人工智能等技术手段对产业数据进行深度分析,无法为客户提供高价值服务。

(二)行业知识迭代速度稍显滞后

目前,大多数战略性新兴产业还处于发展初期,产业格局还存在一定不确定性。政策更新较为频繁,行业标准和规范完善程度尚有欠缺。相关项目的长期运维经验较为匮乏,工程咨询机构需快速学习行业知识,以提供更加精准有效的服务。具体来说,工程咨询机构需具备战略性眼光,深入分析行业发展趋势及未来方向,通过对政策、市场、技术等方面的研究,及时适应行业变化;提高服务创新性,积极探索解决问题的新思路与新方法,以解决战略性新兴产业发展中面临的新问题;提高服务适应性,随时关注行业动态,根据市场需求及政策变化及时调整服务内容与策略,紧跟行业发展趋势;加强项目管理能力,协调多个参与方之间的复杂关系,建立行之有效的项目管理机制,加强资

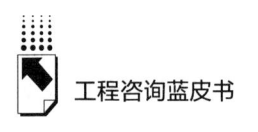

源整合能力,确保项目的顺利实施与交付,使项目管理的效率及质量与行业发展相匹配。

(三)国际化服务能力尚待磨炼

经过多年发展,我国电动载人汽车、锂电池、太阳能电池等行业出口成绩显著,呈现持续增长态势。新能源、新能源汽车、新一代信息技术等领域涌现了一大批优秀的自主品牌企业,其产品和技术处于行业先进甚至领先地位。这些企业对于"走出去"达成了普遍共识,通过建立海外生产基地、设立研发中心、参加国际展览等方式开拓国际市场;通过加深与国际贸易合作伙伴的联系,进一步扩大国际市场份额。但在国际化进程当中,产业也面临多重风险,如外商投资审查趋严加大产品准入风险,贸易投资壁垒造成国际市场风险,保护性产业政策引发投资风险,海运资源紧张带来物流稳定性风险等。面对这些问题,我国工程咨询企业的国际化服务能力仍有待磨炼,现阶段在海外市场情报、合规管理、投资谈判、文化与价值观融合等领域普遍缺少经验,未形成与相关产业国际化发展需求相匹配的服务能力,无法满足各类客户多样性、区域性、复杂性的国际化发展需求。

(四)数字化咨询手段尚未普及

在战略性新兴产业中,数据作为核心生产要素,为构建新发展格局提供了关键支撑,多数战略性新兴产业企业在技术研发、生产工艺、制造管理、质量控制等各个环节高度依赖数据的汇总与处理。与此同时,工程咨询作为知识密集型产业,其服务过程同样需要大量数据的支撑,涉及数据信息的广泛收集、处理与分析,任何信息泄露都可能对企业的健康发展产生重大影响,因此,如何保障信息安全、避免成果泄露,已成为当前行业面临的重要挑战。随着数字信息重要性日益凸显,工程咨询业在数字化、智能化转型方面的不足逐渐暴露,为提供更加高效、精确的服务,工程咨询业正不断深化对BIM(建筑信息模型)、大数据、云计算等先进技术的应用,这些技术不仅可提高服务效率,还将重塑工程咨询服务的模式,以应对产业数字化、智能化转型需求。

（五）高端复合型人才极为短缺

近年来，科技创新速度不断加快，科技创新成果不断涌现，战略性新兴产业成为前沿科技验证应用的主要领域，如人工智能、物联网、区块链、量子信息、数字孪生等前沿技术纷纷成为相关企业关注的重点，企业发展需求和项目情况均在快速变化。这就要求工程咨询从业人员具备快速学习能力、关键问题洞察力和新技术实践应用能力，如何密切跟踪前沿科技进展，并给出较为深刻的理解、较为纯熟的运用，对于工程咨询公司和从业人员是一大挑战。

四 战略性新兴产业工程咨询发展建议

（一）加强研究新型咨询方法体系

立足于我国工程实践的新发展阶段，推进学科交叉融合应用，融入创新、协调、绿色、开放、共享新发展理念的科学内涵，体现科学理性、低碳环保、社会和谐、文化自信、经济合理等核心价值理念，从价值论层面揭示工程活动的特征规律，对工程咨询的价值观及核心理念等基础性课题进行理论研究，尽快形成具有中国特色的工程咨询价值观理论方法体系。[1] 充分发挥工程咨询智库和平台作用，突出学科领域特色和组织优势，坚持应用导向，强化跨领域交流，探索理论方法创新，持续出台各类工程咨询创新研究专业指南，不断优化工程咨询专业分析评价方法。倡导产学研深度合作，鼓励咨询企业联合攻关，搭建资源共享与合作平台，加快完善各业务领域咨询规范，加强协同创新，推进研究成果向实践转化。及时总结经验规律，加强相关标准规范的顶层设计，推进完善全过程咨询等新型业务模式的标准规范。

（二）加快提升行业国际化服务水平

积极争取政府部门支持，为行业创造更好的参与国际竞争的条件和环境。

---

[1] 李开孟：《工程价值论研究的基本要求和主要内容建议》，《工程研究——跨学科视野中的工程》2022年第1期。

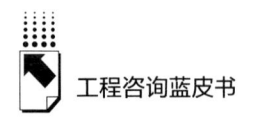

着力优化企业的海外发展布局，支持与欧美等国家先进工程咨询机构开展多层次、多方位合作，充分借助国际先进工程咨询机构的经验和资源，共同开发业务、开拓国际市场。抓住"一带一路"建设、"国际产能合作"、"对外援助"及 RCEP 等重大机遇，鼓励企业国际化发展，加强国际规则对接，加大合规管理与海外市场研究力度，支持产业链上下游协同出海，引导和支持企业实现国际化视野、区域化布局、平台化支撑、专业化服务，构建国际化服务支撑体系，着力培育一批具有国际竞争力的平台领军企业。鼓励参与国际标准规范制定/修订，由智库和平台性企业牵头制定咨询标准的国际化路线，拓宽国内咨询标准的国际化渠道，扩大我国咨询标准的国际影响力。

（三）大力推动咨询业务数字化转型

充分利用 5G、人工智能、大数据、云计算、区块链等新一代信息技术手段，不断增强服务的专业化、个性化，提高服务成果的科学性、前瞻性，加快推进工程咨询业数字化、智能化转型发展，实现咨询行业与战略性新兴产业同频共振。广泛利用新技术，推动传统咨询业务向高端化、智能化、绿色化发展，大力培育全过程咨询服务等新产品、新业态、新模式，积极培育全过程咨询等新兴产业链，丰富相关产品研发和应用生态。不断提升行业科技和理论创新能力，创新工程咨询产业合作模式，加强与金融、财务、法律等方面专业机构的协同，推动工程咨询业务向价值链高端延伸，促进工程咨询业高质量发展。

（四）全力推进新型咨询人才队伍建设

积极推动行业形成"创新是第一动力、人才是第一资源"的共识，确立人才引领发展的战略地位，加大对高端人才、国际化人才、创新型复合型人才的引进和培养力度，推动形成高素质行业人才队伍。深化人才发展体制机制改革，激发各类人才创新活力，鼓励企业形成尊重人才的良好文化，不断提高相关人才的满足感和获得感。注重从业人员业务能力、职业素养的综合性培育，由智库单位联系行业协会，共同实施知识更新工程、技能提升行动，为行业从业人员提供全方位的知识和技能培训，同时鼓励企业自身加大对员工的培训和教育力度，保障员工及时学习和掌握最新科技动态。严格落实法律责任，增强员工执行法律法规、行业标准规范的自觉性。

五 新能源汽车产业工程咨询案例

我国汽车产业经过多年发展,取得了长足进步。2023年,我国汽车产销量均突破3000万辆,创历史新高,连续15年保持全球第一,为我国经济稳定增长作出了重要贡献。其中,2023年新能源汽车出口120多万辆,增长77.6%,出口量稳居全球首位[①]。全球动力电池装机前十榜单中,我国企业占据六席,已形成完整的动力电池产业链。智能化技术应用处于领先地位,头部企业进入世界先进行列。在汽车产业蓬勃发展的过程中,中国国际工程咨询有限公司(以下简称"中咨公司")作为国家高端智库,始终以行业服务者的角色深度参与国家政策制定、地方产业发展与企业转型升级。

1. 服务国家,为科学决策提供依据

作为第三方监理机构护航国家重大科技专项。2001年,我国在首批"十五"国家高技术研究发展计划("863计划")中设立了电动汽车重大科技专项,以新一代电动汽车技术作为我国汽车科技创新的主攻方向,组织企业、高校、科研机构等联合攻关,旨在推动我国电动汽车技术的发展和应用。该专项在项目管理模式上开创性地引入监理制,由科技部委托中咨公司作为监理单位,对专项实施全过程监理,具体包括对整车和零部件单位的研发过程进行监督和检查、对主要检验测试环节进行鉴证、参加课题节点检测和验收等工作。中咨公司依托丰富的工程项目咨询经验,结合专项实际需求,探索出一套科研项目监理新模式,运用节点检查、不定期检查、测试见证等方法,有效保障各课题按时保质完成,实现了200余项课题从立项、实施到验收的全过程、全覆盖监理,开创了科研项目监理的先河。该模式在后续多项国家重大科技专项中推广应用。在专项的推动下,国内初步实现电动汽车产业化,电动汽车市场逐步形成,一批纯电动或混合动力的公交、出租车开始在北京、天津等7个城市试点应用,取得了良好运行效果,为我国新能源汽车产业快速发展奠定了坚实基础。

作为评估机构完善国家产业发展规划。2019年,工业和信息化部装备工

---

① 数据来源于新京报贝壳财经讯,1月22日,中国汽车工业协会发布数据。

业司委托中咨公司对《新能源汽车产业发展规划（2021—2035年）》（以下简称《规划》）进行评估，中咨公司作为独立第三方，对《规划》的可行性、目标合理性、资源可得性、执行风险、效益及影响等进行全面分析和评价。通过系统全面地评估，准确把握了我国新能源汽车产业发展现状，确保了《规划》目标符合国家整体战略目标，识别分析了影响《规划》执行的风险因素并提出应对方案，为完成《规划》所需的工作量、时间和资源作出准确估计，为《规划》的发布、实施提供了科学的决策依据。2020年10月，国务院正式发布《规划》，明确了我国新能源汽车产业的发展路线、发展目标、主要任务和保障措施，推动我国新能源汽车产业进入快速发展阶段。

2. 服务地方，为产业发展出谋划策

谋划新能源转型，推动东北产业振兴。按照吉林省领导批示精神，由吉林省发展改革委牵头，长春市汽开区管委会委托，中咨公司编制了《长春国际汽车城产业链供应链生态区规划》，该规划要求高、难度大、内容复杂，对编制人员在政策理解力、产业洞悉力、空间规划力等方面提出了更高的要求。中咨公司按照工作要求和流程，多次赴长春进行实地调研，与发改、工信、商务、科技、环保等各省直机关进行座谈交流，与汽开区管委会的各职能局进行了沟通，了解委托方"所想、所忧、所求"，对一汽红旗、一汽解放、一汽大众、一汽丰田等主要企业开展了深入调研，精准把握委托方需求，详细梳理了吉林省产业发展现状，厘清区域面临的发展瓶颈，为国际汽车城精准把脉。创新性地提出了"12366"总体发展战略和"五港一带"高能级发展布局，系统编制了产业链全景图及招商目录，为地方政府开展"双招双引"提供重要参考，为推动东北老工业基地转型升级发展注入动能。

助力智慧交通，推动厦门车路协同深化发展。智慧交通是多产业链与人工智能技术结合的产物，是人工智能大规模应用的重要场景，对智能汽车、交通形态、社会分工以及产业链格局等方面带来巨大变化。为提升厦门市智慧交通水平，解决出行安全效率问题，厦门市政府委托中咨公司编制了《厦门智慧交通5G车路协同发展白皮书》。该白皮书从技术、政策、标准和产业等维度进行框架性规划研究，以5G车路协同技术赋能智慧交通发展作为主要切入点，依托车路协同技术体系，结合厦门现有BRT快速公交建设，形成具有厦门特色的智慧交通技术路线及应用示范指南，有利于大幅提升驾驶安全和交通效率，并加速自动驾驶落地。

3. 服务企业，为转型升级注入动能

编制高质量发展规划，助力企业转型升级。在汽车产业电动化、智能化、网联化转型的背景下，中咨公司积极服务行业企业，结合对行业政策的深入理解及行业经验的深厚积累，持续为企业开展战略谋划，先后编制了《江苏国新新能源暨智能汽车发展规划》《悦达汽车产业中长期发展规划》《盐城市国有资产投资集团有限公司新能源乘用车产业"十四五"发展规划》等企业发展规划。通过规划的出台实施，江苏国新成功谋划与一汽奔腾合作，实现双方共赢发展；盐城国投全面启动由投融资平台向产业集团的转型发展，开启集团高质量发展新征程，并实现下属新能源汽车板块的高质量发展。

提供专业化产业咨询，推动企业技术创新。中咨公司凭借其专业化的咨询能力，与业内企业建立了良好的合作关系，为企业提供了大量专业化咨询服务。为比亚迪、中国一汽、广汽集团、吉利汽车、长城汽车等整车企业提供了行业研究、国际化战略、政策解读等方面的咨询服务，推动整车企业深入理解产业政策，科学制定国际化发展战略。为宁德时代、亿纬动力、广东邦普等动力电池企业提供了动力电池及原材料、电池回收、电池生产装备等领域的发展及投资机会咨询服务，帮助企业找到符合行业发展趋势、契合企业经营实际的发展思路，推动企业在产能布局、技术研发、工艺优化、投资战略等方面科学合理部署，助力我国动力电池产业保持国际领先优势。为中国诚通、通用技术集团、万向集团等企业提供了投资机会建议和项目可行性建议，有效降低了企业投资风险，节约了项目投资金额。为中汽中心等企业提供了建设项目后评价服务，为企业检验投资效益、总结发展经验提供了重要参考依据。

B.10
现代工程咨询助力石化产业集群高质量发展研究

齐景丽 申传龙 詹宇鹏*

摘　要： 本文介绍了石化工程咨询业的发展历程，并结合不同时期中国国际工程咨询有限公司参与决策和建设的重大石化项目、石化基地案例，重点阐述了工程咨询在我国石化产业高质量发展和现代化产业体系建设过程中发挥的重要作用，以及中咨公司作为国家高端智库和世界一流咨询机构在其中扮演的重要角色。同时，结合当前石化产业集群化发展存在的问题，提出了现代工程咨询进一步助力产业集群高质量发展的初步思路。

关键词： 工程咨询　石化产业　产业集群　高质量发展

石化产业是能源和制造业基础行业，产业链条长，产品覆盖面广，能够发挥保障国家能源安全、推进现代化产业体系建设、维护产业链供应链安全稳定的关键作用。当前，我国石化产业规模已跃居世界前列，主要产业链条呈现良性发展态势，产业布局不断优化，技术装备水平持续提高，但现代化产业体系建设刚刚起步，"双碳"目标引领我国经济社会系统性变革，国际环境不稳定不确定性明显提升，我国石化产业高质量发展仍任重道远。工程咨询作为经济社会发展的先导产业和现代服务业的重要组成部分，通过提供规划引领、咨询服务、项目管理、技术创新、绿色发展、人才培养和国际合作等多方面服务举

---

* 齐景丽，中国国际工程咨询有限公司石化轻纺业务部副主任，正高级工程师，主要研究方向为石化化工产业政策、工程评估、规划编制和管理咨询；申传龙，中国国际工程咨询有限公司石化轻纺业务部石化处副处长，高级工程师，主要研究方向为石化化工产业政策、工程评估、规划编制和管理咨询；詹宇鹏，中国国际工程咨询有限公司石化轻纺业务部石化处工程师，主要研究方向为石化化工产业政策、工程评估、规划编制和管理咨询。

措,在服务政府决策、保障投资建设质量和效益、促进经济社会高质量发展等方面发挥着重要作用,不断推动石化产业集群向更高水平、更可持续的方向发展。

一 现代工程咨询为石化产业高质量发展引路护航

工程咨询在石化产业高质量发展过程中扮演着重要角色,是石化工程项目建设的龙头,可以为项目提供建设规划、前期咨询、工程勘察、工程设计、造价咨询、招标代理、工程监理、项目管理、工程总承包等多种技术和管理服务。从新中国成立初期设立首批勘察设计机构,从业人员不足千人,到如今工程咨询技术人员达7万多人,年营业收入超2000亿元规模[①],石化工程咨询业从无到有、由弱到强,逐步建立了完整的工程咨询体系,并取得了一批重大科技创新成果,国际竞争力和影响力显著提高。

石化工程咨询业坚持技术创新,自主掌握了千万吨炼油和百万吨乙烯、尿素、橡胶、三酸两碱、精细化工、煤化工等生产装置的工程技术,实现了大型石化装备国产化,建立了门类齐全的工程技术体系,建成了一批重大石化项目,打造了一批世界级石化基地。业务范围从早期单一勘察设计到全过程工程咨询服务,勘察设计手段从手工绘图到计算机三维设计、数字化交付,建立了与全过程工程咨询和工程总承包相适应的组织体系、人才队伍、项目管理标准体系、信息化技术支撑平台,为全国工程咨询业积累了改革与发展的经验。

(一)我国石化工程咨询业的发展历程

新中国成立前,国内化工生产企业基础薄弱,没有专门的化工勘察设计机构,工程技术人员和业务分散在生产企业之中。为促进国家化学工业发展,1953年中央人民政府重工业部提出将全国主要化工设计力量集中起来,成立中央重工业部化学工业管理局化学工业设计公司。

---

① 中国石油和化工勘察设计协会:《工程先锋——中国石油和化工勘察设计行业发展纪实(1949~2019)》,化学工业出版社,2022。

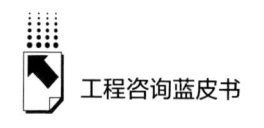

20世纪50年代的化工设计工作，主要是学习苏联经验，参与苏联援助的化工重点项目建设。20世纪60年代，世界石油化工产业进入高速发展阶段，党中央、国务院对此高度重视。毛泽东主席和周恩来总理先后提出要引进和建设一批化工、化纤、化肥装置，解决人民的吃穿用问题。1966年，国家批准引进第一套10万吨/年合成氨装置；1972年，国家作出了成套引进化纤、化肥技术和设备的决定，并于同年从日本引进4套石油化工联合装置。我国化工工程咨询由此参与到了引进成套化工装置、学习国际先进设计技术和方法的全过程。化工设计人员在参与引进项目实践中，系统学习了美国、日本、法国先进设计技术和工程建设的国际通行模式，增长了知识，积累了经验，提高了设计技术水平和管理水平。与国内其他行业相比，石化工程咨询在这一时期率先与国际接轨，在行业内起到了先导作用。

20世纪80年代，随着项目投资、项目建设的全球化，工程项目总承包、项目管理承包等先进的项目建设管理理念、模式和方法也日益被接受和广泛运用。1982年，化学工业部在全国化工基本建设会议上率先提出进行化工建设项目管理体制改革，实施工程总承包。同年，《关于改革现行基本建设管理体制，试行以设计为主体的工程总承包制的意见》印发，提出为了探索化工基本建设管理体制改革的途径，进行以设计为主体的工程总承包管理体制的试点[1]。新体制在拓展设计深度、强化项目管理、实现"质量、进度、投资"三大控制等方面发挥了积极作用。

20世纪90年代，各化工工程咨询和勘察设计单位积极进行体制设计、程序和方法改革，采用先进的项目管理办法，实行工程总承包，总体水平明显提高，承建大型工程建设项目的能力得到增强，承担了一大批大中型石化化工项目的工程咨询和勘察设计任务，促进了大型合成氨、尿素、乙烯、合成橡胶、磷铵、离子膜烧碱、子午线轮胎以及精细化工等重要产品的结构调整和快速发展，全国各地建成大型石化化工建设项目的捷报频传。绝大多数工程设计单位不断扩大业务范围，调整服务领域，开展工程咨询、工程监理、项目管理等业务，由原来单一设计功能院向综合性工程咨询设计公司转变。

---

[1] 荣世立：《改革开放40年我国工程总承包发展回顾与思考》，《中国勘察设计》2018年第12期。

进入 21 世纪后，以设计为主体的工程总承包和项目管理承包方式成为大型工程公司经营的主要组成部分。总承包业务形式多样，既有设计、采购、施工承包，也有设计、采购承包；既有独立承包，也有与国际工程公司合作承包。多家石化领域工程公司进入全球 225 强工程承包商和 200 强设计公司行列。工程项目成果丰硕，相继建成一批千万吨级炼油项目、百万吨级乙烯项目，以及一批大型炼化一体化工程。同时，工程咨询企业积极拓展海外市场，积极参与国际工程市场竞争，用优质工程向工程所在国充分展示了中国企业和工程咨询技术人员的科学严谨作风和诚实守信品格。

（二）工程咨询为重大石化项目把关护航

20 世纪八九十年代，是中国石化工业快速发展时期。国家批准中石化建设大庆、扬子、齐鲁 39 万吨/年乙烯项目，镇海、宁夏、乌鲁木齐 30 万吨/年合成氨及 52 万吨/年尿素和上海石化总厂二期工程等 7 个大型项目。90 年代，中国自行研究、设计和制造的首套 80 万吨/年加氢装置在镇海炼化建成，国内首套年产万吨级溶聚丁苯橡胶装置在燕山石化成功投产，扬子巴斯夫乙烯系列 12 万吨/年苯乙烯、10 万吨/年聚苯乙烯等工程完成。

也正是在这一时期，我国基本建设工作引入国际通行的工程可行性研究制度，中国国际工程咨询有限公司（以下简称"中咨公司"）成为这一制度的首批实践者。1985 年，国家计划委员会（以下简称"国家计委"）向国务院呈报了《关于加强中国国际工程咨询公司的报告》，提出"今后新上的基本建设大中型项目和技术改造限额以上的项目，其可行性研究报告和大型工程的设计，由国家计委委托中咨公司对技术方案、工艺流程和经济效益（包括投入产出）进行评估，提出意见后再由国家计委研究可否列入计划"，确立了"先评估后决策"制度。从此，中咨公司深度参与了几乎所有重大石化工程的前期咨询工作，为重大石化项目把关护航，在优化国家石化生产力布局、提高石化项目投资效益、规避投资风险、确保工程质量方面作出了卓有成效的贡献。

例如，在国内首个实施改扩建的乙烯项目——中国石化燕山石化公司 45 万吨乙烯改扩建项目中，时任国务院副总理朱镕基同志提出"投资要包死，工期两年半，产量、质量、效益要符合设计要求"的目标。1991 年 5 月，国家计委委托中咨公司对项目建议书进行了评估。1991年11月，国家计委会同中咨公司对项目建设方案修改内容进行了专题研究，分析项目原油来源、丙烯利用方案、建设投资压缩、资金筹措落实情况等问题。中咨公司专门向当时的国务院生产办呈报了《关于燕山石化公司30万吨乙烯改扩建工程建设方案修改情况的报告》，提出了项目改为使用进口原油、利用现有丙烯装置进行优化替代新建等咨询建议，从而节约了项目建设总投资、优化了产品结构。最终，项目取得了"投资28个亿、建设28个月"的佳绩，得到国务院领导同志的表彰。改扩建后乙烯规模达45万吨，为国内最大规模，对其他乙烯工程改扩建产生了引领示范作用。

又如，我国第一个中外合资乙烯项目——中海壳牌乙烯工程项目。1993年11月，中外双方将合作编制的《中外合资南海石化项目可行性研究报告》上报国家计委。该项目投资规模巨大，各方面关系复杂，涉及问题较多，影响面广，为做好项目可行性研究报告评估的准备工作，中咨公司组织专家组提前介入，先后进行了4次专题论证，并到现场开展调研，做了大量评估准备工作。

中咨公司当时提出项目存在3个主要问题：一是我国海上重质原油加工难度较大，供应难以保证；二是投资估算偏大，各项取费太高；三是投资盈利率偏低，经济效益不好。项目可行性研究报告提出，存在上述几个主要问题的核心是项目长期的经济效益问题，需要有关部门在进一步工作中权衡利弊，优化方案，予以解决。中咨公司提出以下建议：一是项目原料来源需重新研究，慎重决策；二是提高项目经济效益，重点应放在优化方案上，不宜靠国家给予更优惠的免税方案；三是必须坚持平等互利的原则。

中咨公司的咨询意见对项目后期方案优化和投资方最终决策起到了关键性作用，最终在项目定义阶段双方决定项目一次规划、分期实施，一期先建乙烯及下游化工装置以提高初期经济效益，并将乙烯建设规模由45万吨/年提高到80万吨/年，下游化工装置增加丙二醇、多元醇、苯乙烯/环氧丙烷等，均采用引进技术，规模均达到世界级水平。该项目建设进一步完善了惠州大亚湾和珠三角区域石化工业产业链，发挥了强大的产业集聚效应，吸引了海内外众多产业巨头纷纷投资，对当地经济发展、社会稳定有着重大影响，具有明显的社会效益。

再如，我国自主设计、建设的首个百万吨级乙烯工程——中国石化镇海炼化100万吨/年乙烯工程。镇海炼化是当时我国最大规模的炼油厂，原油加工能力达2000万吨/年。2002年11月，启动建设镇海炼化大乙烯工程座谈会在京召开，会议认为，为发展国家石化工业，推动中国石化产业结构调整和升级，满足国内市场特别是浙江市场对塑料、合纤原料的需求，增强浙江经济综合实力和国际竞争力，建设镇海炼化大乙烯工程的时机已经成熟。按此会议纪要精神，中国石化、浙江省、宁波市决定联合申报建设80万吨/年乙烯工程项目。

2003年11月，中咨公司根据国家发展和改革委员会（简称"国家发展改革委"）的委托，组织召开镇海炼化大乙烯工程项目建议书评估论证会。2004年4月，中咨公司向国家发展改革委报送了评估报告，从国际乙烯工业技术发展趋势、镇海炼化乙烯原料资源优势条件等方面考虑，明确提出为提高乙烯项目先进性和企业整体竞争能力，镇海炼化乙烯工程规模宜由年产80万吨乙烯调整至100万吨，在可行性研究阶段进一步落实具体方案。中国石化采纳中咨公司意见，于2004年10月编制完成项目可行性研究报告，后于2005年1月与浙江省联合上报了项目申请报告。2005年3~7月，中咨公司根据国家发展改革委委托，对项目申请报告开展了评估，进一步明确了该项目作为国家乙烯工业技术装备国产化的依托工程之一所需承担的核心装备国产化任务，提出了优化产品方案供地方发展深加工和推动乙烯原料更加轻质化、优质化的建议。100万吨/年乙烯工程的建成投产，让镇海炼化抓住契机转型为特大型炼化一体化企业，实现了由单一炼油总量增长向炼油化工全面协调发展的转变，并成为国际领先的炼化一体化标杆型企业，经济效益经历两个油价波动周期均排在中国石化系统炼化企业榜首。

（三）中咨公司建言石化产业集群化发展彰显国家高端智库价值

进入21世纪后，我国石化产业集聚化发展趋势逐步显现。2003年中咨公司参与中国石化镇海炼化100万吨/年乙烯工程相关咨询工作时，就提出了建设"千万吨级炼油+百万吨级乙烯"炼化基地的趋势。截至2008年底，全国已经建成14个千万吨级炼油、3个百万吨级乙烯生产基地，初步形成长三角、珠三角、环渤海三大石油化工集聚区。高端石化产品向园区化发展，逐步形成了具有较高水平的上海化工园区、南京化工园区等。受国际金融危机影响，我国石化产业受到较大冲击，国家及时出台《石化产业调整和振兴规划》，行业

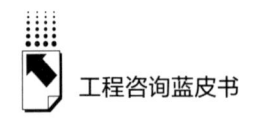

率先企稳回升。

为优化重大石化项目布局、调整石化产业结构、保障石化产业健康发展，2010年中咨公司受国家发展改革委委托，开展"重大石化项目布局规划"课题研究。通过对我国石化产业发展总体情况、主要石化产品供需情况、重大石化项目布局影响因素和支撑条件等开展专题研究，中咨公司在《重大石化项目布局规划研究报告》中提出"只有实施大型化、集约化、基地化的石化产业发展模式，做到宜油则油、宜烯则烯、宜芳则芳，产品链上下游衔接，资源得到优化配置，公共设施得到统一共享，才能获得更大效益，提高竞争实力""以保护环境和建设21世纪世界先进水平的炼化一体化石化基地为前提，在沿海部分地区可适当发展3000万吨炼油、200万吨乙烯以上大规模石化产业集群，重大石化项目布局应优先选择在珠三角、长三角、环渤海、山东半岛和福建沿海等地区"。这是行业内第一次提出"世界先进水平炼化一体化基地"的标准以及"发展石化产业集群"的观点。相关研究成果得到国家发展改革委的高度重视，为后续国家在2014年制定出台《石化产业规划布局方案》提供了坚实理论基础。

在此基础上，中咨公司进一步开展延伸研究，于2010年12月完成了《以提升炼化一体化水平为核心促进我国石化产业发展方式转变》咨询专报，相关研究内容成为国家"十二五"石化发展规划的主要思路；完成了《建设世界级石化产业基地是落实辽宁沿海经济带战略的重大举措》咨询专报，提出重点建设大连长兴岛世界级石化产业基地；2013年7月完成《统筹海峡两岸把古雷建成世界一流石化产业基地》咨询专报，提出应把古雷石化基地规划建设成为深化两岸石化产业合作示范区。相关咨询专报均被中办、国办采用，获得党和国家领导人及有关中央部委负责人批示，对于后期相关石化基地的规划、建设都起到了关键的作用。

二 石化产业集群高质量发展推动现代化产业体系建设

产业集群是指在一个特定区域的一个特别领域，集聚着一组相互关联的公司、供应商、关联产业和专门化的制度和协会。这些要素通过这种区域集聚形成有效的市场竞争与合作，构建出横向扩展或纵向延伸的集群网络格局，并通过相互之间的溢出效应，使技术、信息、人才、政策以及相关产业要素等资源得到充分共享。聚集于该区域的企业因此获得范围经济效益，进而大大提高竞争力。

产业集群是产业发展到一定阶段的必然走向。石化产业集群是在一定的区域内，众多具有上下游及分工合作关系的石化企业集聚，通过产业链的延伸与拓展、基础设施与资源共享、信息与服务互通、政策与监管支持等在空间区域的集聚，形成具有竞争优势的石化产业聚集区。它与四至边界明确、行政管理统一的园区或基地有所不同，在空间上进一步扩展，以一个或几个园区为核心、具有辐射作用，从而在区域经济中占有更大比重，具有更大影响力，促进区域经济协调发展。

未来，产业集群有望继续引领石化产业布局新模式，在推动产业布局调整、跨行业管理创新、区域经济协调发展等方面发挥显著作用。下一步，应坚持园区化、基地化、集群化"三位一体"发展模式，抓住世界产业链中心向亚太转移及我国区域一体化发展机遇，在园区化、基地化的基础上，深入推进产业集群化发展，有效支撑现代化产业体系建设，维护产业链供应链安全稳定。

（一）园区化、基地化引领产业布局调整初见成效

近年来，我国石化产业布局不断优化，园区化、基地化建设快速推进。七大石化产业基地炼油、乙烯、芳烃新建项目如火如荼，内蒙古鄂尔多斯、宁东、新疆准东等大型现代煤化工基地基本建成，我国已形成以长江三角洲、珠江三角洲、环渤海地区为主导，中部、西部及东北各具特色的产业集群共同发展的格局。

1. 化工园区成为产业高质量发展的重要平台

据中国石油和化学工业联合会化工园区工作委员会统计，截至2024年3月底，全国由各省已认定化工园区为663家，产值超过千亿元的超大型园区为21家，产值在500亿~1000亿元的大型园区43家，化工园区作为行业主战场的规模化效应正在进一步提升[①]。石化园区在产业集聚和产业链协同、土地集

---

① 李寿生：《培育发展新质生产力 全面开创绿色化工园区高质量发展的新局面——在2024中国化工园区可持续发展大会上的致辞》，2024年4月11日。

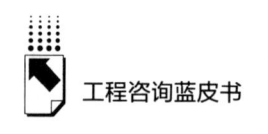

约利用、资源循环和能源互供、集中管理和公用工程共享等方面，都发挥着越来越重要的作用，智慧化工园区、绿色化工园区创建成效明显。

2. 七大沿海石化产业基地稳步推进重大项目建设

"十三五"期间，按照国家发展改革委、工业和信息化部印发的《石化产业规划布局方案》《现代煤化工创新发展布局方案》要求，全国石化产业布局调整初见成效，大型炼化一体化项目向沿海石化基地集中，各地方依托自身优势发展特色产业。上海漕泾基地以化工新材料为主的产业集聚区和以创新策源地为目标的上海国际化工新材料创新中心已启动建设；大连长兴岛（西中岛）基地恒力石化2000万吨/年炼化一体化项目建成投产；浙江宁波石化产业基地中国石化镇海炼化二期1500万吨/年炼油、120万吨/年乙烯已建成投产，舟山浙江石化4000万吨/年炼化一体化项目全面投产；广东惠州基地中国海油惠州炼化二期1000万吨/年炼油、中海壳牌120万吨/年乙烯已顺利投产，埃克森美孚160万吨/年乙烯项目已开始施工；江苏连云港基地盛虹炼化1600万吨/年炼化一体化项目、福建古雷基地古雷石化80万吨/年乙烯项目及下游深加工项目也均建成投产。

3. 四大现代煤化工基地同步快速推进

宁东400万吨/年煤制油、320万吨/年煤基烯烃等项目，神华榆林200万吨/年煤制甲醇、中煤榆林180万吨/年煤制甲醇、75万吨/年煤制烯烃、延长煤天然气轻油共炼生产70万吨/年聚烯烃等项目，鄂尔多斯482万吨/年煤制油、100万吨/年煤制烯烃、150万吨/年煤制乙二醇等项目，部分已建成投产，并且已有项目取得重要阶段性成果。

（二）存在的问题及风险点

工程咨询业结合近年来在石化行业服务国家有关部委、地方政府园区、重点企业开展产业规划、总体规划和项目评审过程，发现目前我国石化产业集群发展仍存在一些问题。

1. 园区布局缺乏统筹规划

一些园区未结合本地区经济社会发展规划、产业结构特点、石化化工产业资源、自然环境等条件制定规划，仅出于财政增收以及政绩考核考虑，相互效仿设立化工园区，致使园区间产业结构雷同，部分化工园区规划与城市发展规划矛盾，产业定位不准确、园区选址不合理等问题层出不穷。个别地方政府在设立化工园区的同时或在设立化工园区后，紧邻设立其他劳动密集型产业园区，导致化工园区功能与周边区域主体功能不协调，新增安全和环保问题。

2. 发展水平参差不齐

一是区域发展不均衡，2020 年公布的 30 强园区主要集中在东南部地区，中西部只有宁夏回族自治区宁东能源化工基地、中国石油化工（钦州）产业园和武汉化学工业区 3 家，只占到 30 强园区的 10% 左右。二是园区规模不均衡，全国仍有近 60% 是产值低于 100 亿元的小型园区，且大多处于建设发展的初级阶段。三是园区建设管理水平参差不齐，园区之间在基础设施完备程度、管理效率等方面存在较大差距。个别园区公用工程及安全环保设施投入不足，未能配备专业化监测手段和管理队伍，监控平台建设还处于初级阶段。

3. 创新平台建设滞后

石化行业科技成果工程转化能力弱、新产品开发能力不强的问题依然突出，特别是创新平台前期投入较大，作用显现具有滞后性，自我造血能力不足，导致国内化工园区创新平台建设整体滞后。除南京、大亚湾、上海、泰兴、宁东等少数园区取得积极进展外，大部分园区的创新平台建设仅停留在提供房屋出租的 1.0 版，与能同时提供协同创新、融资、项目推广、人才培育等综合服务的 2.0 版乃至 3.0 版差距较大。创新平台运作体制机制探索不足问题也十分突出。虽然平台在创建初期都有明确的目标和管理机制，但在具体落实时受企业规模、发展阶段、具体需求多样化、相关利益复杂性等情况影响，孵化、扶持、引导作用发挥不够明显。

4. 安全应急救援能力不足

化工园区内危险化学品企业众多，生产、储存的危险化学品种类多、数量大、密度高，能量高度集聚，"三废"产生量大、排放集中，在安全环保方面面临较大压力。个别企业发生过违法排污、非法填埋、私设暗管以及非法转移等行为，甚至出现过火灾、爆炸等安全事故，所在化工园区也面临停产整治。个别重特大安全事故给行业生产运营带来严重负面影响。有的园区未形成有效的安全监管执法机构和安全监管队伍，没有系统的安全检查和督查手段，不能统一管理和协调各企业安全管理工作；有的园区安全监管技术手段

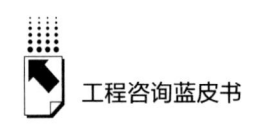

以及配套设施相对滞后，监控平台建设水平还处于初级阶段；有的园区、企业的事故应急预案缺乏统一接口，发生事故时各自为战，未形成高效的区域应急救援能力。

（三）进一步推动石化产业"园区化、基地化、集群化"高质量发展

党的二十大报告指出，着力提升产业链供应链韧性和安全水平。产业链供应链安全稳定是大国经济必须具备的重要特征，也是构建新发展格局的基础，因此当务之急是要形成自主可控、稳定畅通、安全可靠、抗压能力强的产业链供应链。从产业布局角度，应坚持"园区化、基地化、集群化"发展模式，进一步构建布局区域产业集群，实现转型升级发展。

1. 加快打造长三角、大湾区等重点地区产业集群化样板

我国石化产业需抓住未来3～5年全球产业链重构的重要战略窗口期，并抓住区域一体化发展机遇，以龙头石化基地为基础和核心，加快构建一批跨领域、链条完整、具备世界级规模和全球领先水平的产业集群，如长三角、大湾区、京津冀，以及东南沿海、东北地区等均可打造特色鲜明并具有较强国际竞争力的区域跨行业产业集群。

2. 加快推动大型石化基地开拓创新实施路径

目前，七大基地建设进展程度不一，未来均需加快转变发展理念、创新发展模式，改变依靠建设高耗能项目、使用传统化石能源带动产业发展的思维惯性和路径依赖，主动作为，做好"加减法"，实施"存量减碳、增量近零、碳资源化"的发展路径。

3. 加强规划统筹调整园区科学布局

根据国家、省市石化化工产业布局规划要求，结合当地土地资源、水资源、交通物流、环境和安全容纳能力情况，以及资源、市场等基础条件，编制和修订完善产业发展规划，明确园区产业定位，重点发展具有较高产业关联度的产品链或产业集群。有序推进企业搬迁入园，总结企业搬迁入园的工作经验和典型案例，加大政策协调力度，给予化工园区和搬迁企业更大支持，促进搬迁项目优化提升，淘汰落后产能和装置，有序引导过剩产能和低端产能退出，实现土地、资源的集约高效利用。

4. 重点完善园区安全生产管理体系，提升应急救援能力

建立健全园区安全生产管理体系，完善安全生产责任制和应急管理联动机制等规章制度，加强园区信息化建设，特别是加强对重大危险源的监测监控。强化危险化学品安全人才体系建设，对安全监管人才队伍、企业安全人才队伍和救援队伍加强日常培训，提升业务能力。建立功能健全、统一指挥、上下贯通的应急指挥机构和专业性应急救援队伍，配备充足的应急装备和物资，提升应急处置能力。

5. 严格规范园区项目管理

强化入园项目与园区规划环评、现有项目环境管理以及区域环境质量联动。严格石化和化工项目准入门槛，禁止审批被列入国家、省市产业政策限制、淘汰类新建项目以及不符合"三线一单"生态环境准入清单要求项目等。建立园区内企业准入和退出机制。入园项目要符合安全生产标准、园区产业链安全和安全风险容量要求。大力支持产业匹配、工艺先进可靠的企业入园建设，项目要落实危险废物合理利用、处置途径。加快淘汰被列入国家、省市产业政策中明令禁止的，重污染、高能耗的落后生产工艺、技术装备。

三 现代工程咨询助力石化产业集群发展案例：舟山绿色石化基地

舟山绿色石化基地是国家七大石化基地的重要组成部分，2017~2022年，舟山绿色石化基地在短短5年时间内实现从"0"到"1"的跨越，从鲜为人知的悬水孤岛蜕变成世界瞩目的石化城，构筑了全国最活跃的石化产业发展高地，成为建设舟山群岛新区、推动杭州湾南岸石化产业集群高质量发展、打造中国（浙江）自由贸易试验区油气全产业链开放发展的重要载体。2022年底，舟山绿色石化基地龙头项目浙江石化4000万吨/年炼化一体化项目全面建成并投产，舟山率先建成国内最大、世界领先、绿色发展的炼化一体化基地，提前实现2025年规划目标。舟山绿色石化基地激发市场经济创新活力，对接国家产业布局，推动产业集约发展，打造了规模化、一体化、集群化的升级示范，维护了产业链供应链安全稳定，是以"浙江速度"打造基地建设"舟山模式"的典型案例。其中，勇于争取政策突破、激发民间资本活力、创新谋划重大项目等经验值得学习借鉴。

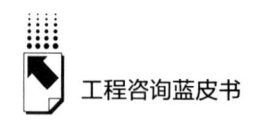

（一）基地概况

舟山是我国唯一以群岛建制的地级市，坐落于长江口东南侧、杭州湾外东海洋面上。舟山有"千岛之城"之称，有大小岛屿2085个。舟山绿色石化基地位于舟山市西北部的岱山县鱼山岛，地理位置优越，背靠上海、杭州、宁波等大中城市群和长江三角洲辽阔腹地，地处中国最重要的石化生产基地和消费区域，同时直接面向东北亚和迅速崛起的亚太经济圈，具有十分广阔的石化产业发展空间。舟山绿色石化基地规划总面积41平方公里，分三期开发。其中一、二期开发面积约26平方公里，重点建设浙江石化4000万吨/年炼化一体化项目；三期聚焦"先进高分子材料、化工新能源、高端专用精细化学品"领域，集中解决一批国家在石化行业的短板和技术难题，打造"从石油炼制到基础化工原料、化工新材料、高端专用化学品"的完整产业链。舟山绿色石化基地是我国首个、世界第二个"离岛型"石化基地，作为国家七大石化基地的重要组成部分，生产规模为全国之首、世界领先，是国内最大的炼化一体化项目，是中国（浙江）自由贸易试验区舟山片区油气全产业链中的核心。

2022年舟山绿色石化基地全面投产，当年加工3900多万吨原油，实现工业产值2314亿元，比上年增长66.4%，全口径税收总额515亿元，进出口总额2008亿元，工业增加值绝对增量占浙江省的11.7%。石化基地的建成投产也带动了舟山船舶修造业的发展，舟山船舶修造业产值251.9亿元，同比增长26.0%。此外，有力推动了当地国际船舶保税燃油加注业务和保税港区建设。2022年舟山市地区生产总值增速达8.5%，高居长三角41座城市之首。其中，第二产业（增加值950.4亿元）同比增长15.0%，特别是石油化工业、船舶修造业产值增长迅猛，分别同比增长63.9%、26.0%，为稳住经济大盘发挥了重要作用，作出了积极贡献①。

受浙江省发展和改革委员会委托，中咨公司开展了舟山绿色石化基地总结评价工作。中咨公司在评价报告中指出，舟山基地从2013年谋划启动，到2022年浙江石化4000万吨/年炼化一体化项目全面投产，出现"5项首个、4

---

① 数据来源于2022年舟山市国民经济和社会发展统计公报。

个第一","5项首个"即中国首个"离岸型"石化基地、首个4000万吨级炼化一体化基地、首个投资超过2000亿元石化项目、首个民营控股国有参股的混合所有制炼化企业、中国首个赋予打造绿色发展标杆的石化基地;"4个第一"即中国有史以来推进速度第一,炼油、乙烯、PX等产能规模中国第一,炼化一体化率在中国已运行项目中排名第一,单体投资中国第一。舟山绿色石化基地有力地维护了国家石化产业链原料供应安全,在一定程度上为我国争取了大宗化工原料国际定价话语权。

表1 2022年浙江省各市GDP情况

总量排名	地区	2022年（亿元）	2021年（亿元）	同比增量（亿元）	增速（%）	人均GDP（元）	人均排名
-	浙江省	77715.0	73515.8	4199.2	3.1	118496	-
1	杭州市	18753.0	18109.4	643.58	1.5	152588	3
2	宁波市	15704.3	14594.9	1109.38	3.5	163911	2
3	温州市	8029.8	7585.0	444.78	3.7	83107	9
4	绍兴市	7351.0	6795.3	555.74	4.4	137522	4
5	嘉兴市	6739.5	6355.3	384.17	2.5	121794	5
6	台州市	6040.7	5786.2	254.53	2.7	90572	7
7	金华市	5562.5	5355.4	207.03	2.5	78086	10
8	湖州市	3850.0	3644.9	205.13	3.3	112902	6
9	衢州市	2003.4	1875.6	127.83	4.8	87544	8
10	舟山市	1951.3	1703.6	247.67	8.5	166778	1
11	丽水市	1830.9	1710.0	120.87	4.0	72812	11

资料来源:《浙江统计年鉴2023》。

(二)发展沿革

2010年5月,国务院批准实施《长江三角洲地区区域规划》,提出设立舟山海洋综合开发试验区。

2011年2月,国务院批复《浙江海洋经济发展示范区规划》,提出加快舟山群岛开发开放,全力打造国际物流岛,建设我国海洋综合开发试验区,探索设立"舟山群岛新区";3月,十一届全国人大四次会议通过《中华人民共和国国民经济和社会发展第十二个五年规划纲要》,明确提出重点推进浙江舟山群岛新区发展;6月,国务院正式批复同意设立浙江舟山群岛新区,这是继上海浦东、天津滨海、重庆两江新区之后第四个国家级新区,战略定位是浙江海洋经济发展先导区、全国海洋综合开发试验区、长三角地区经济重要增长极。

2012年9月,国务院批准设立舟山港综合保税区。

2013年1月,国务院批复《浙江舟山群岛新区发展规划》,这是党的十八大提出海洋强国战略以后,我国出台的首个以海洋经济为主题的国家战略性区域规划。规划进一步明确舟山群岛新区建设中国大宗商品储运中转加工交易中心、东部地区重要的海上开放门户、重要的现代海洋产业基地、海洋海岛综合保护开发示范区和陆海统筹发展先行区的五大发展目标。

2014年9月,国家发展和改革委员会、工业和信息化部联合印发《石化产业规划布局方案》,进一步明确石化产业空间布局,规范行业发展秩序;简化审批程序,适度下放审批权限,积极鼓励民营企业参与石化项目,同时防范重大项目社会风险。

2017年5月,浙江省发展和改革委员会核准浙江石化炼化一体化项目,建设规模4000万吨/年,总投资1731亿元,分两期建设。

2022年1月,浙江石化一、二期全面投产,主要装置包括4000万吨/年炼油、880万吨/年对二甲苯、420万吨/年乙烯。目前,总投资近1000亿元的高性能树脂项目和高端新材料项目正在加快建设,计划于2025年底前陆续投产,届时将再增工业产值上千亿元。

(三)历史背景

舟山绿色石化基地建设是浙江省深入贯彻落实党中央、国务院决策部署的一项重要工作。21世纪以来,伴随经济社会高速发展,我国逐渐成为全球主要的石化产品消费中心。与此同时,对二甲苯(PX)、对苯二甲酸(PTA)等石化产品在我国市场缺口不断扩大,供应却严重受制于日本、韩国等国家。浙江省作为我国经济最发达的省份之一,对石化下游产品消费需求巨大。

然而长期以来,浙江省内仅有镇海炼化、大榭石化等少数中央企业下属炼化企业，包括PX在内的大宗石化产品及化工新材料产品供应远不能满足市场需要。建设以PX、乙烯等大宗石化产品为主的炼化一体化项目，是浙江省破解长期困扰国内石化产业发展"邻避困境"，打破日韩等国对我国PX、乙烯等大宗石化产品垄断而承担的重大国家战略使命。

2014年9月，为推动我国石化产业科学布局和安全环保集约发展，国家发展和改革委员会、工业和信息化部联合制定了《石化产业规划布局方案》，报经国务院同意发布。推动产业集聚发展，重点建设七大石化产业基地，包括大连长兴岛、河北曹妃甸、江苏连云港、上海漕泾、浙江宁波、广东惠州、福建古雷。2015年2月，国家发展和改革委员会同意开展舟山石化基地的规划布局工作，明确舟山石化基地作为宁波石化基地的拓展区，成为国家七大沿海石化基地的一部分。2016年8月，经浙江省政府批准，舟山绿色石化基地正式设立。

舟山绿色石化基地在启动之初即定位承接国家战略使命，服务"国之大者"，生产PX、乙烯、丙烯等大宗基础化工原料及下游新材料产品，保障我国石化产业链供应链安全。目前，舟山绿色石化基地炼化一体化项目成品油收率为36%[①]，形成国内规模最大的聚烯烃、工程塑料、化纤原料和中间体等生产能力，物料供给丰富，"隔墙供应"优势显著，具备打造万亿级产业的基础。

（四）主要经验

1. 战略规划引领

2005年，浙江省发展和改革委员会委托中咨公司开展"浙江省沿海石化产业布局研究"。最初考虑在六横岛布局石化产业，但因该岛居民数量众多等原因未能落地。2011年6月，国务院批准设立舟山群岛新区，作为全国第四个国家级新区，赋予浙江海洋经济发展先导区、全国海洋综合开发试验区和长三角地区经济重要增长极的战略定位。2011~2014年，舟山市政府聘请中咨公司、中国国际经济交流中心、中国城市规划研究院、中国石化规划设计院等专业机构研究发展规划、重点产业、空间布局，研究谋划重大项目，形成《舟

---

① 中国国际工程咨询有限公司：《舟山绿色石化基地评价报告》，2022。

山群岛新区发展规划》《舟山群岛新区总体规划》《舟山群岛新区产业规划》《舟山绿色石化基地总体发展规划》等重大战略规划成果，明确新区发展目标为中国大宗商品储运中转加工交易中心、东部地区重要的海上开放门户、中国海洋海岛科学保护开发示范区、中国重要的现代海洋产业基地和中国陆海统筹发展先行区，并进一步明确了重点产业、发展路径、空间布局和政策措施，为基地建设指明了方向。

2. **政策创新突破**

聘请财政部财政科学研究所、国家发展改革委投资研究所、中国国土勘测规划院、国家海洋局海洋研究所、中国国际经济交流中心等政策研究机构，围绕财政税收、投融资、海洋经济、国土空间、管理体制、对外开放、自由贸易、军民融合发展、宁波—舟山一体化及保税港区建设等领域的重点和难点问题，开展政策研究，大胆创新用地、用海、财税等政策空间。推动油气全产业链投资贸易便利化自由化，打通原油进口、成品油出口、保税油加注等关键环节，舟山片区在全国率先获批油气全产业链开放发展赋权政策。

3. **动态优化完善**

中咨公司全过程参与舟山绿色石化基地谋划和建设工作。2005年，受浙江省发展和改革委员会委托，开展浙江省沿海石化产业布局研究。2012年，受舟山群岛新区委托，开展"舟山新区石油加工定位研究"，提出在大小鱼山岛建设舟山石化基地。2014年9月，受舟山市政府委托，开展《舟山绿色石化基地总体规划》编制工作，结合国家《石化产业规划布局方案》要求，提出将舟山基地作为宁波石化产业基地"拓展区"的定位，为基地纳入国家规划提供重要支撑。2016年，完成《舟山绿色石化基地总体发展规划》。2017年，完成《浙江荣盛控股集团有限公司石化产业发展战略研究》。2018年，完成《舟山绿色石化基地围填海工程环境影响及其风险对策研究》。2019年，完成《舟山绿色石化基地总体发展规划（调整）》《舟山绿色石化基地围填海工程优化方案》。2021年，完成《舟山绿色石化基地总体发展规划（修编）（2021~2035）》，为舟山基地顺利发展奠定了坚实基础。

4. **核心项目带动**

舟山市以浙江石化4000万吨/年炼化一体化项目为核心，投资超过2000亿元，建成国内最大、世界领先、绿色发展的炼化一体化基地，提前实现

2025年规划目标。舟山市委、市政府正在积极谋划"一核五区"产业集群发展，以绿色石化基地为核心，统筹带动金塘岛、高新区、六横、海洋产业集聚区、岱山县5个区域加快发展，进一步延伸产业链，向下游发展高端化、绿色化、功能化新材料，集中解决一批国家"卡脖子"技术难题，打造国家级高端化工新材料产业基地。

5. 激发民间活力

舟山绿色石化基地一、二期项目总投资高达1730.85亿元，其中建设投资1574.87亿元、建设期利息88.14亿元、流动资金67.83亿元。一期融资安排30%为企业自有资金，其余为银行贷款。为了充分发挥社会力量，激发民间资本活力，该项目是大型石化行业首次对民间资本开放，也造就了国内最大的民企投资项目，其股权结构是民营企业控股，充分利用了民营企业市场敏锐、决策快速、执行高效的优势；同时3家地方国有企业和上市公司以现金入股，发挥各自优势，高效服务项目建设和运营。其中，浙江荣盛控股集团有限公司（以下简称"荣盛集团"）出资51%，巨化集团公司出资20%，浙江桐昆控股集团有限公司出资20%，舟山海洋综合开发投资有限公司出资9%。

四 现代工程咨询助力石化产业集群高质量发展思路

现代工程咨询对石化产业集群高质量发展具有重要的支撑作用，应大力发挥工程咨询的智库作用，全面开展"1+N+X"全过程工程咨询，持续在建设理念、规划制定、产业创新、人才发展、生态涵养、项目实施等方面贯彻新发展理念，主动融入新发展格局，在建设全过程中充分体现战略性引领、前瞻性谋划、科学性规划、系统性推进、整体性发展，为石化产业集群高质量发展提供崭新样板。

（一）对接落实国家战略，做好石化产业集群发展定位研究

定位研究是发展的战略问题，顺应大背景、把握大趋势、选准大方向是现代工程咨询凸显"智库"特征的重要内容。在产业集群的形成与发展过程中，政府起到不可或缺的作用，其首要任务就是确定产业集群的发展定位。因此，现代工程咨询需充分对接落实国家战略，做好地方石化产业集群发展定位研

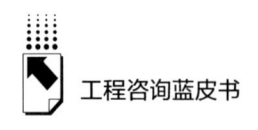

究，确保中央宏观政策、产业规划、政策措施能够有效落地，并引导地方政府落实有关要素保障等一系列问题，构建现代化产业体系，推动新型工业化加快发展。

（二）把握地区禀赋优势，做好石化产业集群总体发展规划

充分发挥当地地理、资源等优势，依托工程咨询单位丰富的规划经验及雄厚的专家咨询团队实力，高标准编制产业发展规划、控制性详细规划、安全控制性规划等，同步完善公用基础配套设施专项规划，规划建设炼化一体化项目区、石化深加工区、物流仓储区、管理服务区等配套园区，高质量打造以炼化一体化项目为龙头，基础化工为主线，高端化工新材料、精细化学品、合成纤维等特色产业为侧翼的石化集群产业链。制定高标准的石化产业集群总体发展规划，为石化产业集群高质量发展打下坚实的理论基础。

（三）按照全产业链一体化思路，布局石化产业集群重大项目

发挥工程咨询公司资源整合优势，按照"链条化规划、一体化布局、基地化发展"的总体思路，推进石化产业集群项目落地。围绕石化集群炼化一体化项目龙头，上下延伸产业链条；加快隔墙工厂建设布局，按照一体化思路引进原料及辅助气体、高端新材料、合成纤维、精细电子化学品、高端医药等相关上下游配套项目，构建乙烯、丙烯、碳四等多条产品链，打造产业链"闭合圈"，加快化工产品资源就地沿链转化。按照产业项目、公辅设施、物流传输、安全环保、管理服务"五个一体化"模式，规划建设石化产业高质量发展示范基地，初步实现"两集中一集约"，即水电气热集中供应、污染物集中处置，物流运输体系集约使用，实现基地化集约化融合发展，提高整体的经济效益。

（四）用好创新联盟等高端平台，提高石化产业集群科技含量

充分发挥好工程咨询单位丰富且雄厚的专家库资源优势，全面对接国家、省、市等创新平台，整合行业创新落地需求，谋划建设石化产业集群高质量发展创新策源高地，打造新型工业化国家级创新示范区。积极引导企业创建专家工作站、工程技术研究中心等科研平台，打造人才创业创新的聚集地。打造国

家高端技术中试转化平台，突破"卡脖子"技术，实现技术由"实验室到田间地头"的关键性转变。结合石化产业特点，成立石化产业集群科技创新联盟，产业基地企业积极入盟，并邀请国内外知名大学等高校专家教授等担任联盟顾问，打造石化产业集群高质量发展信息交流、协同创新和人才培育的新平台。加强知识产权运营服务体系建设，以专利导航信息为指引，推动创新资源分别与产业发展目标相一致，加快形成石化产业集群高质量发展新模式，不断提高产业发展创新水平和可持续能力。

（五）调动资源对接优势，统筹石化产业集群与当地人文生态耦合共生

积极调动工程咨询公司的政府社会资源对接优势，发挥顶层设计的引领作用，建立起石化产业集群与当地生态人文耦合共生发展体系。协调石化产业集群内企业、政府、社会团体等各要素设立民生保障专项资金，结合"美丽乡村"建设行动，大力发展农村基础设施、文教卫公用配套、老人活动中心等公益事业，推进石化产业集群实现高质量产城融合发展。引导产业园区周边未就业群众就近到技术学校、职业中专等学校培训基地，自由选择工种接受免费的技能培训。定期组织公众开放日活动，加快建设"智慧+"石化产业集群，全面开展挥发性有机物污染治理，在石化园区周边设置在线连续监测设备，深入开展大规模国土绿化行动，促进石化产业集群高质量绿色融合发展，让绿色成为石化产业集群发展最基础的底色。

参考文献

中国石油和化工勘察设计协会：《工程先锋——中国石油和化工勘察设计行业发展纪实（1949~2019）》，化学工业出版社，2022。

中国国际工程咨询有限公司：《国家重大工程档案，工业卷（上）》，人民交通出版社股份有限公司，2021。

智库建设篇

B.11 基于工程咨询实践建设国家高端智库研究
——以中国国际工程咨询有限公司为例

国家高端智库建设研究课题组 *

摘　要： 本文以中国国际工程咨询有限公司为例，围绕智库定位、发展历程、建设路径等方面深度解析其在智库建设中的探索与实践，并详细阐述了中国国际工程咨询有限公司在南水北调工程决策中的咨政、启明等智库作用，旨在通过总结中国国际工程咨询有限公司智库建设的实践经验，进一步推动工程咨询业智力资源高质量发展，更好地服务于党和国家工作大局。

关键词： 国家高端智库　工程咨询　南水北调

智库在影响政府决策、破解经济社会发展难题中发挥着重要作用。工程咨询业天然就带有智库属性。胡乔木同志曾提出，中国共产党和政府决策的五种方式之一是加强咨询机构的作用。这从侧面反映出，建设工程咨询业智库对推进国家治理体系和治理能力现代化具有重大意义。

---

* 课题组成员：赵旭峰、姜富华、张蓉、邢智慧、于明、赵鹏程、孙思琪，中国国际工程咨询有限公司。

一 建设中国特色新型智库的重大意义

（一）中国特色新型智库的主要特征

党的十八届三中全会以来，习近平总书记对智库建设作出系列重要批示，详细阐述中国特色新型智库的内涵与功能，并指出智库发展是国家软实力的重要组成部分，也是国家治理体系和治理能力现代化的重要内容。我们认为，中国特色新型智库主要体现出以下特征。

一是"特"。坚持中国特色，以"中国实践"为基础，以"中国问题"为导向，以"中国风格"为特征，以"重大矛盾与关系"为主题，以专业化研究为手段，拓展中国道路，完善中国制度、深化中国理论。

二是"新"。体现新时代特征，要立足"两个大局"，站在新时代的视角研究问题；建立新机制，推动传统智库向现代智库转型，构建具有中国特色的新型智库管理模式与运行机制；打造新主体，从以官方智库为主的单一主体转向官方智库、企业智库、社会智库等共同发展的多元主体。

三是"专"。每个智库都应具有不被替代的专业特色，即拥有擅长的研究领域，是某一领域权威的"专家"。在专业化的基础上，开展持续的专题研究、深度研究和跟踪研究，做到融会贯通，不仅要高出一等，还要独树旗帜。

四是"才"。集聚一批有丰富研究经验、在特定领域具有权威性的专家学者。他们是智库研究成果的主要生产者，在智库的研究活动中发挥着重要作用，其学术水平和影响力直接影响着智库的研究质量和影响力。

（二）中国现代智库的发展历程

1.萌芽阶段（1978年之前）

早在抗日战争期间，中国共产党就在中央和各解放区创办了调查研究局，以及"抗大"、中央党校、中央研究院等机构，为党中央决策部署提供重要参考。新中国成立后，我国成立了国务院参事室、中央文献研究室、中国科学院等机构，之后又逐渐形成了以党校、党政研究室、社会科学院、高校为智库主体的智库体系。这一时期智库建设主要为政府主导模式，通常由政府直接设立

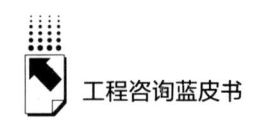

或委托管理，在政策制定和实施中发挥着重要作用。

2. 探索阶段（1978年至20世纪90年代末期）

改革开放后，我国出现了首批民间智库，它们以市场化模式运作，更加灵活多样。此外，政府依托于高校建立了许多研究中心，进一步提高了智库体系的层次性和专业性，激发了各类观点的碰撞。这一时期智库建设呈现组织形式多样化趋势，研究议题也由政治、经济、社会等传统领域拓展至科技、环境、能源、国际关系等新兴领域，为推动中国经济社会发展和改革开放进程作出了积极贡献。

3. 快速发展阶段（21世纪初至2012年）

进入21世纪后，我国智库在形式、组织、运营机制上出现转型。各地相继成立决策咨询委员会，专家、学者们可以通过内参、简报等信息载体将政策建议送至党中央最高决策层，智库在国家治理过程中的决策咨询作用已经越来越为党和政府所重视。此外，高校智库也进入快速发展阶段，例如，国家发展研究院在政府与市场关系、新农村建设等方面取得优异成绩；中国科学院—清华大学国情研究中心在提供咨政服务和理论创新等方面成果颇丰。

4. 创新发展阶段（2013年至今）

党的十八大以后，以习近平同志为核心的党中央将发挥智库作用纳入党决策咨询的制度化建设。2012年底，习近平总书记在中央经济工作会议上强调高质量智库在国家决策制定过程中能够发挥重要作用；2013年4月，习近平总书记强调"智库是国家软实力的重要组成部分"，提出要建设"中国特色新型智库"；2013年11月，党的十八届三中全会作出《关于全面深化改革若干重大问题的决定》，提出"加强中国特色新型智库建设，建立健全决策咨询制度"；2014年10月，中央全面深化改革领导小组审议通过《关于加强中国特色新型智库建设的意见》；2015年11月，中央全面深化改革领导小组发布《国家高端智库建设试点工作方案》，提出建设一批"国家亟需、特色鲜明、制度创新、引领发展"高端智库的具体工作部署；2015年12月，国家高端智库建设试点工作会议的召开，标志着中国特色新型智库建设迈入一个新的高质量发展阶段。2020年，中央全面深化改革委员会通过了《关于深入推进国家高端智库建设试点工作的意见》，强调"建设中国特色新型智库是党中央立足党和国家事业全局作出的重要部署，要精益求精、注重科学、讲求质量，切实提高服务决策的能力水平"。

党的十八届三中全会以来的系列政策反映了党和国家对智库建设的新战略、新思想和新方针，极大地促进了我国智库的创新发展。

（三）建设工程咨询业智库具有重要意义

工程咨询业是我国投资建设活动的先导，是知识密集型的现代服务业，主要聚焦战略规划、产业政策、重大工程等领域开展咨询研究，提出决策参考和政策建议，天然就带有智库属性。1989年3月，胡乔木同志在访问美国期间所作的一次学术讲演中提到，中国共产党和政府决策的五种方式之一是加强咨询机构的作用。因此，建设工程咨询业智库对推进国家治理体系和治理能力现代化具有重要意义。

1. 有利于完善中国特色新型智库体系

一是成为国家高端智库体系的生力军。2022年以前，国家高端智库以宏观经济、重大战略研究为主，缺乏能够服务于重大工程项目建设、重大产业规划并提出相应政策建议的专业化、综合性智库。加强工程咨询业智库建设，将有效弥补我国智库体系的薄弱环节，实现政府决策链的强链补链，改变当前国内智库战略谋划较强、落地支撑较弱的局面。

二是强化中国特色新型智库研究的专业和学科支撑。工程咨询具有综合性、系统性、跨学科、多专业等特点，对国民经济的各个领域都有重要的支撑作用。工程咨询业智库作为公共智力资源平台，开展独立、公正、科学的决策咨询，通过开展重大项目咨询评估、国家和地方重大规划研究、以重大课题研究为主的政策咨询、工程咨询技术标准制定等特色业务，为党和国家工作大局提供决策参考，为我国经济社会高质量发展赋能。

2. 有利于推动工程咨询业高质量发展

一是有利于提升行业技术水平和能力。工程咨询业属于智力密集型产业，工程咨询业智库作为汇聚行业顶尖智慧的平台，可以通过开展前沿技术研究、探索行业发展趋势、分享成功案例等活动，促进行业智力资源整合和创新能力提升，推动工程咨询业高质量、高效率发展。

二是有利于促进行业自律和规范化发展。工程咨询业智库可以通过发布行业报告、制定行业标准、开展专业培训等方式，促进工程咨询业的自律和规范

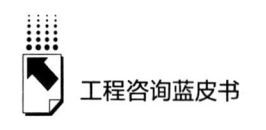

化发展；推动行业内部资源共享和信息交流，促进行业发展的良性竞争和合作。

三是有利于培养行业人才和专业人员。工程咨询业智库可以通过开展专业培训、设立奖金、支持科研项目等方式，为工程咨询业培养和输送优秀人才。此外，还可以为行业内部的专业人员提供终身学习和发展的平台，激励其不断提升专业水平和创新能力，为行业的可持续发展奠定人才基础。

3. 有利于持续增强我国国际影响力

工程咨询业智库建设借鉴国际先进经验和技术，通过服务国家"一带一路"建设、积极参与中国企业"走出去"、参与国际行业标准制定、举办工程咨询领域高端论坛、建立国际联盟等多种形式，加强国际交流与合作，形成工程咨询业展示中国软实力、传播中国影响力的独特渠道，更好地将智库的研究成果转化为决策和实践的推动力，持续提升我国国际影响力。

二 中咨公司建设高端智库的实践探索

中国国际工程咨询有限公司（以下简称"中咨公司"）成立于1982年，伴随着改革开放应运而生，在宋平、朱镕基等老一辈中央领导同志的倡导、指导下创建、兴起，伴随方兴未艾的国家基本建设成长、壮大，是国家投资建设领域"先评估、后决策"制度的奠基者和先行者。经过40余年的发展，中咨公司已成为国内规模最大、实力最强的综合性工程咨询机构，在国家经济社会发展和国防建设中发挥着独特的参谋作用。中咨公司拥有全部21项工程咨询甲级资信，业务涵盖政策研究、规划咨询、项目评估、工程管理、后评价和管理咨询等类型，形成了贯穿国民经济各领域、投资建设全过程的业务链条。服务对象包括国家各部委、中央军委各部门、各省（区、市）、中央企业和金融机构等。

40余年来，中咨公司累计承担了8万余项各类咨询任务，涉及投资超过125万亿元。公司参与西电东送、西气东输、南水北调、退耕还林、首钢搬迁、京沪高铁、奥运场馆、百万吨级乙烯、百万千瓦级超超临界电站、千万吨级炼油、大飞机、探月、载人航天等重大建设项目咨询评估，以及京津冀协同发展、西部大开发、长江经济带、东北振兴、海南自贸试验区、粤港澳大湾区建设、"一带一路"倡议与互联互通等重大发展战略规划论证与编制，为国家经济建设和社会发展作出了重要贡献。与此同时，中咨公司聚焦中央领导关心的重大问题、经济社会发展的热点问题以及国家战略实施面临的难点问题，向党和政府提交了一大批高质量的政策咨询建议，彰显了中咨公司的智库影响力。在2021年中国工程咨询协会发布的工程咨询业智库型单位影响力30强中，中咨公司排名第一。中咨公司以工程咨询起家，逐步发展成为"智库+工程咨询"的中国特色高端智库。

（一）历史性地成为经济建设领域决策科学化民主化的先行者

改革开放初期，宋平同志在美国考察期间，看到兰德公司在国家治理中发挥了巨大的参谋作用，回国后便提出组建中咨公司的想法，得到党中央、国务院的大力支持。1985年，在宋平同志的建议和推动下，国家计委报送了《关于加强中国国际工程咨询公司的报告》，明确指出对大中型基建项目和限额以上技改项目要按照"先评估、后决策"的原则，由中咨公司对可研报告及工程设计进行评估。这既是国家项目决策程序的重大改革，也赋予了中咨公司智库的历史使命。

1992年以后，为了适应我国社会主义市场经济体制的新形势，中咨公司在继续做好政府项目咨询评估工作的同时，加强了宏观专题研究，完成了一系列行业和地区发展规划的编制与咨询评估任务，一大批研究成果得到中央高度重视。1998年，朱镕基等中央领导同志要求中咨公司加强宏观问题和重大政策研究，更好地为国家决策服务。中咨公司开始对事关国计民生的重大项目提供咨询意见，智库的属性进一步增强。

（二）走出一条"智库+工程咨询"的中国特色道路

中咨公司始终谨记老一辈中央领导同志的殷切嘱托，把推动落实国家战略作为历史使命，把自身发展融入国家战略，在服务社会主义现代化的伟大进程中体现智库价值。宋平同志曾这样评价中咨公司："本着公正、科学、可靠的原则对许多重大建设项目进行论证评估，提出咨询建议，为国家做出正确投资决策提供了依据。"朱镕基同志也曾要求中咨公司：把"敢言、多谋、慎断"作为行为准则。多年来中咨公司始终将其作为评估工作的遵循。

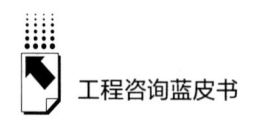

2010年，以时任总经理肖凤桐为首的领导班子提出了将中咨公司建设成为"国家经济建设思想库和工程咨询业领先者"的战略构想。公司按照中央领导要求和建设思想库的战略目标，组建了专门的研究部门——战略咨询部，核心任务是就综合性、宏观性以及中央关心的热点及难点问题开展研究，向中办、国办等上级部门报送政策建议，并完成上级约稿任务。为落实中央加强中国特色新型智库建设和促进咨询业规范健康发展的要求，公司在"十四五"发展规划中，旗帜鲜明地提出将建设"国家高端智库和世界一流咨询机构"明确为发展战略目标。2022年6月，经中央批准，公司正式成为国家高端智库建设培育单位。中咨公司以工程咨询立足，逐渐发展成为一个智库型的工程咨询机构，走出了一条"智库+工程咨询"的中国特色的工程咨询公司发展道路。

（三）形成了一系列有影响力的决策咨询成果

40余年来，中咨公司在重大项目咨询评估的基础上更加重视总结经验、发现问题，围绕国家重大决策需要开展深入调查研究，报送了800余篇政策建议。比如，2019年，中咨公司在开展革命老区政策评估工作中发现，福建三明市在落实国家战略方面特色鲜明，在医改、林改、精神文明建设和社会综合治理领域的探索和实践与"五位一体"总体布局高度契合，具有向全国推广的重要意义，于是对三明市的经验进行分析研究和总结提炼，形成《咨询专报》上报中央，"三明实践"由此诞生。再如，2015年国家部署加快实施先进制造业转型升级重大战略，中咨公司研究发现，关于产业工人大军建设在认识和制度等方面仍存在一定欠缺。为此，公司深入调查研究，向中央上报了《产业工人队伍改革指导意见》，汇报对我国特别是东北地区装备制造企业建设知识化、技能化和专业化产业工人大军的思考和建议，获得中央领导同志的重要批示。有关指示批示被中央深改办列为重大改革议题，由全国总工会牵头成立课题协调工作小组，会同人力资源和社会保障部、国家发展改革委、教育部、工业和信息化部等共同开展推进产业工人队伍建设改革方案研究工作，中咨公司有关同志受邀加入课题协调工作小组，深度参与改革方案的研究起草。2017年6月，中共中央、国务院印发了《新时期产业工人队伍建设改革方案》，全面采纳了中咨公司报告的建议举措。

（四）聚焦三大方向建设国家高端智库和世界一流咨询机构

1. 服务中央决策

世界百年未有之大变局加速演进，咨询行业要胸怀"国之大者"，把握和回应新时代发展变革的主题主线，在经济社会高质量发展、国防工业现代化、对外开放等领域，开展战略研究、政策研究。密切关注经济社会发展中的热点、难点问题和中央领导关心的重点问题，开展战略研究、政策研究，及时进行咨政建言。积极承接中央和国家部委研究课题，参与调研、文件起草、专题研究，使智库建设全面融入决策、服务决策。

经历了几十年的工程咨询评估的探索实践，中咨公司积累了丰富而宝贵的工程咨询经验，在此基础上，围绕中央领导关心的重点问题、重大战略推进中的难点问题、经济形势热点问题，持续深入研究，形成了一系列高质量的政策咨询研究成果。特别是近十年来，公司将学习贯彻习近平新时代中国特色社会主义思想的成果转化为政策建议，累计报送了600多篇政策咨询报告，绝大部分成果被中央和国家部委采纳。

2. 服务国家重大工程建设

习近平总书记指出，中国经济社会能够快速发展，其中工程科技创新驱动功不可没；三峡工程、西气东输、西电东送、南水北调、青藏铁路、高速铁路等一大批重大工程建设成功，大幅提升了中国基础工业、制造业、新兴产业等领域的创新能力和水平，加快了中国现代化进程。从"一五"到"十四五"，每个五年规划（计划）国家都部署了百余项重大项目，涵盖科技教育、基础设施、产业发展、生态环保、社会民生等诸多领域，一批世界级标志性重大工程建成投运，一批前瞻引领性项目部署实施，一批关乎群众切身利益的民生项目扎实推进，体现了中国特色社会主义制度能够发挥集中力量办大事的优越性。我国经济发展的历史实践，证明了重大项目是推动经济高质量发展的"压舱石"，加快了中国现代化进程。

中咨公司40余年积累的核心品牌就是重大工程咨询。作为第三方机构，中咨公司始终秉承"公正、科学、可靠、敢言、多谋、慎断"的中咨精神，承担了改革开放以来几乎所有国家重大工程项目的咨询评估任务，在开展这些国之重器的咨询论证过程中搭建起了自然科学和社会科学工作者紧密互动、协

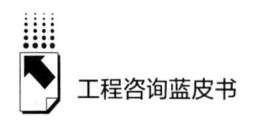

同发力的工作平台，并通过这个平台集中工程科技的最新成果，使一代代饱含爱国之情的科技工作者能够为"国之大者"真正发挥智囊、参谋、研究、咨询的智慧力量，为工程决策提供有力的支撑。

3. 制定技术标准

标准是经济活动和社会发展的技术支撑，是国家基础性制度的重要内容。在经济全球化背景下，标准不仅在推进国家治理体系和治理能力现代化中发挥着基础性、引领性作用，也已成为各国引领产业升级、争夺产业链话语权，乃至提升国家竞争力的重要抓手。

作为我国工程咨询业排头兵，中咨公司始终在咨询工作标准化体系建设中发挥创新引领、标杆示范的重要作用。先后参与编制出版了《投资项目可行性研究指南（2002年）》《建设项目经济评价方法与参数（第三版）》等具有极强行业影响力的工具书；参与研究制定了《重大固定资产投资项目社会稳定风险分析篇章编制大纲及说明（试行）（2013年）》《政府和社会资本合作项目通用合同指南（2014年版）》《政府投资项目可行性研究报告编写通用大纲（2023年版）》《企业投资项目可行性研究报告编写参考大纲（2023年版）》《政府和社会资本合作项目特许经营方案编写大纲（2024年版）》等相关部委行业指导性文件，还通过自设课题等方式开展众多专题研究，相关成果为做好工程咨询工作提供了有力的支撑。

标准决定质量，咨询业高质量发展需要相应的高标准作为支撑，今后中咨公司将通过做强咨询工作企业标准，立足专业化，迈向科学化，加快建设国家高端智库。

（五）智库建设的实践经验与创新

1. 完善组织架构，建章立制

中咨公司已成立专职从事高端智库建设的中咨战略研究院，由公司主要负责人担任院长，分管智库建设领导班子成员担任执行院长，研究院下设政策研究室、学术委员会，以及若干专业研究所，以服务党和国家科学民主决策为宗旨，发挥好平台作用，围绕国家社会经济发展和国防事业中的重大问题，开展基础性、前瞻性、战略性研究。

中咨公司按照国家高端智库建设有关标准和要求，围绕做实做强中咨战略研究院、智库培育建设方案、项目和成果管理、人员与经费管理等方面，研究制定具体制度。重点是遵循智库发展规律和决策咨询工作内在要求，改革管理方式，打造以决策研究为导向、以研究人员为中心、以研究项目为纽带的治理体系。

2. 形成特色研究领域

中咨公司依托多行业综合优势和长期从事重大项目、规划咨询研究工作的基础，明确了产业智库的建设方向，围绕经济社会、国防军工、"一带一路"建设三大领域的高质量发展开展深入研究。

3. 建立高层次智库团队

中咨公司现有职工5000余人，其中从事咨询工作的约1200人，硕士及以上学历占95%，具有高级技术职称的专业技术人才占比超过65%，国家注册咨询工程师（投资）占比达到45%，30人先后获得国务院政府特殊津贴。同时，公司借助社会力量构建庞大的专家队伍，建立了拥有5.4万名各领域、各层次专家的专家库，常用专家就有2.1万名；注重吸纳具有丰富决策经验的退休专家，打造开放的智库研究平台。

4. 强化标准引领

加强咨询工作标准化体系顶层规划，构建符合中咨公司实际的标准化制度、标准化体系的基本框架结构以及标准化建设路线图，逐步形成公司先进标准引领业务发展、优势业务部门领跑标准建设应用的企业文化。建立健全咨询业务标准，构建结构合理、衔接配套、覆盖全面、适应当前及今后工程咨询业发展需求的咨询业务标准体系，促进咨询业务经验智慧转变为标准。

5. 持续加强理论方法研究

中咨公司不仅是第一部投资项目可行性研究指南的具体制定者，也是建设项目经济评价方法与参数的主要起草者，在实践中不断丰富发展工程咨询理论方法，为我国投资体制改革的不断深化和行业规范的制定作出了重要贡献。近年来，中咨公司又开展了基础设施PPP模式和REITs模式相关理论研究。

6. 开展国际合作交流

近年来，中咨公司举办了多场高层论坛，邀请部委领导和具有较高社会知名度的专家学者参加，扩大公司的社会影响力。同时还注重加强与欧美智库的交流合作，公司领导多次带队赴欧美知名智库进行学习考察，包括英国国际战略研究所、伦敦大学、德国哈雷经济研究所、德国席勒经济研究所、法国世界

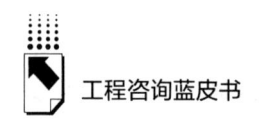

经济研究所等,建立了与国外相关机构的联系与合作机制。

7. 积极践行数字化赋能

为适应数字经济发展的需要,中咨公司积极推动数字智库建设,主要聚焦政府重大决策、重大战略制定、重要发展部署等智库服务重点方向,以及生产力布局、产业结构调整、重大项目优化等智库建设优势领域构建中咨数字平台,通过汇聚宏观数据、行业数据、企业数据、区域数据、政策法规数据,为国家和社会提供更加安全、可靠、高效的数字化智库服务。

三 中咨公司发挥高端智库和一流咨询机构作用的典型案例:南水北调工程

南水北调工程是缓解我国北方水资源严重短缺状况、构建国家"四横三纵、南北调配、东西互济"水资源配置格局、保障经济社会和生态环境协调发展的重大战略性基础设施,是迄今为止世界上规模最大的调水工程。南水北调工程的咨询论证过程历经数十年,是国家投资决策"先咨询、后决策""先评估、后立项"的经典案例。

(一)咨询评估特点

早在20世纪50年代,南水北调工程就开始了前期论证工作,并一直持续至今。中咨公司全过程参与了20世纪80年代以来该工程的咨询评估工作,并将持续支撑项目论证。相较于其他重大工程,南水北调工程的评估论证具有以下几个特点。

1. 论证开展早,持续时间长

中咨公司自成立之初就深入参与南水北调工程的评估论证、专题研究等有关工作。从1986年中咨公司评估《南水北调东线第一期工程设计任务书》提出"由于工程方案没有一个总体规划,将来究竟能向华北调多少水,没有落实"等咨询意见开始,到南水北调东、中线一期工程咨询评估,到南水北调东线二期工程、中线调蓄工程、引江补汉工程咨询评估,再到南水北调总体规划修编工作咨询评估,已历经近40年,目前咨询评估工作仍在持续。

2. 论证团队规模大，参与程度深

1996年，国务院批准成立南水北调工程审查委员会，中咨公司是成员单位。时任公司主要领导的屠由瑞、包叙定等人都曾带队深入开展南水北调工程全线调研，助力整体工作的推进。2000年10月15日，时任中共中央政治局常委、国务院总理朱镕基在中南海主持召开会议，听取国务院有关部门和各方面专家对南水北调工程的意见。在座谈会上，时任水利部部长汪恕诚、中咨公司董事长屠由瑞、国家计委副主任刘江等人就南水北调的有关问题进行了汇报。2001年，中咨公司成立由屠由瑞担任领导小组组长、王武龙和张春园为副组长的南水北调工程咨询评估团队，小组成员包括雷鸣山、肖凤桐、任苏行、邱志明、杨东民、王永庆等多位公司领导，设立了由28位成员（包括16名院士）组成的南水北调工程专家委员会，以及由100多人组成的专家和工作团队。

3. 单点开工、整体论证同步推进

进入21世纪，北方地区缺水情况日益加剧，其中华北地区尤为突出。为加快工程进度，南水北调工程采取了单项工程建设和整体工程前期工作同步推进的特殊方式。2002年，中咨公司先期评估了南水北调东线一期工程山东境内的东平湖—济南段输水干渠工程和江苏境内的潼河、三阳河、宝应站工程的可行性研究报告。同年12月，在人民大会堂和山东省、江苏省施工现场三地同时举行了南水北调工程开工典礼，朱镕基总理在人民大会堂主会场宣布南水北调工程正式开工。随后，南水北调中线一期工程的京石段输水总干渠、丹江口水利枢纽大坝加高等单项工程相继开工建设。直到2004年和2006年才分别开展了南水北调中线和东线一期整体工程项目建议书和可行性研究报告的评估。

4. 时间跨度大，情况复杂

《南水北调工程总体规划》批复已逾20年，南水北调东、中线一期工程已经建成通水，后续工程仍在论证。中咨公司在后续工程推进中发现，南水北调工程面临诸多新情况和新问题，于是积极与国家发展改革委等有关部门深入沟通，研究形成的政策建议上报中央并得到中央领导同志圈阅。2021年，为深入贯彻落实习近平总书记有关要求，中咨公司承担了南水北调工程总体规划实施情况咨询评估工作，提出开展南水北调总体规划修编工作等咨询建议，为新时期高质量推进南水北调工程建设提供了科学依据。

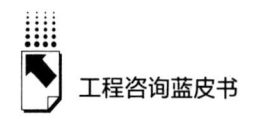

（二）咨询评估经验

中咨公司持续开展南水北调工程建设咨询评估工作已近40年，在这个过程中，公司不断总结咨询理念、方法，在切实提升咨询水平的同时，也培养了一批优秀的咨询团队和项目经理。主要咨询评估经验如下。

1. 坚持实事求是，重视调查研究

中咨公司始终秉持客观科学公正的咨询态度，在持续参与南水北调工程论证工作的数十年里，一直将调查研究作为重要的基础工作，坚持以事实为准绳。特别是对于南水北调工程的具体评估项目，必须先开展深入调研，多源收集资料，广泛听取意见，用数据说话，尊重事实，遵循规律，确保咨询评估结论科学可靠。

2. 坚持一脉相承，重视总结提升

南水北调工程论证深度难度之大、持续时间之长、影响之深远，世界罕见，做好相关咨询评估工作极具挑战。中咨公司在其成立之初就参与到南水北调工程的咨询评估工作中，40多年来，虽然主持咨询评估的项目经理换了一批又一批，但这些咨询人员都是在参与前期咨询评估工作的过程中成长起来的，形成了很好的传承。得益于公司对南水北调工程多年持续跟踪研究的良好基础，项目团队开展咨询评估时，通过运用多种咨询方法，能够快速并准确地发现问题、分析影响，有针对性地提出咨询意见建议。

3. 坚持新发展理念，重视系统治理

南水北调工程涉及长江、黄河、淮河和海河等四大流域和数十个省级行政区，影响范围广。工程的前期论证始于新中国成立之初，经历了改革开放时期，又进入新的发展时期，每个时期工程所涉及的地区人口、产业与经济都面临不一样的发展态势，水资源配置格局等也大为不同，工程建设基础条件动态变化，影响工程实施的因素也随之变得更为复杂。缺水问题、生态环境问题、航运问题、能源问题、粮食生产问题，以及人口与经济发展趋势研判、水资源高效利用等多学科多领域相互交织、互为影响，给工程建设咨询带来更大的挑战。中咨公司坚持实事求是，系统分析受益区与影响区的各种因素，统筹新情况和新形势，抽丝剥茧，在多种变化中把握重点问题，为高质量推进南水北调后续工程建言献策。

(三)咨询评估成效

南水北调工程的咨询评估与其他基础设施建设有很大不同,在工程决策与建设动态变化的背景下,中咨公司的咨询评估意见和建议为推动重大工程科学决策和科学建设提供了有力支撑。

1. 推动重大工程顶层设计

早在20世纪80年代对南水北调单体工程进行评估时,中咨公司就从统筹南北方水资源配置等角度出发,提出了缺少总体规划的关键问题,为2000年开展南水北调总体规划编制,系统谋划南水北调东、中、西三条调水线路,科学实施南水北调工程提供了有力支撑。2021年,在总结引江补汉工程、南水北调东线二期工程、南水北调中线调蓄工程方案评估问题的基础上,中咨公司开展了南水北调工程总体规划实施情况评估,紧紧围绕调水相关区域在高质量发展阶段水安全保障面临的新形势和新问题,提出要抓紧修订南水北调工程总体规划,为科学开展后续工程提供指导。可以说,南水北调工程总体规划是南水北调工程的顶层设计和基本依据,也是实现国家重大战略、南北方高质量发展的重要保障。

2. 助推重大工程科学建设

南水北调工程的咨询评估,一方面需要从工程技术角度论证方案的可行性,另一方面希望借助咨询评估这一重要决策服务形式,进一步协调、解决来自各个方面大量的意见分歧,努力促成有关各方达成共识,因此,咨询评估的过程始终保持了较高的透明性。此外,南水北调工程咨询评估过程中所召开的专家咨询会、座谈会、评估会场次之多,参加人数之多,在中咨公司所有项目中是首屈一指的。在大量科学的咨询评估后,南水北调东线和中线一期工程、引江补汉工程顺利建设实施。2013年和2014年,南水北调东线、中线一期工程分别全面建成通水,目前已累计向北方调水超过500亿立方米,在保障人民饮水安全、支撑经济社会发展的同时,对受水地区改善环境、促进生态系统修复起到了积极的促进作用,经济、社会和生态效益明显。

3. 支撑重大工程科学决策

参与南水北调工程咨询评估以来,中咨公司提出了多个深化工程论证的意见和建议。1986年,中咨公司提出"由于工程方案没有一个总体规划,将来究竟能向华北调多少水，没有落实"等咨询意见；中咨公司针对南水北调东线二期工程提出"从目前水量消纳和用水需求看，将《南水北调工程总体规划》确定的二、三期工程合并一次建设的问题突出，时机尚不成熟，需根据受水区供用水新形势和高质量发展等新要求，加强顶层设计，积极推进东线后续工程建设"等咨询意见；2021年，中咨公司进一步提出"规划已批复近20年，长江及黄淮海流域供用水情势及南水北调后续工程建设形势都发生了很大变化，特别是我国已进入新时代，各方面都在按高质量发展的要求推进各项工作，原定规划安排已不尽合适，需要顺应各方面形势发展变化、审时度势、科学论证、优化布局来进行修编"等咨询意见。对于夯实顶层设计、开展重大问题专题研究等南水北调工程建设中的国家多项重大决策，中咨公司的咨询意见都为其提供了有力的支撑。

四　中咨公司基于工程咨询实践建设国家高端智库的几点认识

一是"先评估、后决策"制度是我国科学决策体系的伟大创举，是全过程人民民主在经济建设领域的生动实践。

党的十一届三中全会以后，通过正反两方面历史经验的对比，党进一步认识了决策民主化和科学化的重要性。1986年，时任国务院副总理万里在全国软科学研究工作座谈会上指出"改变旧的不适应现代化要求的决策方法是我国政治体制改革的重要环节""解决了决策民主化、科学化的问题，就能够大大完善和巩固我国的社会主义制度，充分发扬亿万人民的主人翁责任感，充分发挥他们的积极性和创造性，也就能够充分发挥社会主义制度的优越性"。1989年，时任中央顾问委员会常委胡乔木访美期间所作的《中国领导层怎样决策》演讲中提到，中国共产党和政府近年在决策过程中注意加强咨询机构的作用。这些都体现了支持和促进咨询事业发展成为中国共产党民主执政的重要战略安排。

"先评估、后决策"制度通过工程咨询把经济决策变成集思广益、有科学依据、有制度保证的过程，为促进经济社会持续健康发展、推动国家治理体系和治理能力现代化提供了有效支撑。这一制度实质上将党调查研究、民主讨论、集体领导的优良作风有机联系起来,确保了国家经济建设在时间上的连续性、内容上的整体性、运行上的协同性、社会各界参与上的广泛性和持续性,生动彰显了全过程人民民主在经济建设领域的强大生命力。

二是将科学品质贯穿工程实践的全过程是工程咨询业服务社会主义现代化国家建设的基本要求。

改革开放以来,我国工程咨询业规模不断扩大,截至2020年末,全国工程咨询单位数量超过1.9万家,从业人员达250万人。快速发展的工程咨询事业,既满足了国家改革开放以来各个五年投资计划顺利实施的决策需求,又保障了一批重大工程项目建设的科学性。工程咨询是知识和技术高度密集的专业化服务,涉及自然科学和社会科学的诸多领域,其本质在于把科学引入国家经济社会发展和投资建设项目决策与实施活动中。工程咨询秉持科学品质,不仅是指把科技成果直接应用于工程建设本身,优化提升投资项目的技术可行性、经济合理性、风险可控性,更重要的是指将科学作为综合的知识体系和思维工具,从宏观上观察、分析、判断复杂多变的技术路线、经济现象和社会影响,在更广范围内为工程项目的决策、建设、运营提供涉及组织、管理、经济和技术等各方面的全生命周期咨询服务。

坚持科学咨询是现代化国家治理的重要标志之一。采取科学的方法、按照科学的程序进行咨询论证,关键在于工程咨询机构要站在国家整体利益的立场上,避免卷入可能产生的部门偏见和利害冲突中。咨询评估是对建设项目进行科学论证、公正评审。工程咨询业也只有如此,做到对国家负责、对人民负责、对历史负责,才能真正成为社会主义现代化国家建设的可靠支撑。

三是胸怀"国之大者"、倾力奉献智慧的一代代科技工作者,是建设国之重器、铸就中国方案的坚实力量。

当今世界,工程科技进步和创新对经济社会发展的主导作用更加突出,进入新发展阶段,社会主义现代化建设任务之繁重,是过去任何历史时期所不能比拟的。两者叠加,极大地增加了工程咨询服务决策的复杂性和艰巨性。工程咨询要更好地满足国家重大工程建设、关键行业和基础性产业发展、国家经济社会发展战略制定的现实需求,必须与各界专家并肩作战,引导广大科技工作者充分发挥报国之志和专业优势,为建设国之重器、铸就中国方案凝聚起一支

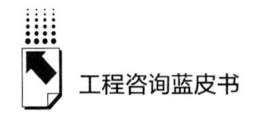

高水平、可信赖、能依靠的人才队伍。

党的十八大以来,我国工程咨询业深度融入"一带一路"建设,积极推动国际产能合作和政府对外援助项目实施,逐渐成为我国参与全球经济治理的重要抓手。进入新发展阶段,我国工程咨询要充分发挥咨询引领作用,坚持共商共建共享的全球治理观,积极推广中国工程咨询技术标准,努力成为深化对外交流和国际投资合作的重要载体,为人类命运共同体从理念转化为行动贡献更多的中国智慧和中国方案。

四是坚持新发展理念是咨询业立足新发展阶段、构建新发展格局、不断创造新发展业绩的根本遵循。

40多年来,工程咨询业始终高举中国特色社会主义伟大旗帜,坚持党的基本理论、基本路线、基本方略,与国家经济社会发展需求和国家治理决策需要保持同频共振,从最初的可行性研究评估和项目管理,发展到今天集政策、规划、产业发展、全过程咨询于一体的综合性工程咨询,不断增强支撑国家科学决策的参谋助手能力。党的十八大以来,习近平总书记高瞻远瞩、深刻洞察、准确研判,正确认识党和人民事业所处的历史方位和发展阶段,提出把握新发展阶段、贯彻新发展理念、构建新发展格局、推动高质量发展。完整、准确、全面贯彻新发展理念,坚持与发展具有中国特色的工程咨询事业,已经成为实现第二个百年奋斗目标的一项重要任务。这就要求工程咨询业必须与时俱进,坚定不移地将新发展理念切实融入项目评估、政策研究、规划编制、全过程咨询等具体实践中,创新性地运用多学科知识、工程实践经验、现代科学和管理方法,不断深化拓展决策咨询服务领域,努力形成精准化服务、信息化支撑、规范化运营、国际化拓展的行业发展新格局,积极推动国家经济社会高质量发展。

五 工程咨询业智库建设的未来展望

回顾我国工程咨询事业的发展历程和宝贵经验,深切感受中国特色社会主义建设的伟大成就,中咨公司更加坚定了高质量发展工程咨询业的信心与决心。站在全面建设社会主义现代化国家、向第二个百年奋斗目标进军的新起点上,整个咨询业要与时俱进,坚定不移地将新发展理念切实融入全过程咨询业务和具体实践中，运用多学科知识、工程实践经验、现代科学和管理方法，不断深化拓展高质量咨询支撑；延长业务链条，加快推进以工程设计为核心的全过程咨询，提升国际竞争力；拓展管理咨询新领域，大力开展替代咨询；加快数字技术在咨询中的应用，培育咨询服务新模式、新业态，加速咨询服务变革，拓展智力密集型服务的深度和广度；实施"卓越工程师培训工程"，提升我国工程师整体水平，打造重要人才中心和创新高地；围绕政策研究、规划编制、园区建设、项目评估、工程管理，继续服务好"一带一路"建设高质量发展。

中咨公司作为工程咨询业的国家高端智库，要坚持以习近平新时代中国特色社会主义思想为指引，坚守服务国家、贡献社会的使命宗旨，秉承"公正、科学、可靠、敢言、多谋、慎断"的中咨精神，不断提高把握新发展阶段、贯彻新发展理念、构建新发展格局的政治能力、战略眼光、专业水平，踔厉奋发、笃行不怠，为实现第二个百年奋斗目标、实现中华民族伟大复兴的中国梦而不懈奋斗。

参考文献

董文胜：《中国智库发展及新型智库建设的政策变迁、实践探索与未来面向》，《决策与信息》2024年第2期。

张娜、李希琼：《走出一条独具中国特色的工程咨询机构发展之路》，《中国经济时报》2022年8月23日。

黎云、王京：《胸怀"国之大者"，助建"国之重器"》，《中国经济时报》2022年4月29日。

苟护生：《再出发　再发展　再辉煌》，《中国投资》（中英文）2022年第15、16期。

本刊编辑部：《继续用高质量咨询服务护航"中国工程"——专访中国国际工程咨询有限公司党委书记、董事长、总经理苟护生》，《中国工程咨询》2023年第11期。

郭建斌、伍思宇、衣梦耘、龚瑶：《重大项目谋划工作存在的主要问题和对策建议》，《中国投资》（中英文）2023年第10期。

张娜、李希琼：《专访｜窦皓：走出一条独具中国特色的工程咨询机构发展之路》，https：//mp.weixin.qq.com/s/dY-_1OeNT82jEQ-keOVbsg。

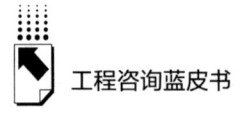

肖静秋、伊南：《从工程咨询到高端智库——专访中国国际工程咨询有限公司党委委员、副总经理窦皓》，《中国投资》（中英文）2022 年第 Z8 期。

姜富华：《【筑梦中咨】科学论证 助力国之重器南水北调工程实施见效》，https：//mp.weixin.qq.com/s/fF3oQp4zziZFJysH2Xhu4Q。

B.12 资源综合利用立法研究咨询

马淑杰 张英健 罗恩华*

摘　要： 中国国际工程咨询有限公司立足咨询评估工作基础，以服务国家宏观战略为导向，深入研究资源综合利用立法相关问题。从国家发展和安全的战略高度，对资源开发领域的法治建设进行充分研究论证，明确法律法规制定的依据和目标，力争为资源综合利用各领域各行业的发展提供法律保障。作为国家顶层设计的支撑单位，中国国际工程咨询有限公司参与国家法律法规及行业标准规范的制定，业务领域不断拓展，通过科学咨询支撑服务中央决策，为建设国家高端智库和世界一流咨询机构奠定坚实基础。

关键词： 资源综合利用　立法研究　咨询评估工作

党的十八大以来，中国在推进生态文明建设的征程上实现了重大跨越，资源利用效率大幅提升，各项工作均取得实质性进展。但我国经济社会发展仍面临巨大的资源环境压力。全面提高资源利用效率是推动经济社会全面绿色转型、保障国家资源安全的重要抓手。制定实施资源综合利用法有利于填补我国资源利用领域的立法空白，促进资源利用效率提高。开展资源综合利用立法研究对于提高立法质量，加快立法进程，增强法律的及时性、系统性、针对性和有效性具有重要意义。

---

* 马淑杰，中国国际工程咨询有限公司资源与环境业务部生态与循环经济处副处长，高级工程师，主要研究方向为资源利用与循环经济、生态文明建设、绿色发展等领域；张英健，中国国际工程咨询有限公司资源与环境业务部主任，正高级经济师，主要研究方向为资源循环利用、生态环境保护以及碳达峰碳中和；罗恩华，中国国际工程咨询有限公司资源与环境业务部副主任，研究员，主要研究方向为生态文明、循环经济、绿色发展等。

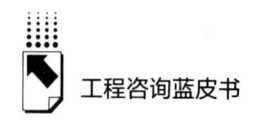

一 资源综合利用立法研究项目介绍

（一）项目背景

全面提高资源利用效率，既是我国经济社会全面绿色转型、实现高质量发展的内在需求，也是保障国家资源安全的战略需要，更是顺应国际绿色发展潮流、积极应对气候变化、构建人类命运共同体的必然选择。党的十八大以来，我国把资源综合利用纳入生态文明建设总体布局，不断完善法规政策、强化科技支撑、健全标准规范，推动资源综合利用产业发展壮大，各项工作取得积极进展。习近平总书记在党的十九大报告中提出："必须树立和践行绿水青山就是金山银山的理念，坚持节约资源和保护环境的基本国策。"[①] 党的十九届四中全会提出，"要坚持和完善生态文明制度体系，全面建立资源高效利用制度"。[②] 党的十九届五中全会提出，"要加快推动绿色低碳发展，持续改善环境质量，提升生态系统质量和稳定性，全面提高资源利用效率"。[③]

资源综合利用立法涉及的背景是多方面的，它是在资源短缺、环境压力、可持续发展需求、技术进步、社会意识提升以及国际竞争等诸多因素的共同作用下产生的。推动立法的目的是建立一个法治化的框架，促进资源的科学合理利用，保护生态环境，推动经济社会可持续发展。具体而言，主要涉及以下几个方面的考量。一是缓解资源短缺与环境压力。随着全球经济增长和生活方式的转变，对自然资源的需求不断增加，而传统的线性经济模式导致资源浪费和环境污染。资源综合利用立法的目的是推动资源的有效利用，减少对不可再生资源的依赖，同时减轻资源环境压力。二是满足可持续发展的需求。可持续发展已成为全球共识，资源综合利用是实现可持续发展的重要手段。立法可以确

[①] 习近平：《决胜全面建成小康社会 夺取新时代中国特色社会主义伟大胜利》，中国共产党第十九次全国代表大会，2017年10月18日。

[②] 《中共中央关于坚持和完善中国特色社会主义制度 推进国家治理体系和治理能力现代化若干重大问题的决定》，中国共产党第十九届中央委员会第四次全体会议，2019年10月31日。

[③] 《中国共产党第十九届中央委员会第五次全体会议公报》，中国共产党第十九届中央委员会第五次全体会议，2020年10月29日。

立资源综合利用的原则和目标，促进经济发展与环境保护的平衡。三是推动技术进步与创新。随着科学技术的不断发展，资源综合利用的技术和方法也在不断创新。立法可以鼓励和推动技术创新，促进资源利用效率的提高和新技术新产品的推广应用。四是促进社会意识的提升。公众对资源环境问题的关注度日益提高，对资源综合利用的认识也在不断深化。立法可以体现社会的需求和意愿，加强公众对资源综合利用的重视和参与。五是适应国际发展趋势与竞争。在国际上，许多国家已经制定或正在制定资源综合利用的相关法律法规。为了适应国际发展变化趋势、提升国家综合竞争力，也需要立法来推动资源科学综合利用，实现资源的高效利用和环境保护。

近年来，国家相关部委多措并举，积极推动资源综合利用，成效初显，在缓解我国资源压力、改善生态环境方面发挥了重要作用。然而，我国资源需求持续增长，资源安全保障压力不断增大，资源利用效率和废弃物资源化利用率偏低，资源综合利用水平亟待提升。此外，现行资源领域相关法律规章中关于资源综合利用的规定分散，且未突出资源高效利用导向，有关规定原则笼统，多为原则性、倡导性规定，缺乏有效实施保障和强制性约束措施，导致在实践中难以落实。因此，亟须制定一部综合性的资源综合利用法，以全面提升资源利用效率，落实宪法中"合理利用资源"的相关规定，弥补我国资源利用领域的法制空缺。

"十四五"期间，我国迈入新发展阶段，致力于构建新发展格局，秉持节约集约循环利用的资源观，全面提升资源利用效率，这成为资源综合利用的关键要点。因此，推进资源综合利用立法，是贯彻中央"全面建立资源高效利用制度"[①]决策部署的必然之举，旨在以最少的资源环境代价，获取最大的经济社会效益。2020年末，十三届全国人大常委会立法规划将资源综合利用立法列为研究论证类项目，并交由全国人大环资委承担。

自2004年以来，中国国际工程咨询有限公司（以下简称"中咨公司"）在资源节约、环境保护、生态文明建设、应对气候变化、节水、节能及能评审查等领域，长期为国家有关部委、地方政府和企事业单位提供政策研究、规划编制、项目咨询评估、政策项目后评价等方面的支持。在服务过程中，中咨公

---

① 《中共中央关于坚持和完善中国特色社会主义制度　推进国家治理体系和治理能力现代化若干重大问题的决定》，中国共产党第十九届中央委员会第四次全体会议，2019年10月31日。

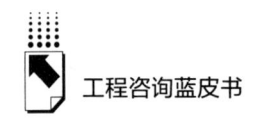

司积累了丰富的实践经验，并通过逐年、逐个项目的滚动积累，形成了强大的专家支持力量。为加快推进立法研究工作，国家发展改革委成立了立法专家组，并委托中咨公司作为第一牵头单位，组织相关专家成立立法研究工作组，以推动相关研究工作的开展。

（二）项目研究的重要意义

1. 资源综合利用法是资源高效利用制度的重要组成部分

党的十九届四中全会作出了"全面建立资源高效利用制度"的重要决策，这是一项具有全局和长远影响的顶层制度设计。目前，我国面临的生态环境问题，从根本上讲，是在快速工业化和城镇化进程中，对资源过度开发、粗放使用和奢侈浪费所导致的。为了改变传统的"大量生产、大量消耗、大量排放"的生产模式和消费模式，我们需要使资源、生产、消费等要素相互匹配和适应。全面建立资源高效利用制度，需要树立节约集约、循环利用的资源观，紧紧围绕促进资源利用更加高效的目标，完善一系列与资源综合利用相关的制度建设。

"十四五"时期，我国进入新发展阶段，在新发展理念的引领下，加快构建新发展格局，开启了全面建设社会主义现代化国家的新征程，高质量发展成为主题。此时，更需要从国家发展与安全的战略高度，重视资源开发利用的法制建设工作，从制度层面规范资源综合利用行为。推进资源综合利用立法，是完善资源高效利用制度的必然要求，也是贯彻党中央和国务院决策部署、全面诠释新资源观的重要举措。

2. 资源综合利用法为规范资源综合利用行为提供法律依据

在充分借鉴《民法典》《循环经济促进法》《清洁生产促进法》《固体废物污染环境防治法》《废弃电器电子产品回收处理管理条例》《粉煤灰综合利用管理办法》《煤矸石综合利用管理办法》等相关法律、行政法规、部门规章的立法、执法和司法实践经验的基础上，制定资源综合利用法，能够实现相关法规的有效衔接，避免交叉重叠，为精准规范"资源综合利用行为"提供法律依据。进而明确所有资源综合利用的行为主体，包括政府部门、企事业单位法人以及自然人等各类主体，必须以实现资源的高效、清洁和循环利用为宗旨，在各类法律之间寻求价值平衡。该法不仅可以填补我国在这一领域的立法空白，也可以为相关主管部门推进资源综合利用工作提供法律依据。

3. 资源综合利用法为全面提高资源利用效率提供法治保障

在新形势下,党中央明确提出"加快形成以国内大循环为主体、国内国际双循环相互促进的新发展格局"①,这是我国应对当前全球复杂经济形势的破题之道,也是中长期经济发展的重大决策。因此,以法治手段推动资源利用效率的提高显得尤为重要和紧迫。构建新发展格局迫切需要全面提高资源利用效率,充分考虑资源利用与发展的关系,坚持节约优先,不断提高资源本身的节约集约利用水平,满足经济社会发展合理需求。此外,我国已经成为全球最大的光伏组件生产国和全球最大的光伏发电应用国,新兴产业所产生的废弃物随着新兴行业的发展而呈爆发式增长,新兴废弃物的综合利用也亟需法律依据提供保障。制定资源综合利用法以"提高资源利用效率"为首要价值导向,重构围绕"资源利用行为"形成的系列权利义务关系,为推广新理念、推行新技术、培育新模式、构建新格局提供法治空间和制度保障。

4. 资源综合利用法是推动经济社会发展全面绿色转型的重要保障

党的十九届五中全会提出要"构建生态文明体系,促进经济社会发展全面绿色转型,建设人与自然和谐共生的现代化"。制定资源综合利用法,不断健全法治保障,将有效协调经济发展和生态环境保护之间的关系,为推动经济社会发展全面绿色转型营造更好的法治环境。提高资源利用效率需要统筹关注资源输入端以及污染排放端,降低全生命周期、全流程的环境影响,提高废弃物循环利用水平,减少污染物排放量。全面提高资源利用效率要求以尽可能少的资源能源消耗支撑经济社会发展,以尽可能低的经济成本提高环境质量。大力推进资源综合利用、全面提高资源利用效率是缓解我国资源环境压力、推动经济社会全面绿色转型、实现碳达峰碳中和目标的重要抓手,是推动高质量发展的题中之义,是保障国家资源安全的战略需要,也是我们顺应国际绿色发展潮流、积极应对气候变化、构建人类命运共同体的必然选择。资源综合利用法的制定是从国家资源战略的角度出发,在生产、流通、消费诸环节明确相关具体制度等方法,对于保障资源的合理利用,保护生态环境,建设节约型社会,促进国民经济持续、稳定、协调发展具有极其重大的意义。

---

① 刘鹤:《加快构建以国内大循环为主体、国内国际双循环相互促进的新发展格局》,中国政府网-人民日报,2020年11月25日。

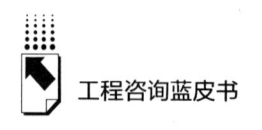

（三）资源综合利用立法研究项目的影响力

资源综合利用立法研究从国家发展和安全的战略高度充分研究论证了资源开发领域的法制建设工作，明确了资源综合利用领域法规制定的依据和目标，保障资源综合利用各领域各行业的发展有法可依、有法必依，形成了一定的经济、生态和社会效益，并在经济社会发展过程中产生了重要的影响。

1. 立法研究强化法治建设，为资源综合利用立法体系提供基础和参考

立法研究进一步强化资源综合利用领域的法治建设、健全相关制度，为建立和完善资源综合利用立法体系做了大量的铺垫工作，对循环经济促进法等相关法律法规的制定/修订工作提供了有价值的参考借鉴。研究有效填补了资源综合利用领域的法治短板，增强法律制定的及时性、系统性、针对性和有效性，为践行资源节约集约循环利用的新资源观、提高资源开发利用领域的系统治理能力提供了坚实的法治保障。

2. 立法研究贯彻习近平生态文明思想，为资源综合利用提供法律保障

立法研究深入贯彻习近平生态文明思想与习近平法治思想，以全面提高资源利用效率、保障国家资源安全为立法目标，以全面建立资源高效利用制度为主要内容，为有效解决资源浪费、粗放利用、末端的资源回收与再利用严重不足等问题提供全局性、系统性的法律制度保障。立法研究过程以及《研究报告》凸显了全生命周期"资源节约集约循环利用"的新资源观，统筹关注资源输入端以及污染排放端，强调对资源开发利用活动的政策规定以及监督管理，能够进一步压实国家、地方政府、企业、公民等各法律主体的生态环境保护责任，提高废弃物循环利用水平，减少污染物排放量，控制温室气体排放，提高资源利用效率，缓解我国资源环境压力，推动生态环境质量提升和人民群众生活环境持续改善，助力我国生态文明建设迈上新台阶。

3. 立法研究推动产业升级和转型发展，创造经济效益

立法研究工作着力于推动资源综合利用领域技术创新、标准规范、财政税收政策等方面的发展完善，促使资源综合利用效率的全面提升，有助于资源高效综合利用、循环利用，不断扩大资源综合利用的产业规模和产值，在缓解资源紧缺和增加供给的同时，给资源综合利用产业以及相关产业带来巨大的经济效益。从产业发展的角度看,立法研究工作有助于实现全产业链的管理,系统规划产业链上下游的资源能源流向布局,进一步打破地区间、行业间、领域间、生产和生活间的界限,使资源能源得到最优化、最大化利用,有效节约企业的生产经营成本,从而为企业创造更多的经济效益;从产品生产的角度看,有助于推动产品全生命周期的管理,有效促进产品的再利用和资源化。总之,大力发展资源综合利用,能够有效扭转我国工业化、城镇化加快发展阶段资源能源消耗强度大幅上升的势头,促进结构优化升级和发展方式转变,有助于推动资源综合利用行业的健康有序发展。全面加强资源节约、高效和循环利用,为我国经济高质量发展提供有力支撑,经济效益十分显著。

4. 立法研究引发社会关注,推动法律体系构建和完善

立法的研究和论证工作在社会上引起广泛关注和讨论,受到国家发展改革委以及有关各方的深切关心,得到国家发展改革委官方网站、中国证券网、中国电力新闻网、澎湃新闻、新浪财经等新闻媒体的广泛报道,社会关注度很高,在各个行业领域引起强烈反响。研究过程中多次邀请国家发展改革委相关司局,组织相关单位就研究成果开展深入研讨,举办由领域内领军型专家学者参与的专家评审会,得到相关企事业单位、大学和研究机构专家学者的高度关注。各界一致认为,立法研究工作对资源综合利用立法进程具有重要的推动作用,有力支撑了资源综合利用法律草案(建议稿)的起草编制工作。同时,立法研究深入探讨了资源综合利用的内涵外延,明确了资源综合利用法的法律定位,对相关法律法规的制定/修订工作产生了积极深远的影响,有效推动了我国节约资源和保护环境的法律体系构建。立法的研究和论证工作在社会上引起广泛关注和讨论,有助于营造开展资源高效利用的社会氛围,大大增强了民众节约资源和保护环境的意识,产生了良好的社会效益。

二 中咨公司勇于担当,提供高质量咨政服务

(一)成立立法研究工作组

2021年1月,全国人大环资委第二十八次全体会议启动了资源综合利用

法起草工作，并成立立法领导小组，研究推进资源综合利用立法相关工作，委托国家发展改革委牵头，会同科学技术部等13个部门开展资源综合利用立法研究起草工作。为加快推进立法研究工作，国家发展改革委成立立法专家组，委托中咨公司作为第一牵头单位，组织有关专家开展相关研究工作。接到国家发展改革委委托后，中咨公司坚决提高政治站位，坚持国家高端智库使命担当，迅速组成了资源综合利用立法研究工作组，抽调精干力量作为专班成员，安排立法前期研究经费，制定中咨公司资源综合利用法研究工作方案，配合国家发展改革委深入开展资源综合利用法研究工作。

（二）协助国家发展改革委工作

在中咨公司领导的支持和指导下，由公司资源与环境业务部持续推进研究工作有序开展。在前期准备工作的基础上，2021年2月2日，中咨公司协助国家发展改革委召开立法起草组第一次工作会议，标志着立法研究工作正式开启。在立法研究工作推进中，中咨公司协助国家发展改革委环资司召开综合研究类课题推进研讨会议、分领域研究工作推进会议、立法综合研究报告初审会、法律草案（建议稿）初审会等，协调沟通立法起草工作相关支撑单位，确保立法研究工作顺利进行。为及时向国家发展改革委汇报进展情况，形成了日报周报制度，并正式印发了6期工作简报。

（三）积极组织专家研讨

为推进立法研究工作，中咨公司先后组织了立法专题研究和总研究，充分发挥公司内外部专家作用，多次邀请相关领域高端专家进行研讨，召开行业座谈会、专家研讨会共计30余次，就资源综合利用立法范围、资源综合利用制度措施、与相关法律的关系等核心问题展开讨论，进一步明确了思路、确定了方向，为后续研究和法条撰写打下基础。

在此期间，中咨公司立法研究工作组曾3次长周期闭关集中讨论，同时，根据各部委、各行业协会和各地方的意见建议，进行了多轮次修改完善，最终形成《资源综合利用立法总研究报告》1项总报告和6项专题报告，在研究报告的基础上，国家发展改革委形成了资源综合利用法草案及起草说明，报送到全国人大环资委。

（四）细致深入开展调研

立法研究工作组先后赴山西、广西、贵州、湖北、重庆等地进行了立法调研，中咨公司资源环境业务部相关人员全程参与。研究工作组与各地方有关部门进行调研座谈，听取地方相关同志意见和建议，就资源综合利用的典型模式和经验进行深入交流，了解相关企业的生产经营现状、存在的问题，听取了企业代表对资源综合利用立法的建议，并根据调研情况对研究报告进行了进一步修改完善。

三 项目主要研究内容

资源综合利用立法研究是立法工作的重要基石。开展资源综合利用立法研究，有助于提高立法质量，加快立法进程，增强法律制定的及时性、系统性、针对性和有效性。

资源综合利用立法研究工作组首先确立了研究的基本思路，提出资源综合利用立法范围应主要涵盖经济社会各领域及资源开发利用全过程中与提高资源利用效率和资源综合利用相关的内容。资源综合利用法将成为我国资源综合利用领域的基础性法律，与《中华人民共和国循环经济促进法》等法律共同构成我国落实节约资源和保护环境基本国策的法律体系；其次，明确从资源综合利用内涵、法律现状、主要制度、国外立法经验、资源综合利用激励与约束政策、法律草案框架等方面开展专题研究。

中咨公司先后赴山西、广西、贵州等地进行立法调研，组织召开了30余次各专题专家论证会，并向国家发展改革委多次汇报。根据各方意见建议，进行了细致全面的起草和修改工作，最终形成了《资源综合利用立法总研究报告》（以下简称《研究报告》），以及《资源综合利用内涵界定》《资源领域法律现状梳理》《资源综合利用制度立法研究》《国外资源利用立法经验研究》《资源综合利用激励与约束政策研究》《基础法律问题研究及法律草案框架建议》6个子课题报告。

在新资源观的引导下，资源综合利用立法研究指出，资源综合利用是指各类主体（包括自然人、法人和其他组织）遵循节约和高效利用的原则，以提高资源利用效率、保障国家资源安全为目标，对土地、水、矿产、林草、海洋等各种自然资源进行全环节科学开发、合理利用的行为。资源综合利用不仅规范了原生资源的开发利用行为，还调整了对原生资源开发利用过程中产生的各类副产物、废弃物进行资源化利用的行为；不仅涉及中央和地方各级政府的职责，还涵盖了各级政府经济发展综合主管、自然资源、能源、林草和其他相关部门的职责；不仅规范了资源开发、生产利用、消费循环等不同环节中生产者、消费者、回收者等主体的权利和义务，也对从事咨询、评估、监测、检测等相关活动主体的权利和义务进行了规范；不仅调整了资源全生命周期中不同环节的法律行为，包括规划、开发、生产、消费与循环等，还调整了资源咨询、评估、监测、检测、监管等环节的法律行为。

《宪法》在国家法律体系中居于最高地位，具有最高的法律效力，为《资源综合利用法》的立法工作奠定了重要基础，是该法制定的关键立法依据。《资源综合利用法》的立法目的主要包括以下三个方面：其一，致力于解决资源需求持续增长与资源利用效率整体偏低的矛盾，尤其是要解决资源浪费、粗放利用以及末端资源回收与再利用严重不足等问题；其二，旨在协同应对资源过度开发和生态环境破坏等挑战，促进资源的再生循环利用，力争以最小的资源和环境代价获取最大的经济和社会效益；其三，有效保障自然资源的合理开发和利用，保护生态环境，控制温室气体排放，提高资源利用效率，推动生态文明建设。

资源综合利用立法研究对我国资源综合利用发展历程、发展现状进行了总结，并对我国资源领域相关法律法规进行了对比分析，明确了资源综合利用法与相关法律法规的关系；通过对美国、日本、德国、欧盟等国家或地区资源综合利用相关法律进行研究得出采取法治化、强制性的措施是促进资源高效利用的必要手段。

在此基础上，研究还从规划制度、总量管理、有偿使用、循环利用、标准认定、信息公开、公众参与、计量统计、评价制度、目标考核等基本制度，土地资源、矿山资源、水资源、海洋资源、林草资源等不同种属资源，工业、农业、社会生活等重点领域分别分析了与资源综合利用相关的现有法律规章、政策措施、管理办法等的主要内容及存在的不足，阐述资源综合利用立法的必要性，提出立法的相关意见建议。在总结实践情况的基础上，进一步明确了资源综合利用各相关方责任，从财政、税收、金融、价格、科技、奖励、鼓励等方面提出了切实可行的激励措施，为资源综合利用各项政策措施提供强有力的法律依据和保障手段。

通过全方位、多角度的分析，立法研究提出了资源综合利用法与相关法律法规因立法目标和立法侧重点不同，相互之间不能互相替代，现行的相关法律难以解决资源综合利用法追求的高效、合理利用资源的新型立法目标。因此，需要妥善处理与相关法律的相互关系，注意适当错位和功能界定，形成相辅相成而又分工明确的框架结构。资源综合利用法是资源综合利用领域的专门性、系统性、统领性法律，研究组从行政监管、资源种属、利用领域、法律责任等方面设计了资源综合利用法的总体框架，包括"总则、资源综合利用管理、自然资源、生产领域、社会生活领域、法律责任、附则"共七章，并依此起草了《中华人民共和国资源综合利用法草案（建议稿）》。

四 项目研究的特点和亮点

（一）项目研究的主要特点

1. 分析问题、聚焦空白

近年来，我国资源综合利用虽然取得了显著成效，但当前我国资源综合利用工作，离党中央"全面提高资源利用效率"的决策部署还有一定差距，当前工作的重点是废物资源化，特别是各类固体废物的资源化利用，尚未实现全环节、全流程、全生命周期管理，未充分反映新资源观的要求，对部分资源领域重视程度不够。此外，当前资源综合利用工作的领域主要集中在各类矿产资源上，没有充分反映新资源观要求，并未高度重视土地资源、水资源、森林资源、生物资源、海洋资源等其他自然资源的合理利用。同时，当前工作的抓手主要是政策激励和规划引领，治理手段相对单一，尚缺乏全面系统性的法律制度。现行法律规章中的内容多属于原则性、倡导性规定，缺乏有效的实施保障条件和强制性约束措施，造成在实践中难以有效落实，资源开发利用领域尚缺乏一部综合性法律落实宪法关于"合理利用资源"的相关规定，亟须加强法治建设、健全相关制度、提高系统治理能力。资源综合利用立法聚焦我国提高

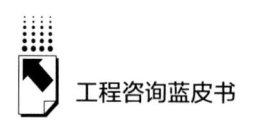

资源利用效率的突出瓶颈，特别是法律制度层面的空白和短板，提出有针对性的制度措施，可进一步强化法治建设、健全相关制度、提高系统治理能力，填补我国资源利用领域的立法空白，达到"全面提高资源利用效率"、保障国家资源安全的目的。

2. 法治思维、问题导向

目前，我国资源综合利用领域缺乏法律的权威性规范和强有力调整。至今，我国尚未制定一部专门的资源综合利用行政法规，而相关部门规章的数量和影响范围都极为有限。尽管我国资源类法律众多，但大多以规范资源开发和利用活动为重点，有关资源利用效率、生态修复恢复、资源战略储备等内容缺失，尤其是"资源效率"这一关键问题在资源法律体系中未得到充分体现。当前，我国与资源综合利用相关的法律制度存在不同程度的缺陷，如"缺""散""旧""软"等问题，缺乏从全局和整体角度确立自然资源利用基本规则、从宏观层面协调各相关法律法规的自然资源利用基本法。虽然现行各类资源环境法律中关于资源利用的规定较为分散，但仍可为资源综合利用法提供参考。特别是有关部门出台了大量针对矿产、水、能源、土地、森林、草原、海洋等资源利用的政策文件，对各类资源的合理高效利用进行了规定，且多数在实践中取得了较好效果。这些规定可以整合为资源综合利用法的内容，形成系统完整的法律规定。立法研究树立法治思维，自觉加强法律基础理论学习，通过对比分析我国资源领域相关法律法规，研究提出了新时期资源综合利用的定义。同时，横向研究欧盟、日本、德国、美国等国家或地区出台的一系列与资源利用相关的法律，借鉴多数国家采用基本法加单行法的法律体系构建经验，对标新资源观要求，丰富和准确界定"资源综合利用"的法律内涵，增强立法的科学性。

资源开发利用问题涉及生产生活的方方面面，研究坚持问题导向、系统观念，找准当前制约我国全面提高资源利用效率和维护国家资源安全的重点领域、突出问题，通过总结分析国内外在资源综合利用方面的财政、税收、金融、价格、科技、奖励、目录管理等激励措施，提出资源综合利用法有关立法建议，研究和制定相应的法律制度，发挥立法引领和推动作用。

3. 精准定位、提出措施

目前，我国宪法规定了"国家保障自然资源的合理利用"，《矿产资源法》《水法》《森林法》《草原法》等专项法律和《环境保护法》《循环经济促进法》《节约能源法》《可再生能源法》等综合性法律中都有涉及资源综合利用相关内容的条款,主要可以分为自然资源法、能源法、环境法和其他法四大类。《循环经济促进法》《清洁生产促进法》《固体废物污染环境防治法》等法律中均涉及资源综合利用相关内容,但尚缺乏全面系统性的法律制度建设。这些资源利用相关法律虽然可以从不同的角度来实现资源综合利用,但内容分散、不协调,仍有不少"真空地带"。同时,多数相关立法出台时间较早,在立法理念上对资源高效利用的需求考量不足,资源利用效率在现有立法体系中得到的重视程度不够。

资源综合利用法定位为资源综合利用领域的专门性、系统性、统领性法律,是回应资源综合利用当代社会需求的政策性法律,也是确定具体资源综合利用范围、方法和措施的管制性法律。通过调整自然人、法人和其他组织在自然资源开发、利用和再利用的过程中所产生的各类社会关系,规范人们开发利用自然资源的行为,促进资源节约、高效和循环利用,防止人类对自然资源的过度开采,改善与增强人类赖以生存和发展的物质基础,协调人类与自然的关系,保障经济、社会的可持续发展。研究提出资源综合利用法应采用市场与命令控制相结合的协作机制、激励与强制并重的调整方式、多方参与的合作共治综合策略,并采用科技、经济、教育、表彰等保障措施调整资源利用行为。在调整资源利用问题时,通过调整和平衡各种利益关系,确认人类在长期的认识和改造自然过程中,已经积累的许多自然规律、知识,对资源高效利用的技术标准和操作程序予以标准化,划定需要保护的特定范围,制定激励创造和推广高效、节约型技术的制度,达到节约资源的目标。

(二)项目研究的亮点

1. 理论成果创新

本研究以习近平总书记关于"全面节约和高效利用资源,树立节约集约循环利用的资源观"为根本遵循,从全面提高资源利用效率和维护国家资源安全的高度把握新资源观的内在含义。立法研究对资源综合利用定义采用的是"内涵定义法",与传统定义有着显著差异。

在定义出发点方面,传统资源综合利用定义侧重于废弃物资源化利用,注重末端治理和再利用,更多强调的是"变废为宝"。当前,我国进入新发展阶

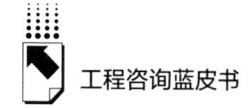

段，资源领域的矛盾有了非常显著的变化，必须要以习近平生态文明思想为指引，树立节约集约循环利用的资源观，更加侧重于提高资源利用效率、保障新发展格局下国家资源安全。在这样的时代背景下，本研究全面重新审视资源综合利用这一概念，更加凸显全生命周期"资源节约集约循环利用"的新资源观。

在定义方法方面，传统资源综合利用定义采用的是"外延定义法"，即逐一明确资源综合利用包括的具体行为，如发布《资源综合利用目录》等。这种方法的优势在于指代明确，能够减少政策执行阶段的分歧，但也存在挂一漏万的问题，同时由于政策修订执行周期较长，往往跟不上快速变化的经济社会发展形势。本研究对综合利用定义采用的是"内涵定义法"，这一定义更加注重描述资源综合利用的核心特征，将推进资源节约集约循环利用贯穿于各类资源开发和利用的各方面和全过程，适用于难以穷举、表现形式各异的内容。

在定义服务对象方面，传统的资源综合利用概念主要是服务于税收优惠、产业扶持等政策，核心是要突出国家对资源综合利用产业的扶持，因此需控制范围、明确对象。新时期从立法角度看，资源综合利用的定义必须明确法律行为主体、法律行为客体和法律行为关系，原有定义无法满足这一要求，从而导致后续立法、执法等工作中难以明确相关的权利和义务。因此，根据习近平生态文明思想，按照"法律主体+特定行为方式+法律关系客体"方式重新对资源综合利用进行定义十分必要。《研究报告》丰富并准确界定"资源综合利用"的法律内涵，将推进资源节约集约循环利用贯穿于各类资源开发和利用的各环节、各领域和全过程、全系统，创新性地在法理层面解决了《资源综合利用法》在我国法律体系中的定位、法律主体、法律行为、法律关系及法律责任等一系列重点理论问题，有助于从根本上推动资源综合利用领域的立法进程，加快自然资源法律法规体系的完善。

2. 研究方法科学

因本研究题材特殊、政治影响大、涉及领域较多、内容较广，在研究过程中素材收集量大、工作难度较高，本研究采用了定性和定量、全面和重点、全方位对标对比分析，以实地调研和专家研讨等综合解析的方式，总结分析我国资源综合利用发展历程、发展现状，对比分析我国资源领域相关法律法规，明确资源综合利用法与相关法律法规的关系，同时横向研究多个国家或地区资源综合利用相关法律，开展立法思路和框架研究。在研究方法上坚持系统思维，运用科学统筹方法，根据研究内容从土地资源、矿山资源、水资源、海洋资源、林草资源等不同种属资源，从工业、农业、社会生活领域等分条、分块、分环节地全面分析了现有相关法律规章、政策措施、管理办法等的主要内容及存在的不足，分析立法的必要性，明确了资源综合利用各相关方责任，提出了切实可行的管理制度和激励措施，形成了一套基于资源全过程代谢的资源利用领域立法研究方法。研究方法科学合理、先进性强，创造性地在法理层面解决了一系列重点理论问题，增强了立法的科学性。

3. 研究内容系统

本研究坚持以习近平新时代中国特色社会主义思想为指导，深入贯彻习近平生态文明思想和习近平法治思想，全面落实党的十九大和十九届历次全会精神，以"国家保障自然资源的合理利用"的宪法规定为立法依据，以全面提高资源利用效率、保障国家资源安全为立法目标，以全面建立资源高效利用制度为主要内容，以全环节约束和规范各类资源利用行为为立法重点，制定我国资源利用领域的基础性法律，与《环境保护法》《循环经济促进法》《节约能源法》《固体废物污染环境防治法》《清洁生产促进法》等法律共同构成我国落实节约资源和保护环境基本国策的法律体系。本研究政治站位高，从中华民族长远利益考虑，把习近平总书记的重要指示和党中央的战略部署，转化为法律的基本原则、关键制度和重要措施。本研究坚持实事求是和问题导向，在全面分析明确土地、矿产、水、林草、海洋等主要自然资源和生产生活领域资源开发利用活动存在主要问题以及立法现状的基础上，对自然资源的合理利用进行了系统设计，实现了对各主要自然资源开发利用活动的全环节管理。本研究坚持在资源开发利用领域的基础性和统领性作用，规定了若干授权性和援引性条款，与相关法律形成了有效衔接。

《资源综合利用法》是确立国家整体资源利用抽象的导向政策和基本原则，是国家资源利用中所需的制度体系；另外，也为资源利用各相关领域设定具体的管理措施，明确行政机关与相对人的具体的行为义务及其相应的法律责任。通过规范人们开发、利用与再利用自然资源的行为，可发挥防止人类过度开采自然资源，改善与增强人类赖以生存和发展的物质基础，协调人类与自然的关系，保障国家资源安全及经济、社会可持续发展的价值功能。本研究着力解决资源需求刚性增长而资源利用效率整体偏低，特别是解决资源浪费、粗放利用、末端资源回收与再利用严重不足等问题，为建立和完善资源利用立法体系做了大量的铺垫工作，对《循环经济促进法》等相关法律法规的制定/修订工作提供了有价值的参考借鉴，有效填补了资源利用领域的法治短板，为践行资源节约集约循环利用的新资源观、提高资源开发利用领域的系统治理能力提供了坚实的法治保障。

4. 服务领域拓展

《资源综合利用法》的制定对丰富我国节约资源和保护环境基本国策的法律体系、加快自然资源法律法规体系的完善具有重要意义。中咨公司成立之初的重点工作以单体重大工程项目咨询评估为主，随着工程咨询经验的积累和中央决策需要，中咨公司立足咨询评估工作基础，不断拓展工程咨询业务领域，围绕经济社会发展中的热点和难点问题，以产业为基础，以服务国家宏观战略为导向，深入开展调查研究，实现从为重点工程提供前期决策咨询，到提出打造国家经济建设思想库，开展前瞻性、基础性、战略性问题研究，服务国家重大战略制定和实施，跟踪反馈重大投资和政策落实情况，作为国家顶层设计的支撑单位，参与制定国家法律法规及行业标准规范，业务领域逐渐拓宽，涵盖政策研究、规划咨询、项目评估、工程管理、后评价和管理咨询等各个领域，形成了贯穿国民经济各领域、投资建设全过程的业务链条。旨在建设以科学咨询支撑服务中央决策，围绕宏观政策、中观产业、微观项目"三位一体"提供专业化、建设性、切实管用的研究成果和政策建议的具有中国特色的新型高端智库。

《研究报告》坚持法治思维，找准和解决当前制约我国全面提高资源利用效率和维护国家资源安全的重点领域、突出问题，为建立和完善资源利用立法体系做了大量的铺垫工作，对《循环经济促进法》等相关法律法规的制定/修订工作产生了积极深远的影响，有力地支撑了《循环经济促进法》的修订研究工作，有效推动了我国节约资源和保护环境的法律体系构建，为《资源综合利用法（草案）》（建议稿）提供了重要的决策参考。

参考文献

《习近平新时代中国特色社会主义思想学习纲要》，学习出版社，2019。

《习近平谈治国理政》第三卷，外文出版社，2020。

《学习贯彻习近平新时代中国特色社会主义经济思想　做好"十四五"规划编制和发展改革工作系列丛书——推进绿色循环低碳发展》，中国市场出版社，2020。

陆昊：《全面提高资源利用效率》，《人民日报》2021年1月15日。

《习近平谈资源安全：全面促进资源节约集约利用》，人民网-中国共产党新闻网，2018年8月16日。

孙绍骋：《更加主动担当生态文明建设重任》，中国经济网-经济日报，2017年12月20日。

李国英：《深入贯彻新发展理念　推进水资源集约安全利用——写在2021年世界水日和中国水周到来之际》，人民网-人民日报，2021年3月22日。

案例实务篇

B.13 发展规划及规划评估咨询案例研究

发展规划及规划评估研究课题组*

摘　要： 发展规划是加强宏观调控，强化政府公共服务、市场监管、社会管理、环境保护等职责的重要手段。发展规划评估是推进规划有效实施、发挥战略导向作用、促进经济社会高质量发展的重要环节。本文选取了《长春市国民经济和社会发展第十四个五年规划和2035年远景目标纲要》《西安建设国家中心城市总体战略规划》《洋浦经济开发区国民经济和社会发展第十四个五年规划和二〇三五年远景目标纲要》等3个各具特点的地区规划咨询案例和《哈密市国民经济和社会发展第十四个五年规划和二〇三五年远景目标纲要》中期评估和调整修订案例，分别介绍了项目概述、研究过程、研究重点、规划成效和项目总结等5个方面的情况，期望为其他类似咨询项目的开展提供借鉴。

关键词： 发展规划　规划评估　评估咨询

---

* 课题组成员：郭建斌、郑立、周茜、洪辉、石缎花、周荣、伍思宇、杜威，中国国际工程咨询有限公司。

发展规划，体现党的主张和国家意志，是对国家或地区中长期发展的长远谋划、总体部署和具体安排，是加强宏观调控，强化政府公共服务、市场监管、社会管理、环境保护等职责的重要手段。发展规划评估是推进规划有效实施、发挥战略导向作用、促进经济社会高质量发展的重要环节。

多年来，中国国际工程咨询有限公司（以下简称"中咨公司"）深入学习习近平新时代中国特色社会主义思想，完整准确全面贯彻新发展理念，统筹发展与安全，认真落实《中共中央 国务院关于统一规划体系更好发挥国家发展规划战略导向作用的意见》《全国人民代表大会常务委员会关于加强经济工作监督的决定》等重要文件精神，依托"跨学科、多专业、多领域"的强大专家资源，发挥把握宏观政策、洞悉中观产业、熟悉微观项目"三位一体"的独特优势，坚持问题导向与目标导向相结合，恪守专业精神，深入开展调研，创新深化研究，完成了多个部委和众多省、市、县（区）委托的发展规划及规划评估咨询项目。理论和实践相结合，不断改进工作思路、创新研究方法，形成了较为完善的发展规划及规划评估工作研究方法体系。本文将重点介绍3个发展规划咨询案例和1个评估案例。

一 《长春市国民经济和社会发展第十四个五年规划和2035年远景目标纲要》

（一）项目概述

"我一直关注着东北老工业基地。"党的十八大以来，习近平总书记多次到东北三省考察调研，数次全国两会期间到东北各省代表团参加审议，多次召开专题会议研究东北振兴之策。2020年7月22~24日，习近平总书记在吉林就统筹推进常态化疫情防控和经济社会发展工作、推进东北振兴、谋划"十四五"时期经济社会发展进行调研考察时指出，"十四五"时期是我国开启全面建设社会主义现代化国家新征程的第一个五年，谋划好"十四五"时期发展十分重要。当今世界正经历百年未有之大变局，我国发展的内部条件和外部环境正在发生深刻复杂变化。我们要保持经济社会持续健康发展，必须深入研判、深入调查、科学决策。希望各地深入调研，聚焦面临的老难题和新挑战，

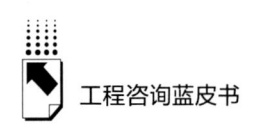

认真谋划"十四五"时期发展的目标、思路、举措。

长春市地处东北亚几何中心，是我国重要的工业基地和东北地区重要的中心城市，在深化改革创新、推动区域经济社会高质量发展、促进东北全面振兴和全方位振兴等方面发挥着举足轻重的作用。近年来，长春市的发展方式加快转变，发展质量持续提高，发展韧性不断增强，经济率先在东北地区从低速增长区间回到合理区间，经济增速持续领跑东北四市，经济社会取得了重大进展，全面建成小康社会取得历史性成就。与此同时，长春市体制机制、经济结构、开放合作、思想观念等短板制约还需进一步突破，"十四五"时期是在习近平新时代中国特色社会主义思想指导下，长春市振兴发展的重要历史性窗口期和推动经济社会高质量发展的关键时期，面对新的发展形势和要求，聚焦长春市经济社会发展中的全局性、前瞻性、关键性、深层次问题，深入研究长春市"十四五"战略机遇期的内涵与特征、"十四五"发展主题主线、基本实现社会主义现代化的阶段性任务，科学编制实施"十四五"规划，对长春市站在新的起点，适应新时代、聚焦新目标、落实新部署、开拓新思路、增强新动力，全面开创高质量发展新局面、带动东北地区振兴具有重大意义。

为科学谋划"十四五"时期振兴发展，长春市政府于2020年6月启动长春市"十四五"规划纲要编制研究工作，工作内容主要包括全面总结评估长春市"十三五"国民经济和社会发展规划的执行情况，立足新发展理念，紧扣高质量发展主线，结合"一带一路"建设、东北振兴发展等战略要求，梳理长春市国民经济和社会发展的现实基础和主要问题，找准长春市的战略定位，明确长春市"十四五"期间经济和社会发展的基本思路、指导思想和发展原则，制定战略目标、战略任务，谋划重点支撑工程、重大平台、重大项目，并提出规划实施的保障措施。

（二）研究过程

针对规划任务的重要性、综合性、复杂性等特点，中咨公司组建了32人的研究团队，通过实地调研座谈、线上线下集中研讨等方式，综合运用归纳和演绎、SWOT分析、多因素指数分析、GIS空间分析与模拟等方法，历经基本思路、专题研究、规划纲要3个阶段，先后两轮面向全社会开展"开门问策"活动，7轮向驻长高校和科研院所、中省直部门和有关机构、各行业龙头企业、市直部门和县（市）区开发区征求意见，广泛征求意见建议 1 万余条，经 38 轮修改完善后形成了 1 份规划纲要和 6 份专题研究报告，总计 25 万余字的研究成果。2021 年 4 月 13 日长春市人民政府正式印发实施《长春市国民经济和社会发展第十四个五年规划和 2035 年远景目标纲要》（以下简称《长春市纲要》）。

（三）研究重点

《长春市纲要》在对"十三五"时期长春市国民经济和社会发展取得的成效、存在的问题进行梳理总结的基础上，围绕长春市"十四五"时期国民经济和社会发展的目标蓝图和重点任务，开展规划研究与设计，主要研究内容如下。

1. 客观分析长春市发展基础

从发展基础来看，长春市经济社会各项事业发展取得突出进展。具体如下。①综合实力达到新规模，经济结构实现新优化，到 2020 年，全市地区生产总值超过 6600 亿元，比 2010 年翻一番，占全省经济总量比重为 53.9%[1]。产业结构由"二三一"调整为"三二一"。民营经济增加值占 GDP 比重持续提升，所有制结构进一步优化。②质量效益实现新提升，动能转换集聚新优势，光学遥感卫星等领域取得重大科技成果，专利申请量年均增速超过 10%，国家高新技术企业发展到 1800 户以上。红旗品牌汽车产销量突破 20 万辆，自主研发的时速 400 公里跨国互联互通高速动车组下线，"吉林一号"卫星在轨数量达到 25 颗[2]。③发展空间形成新格局，生态环境呈现新面貌。长春现代化都市圈建设加快推进，长春高质量发展"四大板块"全面启动，空气优良天数提升到 305 天，在全国重点城市空气质量管理综合评估中排名第一，单位 GDP 能耗提前完成目标任务，地级及以上城市主要集中式饮用水水源地水质达标率为 100%，黑臭水体全部消除。④深化改革取得新突破，对外开放迈出新步伐。"一网、一门、一次"政务服务综合改革成效显著，新开办企业商事登记审批用时减到 30 分钟以内，工程建设项目最短 15 个工作日完成审批，

---

[1] 《长春统计年鉴》(2021)，长春市统计局网，2022 年 5 月 16 日。
[2] 《长春市国民经济和社会发展"十三五"规划实施情况》；《2020 年长春市国民经济和社会发展统计公报》，长春市人民政府网，2021 年 6 月 22 日。

"双随机、一公开"监管方式实现全覆盖。长满欧、长珲欧、中欧班列开通运营,与天津、杭州对口合作全面深化,天津港长春无水港揭牌通航。⑤民生福祉达到新水平,公共服务提升新品质。脱贫攻坚取得决定性胜利,幸福长春行动计划稳步实施,城镇新增就业年均近10万人,农村劳动力转移就业年均超过100万人[1]。国家卫生城市扎实创建,医药卫生体制改革稳步推进,全域通过国家义务教育均衡发展验收。城乡居民养老保险、基本医疗保险覆盖率逐年提升。社区干部学院、"三长"联动等基层社会治理创新模式在全国推广。

2. 提出现代化长春建设的"三个阶段"目标蓝图

在对长春现实基础和发展形势分析的基础上,按照国家和吉林省战略安排,分阶段设定发展目标。聚焦2025年,按照"十四五"时期实现新突破的发展目标,提出实现经济发展、创新驱动、改革开放、生态建设、民生福祉、治理效能"六个新突破"。放眼2030年,按照国家实现东北全面振兴全方位振兴的目标要求,构建形成支撑振兴的市场体系、产业体系、城乡区域发展体系、绿色发展体系、全面开放体系和民生保障体系。展望2035年,聚焦"努力在全面建设社会主义现代化国家新征程中走在前列"的奋斗目标,努力建成创新引领、协调发展、绿色宜居、开放包容、和谐共享的"五个现代化长春"。

3. 谋划长春全面振兴全方位振兴的"11425"战略路径

聚焦"1个目标",即加快长春现代化都市圈建设总目标。

构建"1个体系",即以现代农业为基础、以先进制造业为支撑、以现代服务业为主体、以战略性新兴产业为引领的现代产业体系。其中,汽车产业实现万亿级以上规模,高端装备、光电信息、农产品加工、能源产业达到或超过千亿级规模,生物医药、新材料、现代金融、科创服务、文化旅游、现代物流、数字经济等产业加快发展。

做大"四大板块",即推动长春国际汽车城、长春国家区域创新中心、长春国际影都、中韩(长春)国际合作示范区"四大板块"率先突破发展。

---

[1] 《关于长春市2020年国民经济和社会发展计划执行情况与2021年国民经济和社会发展计划草案的报告》。

打造"两大基地",即以公主岭、榆树、农安、德惠为主体,以创建国家农业高新技术产业示范区为引领,打造产业融合示范基地;以九台、双阳、新区、净月、中韩、莲花山为主体,以国家城乡融合发展试验区建设为引领,打造城乡融合示范基地。

创建"五大城市",即创建国家创新中心城市、国家先进制造业中心城市、国家农业农村现代化先行城市、东北亚开放合作中心枢纽城市、国家美好生活城市。

4. 统筹安排五大方面的重点发展任务

长春市对标对表国家和吉林省规划要求,谋划确定了五大方面的重点任务。一是以"加快建设长春现代化都市圈"为战略任务统领,需求供给双向发力,以建设现代产业体系提供优质供给,以打造投资消费市场扩大内需,以建立现代流通体系提供支撑保障,以强化开放腹地支撑、打造对外开放通道平台融入国际大循环。二是以"四大板块"为引领,推动经济高质量发展。突出国家区域创新中心特色优势,充分释放发展新动能;突出长春国际汽车城龙头支撑,做优做强先进制造业;突出长春国际影都带动引领,全面提升文旅创意产业;突出中韩(长春)国际合作示范区窗口功能,加快推动高水平对外开放。三是以"两大基地"为载体,推动农业农村现代化和城乡融合发展。围绕建设国家农业高新技术产业示范区,全面推动乡村振兴,打造国家粮食安全产业带核心区。围绕建设国家城乡融合发展试验区,加快推进新型城镇化,打造全国农业农村改革试验样板区。四是突出经济社会关键支撑,建设服务业强市、交通强市和数字长春。实施服务业强市战略,打造区域性服务业中心城市;实施交通强市战略,建设区域性现代综合交通枢纽;加快建设数字长春,实施数字经济"一号工程"。五是牢固树立系统思维,统筹经济社会发展各项任务。突出"协调",统筹区域空间布局;突出"改革",统筹优化营商环境;突出"绿色",统筹建设生态宜居森林城;突出"共享",统筹推动共同富裕;突出"安全",统筹发展与安全,确保经济社会平稳健康发展。

(四)规划实施成效

经济效益方面,2023年长春市的省会首位度达51.7%,成为名副其实的强省会。"十四五"以来,面对复杂严峻形势和多重超预期挑战,长春市经受住了重大考验，地区生产总值由2020年的6601.59亿元增长至2023年的7002.06亿元。其中，2023年，全市第一产业增加值530.97亿元，同比增长4.8%；第二产业增加值2616.51亿元，同比增长6.8%；第三产业增加值3854.57亿元，同比增长6.7%；一般公共预算收入576.5亿元，增长25.4%；全市社会消费品零售总额2109.85亿元，增长10.6%；进出口总额1225.92亿元，增长10.7%[①]，经济持续回升向好，质量效益同步提升。

社会效益方面，《长春市纲要》实施以来，长春市社会事业稳步发展，社会救助保障、养老服务提升、社区治理能力提升等十大民生改善工程深入实施，"十件民政实事"高效落实，民生福祉持续增进，人民群众幸福指数不断提升。2023年，城镇新增就业10.4万人，农村劳动力转移就业96万人，城乡居民人均可支配收入增速高于经济增速。全市患者门诊、住院次均药费分别下降14%和18%[②]。

（五）项目总结

作为吉林省省会城市、东北亚几何中心城市，长春的建设发展对区域经济社会建设发展具有示范意义。项目在研究中根据长春自身发展基础与需求，在研究视角和研究内容上进行了探索性的创新。

1. 研究视角创新

"锻长板补短板"相结合谋划了长春振兴突破的新路径。立足长春发展"五个前所未有"的外部环境和"五期叠加"的阶段性特征，创新谋划攻坚破局、奋力赶超的"突破口"和"路线图"。在目标引领上，打造融入新发展格局的东北战略支点，扛起吉林省"一主六双"高质量发展战略的"一主"担当。在产业支撑上，构建以汽车产业为龙头，以高端装备、光电信息、农产品加工、生物医药、影视文旅等为支撑的现代产业体系。在空间布局上，做大做强长春国际汽车城、长春国家区域创新中心、长春国际影都、中韩（长春）国际合作示范区"四大板块"，建设农业农村现代化的产业融合、城乡融合"两大基地"，总体形成目标牵引、产业支撑、空间落位的系

---

① 《2023年1-12月长春市主要经济指标情况》，长春市统计局网，2024年2月29日。
② 《长春市人民政府2023年工作报告》，长春市人民政府网，2024年1月10日。

统规划方案。

2. 研究内容创新

坚持政策化、项目化、可量化，务求长春振兴突破取得新成效。将规划实施摆在更加突出的位置，坚持需求导向、问题导向、效果导向相结合，系统安排推动《长春市纲要》"项目库""平台群""政策包""资金池""人才谷"落实落地，提出了构建"1+1+6+76"（1个发展规划、1个国土空间规划、6个区域规划和76个专项规划）规划体系，以"规划项目化""规划可量化"为导向，聚焦科技创新、现代产业、基础设施、生态环保、社会民生五大领域，明确发展重点和目标，谋划重大支撑专栏15个、具有标志性的重大项目284个。

二 《西安建设国家中心城市总体战略规划》

（一）项目概述

经济全球化和信息化的快速发展，跨国公司的大量涌现，使国际劳动分工由垂直型分工向混合型分工转变，并加速了世界城市网络重构，世界各国的经济形态受到极大的影响，以经济一体化为主导的一体化区域成为国家或地区参与全球合作与竞争的基本单元。中心城市因其强大的影响力和资源配置能力，成为全球城市网络中的关键节点，国家之权力重心逐渐下移至城市，以中心城市为核心的"城市—区域"成为新时代竞争主体。国家中心城市处于城镇体系等级的顶级，是居于国家战略要津、体现国家意志、肩负国家使命、引领区域发展、跻身国际竞争领域、代表国家形象的现代化大都市，是带动国家及区域高质量发展的中坚力量，已成为引领区域开放发展、融入全球网络的核心载体。从国家战略高度谋划和规划国家中心城市的建设布局，推动更多的大城市融入世界城市网络、深度参与甚至引领全球合作与竞争，是我国新时期完善空间治理体系、推动新型城镇化建设、促进区域协调发展、优化对外开放格局的重大战略举措。创建国家中心城市，对于城市提升能级地位、引领区域发展、参与国际竞争合作具有重要的战略意义。

西安位于关中平原中部，北濒渭河，南依秦岭，是国家地理中心，是长三角、珠三角和京津冀通往西北和西南地区的门户城市与重要交通枢纽。西安拥有7000余年的文明史，是人类历史上最早的城市之一，曾经作为国都和政治、经济、文化中心1200余年，与罗马、开罗、雅典并称为世界四大古都之一，见证了中华文明的发展。

为申报创建国家中心城市，2017年12月，西安市发展和改革委员会开展了西安建设国家中心城市总体战略规划（以下简称《西安规划》）编制的相关工作，并为西安申报国家中心城市提供技术支撑，为建设国家中心城市提供理论指导。

（二）研究过程

为高质量开展编制工作，西安市发展和改革委员会组建了包括中国国际工程咨询有限公司、国务院发展研究中心、中国科学院、中国社科院、国家发展改革委宏观经济研究院、中国城市规划设计研究院等单位专家的高水平研究团队，通过对成都、重庆、武汉、郑州、广州、深圳等中心城市的深度考察和研究，形成了《西安建设国家中心城市总体战略研究》《西安建设国家中心城市总体思路》《西安国家中心城市建设实施方案》等一系列研究成果。

该项工作采用了多种研究方法，通过"自上而下"的理论分析，包括对上位规划解读、对新中国成立以来国家区域发展战略演变过程分析、对新时代关中平原城市群发展导向的研判、对西安建城以来的功能演替分析等，明确了西安所应肩负的国家使命和区域担当；综合运用GIS城市与区域分析、横向城市计量统计分析等方法开展"自下而上"基础评价，厘清了西安建设国家中心城市的优势和短板，并对国家中心城市建设的发力重点进行了识别，对策略路径等进行了明晰。

（三）研究重点

该项工作围绕着"什么是国家中心城市、为什么要布局建设国家中心城市、西安扮演什么角色、如何建设西安国家中心城市"的思路展开，对西安建国家中心城市的必要性、战略定位、重大任务和实施方案开展深入研究。

1. 分析西安建设国家中心城市的战略背景和意义

通过从全球、国家及区域层面分析，研究团队认为：西安作为中国传统文化的重要发源地和古丝绸之路的起点，将西安建设成为国家中心城市，是新时代我国应对全球格局变化，融入"一带一路"建设，打造具有世界影响力、代表国家新形象的"塔尖"城市的前瞻性布局；是新时代我国协调区域发展、深入实施西部大开发、推动形成关中平原城市群、谋划战略成长新空间的核心支撑；也是新时代全面提升西安城市功能，延续中华文脉，体现中国元素，建设文化有魅力、产业有特色、城市有活力、生活有品质的现代化国际大都市的现实需要。西安的文化积淀深厚，战略区位重要，科教实力雄厚，军工优势突出，产业基础扎实，是国家在西北地区布局国家中心城市的重要选择，建设西安国家中心城市，有利于服务国家战略、进一步扩大开放、引领西北乃至西部地区参与全球竞争与合作；有利于弘扬中华民族优秀文化、彰显新时代中国形象；有利于增强国家战略布局纵深、重塑区域发展新格局；有利于推动供给侧结构性改革、激发创新发展新活力。

2. 对西安建设国家中心城市的条件进行综合评价

《西安规划》认为，西安拥有的历史文化地位和政治经济基础，使其成为国家在西北地区布局国家中心城市的重要选择。具体而言，西安建设国家中心城市的条件主要体现在优越的地理和区位条件、积淀深厚的文化底蕴、雄厚的科技创新实力和日益强化的综合性门户枢纽地位等方面，但同时西安在体制机制创新和扩大对外开放等方面难度相对较大，在进一步提升其引领辐射功能以及促进公共服务发展等方面仍具有较大提升空间。西安是新时代国家前瞻部署世界名城的首选城市、实施西部大开发战略的前沿阵地和"一带一路"建设的重要节点，也是国家全面创新改革试验区，更是关中平原城市群乃至关中—天水经济区的核心城市，《西安规划》结合国家"一带一路"倡议、区域发展战略导向和西安的现实基础等，从肩负国家使命、代表国家形象、引领区域发展的战略要求出发，统筹考虑西安的区位优势、资源禀赋和产业基础，主动对接国家战略，进一步提出了西安国家中心城市"三中心两高地一枢纽"的战略定位。

3. 研究西安建设国家中心城市的战略路径

为实现西安国家中心城市高质量建设与发展，《西安规划》系统提出了西安建设国家中心城市的"1610"战略路径,即"1个目标"——以全面建成西安国家中心城市为核心目标,推动西安综合经济实力和发展活力明显增强,参与国际竞争的功能显著提升,在全国区域发展格局和国家治理体系中的地位更加凸显,面向西北地区的综合服务和对外交往门户功能持续强化,维护西北繁荣稳定的战略功能日益突出;"六维支撑"——围绕西安国家中心城市建设这一目标,构建西部地区重要的经济中心、对外交往中心、丝路科创中心、丝路文化高地、内陆开放高地、国家综合交通枢纽六维战略支撑体系;"十大重点行动计划"——空间优化行动计划(构建大西安都市圈)、协同融合行动计划(深化区域交流合作)、改革创新行动计划(系统推进改革创新)、生态建设行动计划(加强生态环境保护联防联控)、品质提升行动计划(增强城市公共服务能力)、乡村振兴行动计划(实施乡村振兴战略)、风险防控行动计划(提升风险防控能力)、城市治理行动计划(加强城市综合治理)、品牌塑造行动计划(塑造城市品牌)以及作风建设行动计划(打造西安铁军)。

(四)规划实施成效

《西安规划》为西安申报创建国家中心城市提供了有力支撑,2018年1月9日,国务院批复实施的《关中平原城市群发展规划》明确提出了"建设西安国家中心城市。打造西部地区重要的经济中心、对外交往中心、丝路科创中心、丝路文化高地、内陆开放高地、国家综合交通枢纽"。2019年1月,西安市委、市政府印发实施《西安国家中心城市建设实施方案》,成为西安建设国家中心城市的行动指南。

1. 经济效益方面

2023年,西安市地区生产总值12010.76亿元,增长5.2%,规模以上工业增加值增长9%,高于全国4.4个百分点。三次产业结构调整为2.7∶34.5∶62.8。国家高新技术企业、科技型中小企业数量分别达到1.25万家、1.5万家。以制造业、信息服务业、科技服务业为主构成的"实力盘"占GDP比重达33.5%,对经济增长的贡献率达到47.3%。非公有制经济增加值占地区生产总值比重为51.5%。全社会研发投入强度为5.23%,居副省级城市第二。新登记市场主体57.52万户,增长31.3%,增速位居副省级城市第二。城镇新增就业17.72万人。一般公共预算收入951.92亿元,增长14.1%,剔除增值税留抵退税因素后同口径增长 7.7%①。

2. 社会效益方面

西安国家中心城市的获批建设，进一步提升了西安的国际知名度和在国家战略中的地位。此外，《西安规划》突出以人民为中心的发展思想，将"以人为本，共建共享"作为西安建设国家中心城市的基本原则之一，并在重点行动部分围绕城市治理、基本公共服务、乡村振兴、品质提升等领域，谋划了相应的支撑项目。随着工程项目的建设实施，区域间、城乡间的基本公共服务水平和社会文明程度有效提升，人民群众的获得感、幸福感和安全感不断增强。2023 年，西安市全体居民人均可支配收入 42818 元，比上年增长 6.5%。按常住地分，城镇居民人均可支配收入 51178 元，增长 5.7%；农村居民人均可支配收入 19826 元，增长 8.4%。城乡居民收入比为 2.58，比上年缩小 0.07。基本养老保险参保人数 956.81 万人，比上年末增加 35.58 万人，其中，城镇企业职工基本养老保险参保人数 631.63 万人，增加 40.75 万人。失业保险参保人数 307.81 万人，增加 32.26 万人。工伤保险参保人数 347.27 万人，增加 33.32 万人。基本医疗保险参保人数 1079.49 万人，其中，职工基本医疗保险（含生育保险）参保人数 461.60 万人，城乡居民基本医疗保险参保人数 617.89 万人②。

（五）项目总结

项目充分考虑分析西安建设现代化区域中心城市的基础条件，结合战略规划研究的一般思路方法，在研究视角、研究方法以及研究内容方面开展了系统化的探索性研究，积累了在战略规划编制中具有实践意义的方法理论。

1. 研究视角创新

研究视角由着重关注城市自身发展转向"城市→区域→国家"三个维度，突出国家中心城市的国家功能担当和引领辐射作用。项目开展前，国家中心城市的研究多为学术层面的探讨，包括评价标准体系构建、国家中心城市的布局与转型等方面；更强调经济中心的职能，重视城市的经济与人口规模，忽视了

---

① 《西安市 2023 年国民经济和社会发展统计公报》，西安市人民政府，2024 年 4 月 26 日。
② 《西安市 2023 年国民经济和社会发展统计公报》，西安市人民政府，2024 年 4 月 26 日。

社会、文化、国际交往等多方面的国家职能；评价体系以规模等级为核心，忽视了国家战略层面的均衡需求，也掩盖了城市在特定领域的国家甚至国际影响力；更看重城市的现状条件，忽视了对发展潜力和未来在国家格局中影响力的考量。《西安规划》从突出国家功能担当、突出枢纽控制能力、突出引领辐射作用等角度，系统提出了国家中心城市的概念内涵和功能分类，研究视角突破着重关注城市本身发展的传统，更强调城市在国家战略格局与导向中的位置，更强调城市引领带动区域发展的作用。

2. 研究方法创新

研究采用"自上而下"和"自下而上"相结合的方法，结合GIS分析与统计等技术手段，明确提出了西安国家中心城市的战略定位。《西安规划》通过"自上而下"的分析，包括对国家区域发展战略演变、《全国主体功能区规划》、《国家新型城镇化规划（2014—2020年）》等上位规划的解读，以及基于GIS的城市—区域分析、横向城市计量统计分析等"自下而上"的基础评价，结合国家区域发展战略导向，明确提出了西安国家中心城市"三中心两高地一枢纽"的战略定位。

3. 研究内容创新

《西安规划》系统总结了国家中心城市崛起的条件和形成发展的一般规律。结合国内外国家中心城市建设的案例分析，系统总结了国家中心城市形成与发展的一般规律、在国家经济社会发展中发挥的重要作用，以及国家中心城市建设的典型经验和主要模式。

三 《洋浦经济开发区国民经济和社会发展第十四个五年规划和二〇三五年远景目标纲要》

（一）项目概述

海南省洋浦经济开发区（以下简称"洋浦"）是邓小平同志亲自批示，国务院1992年批准设立的我国第一个外商投资成片开发、享受保税区政策的国家级开发区。党的十八大以来，党中央、国务院高度重视海南开发开放和洋浦发展，习近平总书记亲自谋划、亲自部署、亲自推动。2018年4月，《中共

中央　国务院关于支持海南全面深化改革开放的指导意见》发布，明确指出要推动海南成为新时代全面深化改革开放的新标杆，形成更高层次改革开放新格局，探索实现更高质量、更有效率、更加公平、更可持续的发展。2019年5月，国务院印发了《关于推进国家级经济技术开发区创新提升打造改革开放新高地的意见》，为国家级经开区吹响了新时期发展的号角。2019年下半年，国家发展改革委和海南省政府相继印发《西部陆海新通道总体规划》《支持洋浦建设西部陆海新通道航运枢纽的实施方案》[①]，不断支持洋浦对标世界最高水平的开放形态。2020年6月，中共中央、国务院印发《海南自由贸易港建设总体方案》，洋浦被赋予海南自贸港建设先行区、示范区，高质量发展增长极的重要使命。同期，海南自由贸易港洋浦经济开发区正式挂牌成立，标志着洋浦迎来千载难逢的重大历史机遇。

"十四五"时期，是海南建设自由贸易港的重要时期，也是洋浦经济开发区推动高质量发展，打造成为海南自贸港建设先行区、示范区，全省高质量发展增长极的重大历史机遇期。在此背景下，洋浦"十四五"规划的研究编制工作显得尤为重要，必须通过前期深入研究，紧密结合国内外宏观形势变化，牢牢把握国家总体战略要求，全面剖析洋浦经济社会发展的问题短板，这样才能立足大局、结合实际、抓住根本，制定出既立足现实又谋划长远、既整体推进又重点突出、既科学合理又切实有效的"十四五"规划，全面指导洋浦未来五年经济社会发展各项工作，引领洋浦高质量发展。

为科学谋划好洋浦"十四五"时期经济社会发展，2020年8月，洋浦经济开发区启动了《洋浦经济开发区国民经济和社会发展第十四个五年规划和二〇三五年远景目标纲要》（以下简称《洋浦纲要》）编制工作。《洋浦纲要》根据《中共海南省委关于制定国民经济和社会发展第十四个五年规划和二〇三五年远景目标的建议》编制，主要阐明未来五年开发区经济社会发展的战略目标、发展重点和政策措施，是政府依法履行职责、引导市场主体行为、制定实施各级各类规划和相关政策的重要依据，是未来五年开发区经济社会发展的宏伟蓝图，是引领开发区建设海南自贸港先行区、示范区，高质量发展增长极的行动纲领。

---

① https://www.hainan.gov.cn/hainan/tingju/202003/6c5bca6378f34ad3b4cd7ee811b28079.shtml.

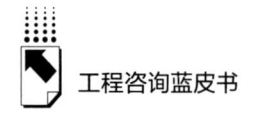

（二）研究过程

规划团队充分考虑任务的复杂性、综合性、紧迫性，组织来自国家发展改革委、交通运输部、海关总署、中国机械科学研究总院集团有限公司、中国社会科学院、中国建筑设计研究院、石油和化学工业联合会、中国石化规划设计研究院、中国化工经济技术发展中心等单位专家学者共同成立项目团队。

经过半年时间，规划团队共召开 7 次内部讨论会，先后 6 次到访洋浦，深入"一区两园"（包括东方临港产业园、临高金牌港产业园）实地考察调研，充分听取管委会领导、两园筹备组、各直属部门、重点企业和基层干部群众的意见建议，全面分析基础条件，客观研判发展形势，系统梳理发展思路，科学谋划目标任务，历经 8 轮征求意见的反复修改，形成了"基本思路+规划纲要"的系列咨询成果。经洋浦 2021 年第 2 次工委会议审定，《洋浦纲要》正式印发实施。

（三）研究重点

1. 破解洋浦开发区发展重点难点问题

《洋浦纲要》编制坚持问题导向、目标导向、战略导向原则，紧密围绕开发区如何发挥自身优势加快融入海南自贸港建设、洋浦作为海南省工业重镇如何构建适应"十四五"时期发展需求和能力的产业体系、破解洋浦"有产无城"问题、如何促进港产城融合发展等重点和难点问题开展深入研究，提出了洋浦"十四五"期间总的发展思路，即坚持新发展理念，以推动高质量发展为主题，以深化供给侧结构性改革为主线，紧紧抓住西部陆海新通道和海南建设自由贸易港的国家战略机遇，积极融入国内国际双循环的新发展格局，围绕海南自贸港先行区、示范区，高质量发展增长极这一总体目标，全力做好"通道、基地、平台"三篇文章，以建设千亿级产业园区和现代产业体系为目标，以创新驱动和改革开放为动力，以优化营商环境为着力点，以重大项目建设为抓手，统筹推进港产城融合发展，不断加强人才队伍建设，加快构筑新时代全区发展战略新优势，力争到 2025 年地区生产总值实现新跨越，达到 690 亿元，为建成西部陆海新通道航运枢纽、先进制造业基地、大宗商品集散交易基地、新型国际贸易创新示范区打下重要基础，初步建成产业高度集聚、生态环境优美、城市功能完善、百姓富足安居的滨海产业新城，实现本地区向"海南自贸港建设先行区示范区，世界知名的湾区型开放城市"的转型升级，为海南自由贸易港建设做大经济流量、做强实体经济。

2. 系统提出洋浦开发区发展路径

《洋浦纲要》为洋浦"十四五"发展提出了三大发展路径。一是加快构建新型现代产业体系，加快形成海洋油气、港航物流、商贸服务（国际贸易）3个千亿级业态，健康食品加工、制浆造纸、高端旅游消费品制造等3个超百亿产业集群，同时培育若干高新技术产业，着力构建"3+3+N"产业体系。二是以自贸港制度集成创新深化改革开放。充分发挥开发区建设海南自贸港先行区示范区的带动效应，对标世界最高水平的开放形态，统筹重要领域和关键环节的改革，注重系统集成，着力推进高水平制度型开放，聚焦贸易投资自由化便利化，建立与高水平自由贸易港相适应的政策制度体系，与高标准投资贸易规则相衔接的法治化、国际化、便利化的营商环境。加强制度集成创新，将政策优势和制度优势结合起来，在制度创新深层次上下功夫，把政策优势最大化。确保政策优先落地、服务优先提供、资源优先集中、人才优先推荐。三是加快港产城融合发展。坚持现代、生态、宜居、宜业发展理念，加快推进产业园区从单一生产型园区经济向综合型城市经济转型，加快打造环新英湾滨海新城，统筹推进开发区产业发展与新型城镇化建设，加快融入"全岛同城化"总体布局，形成"以港促产、以产促城、港产城相融"的发展格局，高质量打造港产城融合示范区。

（四）规划实施成效

1. 经济效益方面

《洋浦纲要》围绕开发区打造自贸港先行区示范区、全省高质量发展增长极的总体定位，提出"十四五"时期洋浦经济社会发展的总体思路、发展目标，同时提出涉及产业发展、基础设施建设、科技创新、环保应急、产城融合、社会民生等六大类重大项目，推动173个重点项目落地实施，累计投资近3000亿元。2021年，洋浦经济开发区地区生产总值436.59亿元，同比增长34.2%，跃居海南省第三位，实现爆发式增长①。2022年4月12日，习近平总书记在洋浦考察时指出，洋浦经济开发区作为海南自由贸易港先行区、示范区，要总结好海南办经济特区经验，用好"中国洋浦港"船籍港的政策优势，大胆创新、先行先试。《洋浦纲要》围绕《海南自由贸易港建设总体方案》的落地实施，提出了洋浦保税港区先行先试政策清单，为推动实现在贸易、投资、跨境资金流动、人员进出、运输往来等5个方面的自由便利以及数据流动的安全有序，发挥自由贸易港"样板间"的作用，提供了重要实施依据和基础。截至目前，以贸易投资自由化便利化为重点的150多项政策文件落地生效，120多项制度创新成果陆续推出。

2. 社会效益方面

《洋浦纲要》提出要以洋浦—环新英湾地区为载体，以具有国际影响力自贸港为目标，打造产业高度集聚、生态环境优美、城市功能完善、百姓富足安居的滨海产业新城。港产城深度耦合发展，不仅是建设海南自贸港的战略要求，也是促进海南省区域协调发展的迫切需求。2022年5月，《中共海南省委海南省人民政府关于支持儋州洋浦一体化发展的若干意见》发布，提出要推动儋州洋浦港产城深度融合发展，解决"儋州有城无产、洋浦有产无城"突出问题，打造海南高质量发展第三极。《洋浦纲要》在产业发展、设施建设、社会管理等方面为儋洋一体化发展提供了重要指导和参考依据。

（五）项目总结

项目充分考虑海南自由贸易港建设重大战略机遇，结合洋浦自身发展定位和基础条件，突出规划实施的导向性和可操作性，在规划视角、规划思路、规划方法以及规划内容方面开展了具有创新性的研究工作。

1. 规划视角创新

突出高质量发展主题，围绕海南自由贸易港建设的重要国家战略机遇开展研究，创新性提出"一区两园"高质量联动发展的新型现代产业体系、以自贸港建设深化改革开放、统筹推进港产城融合发展等重点任务。研究视角更加聚焦，目标导向性更强。

---

① 2021年1~12月洋浦经济开发区主要经济指标运行情况。

2. 规划思路创新

充分考虑洋浦自身定位和未来发展趋势，结合重点任务举措和项目谋划，创新提出综合经济、创新发展、协调发展、绿色发展、开放发展、共享发展等六大方面25项一类发展指标和13项二类发展指标，同时引入世界银行营商环境指标体系设置具有洋浦特色的指标，包含开办企业时间和成本、获得电力供应时间和成本、登记财产时间和成本、获得增值税退税所需时间、进口整体通关时间、执行合同时间和成本等6类营商环境便利度指标。

3. 规划方法创新

划分不同行业、产业，科学预测"十四五"发展目标。充分考虑洋浦历史增长趋势、经济发展现状、已签约重点项目、未来发展目标以及国内国际发展环境，划分三次产业和不同行业，考虑各类影响因素，采用定量与定性相结合的方式，通过情景分析法设定了保守型、匹配型、理想型三种方案，提出切实可行的经济增长目标。

4. 规划内容创新

深入研究洋浦工业重镇与安全发展的关系，坚持先进制造业与现代服务业双轮驱动，提出海洋油气、港航物流、商贸服务（国际贸易）3个千亿级业态，健康食品加工、制浆造纸、高端旅游消费品制造等3个超百亿产业集群，同时培育若干高新技术产业的"3+3+N"产业体系，以产业发展引领区域经济高质量发展。同时，围绕推进安全生产和应急管理能力现代化，提出了重点举措，为洋浦自由贸易港先行区、示范区建设提供安全保障。

四 《哈密市国民经济和社会发展第十四个五年规划和二〇三五年远景目标纲要》中期评估和调整修订

（一）项目概述

哈密市是新疆维吾尔自治区下辖地级市，位于新疆东部，地跨东天山南北，总面积14.21万平方千米，下辖1个区、1个自治县和1个县。哈密市有

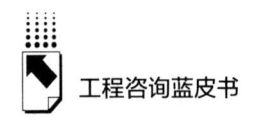

长达577.6千米的国界线①,设有国家一类口岸——老爷庙口岸,是新疆与蒙古国发展边贸的重要开放口岸之一。哈密市是新疆通往内地的门户,是"古丝绸之路"上的重镇,也是新疆维吾尔自治区的"东大门",地理位置重要,素有"西域咽喉,东西孔道"之称。哈密市常住人口67万人,有汉族、维吾尔族、哈萨克族、回族、蒙古族等39个民族。2022年哈密市实现地区生产总值868.99亿元,其中:第一产业增加值46.15亿元,较2021年增长4.1%;第二产业增加值577.92亿元,较2021年增长10.1%;第三产业增加值244.91亿元,较2021年增长2.4%;2022年地方财政收入108.56亿元,较2021年增长36.7%;居民人均可支配收入32663元,较2021年增长3.8%②。

2023年是贯彻落实党的二十大精神开局之年,是实施"十四五"规划承上启下的关键一年。"十四五"以来,哈密市面临的战略布局发生了深刻变化:从全国看,党的二十大胜利召开为全面建设社会主义现代化国家、全面推进中华民族伟大复兴绘制了新的宏伟蓝图。习近平总书记两次视察新疆发表重要讲话作出重要指示,进一步丰富和发展了新时代党的治疆方略。中共中央办公厅、国务院办公厅印发《更好紧贴民生凝聚人心推动新疆高质量发展的实施方案》,首次明确新疆在国家全局中的战略定位,为新疆经济社会高质量发展提供了科学导向和路径指引。从全疆看,自治区党委先后召开十届三次、五次、六次、七次、八次、九次全会,提出了推动新疆经济社会高质量发展的行动纲领,并提出加快构建以"八大产业集群"为支撑的现代化产业体系;赋予哈密"建设新疆经济高质量发展标杆、建设中国式现代化典范城市和西北五省区经济社会高质量发展典范城市"的科学定位,为哈密量身定制了新时代发展坐标。从哈密自身看,市委召开二届四次、五次全会,绘制了在新时代新征程上奋力建设社会主义新哈密的路线图和施工图。立足自治区党委赋予哈密"一标杆两典范"定位要求,哈密市委提出了"三高地"发展定位和"六大主导产业"特色产业体系,哈密市发展战略、发展布局发生了重大调整,站在了全力建设社会主义现代化新哈密、谱写中国式现代化哈密篇章的历史起点上。

---

① 哈密市基本概况,哈密市人民政府网,https://www.hami.gov.cn/mlhm/jbgk.htm。
② 《哈密市2022年国民经济和社会发展统计公报》,哈密市人民政府网,2023年4月25日。

为深入贯彻党的二十大精神，贯彻落实习近平总书记视察新疆重要讲话、重要指示精神，贯彻落实自治区党委系列工作安排，锚定新疆在全面建设社会主义现代化强国中的战略定位，高质量推进中国式现代化新疆实践，更好发挥《哈密市国民经济和社会发展第十四个五年规划和二〇三五年远景目标纲要》（以下简称《哈密市纲要》）的战略导向和规范约束作用，紧密结合哈密实际，对《哈密市纲要》进行科学调整，对确保党中央、自治区党委、市委各项决策部署落实落地，奋力开创新时代哈密工作新局面具有重要意义。

按照委托方的工作要求，该项工作需要完成两份报告，分别是《哈密市纲要》实施情况中期评估报告和《哈密市纲要》（修订稿）。评估和调整修订工作要紧紧围绕全面建成社会主义现代化强国战略安排，主要包括六个方面。

一是明确哈密在社会主义现代化强国中的战略定位。站在全面建设社会主义现代化国家的历史新起点，准确把握中国式现代化的中国特色和本质要求，把"五个重大原则"贯穿到哈密现代化建设全过程各领域，紧扣高质量发展这一首要任务，进一步深化哈密战略定位研究，明确哈密在社会主义现代化强国中的定位和作用，充分发挥地缘区位优势、能源资源优势、历史人文优势，加快哈密新型工业化、新型城镇化、乡村振兴、社会治理现代化的历史进程，着力打造新疆经济高质量发展的标杆，着力打造区域性的发展高地、创新高地和治理高地，奋力建设社会主义现代化新哈密，力争在全疆率先基本实现现代化。

二是调整完善未来五年主要目标和2035年总体目标。全面对标对表党的二十大提出的目标要求，按照市委二届四次全体会议的工作部署，对标高质量发展综合绩效考核评价指标体系，客观评估《哈密市纲要》提出的经济发展、创新驱动、民生福祉、绿色生态、安全保障等五大类20个主要指标，特别是8个约束性指标和体现高质量发展的指标实现情况，对未取得实质性进展、预计难以完成的目标任务进行科学分析和详细说明，对未来五年主要目标和2035年总体目标进行调整、修订和完善。

三是完善事关哈密社会稳定和长治久安的重大任务。落实依法治疆任务，推进维稳工作法治化常态化，更好地发挥法治固根本、稳预期、利长远的作用；落实民族团结任务，以铸牢中华民族共同体意识为主线，推动各族群众逐

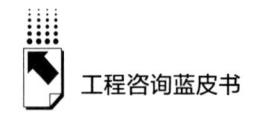

步实现在空间、文化、经济、社会、心理等方面的全方位嵌入。加强和完善城乡社区治理措施，优化各级组织机构设置和职能配置，完善社会治理体系和基层治理工作运行机制，推进治理体系和治理能力现代化；把握全面建设社会主义现代化的应有之义，发展全过程人民民主，充分调动发挥各族各界人士干事创业的主动性和创造性，凝聚起团结奋斗建设美好哈密、同心共圆中国梦的磅礴力量。

四是完善紧贴民生推动哈密经济高质量发展各项任务。完善构建现代产业体系任务，突出抓好现代煤化工、新能源、新材料、装备制造、现代物流、文化旅游六大产业建设；落实市场化改革和高水平开放任务，加快推进丝绸之路经济带核心区建设；完善基础设施建设任务，加快构建支撑哈密高质量发展需要的现代化基础设施体系；落实水资源节约集约利用任务，着力解决哈密可持续发展的水资源约束瓶颈问题；实施科教兴疆战略，发挥教育、科技、人才基础性战略性支撑作用；落实以人民为中心的发展思想，在增进民生福祉中实现各族群众对美好生活的向往；完善生态环境保护和建设任务，持续深入打好蓝天、碧水、净土保卫战，建设美丽哈密；落实新时代新征程兵团职责使命，着力在深化改革、向南发展、兵地融合发展上实现新突破。

五是完善新时代党的建设总要求各项任务。贯彻全面从严治党永远在路上、党的自我革命永远在路上的要求，深入推进新时代党的建设伟大工程。加强党的政治任务建设，始终在思想上政治上行动上与以习近平同志为核心的党中央保持高度一致；完善理论武装任务，把握好习近平新时代中国特色社会主义思想的世界观和方法论，坚持好、运用好贯穿其中的立场观点方法，把党的创新理论落实到哈密工作的各方面全过程；完善干部队伍建设任务，着力培养一支政治过硬、理论功底扎实、政策把握到位、实践能力强的各民族优秀干部队伍；完善党风廉政建设任务，坚决打赢反腐败斗争攻坚战持久战。

六是增补调整哈密市重大工程项目建设任务。重点评估《哈密市纲要》专栏确定的重大工程项目实施进展情况、对重大战略落地的支撑作用，以及落实重大工程项目与推动改革、形成体制机制的有机融合情况。结合"十四五"规划重大项目、重大平台、重大产业、重大改革、重大政策和重点要素"六重清单"，对规划重大工程项目进行增补和调整。

（二）研究过程

本项研究工作经历了资料研究、现场调研、报告撰写、衔接修改 4 个阶段。

2023 年初接受委托任务后，项目组深入分析了《哈密市纲要》的全部内容，对评估和调整修订的对象做到熟悉于心。此外，项目组仔细研读"十四五"以来哈密市历年的政府工作报告、统计公报等公开内容，对哈密市近两年经济社会发展情况有了大致清晰的认识。

2023 年 2 月初，项目组组建了近 20 人的专家团队赴哈密市开展现场调研。调研组深入政府机构、乡镇、产业园区、企业等开展现场调研，通过座谈交流、实地调研等方式，深入了解各单位在落实《哈密市纲要》方面取得的成效、存在的问题、对政策的需求、下一步工作计划等。为期一周的现场调研，让项目组对《哈密市纲要》执行情况、存在问题等有了更为清晰直观的认识。2023 年 3 月初，项目组根据专业特长，结合现场调研情况和资料收集情况，开展了分领域、分板块的评估报告和调整报告撰写工作，本项工作持续时间 3 个月，在 2023 年 5 月底，项目组完成了中期评估报告和调整修订报告的初稿，并提交项目委托方。2023 年 6 月起，项目组先后根据哈密市各单位反馈情况、哈密市最新党政会议精神、自治区最新要求等，对评估报告和调整修订报告进行修改，累计先后 6 次征求意见，累计收集意见建议 300 余条，项目组合理采纳了大部分意见建议，于 2023 年 12 月初完成送审稿。

（三）研究重点

本项目主要围绕《哈密市纲要》实施情况中期评估、《哈密市纲要》调整修订两项工作来开展，各项工作主要内容和结论如下。

1.《哈密市纲要》实施情况中期评估

"十四五"以来，尽管面临着错综复杂的宏观形势和多重超预期因素冲击，哈密市仍然实现了高水平跨越式发展，各项工作取得了突出成效，彰显了哈密市一心一意谋发展的决心、闯关克难的意志和经济基础的韧性。评估认为，在"十四五"前半程，哈密市实现了社会大局持续和谐稳定、

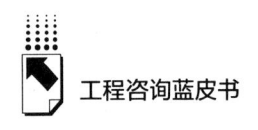

重大国家战略加速落地、经济发展实现能级跃升、综合承载能力明显增强、发展内生动力充分释放、民生福祉得到切实改善、生态文明建设实现稳步推进。

从指标完成情况来看，《哈密市纲要》提出了经济发展、创新驱动、民生福祉、绿色生态、安全保障等五大类20项指标。其中预期性指标12项，约束性指标8项。从总体进展情况来看，5项指标提前完成，10项指标达到预期进度，2项指标进展不及预期，3项指标受现行统计能力、统计制度、核算要求发生变化等影响无数据。主要指标总体进展顺利。从重点任务进展情况来看，《哈密市纲要》提出了构建优化现代产业体系、服务融入新发展格局、深化重点领域改革、打造生态文明建设样板区等11项重点任务。评估认为，各项重点任务实施进展总体顺利。从重点工程推进情况来看，《哈密市纲要》提出了现代农牧业、旅游业、现代物流业、科技创新体系建设、生态保护与建设等16项重点工程，共计143项重点项目。其中，18项重点项目已完成建设任务，95项重点项目正在实施推进，30项重点项目因资金、土地、政策等因素删除不再实施。

2.《哈密市纲要》调整修订

根据自治区发展改革委《关于开展"十四五"规划实施中期评估工作的通知》《新疆维吾尔自治区人民代表大会常务委员会关于加强经济工作监督的决定》和哈密市委、市政府的安排部署，在深入分析面临的新形势新要求的基础上，对《哈密市纲要》进行调整，主要调整内容如下。

在框架结构方面，根据哈密市发展重心的调整，规划整体框架由14章57节调整为16章65节。在发展定位方面，随着国内外发展环境的变化，哈密市在自治区和国家的战略定位愈加重要，自治区赋予了哈密市"一标杆两典范"的定位要求，哈密市也提出了"三高地"的发展定位，因此对哈密市原"五大定位"进行调整。在主要内容方面，对内外部环境、现代产业体系、开放融合发展、科教兴哈战略、法治哈密、文化润疆等内容进行丰富和完善。在目标指标方面，结合新形势新要求，对总体目标、3项发展指标、8项细化指标、2035年远景目标等进行优化调整。在重点项目方面，对部分不符合当前发展要求、不具备实施条件的工程项目调出，将部分现时发展需要、具备实施条件的项目调入。

（四）项目效益

1. 经济效益方面

调整修订报告中，通过综合研判分析，将事关哈密经济高质量发展的诸多项目新增纳入《哈密市纲要》，这些项目的实施将会有力提升哈密市经济发展水平，经济效益显著。

2. 社会效益方面

本次中期评估发现哈密市在社会事业等方面仍存在短板，通过调整修订，把事关社会稳定长治久安、事关共同富裕的内容和项目新增纳入《哈密市纲要》，这些举措和项目的实施将进一步促进民生福祉的持续增进，社会效益显著。

3. 生态效益方面

本次中期评估发现哈密市在生态文明建设方面存在的一些亟待解决的问题，通过调整修订，把生态保护、环境治理等内容和项目新增纳入《哈密市纲要》，这些举措和项目的实施将推动生态文明建设更上一层楼，生态效益显著。

（五）项目总结

本项目在执行过程中，根据项目所在地发展环境变化、委托方需求及新形势下对规划评估工作的新要求，在开展规划评估一般思路的基础上，对评估调整形式、评估内容以及评估方法进行了一定程度且具有参考价值的创新。

1. 形式创新

在形式上，评估报告采取了总分的形式，先从总体上评价哈密市"十四五"以来取得的总体成就，包括落实总目标、落实国家战略、经济发展水平、综合承载能力、民生福祉水平、生态文明建设等重点领域取得的成效；再分门别类地开展评估，从主要指标完成情况、重点任务进展情况、重点工程项目推进情况等方面逐项开展评价。调整报告则采取了对原《哈密市纲要》进行框架调整的方式，在框架上，结合哈密市最新全会精神确定的六大特色产业、自治区确定的科教兴疆战略等政策文件，调整新设了部分章节，使新的《哈密市纲要》符合自治区和哈密市发展实际。

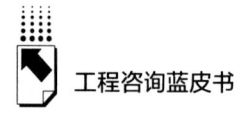

2. 内容创新

在内容上，评估报告不仅评价了《哈密市纲要》的落实情况，还把哈密市摆在国家和自治区发展全局的位置来进行评价，分析了哈密市落实国家战略、落实国家 102 项重大工程和自治区 84 项重大工程的进展情况。调整报告则顺应国家和自治区战略方针调整，对哈密市战略定位进行了调整，将原五大定位调整为新的五大定位，并调整了部分发展目标；对产业体系、综合能源、对外开放等方面的内容进行了调整更新。

3. 方法创新

为全面掌握《哈密市纲要》实施情况，深入分析规划实施存在的突出问题，客观反映社会各界对规划实施的意见建议，科学合理调整修订《哈密市纲要》目标任务，本项目在方法上进行了创新。一是中期评估和规划调整相结合。有效整合各方面资源，持续推进评估调整工作创新，同步开展《哈密市纲要》中期评估和调整修订工作，实现中期评估与规划调整有机结合、相辅相成。前期重点围绕《哈密市纲要》调整开展工作，后期根据自治区发展改革委关于"十四五"规划纲要中期评估工作的统一部署推进落实。二是目标导向和问题导向相结合。从确保如期基本实现社会主义现代化目标任务倒推，合理确定未来五年发展主要目标任务。同时，从迫切需要解决的各领域各环节问题顺推，明确破解难题的路径、办法和举措。三是定性描述和定量分析相结合。采用可量化指标，综合运用统计数据和非统计数据资源，充分利用定量分析、大数据分析等方法，对未来五年主要目标进行科学精准分析，并对 2035 年基本实现社会主义现代化总体目标作出定性描述。

B.14
社会事业领域案例研究

社会事业领域工程咨询课题组*

摘　要： 社会事业领域投资项目是推进社会事业高质量发展的重要支撑，项目质量直接影响着对人民美好生活向往的满足、公共服务共建能力的提升和共享，也影响着经济社会互促共进良好局面的形成。项目的前期咨询是提升项目决策科学性、可行性的关键举措之一。本文结合国家"十四五"时期对社会事业的部分重点支持方向，选取产教融合、公立医院、档案事业等3个领域的典型工程咨询案例，在介绍项目概况和特点的基础上，总结咨询工作亮点，形成可供借鉴的工作经验，为推进社会事业高质量发展作出贡献。

关键词： 社会事业　可行性研究报告　投资项目　前期咨询

社会事业是以社会公益为目的，由国家机关或其他组织举办的从事教育、科技、文化、卫生、体育等活动的社会服务。推进社会事业发展既是不断满足人民对美好生活的向往、全面提升公共服务共建能力和共享水平、促进形成强大国内市场的根本要求，也是社会发展支撑经济持续健康发展、形成经济社会互促共进良好局面的基础保障。

习近平总书记指出，要办好就业、教育、社保、医疗、养老、托幼、住房等民生实事，提高公共服务可及性和均等化水平。党的二十大报告指出，要着力解决好人民群众急难愁盼问题，健全基本公共服务体系，提高公共服务水平，增强均衡性和可及性，扎实推进共同富裕。《中华人民共和国国民经济和社会发展第十四个五年规划和2035年远景目标纲要》在教育领域提出要深化

---

* 课题组成员：王大卫、李耀琨、樊劭然、邸娜娟、李琳、李乃上，中国国际工程咨询有限公司。

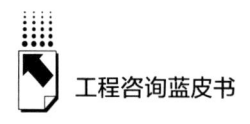

产教融合、校企合作，建设高质量教育体系；在医疗卫生领域提出要加强公立医院建设，全面推进健康中国建设；在文化领域提出要发展档案事业，提升公共文化服务水平。

社会事业的高质量发展，离不开各类重大投资项目的支撑。投资项目前期咨询是提升社会事业项目决策科学性、可行性的关键举措之一。改革开放以来，社会事业领域的工程前期咨询活动逐步发展成熟，尤其是在项目建议书、可行性研究报告的编制方面，积累了大量经典案例。本次主要结合国家"十四五"时期对社会事业的部分重点支持方向，选取产教融合、公立医院、档案事业等3个领域的典型工程咨询案例，总结工程咨询工作亮点，形成可供借鉴的工作经验。

一 山东大学国家医学攻关产教融合创新平台项目

（一）项目概况

1. 项目背景

《中华人民共和国国民经济和社会发展第十四个五年规划和2035年远景目标纲要》明确提出，要加强在癌症和心脑血管、呼吸、代谢性疾病等发病机制基础研究，主动健康干预技术研发。围绕重点领域，"布局建设一批国家产教融合创新平台和研究生联合培养基地"。山东大学作为一所历史悠久、学科齐全、实力雄厚、特色鲜明的综合性大学，临床医学学科入选国家"双一流"学科建设名单，以"新医科"建设①为引领的医学人才培养质量稳居国内第一方阵。通过与山东大学齐鲁医院、杭州极弱磁场国家重大科技基础设施研究院等机构深度合作，山东省零磁医学重点实验室、山东大学零磁医学研究院等研发平台先后成立，在心磁、脑磁等人体极弱磁基础研究及结构—功能医学融合成像等方向进行了一系列新方法和新技术的探索与实践。本项目是国家发展改革委和教育部共同支持建设的由高校、医院和企业协同开展医学攻关领域人才

---

① 2018年8月，中共中央、国务院印发关于新时代教育改革发展的重要文件，首次正式提出"新医科"概念。同年10月，教育部、国家卫生健康委员会、国家中医药管理局启动实施《卓越医生教育培训计划2.0》，对新医科建设进行全面部署。

培养、学科建设、科技攻关的综合性创新平台,旨在打造"平台建设—技术突破—设备研制—系统开发—临床应用评价—产业化推广"全链条的学科建设、人才培养和技术研发体系,形成教育链、人才链与产业链、创新链的无缝对接,实现零磁医学"卡脖子"技术重大突破、医学功能成像装备"临门一脚"技术[①]创新及临床转化应用,形成零磁医学国际引领优势。中国国际工程咨询有限公司研究团队承担了《山东大学国家医学攻关产教融合创新平台项目可行性研究报告》的编制工作。

2. 基本情况

山东大学国家医学攻关产教融合创新平台位于济南国际医学科学中心。平台包含极弱心磁成像及医学应用平台、极弱脑磁成像及医学应用平台、零磁医学基础研究平台、多模态信息融合研究平台四大科研平台,以及主被动磁屏蔽耦合技术研究平台和科学计算共性平台两大共性技术平台,总建筑面积约1.3万平方米,高精尖设备近500套,总投资约4亿元。通过平台建设,山东大学及合作机构旨在用2~3年突破心磁成像装备领域产业能级"卡点",用3~5年突破脑磁成像装备领域的临床医学产业需求"卡点",聚焦零磁医学和人体功能信息成像装备方向,打造人才培养、学科建设、科技攻关的综合性创新高地,探索带有齐鲁特色的医工融合人才培养模式,为我国医疗装备技术跨越式发展提供人才支撑。与此同时,开辟功能信息成像新赛道,与传统结构成像互相补充,推动高端医疗装备跨越式发展,为我国医疗健康技术创新发展提供强大动力,为保障人民生命健康作出重要贡献。

3. 重要意义

项目建设是打造我国医工融合高峰的切实举措。生物医药及高性能医疗器械领域是制造业十大领域之一。未来的医学科学将伴随医学与工程技术的融合(即医工融合)而向前发展,尤其在医疗器械的制造方面,工程技术的发展、仪器设备的更新换代,将不断促进医学的发展。通过医工融合研发具有中国自主知识产权的高性能医疗器械重点产品已成为迫切任务。我国医工融合需着力

---

① 山东大学齐鲁医院官网,https://www.qiluhospital.com/index.php?m=content&c=index&a=show&catid=712&id=31804。

解决交叉医学学科实质性融合不到位、产学研转化链与临床要求对接不足、教学和人才培养融合难三大难题。本项目通过在源头上的基础理论创新、开辟医疗装备"新赛道"、利用零磁医学新技术、创新开展高端医疗装备的研发及应用研究、培养医工融合复合型人才、加大与相关制造业企业和科研院所的合作等措施，打通科技成果转化"最后一公里"，有效提高我国医学科技创新转化水平，对提高我国医工结合水平、提高我国高端医疗装备制造水平具有重要意义。

项目建设是提高我国医疗装备国际竞争力的现实需要。高端医疗装备是健康保障体系建设的物质基础，是推进临床诊疗技术进步的核心动力，也是引领医学模式转变的变革性力量，具有高战略性、带动性和成长性等显著特征，国内外市场长期以来被发达国家垄断。《"健康中国2030"规划纲要》提出了"研制重大新药和先进医疗设备"以及"疾病防治重心前移，研究预防和早期诊断关键技术，显著提高重大疾病诊断和防治能力"等战略发展任务[①]。山东大学国家医学攻关产教融合创新平台基于超高灵敏度极弱磁测量的零磁医疗装备，在零磁（极弱磁）环境下进行人体心脏、大脑等系统的功能成像，将为重大心脑疾病，如心梗、帕金森病、阿尔茨海默病等诊断提供新的手段，为我国医疗健康技术的创新发展提供强大动力，为保障人民生命健康作出重要贡献，并实现高端医疗装备跨越式发展。

项目建设是推动我国主动健康干预技术发展的具体实践。山东大学临床医学是国家"双一流"学科，以"新医科"建设为引领的医学人才培养质量稳居国内第一方阵，形成了拔尖创新型医学人才培养和卓越医生培养的齐鲁医学范式，为党和国家培养了大批深具家国情怀和仁心仁术的医学精英。聚焦国家重大战略需求，面向人民生命健康，充分发挥综合性大学多学科优势，山东大学组建零磁医学国内顶级技术团队，在前期充分合作的基础上，聚焦特色化高端医疗装备的研制应用、填补国内外空白领域、产生"0到1"原创性科研成果，实现疾病风险评估、早期预警、精准诊疗

---

① 中华人民共和国中央人民政府国务院公报2016年第32号，https：//www.gov.cn/gongbao/content/2016/content_5133024.htm。

等，是落实党的二十大关于"坚持预防为主，加强重大慢性病健康管理"[①]的有力实践。

（二）项目特点

1. 项目以多学科交叉和转化医学研究为特色推动国际一流零磁医学研究，具有很强的前瞻性和战略性

区别于常见的科技创新项目聚焦"卡脖子"技术攻关，本项目开辟新的技术赛道，通过磁场屏蔽技术将地球表面普遍存在的约50000nT（$1nT=10^{-9}T$）磁场衰减四个数量级至nT量级以建立大型零磁空间，利用基于无自旋交换弛豫（SERF）效应的超高灵敏极弱磁场测量技术将磁场测量灵敏度最高可提高到aT（$1aT=10^{-18}T$）量级，为心脑重大疑难疾病机理的研究提供新手段[②]。山东大学科技攻关团队坚持创新、不惧挑战，联合山东大学齐鲁医院、杭州极弱磁场国家重大科技基础设施研究院等科技界和产业界骨干力量，聚焦疑难危重精准诊治等重大医学问题和国家重大需求与经济主战场，致力于增进人民生命健康福祉，协同推进国际一流零磁医学研究。

2. 本项目在促进高等教育内涵式发展方面具有独特的示范性和表率性

作为"十四五"规划102项重大工程之一的国家产教融合创新平台，本项目紧扣医工结合领域研发需求，除聚焦科技攻关外，还强调以培养高端医疗设备研发创新人才为目标，注重工科领域设备研发与医学临床需求的深度整合，夯实高端医疗设备研发型人才培养的专业基础，重视医工交融研究能力的培养，提高零磁医学研究生创新实践能力。山东大学面向以零磁医学为核心的医工结合专业方向，自主建设零磁医学精品课程，形成零磁医学二级学科专业硕士、博士培养体系。在产业示范及应用方面，联合国内外高端医疗器械龙头企业建立联合产业示范基地，结合学科建设目标，以解决零磁医学关键技术为核心，以产业应用为牵引，进行产学研的深度融合，强化产业人才实训培养相关内容。促进高等教育资源布局优化调整，有效提升高等教育对区域经济社会

---

① 《高举中国特色社会主义伟大旗帜　为全面建设社会主义现代化国家而团结奋斗——在中国共产党第二十次全国代表大会上的报告》，2022年10月16日。
② 房建成、魏凯、江雷、向岷、陆吉玺：《超高灵敏极弱磁场与惯性测量科学装置与零磁科学展望》，《航空学报》2022年第10期。

发展的支撑引领能力。

3. 本项目在开辟成像医学新赛道的重要科技工程中具有鲜明的引领性和开拓性

随着我国老龄化程度的加深，本项目重点打造的基于阵列式微小型原子磁强计的极弱磁医学成像技术正展现出广泛的应用前景。这种无损、无接触的监测手段将帮助尽早发现潜在的心脑疾病迹象，实现预防和干预。随着零磁医学成像设备体积缩小，实现可穿戴，能为老年人提供长期、有效的健康监测，为人民健康保驾护航。同时，项目建设可促进我国神经科学、脑科学、临床医学等生命科学领域高精度成像测量技术变革，对于解决重大疑难疾病机理研究、早期诊断、预后评估等重大难题具有重要意义，可创造巨大的社会效益，实现高端医疗装备"新赛道"国际引领。

（三）咨询工作亮点

中国国际工程咨询有限公司（以下简称"中咨公司"）研究团队承担了《山东大学国家医学攻关产教融合创新平台项目可行性研究报告》的编制工作。本项目作为"十四五"期间中央预算支持的新型研发平台，是集科技攻关、人才培养和学科建设于一体的有机体。项目既要有力支撑科技强国、健康中国、制造强国、教育强国等一系列国家战略需求，又要满足国家发展改革委、教育部、山东省、济南市、山东大学等各方的需求，同时作为中央预算内资金重点支持的项目，还要严格把关工程建设，做到合理确定项目规模和投资，提前研究科研与工程建设之间的衔接。

1. 组织层面

根据《"十四五"时期教育强国推进工程实施方案》，国家产教融合创新平台作为102项重大工程中推动加快"双一流"建设、加强急需领域学科专业建设、提升人才培养能力、加快破解"卡脖子"关键核心技术的重要支撑平台，强调产、教、研、科、工、贸的融合统一，旨在破解传统模式下高校技术攻关、人才培养与产业界脱节的结构性难题。本项目强调全生命周期中的多方参与，前期工作中高校科研团队、高校教学办公室、临床医学工作者、企业家等各方均提出了对本项目的具体需求和建议，对统筹各方需求并凝练重点提出了极高的要求。为了更准确地统筹上位要求和各方需求，研究团队一方面组建由科学家、政策专家、工程专家、经济专家共同构成的咨询团队,更好地识别和把握各方需求;另一方面建立定期会议、报告沟通机制,充分听取相关单位意见和建议,及时解决问题、消除障碍,同时以思维导图、表格模板等形式层层分解上位政策要求和具体需求,通过图表打通从提出需求到转化落地的咨询链条,并以简洁的工程化语言将不同的专业需求高效转化。

2. 方法层面

前瞻性、创造性的科研任务往往伴随着复杂的个性化需求,现行国家标准《科研建筑工程规划面积指标》实施至今已30余年,部分用房功能设置和面积指标已不能满足如今科研实验的实际需要。如何引导科学家提出使用需求,科学地将使用需求转化为工程方向,把工程方向转化为对建筑、结构、电力、给排水等专业系统的要求,做到既合规又好用,研究团队创立应用了一套可复制、可推广的方法体系,取得了良好的效果。

①引导科学家按照工艺路线图(法),提出需要的设备情况(机、料)和环境空间需求(环),空间规模应与工艺路线节点相匹配,满足设备相关物理空间布置(面积)和环境需求(给排水、空调通风、装修等)。

②全方位对标国际、国内同类实验室建筑方案,根据对环境的共性需求,将实验室设计分类成为湿式实验室、化学实验室、物理实验室、洁净实验室、创客办公空间等单元,采用标准化、模块化的柔性设计思路,打造标准实验单元和非标准实验单元。

③建设相关标准/规范大系统,全面梳理现行国家标准,通过提炼共性需求合并同类项,确保项目合规。

3. 工作层面

本项目面向原始创新与临床应用的融合,体现出极强的创新性和特殊性,一是体现在大量非标实验工艺方面,将直接影响相关实验设施运行的安全性和可靠性;二是体现在科研与工程建设之间的搭接方面,需要提前研究做好不同发展阶段之间的衔接;三是体现在对风险的把控方面,要始终贯彻发展与安全理念,强调以人为核心,增强"风险意识";四是产教融合创新体系构建方面,本项目作为产教融合模式的先行者,要加快形成人才培养、技术研发和产业应用全链条紧密结合的示范样板;五是基本建设程序方面,科技攻关项目前瞻性、特殊性强,要积极做好与自然资源、环保、应急管理、人防等部门的对接。

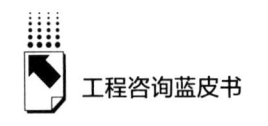

为此，研究团队组织开展非标实验工艺的安全性和可靠性专题论证、编制工程过渡期搭接方案、制定项目全过程审批文件清单、制定实验室安全应急预案，并研究提出山东大学技术攻关、人才培养、学科建设、产业转化融合发展实施措施，坚持以服务科学家需求和保障实训任务为根本宗旨，守住安全底线，努力把项目建设好、运行好，充分发挥国家医学攻关产教融合创新平台的综合价值。

二 上海交通大学医学院附属瑞金医院海南医院（海南博鳌研究型医院）二期工程

（一）项目概况

1. 项目背景

上海交通大学医学院附属瑞金医院海南医院（海南博鳌研究型医院）（以下简称"瑞金海南医院"）以海南省人民政府为建设主体，以上海交通大学医学院附属瑞金医院为输出医院，以海南省人民医院为依托医院，致力于打造成为海南省国家区域医疗中心。

为缩小相关地区重点病种治疗水平与全国先进水平的差距，大幅减少跨省跨区域就医，努力实现"大病不出省"，国家发展改革委、国家卫生健康委、国家中医药局、国务院医改领导小组秘书处于2019年共同印发了《区域医疗中心建设试点工作方案》，正式启动国家区域医疗中心建设试点工作。2022年10月18日，瑞金海南医院获批为第四批国家区域医疗中心建设项目。项目聚焦海南省疾病谱及跨省异地就医常见病种，以"肿瘤及血液学科群、心血管代谢学科群、神经脑科学学科群"三大学科群为核心，建立并创建国家级医学科研中心；发挥海南博鳌乐城国际医疗旅游先行区独特制度、机制优势，大力提升我国心脑血管、肿瘤等威胁国人生命健康疾病的治疗水平，促进优质医疗资源区域均衡布局。

2. 基本情况

瑞金海南医院按照一院两院区管理、资源共享的原则分两期建设。2021年12月18日，瑞金海南医院一期工程——海南博鳌研究型医院正式投入试运行。

瑞金海南医院二期工程总体定位为医疗服务，对照国家区域医疗中心建设标准和一期已建内容，以补齐补强目前国家区域医疗中心必需的门诊、急诊、放疗等功能内容和衔接一期工程为总体思路开展建设。二期床位数500张，总建筑规模57003平方米，主要建设内容有医院七项用房、大型医用设备用房、连廊、地下车库及人防等，总投资为70500.88万元。2023年12月20日，瑞金海南医院二期工程主体结构顺利封顶，标志着项目建设完成了关键性的节点目标。项目预计2025年建设完成。

3. 重要意义

项目建设有助于推动优质医疗资源扩容和均衡布局、有效缓解群众看病难问题。项目建设充分发挥海南自由贸易港以及博鳌乐城国际医疗旅游先行区独特优势，引进瑞金医院"国家队"水平优质医疗资源，建成后可有效提升海南省肿瘤、心脑血管、神经等疑难病症诊疗水平，改善当地居民生活，社会效益显著。对于有效增加海南省及周边地区优质医疗资源供给、快速提升医疗服务水平和疑难病症诊治能力、满足人民群众就近享受高水平医疗服务的需求具有重要意义。

引进高水平优质医疗资源有助于海南自由贸易港建设。2018年4月10日，中共中央总书记、国家主席习近平在博鳌亚洲论坛2018年年会开幕式上发表主旨演讲，提出"探索建设中国特色自由贸易港"。2020年6月1日，中共中央、国务院印发《海南自由贸易港建设总体方案》，明确将"总结区域医疗中心建设试点经验，研究支持海南建设区域医疗中心"作为2025年前海南自由贸易港建设重点任务。项目建设对打造海南自由贸易港具有重要支撑作用。

项目建设有助于推动医疗领域对外开放。2013年2月28日，国务院批复设立海南博鳌乐城国际医疗旅游先行区。乐城先行区通过国家赋予的"国九条"政策，以特许医疗、特许研究、特许经营、特许国际医疗交流的"4个特许"政策优惠，来实现医疗技术、设备、药品与国际先进水平"三同步"，是全国唯一的医疗领域对外开放的"医疗特区"。在特许药械政策的支持下，乐城先行区已逐渐成为国内患者同步用上国外创新药械的前沿平台，已获批引进特许药械316种，尤其在肝癌领域，乐城先行区引进已在国外上市了10余年的治疗晚期肝癌的药械组合产品。

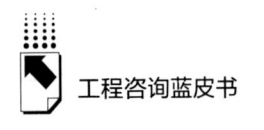

（二）项目特点

1. 在政策范围内大胆开展先行先试

海南省需要以优质医疗资源保障人民健康、服务国家建设海南自由贸易港战略目标，需要以先进医疗发出中国健康声音、提升博鳌乐城国际医疗旅游先行区发展水平。项目建设过程中坚持开展先试先行，探索符合海南省实际的运行体制机制及政策，简化审批流程，加大政策支持力度。在国家区域医疗中心建设要求下，瑞金海南医院所有权和经营权相分离，由海南省人民政府委托瑞金医院全权管理，海南省人民医院积极配合，充分提供现有设施设备和人才队伍，定向放大国家顶级优质医疗资源。项目建设工作与医疗资源规划布局、分级诊疗制度建立、医联体建设、临床重点专科建设、医学人才培养等医改深化工作相衔接、相协调。设置合适的管理体制机制，合力推进项目建设运营。

2. 瑞金海南医院二期工程建设重视与一期的衔接融合

瑞金海南医院二期工程需要联合一期工程达到国家区域医疗中心建设及服务要求，建设完成后要满足国家区域医疗中心建设要求，同时也要在医疗、教学、科研、人才培训等多个方面实现联通，在项目选址、水电气接入、医院功能模块、信息系统、物流系统等方面要充分考虑与一期资源共享，最大限度利用功能。项目二期在可建空间的利用上充分考虑与一期资源共享，其中：医技中检验检疫考虑与一期合用；业务管理用房在一期中解决；配电、燃气等均可从一期引来，部分设备保障用房需求减少，信息机房等部分保障用房与一期合用；急诊与一期统筹考虑，不低于最低比例要求。项目二期通过连廊与一期工程进行联通，便于运营期的共享、一体化使用。项目二期智能化系统设计需考虑与一期的衔接和融合，共用一期的管理平台，在一期的数字医疗设备、计算机网络平台和医院业务软件的基础上，增加二期所需的数字医疗设备和网络设备，由智慧医疗平台采集全量医疗数据。项目二期信息化应用系统内的如公共服务系统、智能卡应用系统、物业管理系统、信息设施运行管理系统、信息安全管理系统、基本业务办公系统与一期共用。

3. 项目建设引入先进医疗设计理念

根据瑞金海南医院的项目定位，充分整合多学科专家意见和利益相关者诉求，为保障项目质量，通过采取与设计单位合作的模式，引入先进的医疗设计理念。一是规划绿色生态、舒适宜人的花园型医疗空间。医院呈 C 字形布局，与西侧在建建筑形态相呼应，形成围合大花园形态。南北两栋病房楼通过中间的门诊区域（包括门诊、急诊、手术、ICU 等功能）相连通，各个功能块围绕中心花园布置，共享一个核心花园景观。二是搭建轨道式物流传输系统，实现医院内部各种日常医用物品的自动化快速传送。轨道式物流传输系统是指在计算机控制下，利用智能轨道载物小车在专用轨道上传输物品的系统，可以用来装载重量相对较重和体积较大的物品，一般装载重量可达 30 公斤，对于运输医院输液、批量的检验标本、供应室的物品等具有优势。三是量身制定海南本土绿色建筑技术体系和实施策略，目标是实现方案设计与绿色建筑技术的紧密融合。参照《绿色建筑评价标准》（GB/T 50378-2019）中的国家二星级绿色建筑的规划设计要求，通过采用综合优化设计、适宜的应用技术、施工控制及运营管理等措施达到绿色建筑增量投资少、维护费用低的目的，体现了经济效益、社会效益和环境效益的统一。

（三）咨询工作亮点

受上海交通大学医学院附属瑞金医院海南医院（海南博鳌研究型医院）委托，中国国际工程咨询有限公司于 2022 年 5~8 月承担了《上海交通大学医学院附属瑞金医院海南医院（海南博鳌研究型医院）二期工程可行性研究报告》的编制工作，总结形成如下工作亮点。

1. 创新医院规模测算方法，科学准确地测算项目规模

传统的医院规模功能论证分析方法主要基于历史数据和经验判断，本项目通过跨学科团队协同分析、借鉴国内成功经验、对标国家区域医疗中心建设、重视一二期协同联动和资源共享等方法，开展建设内容规模的研究分析，为下一步的设计方案和概算方案奠定了坚实基础。根据《国家卫生健康委关于印发医疗机构设置规划指导原则（2021—2025 年）的通知》规定，省办及以上综合医院适宜床位规模为 1500~3000 张。目前，国内已建区域医疗中心在 1000~2000 床，依据《上海交通大学医学院附属瑞金医院海南医院国家区域医疗中心建设方案》，海南区域医疗中心确定建设床位规模为 1000 张，总体建设规模在合理区间，在一定程度上缓解了海南省优质医疗不足、医疗床位不足的问题。一期建设床位规模为 500 张，故确定二期建设床位规模为 500 张。

2. 创新合作机制，充分融合输出医院特色优势

项目医院是政府举办的公益性医疗机构、独立法人单位，拥有独立运营权，实行独立核算，由海南省人民政府委托瑞金医院全权管理，合作期间以"上海交通大学医学院附属瑞金医院海南医院"为第一冠名。坚持输出医院主营原则，由瑞金医院主导项目医院的运行和管理。项目坚持优先整合现有资源原则，依托瑞金医院顶尖团队、强大临床及科研力量，携手国内外优秀专家，充分发挥瑞金医院的学科优势及新药、新械临床研究能力，海南省人民医院积极配合，充分提供现有设施设备和人才队伍，定向放大国家顶级优质医疗资源。为确保项目建设顺利推进，明确由海南省人民政府、瑞金医院、海南省人民医院建立工作协同机制，协调推进上海交通大学医学院附属瑞金医院海南医院国家区域医疗中心建设的重点事项，负责项目启动、实施、运营筹备等具体事宜的落实。

3. 创新项目运营期管理体制，有序提高运营效率

瑞金海南医院所有权和经营权相分离，通过顶层设计来提高医院的运营管理效率。项目创新医院运营管理模式，瑞金医院全面负责医院运营管理，海南省人民政府与瑞金医院联合设立理事会作为最高决策机构，领导并决定项目医院建设发展重大事项。瑞金医院签订国家区域医疗中心建设合作协议，对医疗运营管理和质量安全负总责，建立现代医院管理制度，依法依规提名项目医院班子成员，任免中层干部及科室负责人。项目医院班子成员由海南省卫健委按组织程序任命或聘任。项目医院主要行政职能部门（党政综合办公室、运营保障部、医疗运行部、技术拓展部等）负责人由瑞金医院选派。

三 中国第二历史档案馆新馆项目

（一）项目概况

1. 项目背景

中国第二历史档案馆（以下简称"二史馆"）是集中典藏中华民国时期（1912~1949年）历届中央政府及直属机构档案的国家级档案馆。成立于1951年2月，原名南京史料整理处，隶属中国科学院近代史研究所，1964年改隶国家档案局，并易现名。馆址在南京市中山东路309号，为"中国国民党中央党史史料陈列馆"旧址，由我国著名建筑大师杨廷宝设

计，于 1936 年建成。馆舍面积 3.6 万平方米，档案库房、阅览大厅和业务大楼等建筑均为 20 世纪 50 年代后仿照民国建筑风格相继建成。至 2018 年，二史馆馆藏档案已超过 231 万卷，收藏民国时期图书、期刊、报纸 13 万余册，馆藏档案主要包括南京临时政府、广州和武汉国民政府档案，民国北京政府档案，南京国民政府档案，日伪（汪伪）政权档案，民国名人档案等五大部分。由于二史馆的馆库条件与国家新形势下的档案工作要求相去甚远，达不到档案安全保管基地、爱国主义教育基地、档案利用服务中心、政府信息公开中心、电子文件管理中心"五位一体"的功能要求，2014 年经中共中央办公厅领导批准，同意启动立项。2018 年委托中国国际工程咨询有限公司主持编制新馆建设项目可行性研究报告，保留老馆，异地选址建设新馆。

2. 基本情况

二史馆新馆项目选址于南京市秦淮区南部新城核心区，南临机场路，西临响水河路，东北规划特色街巷。项目总用地面积约为 4 万平方米，总建筑面积约 88752 平方米，项目建设总投资为 116877.28 万元。项目采用独立院落，主体建筑为八层档案馆，同时配建二层裙房建筑，建设内容包括档案库房、对外服务用房、档案业务和技术用房、办公室用房、附属用房、武警营房以及道路、人防、停车场和绿化等。具备"六大中心""一个基地"功能，包括民国档案安全保管和保护技术中心、民国档案整理鉴定中心、民国档案利用服务中心、民国档案与历史展览展示中心、全国民国档案资料目录中心、海峡两岸档案文化交流中心和爱国主义教育基地。

新馆项目于 2020 年 11 月 6 日开工建设，2023 年 3 月 20 日竣工投入使用。新馆建成后档案整理、鉴定、数字化条件进一步改善，档案资源的挖掘能力进一步提升，有效提升了馆藏档案的保护利用水平。项目成为区域标志性文化建筑，是南京市极富历史特色的"城市客厅"，对更好地服务党和国家工作大局、服务人民群众具有重要意义。

3. 重要意义

档案作为重要信息资源和独特的历史文化遗产，价值日益凸显，档案工作对党和国家各项事业的基础性、支撑性作用更加突出。习近平总书记深刻指出，"经验得以总结，规律得以认识，历史得以延续，各项事业得以发展，都离不开档案",并明确要求档案工作要"把蕴含党的初心使命的红色档案保管好、利用好,把新时代党领导人民推进实现中华民族伟大复兴的奋斗历史记录好、留存好","更好地服务党和国家工作大局、服务人民群众!"

二史馆馆藏档案,如涉及领土、边疆、海洋、民族、宗教等方面的内容,有的至今仍属国家机密。二史馆新馆建成后,档案整理、鉴定、数字化等工作条件大大改善,挖掘档案资源的能力将进一步提高,能够更好地为国家核心利益服务。同时,随着二史馆新馆建成、"海峡两岸档案交流中心"成立,海峡两岸档案文化交流有了更加坚实的条件保障,民国档案在促进海峡两岸交流方面所起的独特作用将能够得到更加充分地发挥。

(二)项目特点

1. 充分发挥档案文化对地区文化事业的带动作用

档案安全保管是档案馆首要功能,档案的安全和保密工作是档案馆第一要务。当前,档案工作已经走向依法治理、开放、现代化的新的历史阶段。随着人民生活水平显著提高,对档案信息、档案文化的需求日益增长,迫切要求加快档案开放、加大档案利用、提供优质高效服务,新时代档案馆的功能正朝着社会化、服务化、多元化方向发展。从世界范围来看,中央级国家档案馆作为一个国家历史和记忆的重要载体,日益被视为现代国家和城市文明的重要标志和象征之一。

二史馆新馆在选址方面充分考虑了现阶段档案工作转变要求和人民群众需求,认识到现阶段档案建筑的文化属性突出,充分发挥文化地标建筑对地区文化经济的引领带动作用。南部新城地区是南京市主城区内最后一块可以整体规划开发的地块,未来将成为古都南京对外展示的重要窗口。二史馆新馆作为南京市的国家级文化建筑,选址于南部新城地区势必会对该地区的开发建设和城市发展起到重要的集聚带动作用。经过论证,二史馆新馆项目选址于南部新城城市文化客厅的核心地带,在整个文化客厅建设的整体规划和功能布局中具有举足轻重的地位,同时可以更好地发挥二史馆档案展览展示、文化交流、教育等公共服务功能,更好地发挥档案利用作用。

2. 新馆建设突出档案教育、交流等公共文化服务功能

综观世界主要大国,国家档案馆不仅发挥着保管各自国家政府和政党珍贵

的历史档案、为社会提供档案利用的职能，也是最具代表性的爱国主义教育基地和对外宣传国家形象的重要基地。新时期，我国档案的文化服务属性更为突出，加大档案开放利用力度，提升档案服务水平，推进档案治理体系和治理能力现代化，满足新时代新征程人民群众对档案信息、档案文化日益增长的需求是二史馆新馆建设功能设置重点考虑的内容。

二史馆新馆建设充分认识到档案工作的转变及发展趋势，在现有旧馆的基础上持续完善功能，结合馆藏档案特点，突出档案馆建设的档案利用服务、鉴定服务、展览展示、文化交流、教育等服务功能，基于自身档案特点，以"六大中心""一个基地"为统筹，建成民国档案安全保管和保护技术中心、民国档案整理鉴定中心、民国档案利用服务中心、民国档案与历史展览展示中心、全国民国档案资料目录中心、海峡两岸档案文化交流中心和爱国主义教育基地，充分体现了档案的文化功能和公共服务功能。

3. 新馆建设创新安全和绿色方面技术、科技应用

新馆建设过程中遵循"安全稳固、绿色智能"的建设原则，在保障档案库房安全、打造绿色低碳建筑等方面采取了一系列新科技手段。

（1）运用现代技术保障档案库房核心功能

档案库围护体系，创新采用六面体轻钢龙骨+岩棉保温体系，整体形成六面体保温系统，同时避免了后期墙体开裂等质量风险。每个库房内均设置独立的恒温恒湿精密空调系统，实现地上107个档案库房均达到温度20±2℃、湿度50±5°恒温恒湿条件。在消防管理方面，装配高压细水雾自动灭火、自动跟踪定位消防炮等一系列智慧系统，实现了"快速灭火、环境保护、档案安全"一体化保障管理。为提升档案馆防水性能，在地下室外墙、屋面采用更具耐久性的HDPE交叉层压膜自粘防水卷材，实施"1+2+2"叠加式防水构造做法，为建筑防渗漏管理提供"五重保障"。

（2）运用科技手段打造绿色节能样板

项目建设运用包含计算机网络系统、建筑设备管理系统、恒温恒湿系统、智能照明系统等在内的22个子系统，以及高效运行的数据机房，有效提升档案馆收集保管及服务功能。BA远程控制系统做到温湿度精准监控，确保馆藏得到细致保护。具有智慧调节功能的灯光照明系统，通过红外感应光亮控制，并运行多种照明工作模式，有效控制照明系统的工作时间。档案整理、数字化

及提供利用过程中，采用了紫外线含量较低的人工光源，精准控制光亮，减少光照时间，对档案的存储环境限定光强，采取感应光源照明与弱光保护等具体措施，通过减少"光污染"延长档案存储寿命。

(3) BIM技术深化助力打造百年工程

通过BIM技术的应用，对新馆进行1∶1建模，打造出智慧档案馆数字原型，让整个建造过程的材料数量可计算、施工进度可模拟、技术方案可应用。基于数字工地的可模拟性，对应实体工地的"虚""实"关系，前瞻性防范化解建设风险，妥善解决了传统项目中不同专业设计图纸"打架"的问题，避免经济损失及工期浪费，推动项目建设优质高效推进，打造"百年档案馆"。

(三) 咨询工作亮点

中国国际工程咨询有限公司（以下简称"中咨公司"）接到二史馆新馆建设项目可行性研究报告编制工作后，认真研究、对标分析，从"有序组织、强化协同、科学研判、对标分析、注重内审"等几个方面稳步推进项目可行性研究论证工作，采用创新的研究方法和分析思路，解决了新馆建设"建在哪儿""建什么""建多大""怎么建"等问题，对可行性研究报告编制工作、档案等公共事业建筑规模确定等提供借鉴参考。

1. 有序组织，推动项目可行性研究工作顺利开展

在工作之初，中咨公司结合项目性质及特点，提前规划好工作思路，确定工作路径，发挥自身专业优势，主动作为，与项目单位协同有效推进项目开展，比计划工作时间缩短3个月。

(1) 组建内外部协同的专业团队

在项目编制执行过程中，由业务处室处长牵头，组织部门内文化、工程管理、造价经济等方面经验丰富人员组成项目团队，并由业务处室处长牵头确定可行性研究报告编制大纲，明确总体思路和各成员分工。同时聘请由档案管理、建筑、结构、暖通、电气、经济等专业专家组成的外部专家团队，在前期研究阶段、中期编写阶段、后期评审阶段给予专业支持，开展报告自评工作，内外部协作确保了可行性研究工作顺利推进。

(2) 建立甲乙方良性互动的协调机制

一方面，鉴于档案工作的专业性，项目可行性研究报告编制需要充分了解档案收集、修复、存放、查阅、展示等相关流程和档案存放的特殊性。在此过程中，项目团队采用调研及座谈的方式，熟悉各业务流程，与二史馆相关人员建立了日常交流、定期会议的沟通机制，通过沟通了解二史馆建设需求，确定了以档案工作流程为引导、综合标准测算的规模确定方法。另一方面，项目团队分解可行性研究阶段工作内容，积极主动地与二史馆对接沟通，根据自身专业优势，为前期各类手续办理、设计方案审核、各级单位汇报等提供意见和支撑，保障了项目前期工作有序推进。

2. 结合项目特点确定研究分析重点

项目可行性研究工作采用了科学的分析方法，确定项目定位及功能内容，先期明确二史馆新馆建设总基调。

（1）开展问题研究，确定需要解决的问题

项目团队接到任务之初，先系统分析了我国现阶段档案工作情况、各级各类档案馆建设情况、现行有效的建设标准，认识到二史馆新馆建设需要突破原有档案馆以档案保存为主的建设思路，相应的选址、定位和功能设置思路均需要结合新形势下档案工作要求进行调整，并需要解决国家级档案馆规模测算无专门建设标准的问题。项目组与二史馆方面就新馆建设的初步研判与要解决的问题进行了充分沟通，确定了后续研究的重点工作。

（2）进行科学分析，确定新馆建设思路

经过分析，项目团队确定了前期应进行分析的研究工作，一是系统梳理近年来党和国家领导对档案工作的重要指示要求，出台档案相关建设标准，为二史馆新馆建设总体把控提供指导性思路。从研究中可知，党和国家高度重视档案工作，在基本的档案保管等工作之外，档案利用等公共服务工作更是档案工作的重点。二是分析档案工作现状，研判发展趋势和人民群众对档案工作的需求变化情况，经过分析可知，新时期档案馆的功能正朝着社会化、服务化、多元化方向发展，公众对档案信息的需求持续增加。三是系统了解二史馆当前档案工作开展中的实际情况和面临的困难，明确了新馆建设档案库房、档案鉴定和对外服务等具体要求。四是对标世界大国国家级档案馆建设经验，可知世界范围内国家级档案馆都将保存、整理和收集历史档案，向社会开放和为公众提供利用服务作为其工作的重要组成部分，承担文化、政治服务等多项重要功能，服务功能突出，地理位置显著，面向现代化发展。综合以上分析，确定二

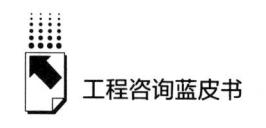

史馆新馆建设在满足基本的档案保管功能之外，其展览展示、文化交流、爱国主义教育等公共文化服务功能同样重要，以此确定了二史馆新馆建设的总基调，并指导新馆选址、规模测算等一系列后续工作。

3. 以文化场馆建设为遵循确定建设选址

综观世界主要大国，国家档案馆都位于首都或其他地区的核心地段，地理位置优势显著，其建筑外观极具代表性。如美国将国家档案馆建成"历史的神庙"，建成全国最美、最牢固的建筑物之一，作为美国灵魂与气质的一种表现。二史馆如何选址，是项目建设需要解决的核心问题。

结合前期研究确定的建设总基调，项目团队与二史馆共同研究，确定了新馆选址需要考虑的因素和选址原则。一是要按文化场馆特色进行选址考虑，发挥档案馆的公共服务作用及文化地标性建筑的带动作用。老馆所在区域已无多余开发空间，在老馆区域进行选址不具备可行性，新馆选址区域应为南京市重点发展的经济文化区域。二是满足档案建筑选址的基本要求和原则。三是新馆选址充分结合城市规划对拟选用地在用地性质、建设要求等方面的规定，周边城市公共设施应健全等。四是符合南京市城市规划相关原则要求。

结合以上选址原则，在选址及方案论证过程中，项目团队与二史馆多次对南京市重点发展的南部新城进行调研，最终选址确定为南部新城地区。南部新城确立了"枢纽平台、智慧典范、文化高地、活力新城"规划发展目标，将成为古都南京的世界窗口，成为引领城市未来的引擎地区和走向世界的新增长极，极具文化发展引擎作用，与二史馆新馆的文化引领作用相互促进。选址区块以民国时期首都机场跑道为轴线，以能够体现南京城市文化印记的明故宫御道街视觉廊道、美龄宫、老航运楼等为基本元素，打造城市文化客厅。二史馆新馆项目落位于城市文化客厅的核心地带，在整个文化客厅建设的整体规划和功能布局中具有举足轻重的地位；并且在工作推进过程中，必须充分考虑地域特色，契合地区整体规划，将新馆规划成为特色鲜明的标志性建筑，为地方文化建设作出贡献。

4. 创新性解决国家级档案馆规模测算方式方法

建设规模是可行性研究报告要解决的核心问题之一，并起到承上启下的作用，是对定位和建设功能的具体体现，是项目选址、建设方案、投资估算等核心内容的主要依据和遵循。目前我国现行档案建筑规模测算标准是2008年实施的《档案馆建设标准》(建标 103-2008),根据标准条文说明,该标准仅适用于省级及以下档案馆,国家级档案馆根据实际情况进行确定;同时该标准出台时间较久,已不能完全契合现阶段档案工作开展的需要,比如,展览展示、交流教育等功能在标准规定中占比很低或无体现。本项目需要解决无建设标准下二史馆新馆建设规模确定的问题。

从可行性研究报告编制及审核的双角度出发,项目建设规模确定的依据和方法均应科学合理,因而现行建设标准仍是项目规模测算中的重点遵循。项目团队在规模测算过程中确定了基本原则。一是主要指标和分类仍根据《档案馆建设标准》进行,主要用房指标参照省级一类档案馆的面积指标要求进行测算分析。二是档案馆建设标准无规定的但其他标准可用的参照其他标准,比如实物档案用房规模可以参照《博物馆建设标准》。三是根据二史馆服务中央及公众的功能需要,根据实际需求及工艺流程进行分析测算。综合以上原则,二史馆新馆建设规模测算过程如下。

一是根据《档案馆建设标准》要求测算出二史馆纸质档案、实物档案、异质档案等馆藏量,确定档案库房(纸质档案库房)、对外服务用房、档案业务用房和技术用房、办公室用房、附属用房的基本面积。二是参照《博物馆建设标准》等确定实物档案等可参照其他标准用房测算的档案用房。三是异质档案、数字档案用房等,根据工艺流程要求、档案保存要求等,提供测算依据。四是对于完全新增的档案馆建设标准之外的功能或大幅超出标准的功能,结合实际工作需求单独进行测算说明并提供相关依据。五是综合以上测算,结合南京市当地人防、停车库建设要求及规模标准,对附属用房进行修正测算,整体确定二史馆建设总规模。六是确定二史馆新馆建设规模。

通过以上的分析测算,总体使二史馆新馆建设规模测算既在国家现行标准的框架下进行,又能满足实际需求。

B.15 "一带一路"咨询项目案例研究

"一带一路"咨询项目研究课题组*

摘　要： 本文将深入讨论"一带一路"倡议下的几个代表性国际工程咨询项目案例及经验总结。本文旨在通过对业主工程师、多边金融机构委托技术顾问、工程项目并购咨询和银团技术顾问等精选案例的分析，深入剖析国际工程咨询项目在执行与协作方面的复杂性，通过每个案例凸显其在促进国际区域发展和多边合作中的独特角色，总结提炼不同项目类型的咨询经验。聚焦工程项目咨询服务领域，这些案例将共同勾勒出"一带一路"倡议下国际多元化合作和综合性咨询服务的全景。

关键词： 国际工程咨询项目　业主工程师　银团技术顾问　"一带一路"倡议

一　亚的斯亚贝巴—吉布提铁路项目

（一）项目概况

项目为业主工程师项目，亚的斯亚贝巴—吉布提铁路（以下简称"亚吉铁路"）起始于埃塞俄比亚首都亚的斯亚贝巴，终点连接邻国吉布提港纳加德，是非洲首条标准轨电气化客货共线铁路，也是海外首条集设计标准、投融资、装备材料、施工建造、监理和运营管理于一体的全产业链"中国化"的铁路项目，是中埃吉共建"一带一路"的标志性成果。

亚吉铁路全长约753公里，铁路全线采用电力牵引，参照中国国家铁路二

---

* 课题组成员：张辉、陈琦、王维辰、谭苑、邓宇恒、李媛媛，中国国际工程咨询有限公司。

级标准进行工程设计和建设工作，客运列车设计运行速度为 120 公里/小时，货运列车最高运行速度为 80 公里/小时。项目于 2012 年 2 月 12 日开工建设，2015 年 7 月 12 日全线贯通，2018 年 1 月 1 日起投入运营。

（二）咨询工作亮点及意义

1. 打造全中国元素，实现全产业链"走出去"

亚吉铁路项目是海外首条采用全套中国标准和中国装备建造的铁路，从投融资、设计、施工、设备材料、监理、机车到运营，全产业链"中国化"，全线采用中国标准。这不仅是中国铁路标准国际化的重要里程碑，也是中国铁路标准走向世界的重要示范。

2. 建立中国新标准，开创咨询服务亚吉模式

咨询团队在亚吉铁路项目可行性研究阶段强调了现代化铁路的重要性，特别是突出了将原有的 1 米轨距升级为标准轨距的必要性。在建设准备期间，咨询团队积极协调国内外各方，统一技术标准，为铁路从埃塞俄比亚内陆快速通向吉布提港奠定了坚实的基础。同时，作为业主工程师，咨询团队还帮助埃塞俄比亚首次建立了铁路项目的设计审核、监理及验收体系，为全线的统一运作提供了保障，填补了以往的空白。这些努力加速了铁路项目的实施，开创了以咨询服务为核心的互利合作新模式。

3. 提供全过程专业服务，推动技术与管理卓越发展

在亚吉铁路项目的业主工程师服务实施过程中，咨询公司提供了全过程的专业服务。在可行性研究评估阶段，通过深入分析和优化建设方案，克服了项目技术标准不统一和基础数据不足的挑战，为亚吉铁路的成功建设奠定关键基础；在项目建设管理阶段，实施精细化管理，咨询服务内容涵盖从设计审查到工程监理的所有环节，保障工程的高质量完成；在运营管理阶段，助力亚吉铁路开拓客货运市场，丰富服务内容，积极构建产业带与经济带，加强区域经济联系。

4. 深化"一带一路"合作，助推区域经济一体化发展

亚吉铁路对于埃塞俄比亚乃至整个东非地区而言，不仅是一条物流和交通运输的关键通道，更是促进该地区经济发展的重要力量。

埃塞俄比亚位于非洲之角的中心，历史悠久，幅员辽阔，是非盟总部

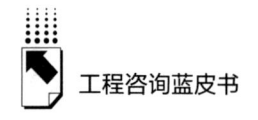

的所在地。作为一个内陆发展中国家，国家的发展受到基础设施建设不完善与过度依赖对外贸易的双重制约，尤其是依赖到达吉布提港的运输通道。亚吉铁路的建设促进了整个东非地区的物流、贸易和人员往来，加强了区域内部的经济联系，为沿线区域带来了新的发展机遇。这条铁路作为区域经济一体化的桥梁，不仅加快了东非地区的经济发展步伐，还为中国与东非国家的长期合作提供了新的平台，使中国与东非国家共同书写了互利共赢、共同发展的新篇章。

有路相知无远近，遥隔万里亦为邻。通过咨询公司和其他中国承包商企业多年不懈的共同努力，亚吉铁路的运营和管理水平不断提升，运量和收入逐年增加，在埃塞俄比亚国民经济发展中的作用也愈加重要。相信随着中国和埃塞俄比亚全天候战略合作伙伴关系的建立，以及埃塞俄比亚加入金砖组织后新发展机遇的来临，亚吉铁路的发展潜力将进一步被激发，在区域经济发展中的作用更加凸显。

二　东南亚某200MW风电项目

（一）项目概况

项目为多边金融机构委托技术顾问项目。东南亚某200MW风电场项目采用BOO模式建设，涉及在项目当地开发、设计、建设、运营和维护装机容量为200MW的风力发电设施，以及相关的电力互联设施。

该项目由多边金融机构提供有限追索的长期融资，技术顾问咨询工作包括对项目可行性研究报告进行评估审查，重点工作范围包括电力市场需求、风力资源评估、建设条件可行性分析、技术方案评估、相关法律文件审查、环境和社会（"E&S"）影响评估、成本估算和财务评估以及风险分析等。

（二）咨询工作亮点及意义

1. 接轨国际标准，创新中国体系

咨询团队在为该风电场项目提供技术顾问咨询服务的过程中，均按照国际金融机构评审标准，并开发了风险量化模型、财务分析模型，很好地完成了评审可行性研究报告，技术尽职调查，审核贷款用款计划，审核工程总承包合同（Engineering, Procurement, and Construction, EPC①）、购电协议（Power Purchase Agreement, PPA②）、运维合同（Operations & Maintenance, O&M③）等，审核并更新财务模型，审核 ESIA 等工作，工作成果获得了委托方国际多边金融机构的一致好评。

技术顾问服务主要可分为技术尽调、项目施工、项目验收、项目运营4个阶段。在交割前的技术尽调阶段，通过全面审查技术、设计、环境和社会影响以及运营维护等方面，科学评估项目技术的可行性、财务和经济的可行性、环境和社会影响的可控性、运营和维护的有效性，进而帮助多边金融机构识别并降低项目投资风险；在项目施工阶段，作为技术顾问，全面把控项目进度情况，参与关键里程碑的确认，对降低环境和社会影响的计划举措进行季度性审查；在项目验收阶段，出具财务交割证明、提款认证及项目融资项下的相关认证，并提交符合国际多边金融机构要求的相关报告；在项目运营阶段，提供必要的监测、记录和咨询服务，对项目实际性能进行评价，为委托方提供运维支出合理性及技术合规性评估服务。

2. 合作多边金融机构，提升 ESG 理念④认识

国际多边金融机构是该风电场项目的委托方之一，对社会与环境评价有着高标准的审核要求。在项目执行过程中，委托方将 ESG 理念应用到项目全流程，包括关键政策、环境和社会影响框架、客户采购政策要求、反腐败政策

---

① EPC：工程、采购、建设（Engineering, Procurement, and Construction），也叫工程总承包合同，是一种常见的建设合同模式。在该模式下，承包商负责项目的设计、所需材料的采购，以及建设工作。
② PPA：购电协议（Power Purchase Agreement），常见于电力行业，规定了电力生产者与电力购买者之间关于电价、供电量和供电期限的相关条款。
③ O&M：运营与维护协议（Operations and Maintenance），规定了专业服务提供商对业主方的设施或资产进行运营管理和维护的条款，旨在确保设施保持最佳运行状态，以获得最大化设施的收益。
④ ESG 是由 Environmental（环境）、Social（社会）、Governance（公司治理）三个单词的首字母缩写组成。ESG 理念要求企业在追求经济效益的同时，全面考虑其经营活动对环境、社会的长期影响，以及如何通过良好的公司治理结构确保这些影响得到负责任的管理。

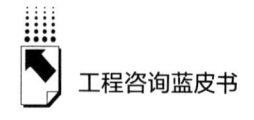

等，并将ESG规则作为融资决策阶段的重要考虑因素。

作为多边金融机构委托的技术顾问，咨询公司在该项目中的角色不仅是技术支持，更是ESG理念的推广者和实践者。通过这一项目，公司不仅提升了对ESG的认识和应用能力，还顺应了国际投融资的新趋势。这种参与标志着公司与国际金融机构的紧密合作，也反映了中国企业在全球环境治理中的积极作用和责任意识。

3. 对接一流咨询公司，践行可持续发展理念

在对项目进行环境和社会影响评估过程中，中方咨询公司携手国际知名可持续发展咨询公司ERM（Environmental Resources Management），对当地生态系统、社会结构、经济状况和文化遗产等方面进行了深入分析，评估过程涉及广泛的数据收集、极限研究、影响识别，以及与当地社区和政府等相关利益者的充分沟通。为了更好地实现环境和社会影响最小化，咨询团队共同制定了一系列缓解措施，以及详细的环境社会管理计划（ESMP），确保项目在减轻对环境与社会的负面影响的同时，提升其可持续性和社会接受度，最终满足委托方的标准要求。

ERM公司在可持续发展领域的全球视野，与咨询团队在国际工程技术领域的精细钻研，为国际工程项目带来了更全面和有效的评估咨询模式。跨文化的合作促进了知识和经验的交流，为推动"一带一路"建设引领全球可持续发展提供了支持。

三 中亚某150MW风电项目

（一）项目概况

项目为工程项目并购咨询项目。中亚某150MW风电项目总装机容量150MW，于2022年12月全容量并网。

并购咨询的工作重点是全面评估项目建设可行性，进行财务、法律、技术、商业、社会与环境影响等方面的尽职调查，审核项目PPA等法律文件，全面评估项目风险并形成报告，为项目并购决策提供科学支持。其中重点工作包括：电力市场分析和电价预测，风资源评估及项目建设条件分析，项目规

模、风机选型合理性分析及发电量估算,工程技术方案合理性分析,社会环境影响评价(ESIA),项目投资估算及EPC造价复核,财务效益分析,风险分析与投资建议。

(二)咨询工作亮点及意义

1. 提供行业指导,支持企业决策

在该风电项目的并购咨询过程中,咨询团队对电力市场空间和电价水平进行了细致预测,融合了国际并购的最佳实践经验,为企业决策提供强有力的支持;在行业分析的过程中,对项目所在国别进行电力市场研究、风资源的评估和工程技术方案的合理性分析,评估项目的技术可行性以及市场适应性,从而大幅提高并购项目的成功率和长期收益潜力;在并购的各个关键环节,如估值、交易结构规划、执行策略,以及并购后的整合或分离方案等环节,为相关单位提供了明确且高效的决策指导。

2. 牵头项目全流程,引导企业完成并购

咨询团队作为牵头方,完成了目标国别的电力市场情况分析,并针对项目进行风资源评估及建设条件可行性研究,全面审查了风机选型、工程技术方案的合理性,进行了财务、法律、技术、商业、社会与环境影响等方面的尽职调查,以及对项目PPA等法律文件的详细核查,全面评估项目风险并提出合理的规避措施。助力企业全面管理潜在风险,提高并购项目的成功率和可持续性,引导企业完成从项目评估、尽职调查、风险评估到交易结构设计和整合等全流程,最终完成并购交易。

3. 顺应"走出去"趋势,促进国际并购高质量发展

在经济全球化的大潮中,中国企业面对前所未有的机遇和挑战,国际并购咨询或成为企业"走出去"战略的重要手段。专业的并购咨询服务可以助力企业深度剖析目标市场,精准评估项目风险,提高并购决策的科学性和成功率。这是落实"一带一路"建设高质量发展要求的具体行动,推动共建共享,实现互利共赢。通过并购咨询类项目,中国企业不仅能够实现自身国际竞争力的提升,也能为全球经济合作与发展贡献中国智慧和中国方案,展现大国企业的责任与担当。

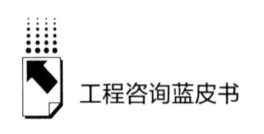

四 越南某燃煤电厂BOT项目银团独立工程师全过程咨询

（一）银团独立工程师概念

以世界银行和亚洲开发银行为代表的国际性银行，在项目识别、准备、评估、实施及后评价等各个阶段，均选聘国际咨询机构作为咨询顾问，为其决策和风险管控提供独立的咨询服务。按照国际通行惯例，咨询顾问的选聘由项目业主和贷款银行共同决定，在很多情况下，贷款银行对咨询顾问的选聘具有决定权。选定的咨询顾问，采用独自承担或部分分包方式，完成项目全过程、全方位的咨询工作，对项目业主和贷款银行共同负责。

改革开放以来，我国在引进国际资本和技术的同时，也引进了国际通行的咨询理念，并与国内咨询行业基础相结合，逐步发展形成了具有中国特色的咨询体系，在近几十年经济快速增长期间发挥了重要作用。与国际咨询机构承担的"大咨询"方式不同，国内项目通常由项目业主直接委托，选聘项目所需的设计、评审、施工、监理、工程管理、运维、检修等专业咨询机构，分别完成项目有关咨询工作。

近几年，EPC总承包模式逐渐推行，但项目业主通常在EPC采购等关键环节处于绝对主导地位，与国外"大咨询"方式仍存在明显差异，尤其是咨询机构直接受项目业主委托，在咨询机构的选聘过程中，贷款银行通常很少参与，甚至完全不参与，尚无专门针对银行提供项目全过程咨询服务的模式。

国内企业到境外投资项目的过程中，较大比例采用了国内银团贷款作为主要融资手段，项目业主在项目投资过程中占绝对主导地位，国内银团贷款风险的防范在很大程度上依赖项目业主自身能力，在境外投资项目风险防范上与国际通行的咨询顾问形式相比存在较大缺陷。

为了更好地防范境外投资风险，发挥投资各方在风险管控中的作用，银团、项目业主与中国国际工程咨询有限公司（以下简称"中咨公司"）合作，借鉴国外经验，结合国情特点，共同探索推行了银团独立工程师全过程咨询服务模式。中咨公司负责银团独立工程师咨询服务，咨询成果对银团直接负责，以提高银团对项目的参与度，充分发挥银团在项目风险管控中的作用。

（二）合作项目概况

受银团委托，中咨公司承担了越南某燃煤电厂 BOT 项目银团独立工程师全过程咨询服务工作。该项目装机容量为 2×620 兆瓦，由国内投资方和越南当地投资方合资建设，由国内银行组成的银团提供融资，项目总投资约 18 亿美元。

从项目进度来看，2006 年签署投资项目谅解备忘录，2013 年取得项目投资许可证，并正式签署项目 BOT 合同、购售电协议、供煤协议，获得越南政府担保协议。2014 年项目公司与国内总包单位签署项目 EPC 总承包合同。2015 年实现融资关闭，项目正式开工。2018 年，项目两台机组正式投入商业运行（COD）。目前项目在运营期间，待合同运营期 25 年满后，计划于 2043 年移交越南政府。

（三）咨询服务过程

1. 银团独立工程师工作内容

按照银团的委托要求，中咨公司承担项目前期阶段（融资关闭前）、实施阶段、运营阶段的全过程咨询服务。

项目融资阶段的主要咨询任务包括：审核项目预算及项目主要成本费用的合理性，核实施工付款计划与主要建设里程碑进度的匹配情况等，评估现场环境因素及当地相关事件对项目进度和费用的影响，针对评估结果提出处理建议与处理机制，审核融资协议、PPA 协议、EPC 合同、运维协议有关技术条款。

项目建设阶段的主要咨询任务为：定期进行现场检查，审核施工进度报告，审核项目费用与进度一致性及延期风险，审核项目重大变更及风险，审核项目运维协议及各类补充协议技术条款，审核提款申请、支付合理性，审核项目建设效果。

项目运营阶段的主要咨询任务为：定期进行现场检查，审核项目运营报告，控制项目运营过程中的技术风险，审查年度运营预算，控制项目运行成本，确保现金正常流入，审核重大维修或改造方案，减小项目运营阶段的技术和财务风险。

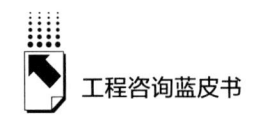

银团独立工程师需在项目全过程对银团提供日常技术支持工作，根据需要向银团和律师等解释各类技术问题，开展贷后监管工作，出具必要的证明文件。

2. 银团独立工程师主要作用

对银团而言，独立工程师咨询服务可以弥补银团自身技术力量不足，将项目全过程中发生的可能影响还本付息的各类技术风险问题统一交由独立工程师进行评估审核，依托独立工程师的专业知识完成贷前评估和贷后监管相关工作，可节约大量人力资源，大幅提升管理效率，控制信贷风险。

对项目业主而言，表面上看，独立工程师似乎是银团在项目业主身上增加的一道关卡，很多事项需要独立工程师审核，增加了项目业主的工作量。实际上，独立工程师成为项目业主与银团协调沟通的重要纽带，尤其是在项目涉及重大变更、发生突发情况、遇到严重阻碍时，独立工程师会充分倾听项目业主的诉求，客观评价应对处置方案，帮助项目业主与政府、银团、承包商、国际律师等项目参与各方进行沟通协商，推动项目顺利进行。

对项目本身来说，独立工程师的介入，提高了银团放款的及时性和准确性，加大了项目各类风险问题的管控力度，提高处理速度，很好地解决了项目遇到的各种疑难问题，通过较少的费用支出，获得多一重的风险保障，保证了项目实施效果。

3. 银团独立工程师工作效果

该项目的融资协议、运维协议等经中咨公司审核后均顺利签订；项目公司每个月所需的款项经中咨公司审核确认后，银团均予以及时放款，项目建设过程中未遇到资金短缺问题，未发生保险理赔及赔偿情况，项目建设进程十分顺利，项目顺利投入商业运行；运营期间针对PPA、煤炭供应协议（Coal Supply Agreement，CSA[①]）、煤炭运输协议（Coal Delivery Agreement，CDA[②]）等协议的补充条款经中咨公司审核后均顺利签订，年度现金流量测算经中咨公司审核后顺利进行股东分红。

[①] CSA，即煤炭供应协议，为燃煤电厂与煤炭供应商之间的合同，规定了供应商应按照约定的条件、价格、质量和数量持续供应煤炭。

[②] CDA，即煤炭运输协议，规定了煤炭从供应地到电厂的物流安排，包括运输方式、运输成本、交货时间和运输过程中的风险管理等。

银团各参贷行及代理行表示，中咨公司承担独立工程师咨询服务，在专业水平、响应时效、咨询成果方面的表现均十分出色，协助银团顺利完成了各类重要协议的签订和修订、关键节点的审核和确认、重大技术和方案变更的审核，对保障项目顺利推进、获得预期收益起到了很好的支撑作用，期望将独立工程师咨询服务模式在业内进行广泛推广。

项目业主表示，中咨公司承担独立工程师咨询服务，在关键问题的处理上，能够充分考虑项目特点和项目业主的意愿，提供具备可操作性的咨询意见，帮助项目业主在很多技术问题上获取银团及律师的信任，是项目顺利推进不可或缺的重要因素。

（四）咨询服务亮点及创新点

1. 咨询服务亮点

该项目投资方、贷款方、EPC 总承包方、主要设备供货方、运维承包方均为中国企业，具有明显的中国特色。在运维协议谈判时，银团律师（银团聘请的律师为香港律师）按照国际通行惯例造成与项目公司之间对有关协议条款的理解上存在较大的偏差，导致运维协议迟迟不能签署。中咨公司介入后，充分研究了协议条款及各方关系，考虑到运维承包方为项目投资方的子公司，项目运维方式并非全权委托式，而是运维承包方仅提供人力资源和技术支持，发电商务、燃料供应、主要检修、重大抢修、技术改造、备件耗材采购等运维核心工作仍由项目公司承担，相应的运维费用设置及有关赔偿责任认定有别于国际通行惯例。经过与银团律师反复沟通后，建议有关协议条款参照中国模式进行修订，对促成协议的签订起到了积极的推动作用。

2. 咨询服务创新点

全过程全方位服务。银团独立工程师咨询服务贯穿项目融资、建设、运营全过程。在项目融资协议拟定期间，银团设立了专门的风险控制节点，明确有关事项需经独立工程师提出咨询意见后才能予以执行。独立工程师按照银团对项目风险管控的要求完成各项具体工作内容，并作为银团技术顾问，负责银团与项目各方的技术交流，对可能影响项目还本付息的风险因素进行分析和评价，在重要协议签订、关键节点控制、重大技术变更等方面提供咨询服务。独立工程师的咨询意见是银团针对项目技术相关问题进行决策的前置条件和主要

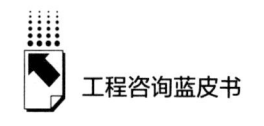

依据。

专业化的投资风险管控能力。境外投资项目风险因素较国内同类项目更为复杂，需要银团在各环节开展更精细化的管理以更好地管控风险，为弥补银团技术力量的不足，银团选聘的工程咨询机构需协助银团完成融资评估及贷后监管各项工作，在融资、建设、运营各个阶段预防各类技术风险，对可能影响项目还本付息的重大事件提出意见建议，为项目顺利实施、完成还本付息提供技术保障。

高效的协调能力。境外工程项目普遍存在较多的项目参与方，包括项目公司、东道国当地政府、当地原材料供应商、各类客户、项目设计建设承包商、项目运维承包商等，多方参与项目增加了项目执行难度。银团选聘的工程咨询机构，应发挥与项目公司进行技术沟通的纽带作用，承担银团技术事宜对外沟通的窗口之责。

科学严谨的项目评价。中国企业在境外投资建设工程项目，普遍具有中国特色，例如采用中国的设计标准、运用中国生产的设备、聘用中国的承包商等。银团选聘的工程咨询机构，应准确把握国际通行惯例与中国特色发展模式之间的差异，选择合适的应对方案，作出客观、科学的评价，为银团决策提供依据。

（五）咨询服务体会与建议

1. 基建领域应用前景广泛

随着"一带一路"建设沿高质量发展方向不断前进，基建引领、产业集聚、经济发展、民生改善的综合效应逐步形成，作为互联互通基石的基础设施建设已成为发展重点，中国企业对境外基础设施投资规模日趋增大。境外基础设施投资普遍具有投资大、工期长、风险大、贷款比例高的特点，尽可能采取多种手段降低投资风险是其共同诉求。建议国家在境外电力、交通、通信等基础设施投资项目中，优先推广使用银团独立工程师咨询服务模式。

2. 项目各方共谋风险控制

中国企业"走出去"已经积累了大量的经验和教训，加快转变观念，提高风险管控意识，充分利用项目参与各方的优势来控制风险应成为"走出去"企业的共识，建议中国企业到境外投资项目时，充分考虑银团独立工程师咨询服务模式的助力,力争降低风险、保障投资效果。国内银行为中国企业在境外投资提供了强力的资金支撑,建议国内银行给境外投资项目发放贷款时,与项目业主充分沟通交流,推荐采用银团独立工程师咨询服务模式,发挥自身优势,为项目提供更精细化的服务,加强项目风险管控环节参与,保障资金安全。

3.咨询机构"走出去"重要方式

国内咨询机构跟随中国企业"走出去"积累了丰富的经验,力量逐渐强大,建议国内综合性咨询机构重点关注银团独立工程师咨询服务,进一步开拓境外咨询业务。

B.16 藏中电力联网工程咨询评估案例研究

梁双 王涉 贾桢*

摘 要： 藏中电力联网工程是世界上首个海拔突破5000米、海拔跨度最大、自然条件最复杂的输变电工程，是突破生命禁区、挑战生存极限的超高难度电网工程，被誉为"云端上的电力天路"。中国国际工程咨询有限公司对本工程建设必要性、技术可行性和经济性等进行咨询评估，克服高寒缺氧、交通受阻、灾害频发等困难，两次深入藏区对变电站站址、线路路径和大件运输条件等进行现场调研，与项目建设、设计单位一同创新探索、攻克难题、因地制宜且大胆创新地提出了多项卓有成效的优化建议，确保创世界纪录的民生工程顺利推进。工程获得2021年度菲迪克工程项目优秀奖。

关键词： 电力联网 咨询评估 菲迪克 藏中电力联网工程

西藏位于我国的西南边陲，是重要的国家安全屏障、生态安全屏障、战略资源储备基地和中华民族特色文化保护地，也是面向南亚开放的重要通道。习近平总书记多次强调"治国必治边，治边先稳藏"，加快推进西藏经济社会高质量发展，确保国家安全和长治久安，确保人民生活水平不断提高，确保生态环境良好，确保边防巩固和边境安全，努力建设团结富裕文明和谐美丽的社会主义现代化新西藏①。

---

* 梁双，中国国际工程咨询有限公司能源业务部副主任，研究员，享受国务院政府特殊津贴专家，主要研究方向为能源战略、电力系统规划与分析；王涉，中国国际工程咨询有限公司能源业务部规划处工程师，主要研究方向为电力规划、高压装备；贾桢，中国国际工程咨询有限公司办公室工程师，主要研究方向为能源技术经济。

① 梁双：《高原云端架天路 电靓雪域照万家——记荣获菲迪克工程项目奖的藏中电力联网工程》，《中国工程咨询》2022年第6期。

一 项目基本情况

（一）项目建设意义

藏中电力联网工程，是继青藏直流联网工程、川藏交流联网工程之后，在西藏高海拔地区建设的又一项挑战极限的电力联网工程，是《电力发展"十三五"规划（2016—2020年）》明确的重点输变电工程，是贯彻以习近平同志为核心的党中央治边稳藏重要战略思想的重大举措，是服务西藏经济社会发展、造福西藏各族人民的"德政工程"和"民心工程"[①]。

工程建设对于保障川藏铁路供电、保障沿线各族群众生活用电、提高西藏清洁能源开发利用能力、加快建成小康社会、促进经济社会发展、维护民族团结、巩固我国西南边陲具有十分重要的意义。

（二）项目总体方案

藏中电力联网工程，由川藏铁路拉萨至林芝段供电工程、西藏藏中和昌都电网联网工程组成，起于西藏自治区昌都市芒康县，止于山南市桑日县，途经昌都、林芝、山南三地市十区县。工程新建芒康、左贡、波密、林芝、雅中（朗县）和沃卡（拉萨）6座500千伏变电站，扩建乡城、巴塘和澜沧江（昌都）3座500千伏变电站；新建吉雄（贡嘎）、卧龙2座220千伏变电站，扩建布久（林芝）、新区（柳梧）和山南3座220千伏变电站；扩建泽当和嘎托2座110千伏变电站；新建500千伏线路1983.6公里、220千伏线路440.9公里、110千伏线路312.9公里[②]。

本工程由国家电网有限公司（以下简称"国家电网公司"）投资建设和运营管理，总投资162.16亿元。其中，中央预算内投资80亿元，占静态投资的50%，其余资金通过贷款等方式解决。藏中电力联网工程于2017年4月6

---

① 中国国际工程咨询有限公司编著《国家重大工程档案 能源卷》，人民交通出版社股份有限公司，2021。
② 梁双、朱宁、伍勇旭：《西藏藏中联网工程评估思路与实践》，《中国工程咨询》2019年第7期。

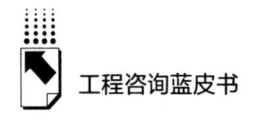

日开工建设，2018年11月23日工程建成投产，初步形成了西藏电网骨干网架，实现了青藏直流联网工程与川藏交流联网工程互联，实现了西藏电网主网电压等级从220千伏到500千伏的历史性跨越。

（三）项目技术难点

藏中电力联网工程，是世界上首个海拔突破5000米、海拔跨度最大、自然条件最复杂的输变电工程，是突破生命禁区、挑战生存极限的超高难度电网工程，被誉为"云端上的电力天路"，创多项世界纪录，在世界电力史上具有里程碑意义。

1. 海拔最高

新建变电站海拔均在3000米以上，其中，芒康500千伏变电站海拔达到4295米，是世界上海拔最高的500千伏变电站。工程平均海拔超过4000米，东达山最高塔位海拔5295米，是世界上海拔最高的500千伏输电塔位。

2. 海拔跨度最大

工程沿线海拔高度从2200米至5295米，最高塔位与最低塔位之间海拔跨度3095米，相邻塔位间海拔跨度最大500米，海拔跨度差超过200米的塔位有290处，超过300米的有68处。

3. 地质条件复杂

工程位于世界上地质结构最复杂、地质灾害分布最广的"三江"断裂带，翻越拉乌山、东达山、业拉山、色季拉山、布丹拉山等5座海拔4500米以上高山，跨越澜沧江、怒江、雅鲁藏布江10余次，穿越全世界最复杂、最险峻、地质最不稳定的横断山脉核心地带。地震强度高，波密、林芝和沃卡（拉萨）3座500千伏变电站地震烈度为Ⅷ度。

4. 生态敏感脆弱

工程穿越高寒荒漠、高原草甸、高寒灌丛、原始森林等不同生态系统，穿越中国第二大林区——西南林区和然乌湖、来古冰川、雅鲁藏布大峡谷国家级自然保护区、色季拉国家级森林公园、易贡国家级地质公园、雅尼国家级湿地公园等10余个重点生态保护区域，全线林区比重大，林木密集，自然生态环境原始、独特，生态系统极其敏感脆弱。

5. 电网结构薄弱

藏中电力联网工程是藏中电网第一个 500 千伏交流工程，工程建成后形成双回线路串接芒康—左贡—波密—林芝—雅中（朗县）—沃卡（拉萨）6 座 500 千伏变电站的长链式结构，网架十分薄弱，其中 1 座变电站主设备故障，将导致藏中电网长时间停电，影响西藏居民生活和生产用电，影响川藏铁路正常供电。

6. 气象资料匮乏

工程沿线地形复杂、地貌多样、气候多变，一山有四季，十里不同天。设计风速和设计覆冰厚度对输电线路的杆塔型式、杆塔荷载及技术经济指标等影响巨大，但沿线气象台站稀疏，已建通信、电力设施较少，可供参考的设计和运行资料极为有限，部分区段甚至为气象资料盲区。

7. 设备设计空白

工程为世界上首个海拔突破 5000 米的电网工程，设备的外绝缘和空气间隙需根据海拔高度进行修正选择合适的外绝缘水平，尤其是变压器、高压电抗器等电气主设备，其绝缘外套（套管）尺寸较常规 1000 米海拔以下的绝缘外套（套管）尺寸显著增加，对设备的结构稳定性和运行可靠性提出了更高的要求，但相关试验和设计处于空白状态。

8. 建设难度巨大

工程全线处于高地震烈度、高海拔、强紫外线、低气压、严寒、缺氧、大风、强辐射区域，最低温度达到零下 42℃，最低空气含氧量仅为内地的 50% 左右，施工人员极易诱发胸闷、心悸、头疼、头晕、失眠、反应迟钝等各类高原综合病症，引发肺水肿、脑水肿等高原疾病。由于建设环境气候多变，灾害频发，年有效工期仅有 6 个月，特别是海拔 4500 米以上区域，年有效工期不足 5 个月[1]。

二 咨询机构及其他参与单位的作用

（一）项目建设单位与工作内容

项目建设单位为国家电网公司。国家电网公司成立于 2002 年 12 月 29 日，注

---

[1] 梁双：《高原云端架天路　电靓雪域照万家——记荣获菲迪克工程项目奖的藏中电力联网工程》，《中国工程咨询》2022 年第 6 期。

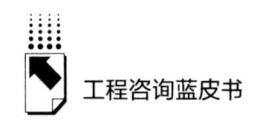

册资本8295亿元，是国务院国有资产监督管理委员会管理的中央企业。经营区域覆盖26个省（区、市），供电范围占国土面积的88%，供电人口超过11亿人。

2014年9月26日，国家电网公司在北京召开工程可行性研究启动会，明确工程功能为解决"十三五"期间西藏中部电网枯期缺电问题，为川藏铁路西藏段供电，同时促进西藏中部地区水电开发，提高西藏中部电网新能源接纳能力。

2014年10月11日，国家电网公司在成都召开工程可行性研究工作大纲讨论会，确定了工作分工和主要里程碑计划。

2014年10~12月，国家电网公司组织设计单位赴工程区域开展选站选线工作。

2014年12月31日，国家电网公司组织设计单位编制完成"川藏铁路拉萨至林芝段供电工程项目建设书"和"西藏藏中与昌都电网联网工程项目建议书"。为满足藏中电网用电需求和川藏铁路西藏段供电问题，提出新增"光伏、地热和风电等新能源项目"、新增水电装机、新增火电装机、提高青藏直流联网工程规模、新增交流联网通道和新增直流联网通道6个方案，经技术经济综合论证，推荐藏中电网经昌都电网与四川电网联网方案。

2015年1月13日，国家电网公司在成都召开工程设计联络会，经讨论，初步明确变电站站址和线路路径方案，并启动补充踏勘工作。

2015年3月6日，国家电网公司组织设计单位编制完成《川藏铁路拉萨至林芝段供电工程可行性研究报告》和《西藏藏中与昌都电网联网工程可行性研究报告》。

2015年3月31日至4月2日，国家电网公司组织国网北京经济技术研究院对工程可行性研究报告进行内部评审，并于4月7日完成可行性研究报告修编工作。

2015年6月7~8日，国家电网公司委托电力规划设计总院对工程可行性研究报告进行评审，并于6月15日完成可行性研究报告收口工作。

2015年7月9~10日，国家电网公司委托国网北京经济技术研究院对工程医疗保障、通信保障、生活保障和环保水保等专题报告进行评审。

（二）项目设计单位与工程方案

藏中电力联网工程设计单位主要包括国网北京经济技术研究院、西南电力设计院有限公司、西北电力设计院有限公司、广东省电力设计研究院有限公司、河南省电力勘测设计院、湖南省电力设计院有限公司、陕西省电力设计院有限公司、河北省电力勘测设计研究院和国核电力规划设计研究院重庆公司等。

设计单位提出的工程方案如下。

1. 联网电压等级

藏中电网"十三五"枯期缺电24万千瓦,"十四五"电力缺口进一步加大。川藏铁路拉萨至林芝段（以下简称"拉林铁路"）为Ⅰ级、单线、电气化客货两用铁路,正线长度402公里,投运初期用电负荷约12万千瓦、终期达到29万千瓦。铁路牵引站单站最大瞬时负荷9.5万千瓦,公共连接点（PCC点）最大负荷15.4万千瓦,电动机车牵引所引起的电压和频率波动较大,电网需具备较高的强度和供电能力。统筹考虑藏中电网用电需求、拉林铁路近远期供电需求和电能质量要求,并兼顾未来水电等清洁能源的接入需要,推荐全线采用500千伏电压等级,形成西藏电网500千伏东西主网架。

2. 工程建设规模

工程起于西藏自治区昌都市芒康县,止于山南市桑日县,跨越三地市十区县,涉及500千伏、220千伏、110千伏3个电压等级,新建500千伏变电站6座、扩建3座,新建220千伏变电站2座、扩建3座,扩建110千伏变电站2座,新建500千伏线路1983.6公里、220千伏线路440.9公里、110千伏线路312.9公里。

3. 工程总体方案

西藏藏中和昌都电网联网工程,建设波密和芒康2座500千伏变电站及左贡500千伏开关站,扩建巴塘和澜沧江（昌都）2座500千伏变电站。新建芒康—左贡—波密—林芝双回500千伏线路,单回线路长度分别约为180公里、259公里、245公里；澜沧江（昌都）—巴塘双回500千伏线路开断接入芒康500千伏变电站,同时原澜沧江（昌都）—巴塘—乡城500千伏线路恢复至500千伏运行；新建开断线路总长度约48公里。川藏铁路拉萨至林芝段供电工程,新建沃卡（拉萨）、雅中（朗县）和林芝3座500千伏变电站,新建沃卡（拉萨）—雅中（朗县）—林芝双回500千伏线路,单回线路长度分别为14公里、185公里。新建布久（林芝）220千伏变电站—林芝500千伏变双回

220千伏线路，单回线路长度29公里；将沃卡（拉萨）500千伏变电站开断接入山南—墨竹工卡双回220千伏线路，新建线路长度约4×2公里；新建吉雄（贡嘎）和卧龙220千伏变电站，新建吉雄（贡嘎）开断接入羊湖—山南220千伏线路，"π"接线路长度约2×2公里；新建卧龙—林芝500千伏变电站双回220千伏线路，长度约2×64公里。新建新区（柳梧）220千伏变电站—贡嘎110千伏变电站及扎囊—贡嘎110千伏变电站的110千伏线路开断接入吉雄（贡嘎）220千伏变电站的110千伏线路，其中"π"接贡嘎—柳梧新建线路长度约2×6公里，"π"接贡嘎—扎囊新建线路长度约2×4公里。布久（林芝）220千伏变电站扩建第二台220千伏主变压器。

4. 变电工程方案

500千伏变电站电气主接线采用一个半断路器接线；220千伏、110千伏电气主接线采用双母线接线，根据工程规模进行分段，芒康、林芝、雅中（朗县）、沃卡（拉萨）500千伏变电站500千伏主变压器采用单相、自耦变压器，波密500千伏变电站采用三相一体现场组装变压器，均布置于户外，其他220千伏变压器采用三相变压器。500千伏、220千伏、110千伏均采用气体绝缘开关设备户内布置。新建变电站总平面布置结合工程规模、电气主接线方式、绝缘配合、设备选择等方面进行设计，在满足工艺要求的前提下，做到分区明确、经济合理，改、扩建工程均在前期各级配电装置预留场地内建设，按前期规划布置。

5. 线路工程方案

藏中电力联网工程新建110千伏及以上线路2738公里。其中，500千伏线路海拔3250米以下区段采用4×JL/G1A-400/50钢芯铝绞线；海拔3250米以上区段采用4×JL/G1A-500/45钢芯铝绞线；特大高差、大档距段采用4×JLHA1/G1A-400/50钢芯铝合金绞线；局部大高差、大档距段采用4×JLHA1/G1A-520/35钢芯铝合金绞线。220千伏线路海拔4000米以下采用2×JL/G1A-240/30钢芯铝绞线；海拔4000米以上采用2×JL/G1A-240/55钢芯铝绞线；地形较差区段采用2×JL/G1A-400/50钢芯铝绞线。110千伏线路采用2×JL/G1A-150/35、JL/G1A-185/30、JL/G1A-240/30钢芯铝绞线。全线杆塔采用自立式铁塔，单回路轻、中冰区悬垂直线塔采用导线"中相V串，边相I串"水平排列的酒杯型塔，悬垂大档距塔为三相"I"串猫头型塔；单回路耐张塔均采用"干"字形塔，换位塔采用主塔加子塔的方式进行换位，双回路均采用垂直排列的鼓形塔。考虑线路沿线地形、地质情况及水文地质特点，总结以往工程经验及线路所经地区输电线路基础设计的经验，主要采用掏挖基础、人工挖孔基础、直柱板式基础、钻孔灌注桩基础、岩石锚杆基础等五大类基础型式。

（三）项目咨询单位与创新成果

项目咨询单位为中国国际工程咨询有限公司（以下简称"中咨公司"），成立于1982年，是国家高端智库和从事综合性工程咨询的中央企业，也是国家投资建设领域决策科学化、民主化的先行者。业务领域覆盖国民经济的主要行业，具有甲级工程咨询综合资信、工程咨询专业资信、工程咨询专项资信等专业资质。

2015年3月，国家发展和改革委员会（简称"国家发展改革委"）委托中咨公司对"川藏铁路拉萨至林芝段供电工程项目建设书"和"西藏藏中与昌都电网联网工程项目建议书"进行评估。

2015年4月9~13日，中咨公司赴西藏现场踏勘变电站站址和沿线线路路径，4月14~17日，在成都组织召开藏中电力联网工程项目建议书评估会。评估认为，建设藏中电力联网工程，形成西藏电网500千伏东西主网架，可以有效解决藏中电网枯期缺电问题，保障拉林铁路用电需求，同时为水电送出和新能源消纳创造条件，工程建设是必要的。

2015年6月，中咨公司向国家发展改革委报送了《关于川藏铁路拉萨至林芝段供电工程（项目建议书）的咨询评估报告》和《关于西藏藏中与昌都电网联网工程（项目建议书）的咨询评估报告》。

2016年2月，国家发展改革委采纳中咨公司意见，印发关于川藏铁路拉萨至林芝段供电工程、西藏藏中和昌都电网联网工程项目建议书的批复。批复指出，为满足川藏铁路拉萨至林芝段供电需要和藏中电网发展需要，提高藏中电网供电可靠性，扩大电网覆盖范围，原则同意建设藏中电力联网工程。

2016年8月，国家发展改革委委托中咨公司对《川藏铁路拉萨至林芝段供电工程可行性研究报告》和《西藏藏中与昌都电网联网工程可行性研究报告》进行评估。8月22~24日，中咨公司在北京主持召开了藏中电力联网工程可行性研究报告核准评估会。考虑到现场组装变压器难度大，组装质量和工期难以保障，评估组实地调研拉林铁路大件运输条件后，经分析论证提出林芝、雅中（朗县）、沃卡（拉萨）等变电站采用"单相变压器替代现场组装变压器"方案，既保证质量又节约工期。同时，评估分析表明，藏中电力联网工程选用的500千伏主变压器、高压电抗器制造技术成熟，已有多台多年运行经验，故障率较低；拉林铁路建成后，该地区大件运输及运行维护条件也将有较明显改善；且变电站本期均建设两台主变压器，500千伏线路为双回路，任一主变压器、高压电抗器故障，仍可满足供电要求。评估提出"不设置主变压器和高压电抗器备用相"的建议，节约投资3000余万元。针对西藏高寒缺氧、地质灾害频发的实际情况，评估提出完善医疗、通信和生活等应急保障系统，列支医疗保障费用21300万元、通信保障费用3200万元和生活保障费用7200万元，共计31700万元。针对西藏电网调度自动化基础薄弱的实际情况，建议同步完善调度控制系统，保障工程顺利实施和电网运行安全。

2016年9月20日，中咨公司印发《关于川藏铁路拉萨至林芝段供电工程（可行性研究报告）的咨询评估报告》和《关于西藏藏中与昌都电网联网工程（可行性研究报告）的咨询评估报告》。

2017年3月22日，国家发展改革委采纳中咨公司意见，印发关于川藏铁路拉萨至林芝段供电工程、西藏藏中和昌都电网联网工程可行性研究报告的批复，核准藏中电力联网工程，核准方案为：新建6座500千伏变电站（开关站），扩建3座500千伏变电站，新增500千伏变电容量1000万千伏安；新建2座、扩建3座220千伏变电站，新增220千伏变电容量78万千伏安；扩建2座110千伏变电站；新建500千伏线路1983.6公里、220千伏线路440.9公里、110千伏线路312.9公里。

三 项目建设里程碑

2017年4月6日，藏中电力联网工程举行开工典礼，正式开工建设。

2017年11月18日，林芝发生6.9级地震及多次3.0级以上余震，工程质量经受住地震考验，医疗、通信、生活等应急保障系统发挥积极作用，地震中无施工人员伤亡及补给障碍，地震后迅速恢复建设。

2018年6月22日，藏中电力联网工程在林芝召开启动验收委员会第一次会议。

2018年7月1日，藏中电力联网工程500千伏线路工程全线贯通。

2018年7月27日，220千伏墨山线成功"π"接入沃卡变电站，沃卡变电站220千伏设备带电运行，标志着藏中电力联网工程带电投运工作正式拉开序幕。

2018年10月6日，川藏铁路拉萨至林芝段供电工程主体工程全线带电投运。

2018年10月25日，藏中电力联网工程500千伏主体工程全线带电投运，工程进入试运行阶段。

2018年10月30日，藏中电力联网工程500千伏主体工程系统调试工作圆满完成。

2018年11月23日，藏中电力联网工程竣工投运。

四 项目特点与亮点

项目社会关注度高、影响因素多、实施难度大，是"世界上海拔最高、高差最大、自然条件最复杂"的电网工程，创多项世界纪录，无先例可遵循，无经验可借鉴。

中咨公司受国家发展改革委委托，对工程建设必要性、技术可行性和经济性等进行咨询评估，组建了优秀的咨询评估团队，以"服务国家、贡献社会"的使命担当，克服高寒缺氧、交通受阻、灾害频发等困难，两次深入藏区对变电站站址、线路路径和大件运输条件等进行现场调研，秉承"公正、科学、可靠"的行为规范和"敢言、多谋、慎断"的执业准则，与项目建设、设计单位一同创新探索、攻克难题、因地制宜且大胆创新地提出了多项卓有成效的优化建议，确保创世界纪录的民生工程顺利推进。

评估意见得到国家发展改革委、国家能源局、西藏自治区政府和项目建设单位国家电网公司的高度认可和全部采纳。

2017年4月6日，藏中电力联网工程开工建设，国家电网公司、国网西藏电力有限公司分别向中咨公司致"感谢信"表示感谢。

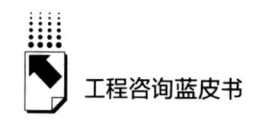

1. 攻坚克难，谨慎论证破难题

海拔 5000 米以上、高差 410 米以上线路段工程方案为首次提出，评估过程中逐一建模、谨慎论证；重冰区、大档距、大高差等重点线路段工程方案，评估过程中逐一校核、反复修正；并根据不同电压等级、地形和气象条件，设计了 8 种型号导线、10 个系列塔型，既贯彻了标准化设计，又兼顾了差异化和精细化的设计理念。

2. 敢为人先，自主创新勇担当

针对藏中电网水电、光伏发电装机占比高，区内波动性电源供电能力难以客观评估的实际情况，评估组自主开发了"考虑资源变化特性的间歇式可再生能源发电容量可信度评估软件"等 3 项软件，解决了"只考虑能量价值、忽略容量价值"的间歇式电源电力电量平衡难题，并获得软件著作权。

基于仿真结果，评估组全面考虑藏中电网用电需求、拉林铁路近远期供电需求和电能质量要求，兼顾水电、光伏等清洁能源的接入需要，科学论证工程电压等级和建设规模。

该评估软件已推广应用至内蒙古、新疆、甘肃等可再生能源富集地区的电网，用于评估可再生能源的供电能力，有效促进消纳减少"弃风、弃光、弃水"。

3. 优化方案，因地制宜提效益

项目建设单位和设计单位提出，工程位置偏远、海拔高、运输困难，需采用"现场组装变压器并设置主变压器和高抗备用相"方案。评估组考虑到现场组装难度大、组装质量和工期难以控制，实地调研了拉林铁路大件运输条件，经分析论证，打破常规，提出采用"单相变压器替代现场组装变压器"方案，既保证质量又节约工期。同时，综合考虑设备运维条件和系统裕度，提出条件适宜地区"不设置主变压器和高压电抗器备用相"的建议，节约投资 3000 余万元。

4. 守护生态，绿水青山带笑颜

评估组坚持"绿水青山就是金山银山"的发展理念，对变电站站址、线路路径进行多方案比选，最大限度地避让自然保护区、森林公园、湿地公园、水源地等环境敏感区域，高跨穿越林区及野生动物迁徙通道，采取索道运输、高低腿铁塔、高原植被快速恢复等环保措施，架设运输索道 1200 余公里；设计高低腿铁塔3000余基，塔腿最大高差超过20米；建立了生态环境敏感性和脆弱性评估模型和指标体系，提出了高原植被快速恢复技术方案，并在海拔4600米的业拉山上开辟了植被快速恢复试验区，有效减少水土流失，保护生态环境。

5. 保障安全，应急系统显身手

工程沿线海拔高、空气稀薄、山势陡峭、沟壑纵横，地质条件复杂，地震烈度高，冲沟、泥石流、滑坡、危岩和崩塌等不良地质作用发育，地质灾害频发，交通运输条件差，医疗、通信、生活等应急保障条件薄弱。

评估组始终秉持"安全第一、预防为主"的保障原则，针对高寒缺氧、地质灾害频发的实际情况，配套建设了4个高原适应基地和40个医疗站，并建立了完善的医疗、通信和生活等应急保障体系。

2017年11月18日，林芝市发生6.9级地震及多次3.0级以上余震，工程设计方案经受住地震考验，应急保障系统发挥了积极作用，地震中无施工人员伤亡及补给障碍，地震后迅速恢复建设，并创造了5万余人、20个月高海拔施工"零高原死亡、零高原伤残、零高原后遗症"的安全记录。

此外，评估组考虑西藏电网调度自动化基础薄弱的实际情况，吸取乌克兰电网遭遇黑客攻击导致大面积停电的惨痛教训，建议同步完善调度控制系统，对安防系统进行升级，切实保障西藏电网运行安全。

6. 传承文化，融合发展促和谐

藏中电力联网工程途经藏族聚居区域，宗教文化氛围浓厚，神山、圣湖、寺庙众多。评估组坚持"传承文化、和谐发展"的设计理念，最大限度地避让宗教场所，并开展民风民俗、自然环境、宗教文化等元素融入电网设计的探索研究。

变电站采用藏式民居风格，与周围的高山、草甸浑然一体，得到附近藏族同胞的一致好评，实现工程与自然的和谐统一，并编制了《藏区变电站建筑风格研究与应用》，将设计理念与实践经验推广应用。

7. 挑战极限，高原云端架天路

2017年3月，藏中电力联网工程获得国家发展改革委核准。2017年4月，工程开工建设。在党中央、国务院和西藏自治区党委、政府的大力支持下，国家电网公司、国网西藏电力有限公司、50余家建设单位共计5万余人，传承

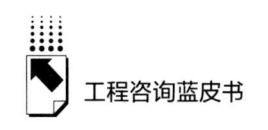

发扬"老西藏精神"和电网铁军精神,历时20个月,安全、优质、高效地完成了工程建设任务。2018年11月,工程建成投运,成为"世界上海拔最高、高差最大、自然条件最复杂"的电网工程。

工程设计建设过程中,共获得发明专利21项,编制中国标准3项、IEC和IEEE等国际标准4项,获得软件著作权3项,发表论文24篇。

8. 深入研究,敢言多谋建智库

评估组谨记"服务国家、贡献社会"的企业使命,助力"中国特色新型高端智库"建设,立足咨询,发现问题,深入研究,形成了关于西藏百姓取暖用电民生保障和电网调度安全的研究报告,获得国家有关部门采纳,并获得国家领导的重视与批示,推动西藏民生条件改善和工控系统安全提升。

评估组将"咨询与智库相结合"的模式推广至其他咨询项目,提出了关于风电发展理念和模式、输电通道与电源协调发展、新型电力系统体制机制等研究报告,获得国家有关部门采纳,并获得国家领导的重视与批示。

9. 厚积薄发,国际盛会夺桂冠

2021年7月,中咨公司牵头,联合西南电力设计院等设计单位共同申报的"藏中电力联网工程"荣获2021年度菲迪克工程项目优秀奖,成为获此殊荣的首个电网工程,标志着我国在"高海拔、大高差、复杂自然条件"超高难度电网建设领域的新突破。

10. 开天辟地,电靓雪域照万家

藏中电力联网工程,将长期孤网、不稳定运行的藏中电网与全国主网相连,实现了西藏电网电压等级从220千伏至500千伏的历史性跨越,为藏中电网和川藏铁路提供安全可靠的电力供应,提升了沿线3070个小城镇(中心村)、156万群众的生活质量,并为西藏清洁能源开发外送、电网向阿里地区延伸打下坚实基础,对于推进西藏经济社会高质量发展、确保边疆长治久安具有重要的意义。

同时,藏中电力联网工程填补了"海拔高度5000米以上"电网工程空白,创造了"海拔最高、海拔跨度最大、自然条件最复杂"等多项世界纪录,代表我国电网设计建设的新高度,是"一带一路"建设电网工程"走出去"的核心竞争力保障。

不畏艰难、砥砺前行,在加快电网建设和发展的伟大征程中,一代代电力人以永不服输的创业精神和勇往直前的战斗精神，培育和塑造了新时代"电力天路精神"，创造出了世界屋脊上一个又一个奇迹。各方团结一心、迎难而上，让高原云端架设电力天路的梦想成为现实，点燃那一盏盏明灯，照耀雪域高原的河流山川，照进藏区百姓的家家户户，也照亮了西藏的今天与明天。

B.17
500米口径球面射电望远镜工程咨询评估案例研究

吕 琨*

摘　要： 自2006年起，中国国际工程咨询有限公司全程参与了"中国天眼"——500米口径球面射电望远镜（FAST）的论证工作，先后组织了立项预评估会、项目建议书和可研报告的咨询评估会，对项目的建设内容、工艺、辅助设施、经费等提出了优化建议，包括：建议通过立法方式，设立无线电宁静区，对项目周边电磁环境进行保护，确保大科学装置的高效运行；强调重视设施与自然、人文的可持续发展，提出加强地质勘测、边坡支护、危岩治理、厂区道路等方面15项优化建议；建议从旅游接待、道路规划、配套设施等方面提前谋划，为后期建设"天文小镇"做好准备。2018年9月，由中国国际工程咨询有限公司牵头申报的"FAST工程咨询项目"荣获被誉为工程咨询领域"诺贝尔奖"的国际咨询工程师联合会（FIDIC）优秀工程项目奖，实现了我国科技设施获奖零的突破。

关键词： 中国天眼　咨询评估　工程价值

一　项目基本情况

（一）项目概况

被誉为"中国天眼"的500米口径球面射电望远镜（Five-hundred-meter

---

* 吕琨，中国国际工程咨询有限公司高技术业务部科技创新处处长，研究员，咨询工程师（投资），主要研究方向为科技创新政策、重大科技基础设施等。

Aperture Spherical radio Telescope，以下简称 FAST）工程是我国"十一五"期间的国家重大科技基础设施工程，该项目建造了世界上最大的单口径射电望远镜，用于进行高精度、大天区面积的天文观测，是观天巨目、国之重器。依托 FAST 工程，研究团队取得了越来越多的重磅科学成果，包括持续发现的毫秒脉冲星、中性氢谱线测量星际磁场取得重大进展、获得世界上最大快速射电暴偏振观测样本、首次揭示快速射电暴爆发率的完整能谱及其双峰结构等。截至 2022 年，依托 FAST 设施发现 740 余颗脉冲星，是国际上同一时期所有其他望远镜发现脉冲星总数的 3 倍以上。基于 FAST 数据发表的科研论文超过 150 篇，其中在《自然》杂志上发表 7 篇研究成果，在《科学》杂志上发表 1 篇研究成果，3 篇入选美国天文学会亮点研究成果。依托 FAST 设施的授权专利 76 项、软件著作权 17 项[①]。FAST 项目在 2021 年度、2022 年度中国科学院优秀运行设施评比中荣获第一名的佳绩。FAST 作为世界上最灵敏的单口径射电望远镜，其科学潜力正逐步显现，已经进入依托设施"多出成果""出好成果"的阶段。

为填补我国在大型射电望远镜建设方面的空白，提升国家在国际天文学界的竞争力和影响力，以南仁东先生为代表的中国天文学家于 1994 年提出了 FAST 项目的初步构想，当时中国最大的射电望远镜口径不足 30 米。FAST 项目采用全新、原创的设计理念，利用 4000 余块单元面板构建出 500 米口径的球冠状主动反射面，通过主动控制技术，在观测方向上形成 300 米口径瞬时抛物面，同时利用轻型索拖动机构和并联机器人，实现望远镜接收机的精确指向和跟踪。该工程项目方案经反复优化，最终由国际国内 20 余个顶级专业团队联合确定，2011 年 3 月，FAST 工程正式开工建设。

2016 年 9 月 25 日，FAST 落成启用，进入调试期。习近平总书记在落成启用仪式当天发来贺信。习近平总书记在贺信中指出，天文学是孕育重大原创发现的前沿科学，也是推动科技进步和创新的战略制高点。500 米口径球面射电望远镜被誉为"中国天眼"，是具有我国自主知识产权，世界最大单口径、最灵敏的射电望远镜，其落成启用对我国加速在科学前沿实现重大原创突破、推

---

① 《贵州质量强省建设风采之中国天眼·FAST（贵州射电天文台）》，贵州省市场监督管理局，2023 年 2 月 27 日。

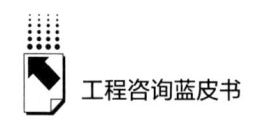

动创新驱动发展具有重要意义①。2020年1月，FAST工程顺利通过国家验收，正式开放运行。

FAST项目的建成不仅意味着我国在科学研究领域取得重大突破，还代表着中国在大型科学设施建设和高技术研发方面的重要进步，显示了中国在全球科学技术角力中日益增长的影响力和竞争力。该项目经国家发展和改革委员会批准，项目主管部门为中国科学院，项目共建部门为贵州省人民政府，项目法人单位为中国科学院国家天文台，项目总投资约11.74亿元，形成工艺设备17765台（套），总建筑面积11419平方米。

中国国际工程咨询有限公司（以下简称"中咨公司"）在FAST项目中发挥了重要作用。作为国家高端智库和综合性工程咨询的中央企业，中咨公司拥有丰富的国家重大建设项目咨询经验和跨行业、多学科的综合性专业咨询团队。受国家发展和改革委员会委托，中咨公司高技术业务部承担了FAST项目立项、可行性研究、概算调整等环节的咨询评估工作，发挥国家高端智库的使命确保项目的顺利实施并达成目标。2018年，由中咨公司牵头，联合中国科学院条件保障与财务局、中国科学院国家天文台申报的"FAST工程咨询项目"荣获被誉为工程咨询领域"诺贝尔奖"的国际咨询工程师联合会（Fédération Internationale Des Ingénieurs Conseils，以下简称FIDIC）优秀工程项目奖，实现了我国科技设施获奖零的突破。

（二）项目单位概况

项目法人单位中国科学院国家天文台（以下简称"国家天文台"）是我国重要的综合性国立天文研究机构。国家天文台成立于2001年4月，由北京总部及中国科学院云南天文台、南京天文光学技术研究所、新疆天文台和长春人造卫星观测站等4个直属单位组成。国家天文台主要研究方向包括天文学基础前沿、天文技术方法创新、观测装置建造运行和空间探测科学应用。国家天文台本部内设有光学天文、射电天文、星系宇宙学、太阳物理、空间科学、月球与深空探测、应用天文等7个研究部，涵盖40余个科研单元。截至2022年，国家天文台共有在职职工712人，拥有中国科学院院士6人、正高级专业

---

① 《习近平致信祝贺我国500米口径球面射电望远镜落成启用》，新华网，2016年9月25日。

技术人员 135 人、副高级专业技术人员 251 人①。

国家天文台高水平建成和运行了以 FAST、郭守敬望远镜（LAMOST）为代表的一批国际领先的天文观测设备；拥有宇宙第一缕曙光探测阵列（21CMA）、50 米射电望远镜（GRAS-1）、40 米射电望远镜（GRAS-3）等一批重要的天文观测设备；承担了探月工程、行星和小行星探测工程、空间站巡天望远镜工程等相关科技任务，在我国深空探测、空间科学等前瞻研究和科技攻关方面作出了重要贡献。国家天文台依托领先的天文观测设备和承担的重大科技任务，取得了一批有影响力的重要科学成果。

（三）建设目标

1. 科学目标

自 FAST 运行起，所观测的天体数量大幅增长，为许多研究团队提供了大量高质量的观测数据。这些数据不仅为验证现代物理学和天文学的理论与模型提供了更可靠的支持，还预示着发现更多奇异天体的可能，开启新的探索机会。FAST 的观测范围广泛，从揭示宇宙早期的混沌状态、暗物质、暗能量及大尺度结构，到研究星系、银河系演化、恒星天体，乃至太阳系行星和近邻空间事件，均展现其独特优势。

FAST 旨在解答的科学问题不仅限于天文学，也触及人类与自然界的深层联系。FAST 将根据以下科学目标展开观测，为人类获取关于宇宙的新知。其科学目标②包括：

①巡视宇宙中的中性氢，研究宇宙的大尺度物理结构，探索其起源和演化；

②观测脉冲星，探究极端状态下物质的结构和物理规律；

③领导国际低频甚长基线干涉测量网络，以获取天体的超精细结构信息；

④探测星际分子；

⑤搜索可能存在的星际通信信号。

---

① 《国家天文台单位简介》，中国科学院国家天文台，2023 年 6 月，https：//www.nao.cas.cn/ndw/dwjj/。

② 齐芳：《FAST：国之重器仰望苍穹》，《光明日报》2017 年 6 月 10 日。

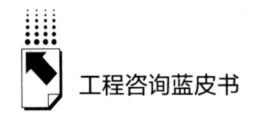

2.应用目标

FAST项目在国家重大需求领域展现了独特的应用价值,旨在推动我国空间测控能力向太阳系外缘扩展,显著提高深空通信的数据下行速率。其核心应用目标如下。

①深空通信能力提升:通过扩展空间测控能力,FAST实现了深空通信数据下行速率的显著提高,达到原有速率的数十倍,为探索太阳系外空间提供了强大的通信支持。

②高分辨率空间信号巡视:FAST进行的高分辨率微波巡视,能够以1赫兹的分辨率诊断和识别微弱的空间信号,极大地提升了空间信号探测和分析的能力。

③脉冲星计时精度的飞跃:通过将脉冲星到达时间的测量精度从120纳秒提高至30纳秒,FAST成为全球最精确的脉冲星计时阵,为研制高精度的自主导航脉冲星钟奠定了坚实的基础。

④空间环境地基综合检测:作为"东半球空间环境地基综合检测子午链(子午工程)"的关键部分,FAST利用其作为非相干散射雷达接收系统的角色,提供了高效率和高分辨率的观测能力。

⑤空间天气预报服务:FAST的应用还包括跟踪探测日冕物质抛射事件,为空间天气预报提供关键服务,增强了对空间天气变化的预测和应对能力。

3.验收目标

FAST工程主要包括台址勘察与开挖、主动反射面、馈源支撑、测量与控制、接收机与终端、观测基地建设6项建设内容[①],验收阶段所需实现的技术指标如表1所示。

表1 FAST总体验收技术指标

名称	验收指标
主动反射面	半径~300m,口径~500m 球冠张角110~120°
有效照明口径	$D_{ill} = 300m$

---

① 南仁东、张海燕、张莹、杨丽等:《FAST工程建设进展》,《天文学报》2016年第6期。

续表

名称	验收指标
焦比	0.46~0.47
天空覆盖	天顶角30°,跟踪4h
工作频率	70MHz–3GHz
灵敏度(L波段)	天线有效面积与系统噪声温度之比 $A/T\sim2000m^2/K$ 系统噪声温度 $T\sim20K$
偏振	全偏振(双圆或双线偏振),极化隔离度优于30dB
分辨率(L波段)	2.9′
多波束(L波段)	19个
观测换源时间	<20min
指向精度	16″

资料来源：严俊、张海燕《500米口径球面射电望远镜(FAST)主要应用目标概述》，《深空探测学报》2020年第2期。

二 咨询评估服务范围及组织模式

(一)咨询评估的业务范围

中咨公司高技术业务部受国家发展和改革委员会委托对FAST项目的项目建议书、项目可行性研究报告（以下简称"可研报告"）、经费调整报告展开咨询评估工作，并参加了项目的验收工作。本咨询评估服务工作贯穿于项目的决策、建设、验收阶段。

2006年11月，中咨公司对项目进行了现场调研，对项目建议书进行评估，重点放在项目宏观目标和战略定位、初步技术方案的可行性、初步投资估算以及对社会和环境的潜在影响上，形成项目建议书的咨询评估报告。2007年7月，国家发展和改革委员会参考评估报告，同意将FAST项目列入国家高技术产业发展项目计划[1]，项目正式立项。

2008年3月，中咨公司对项目可研报告进行评估，重点对技术方案进行

---

[1] 《中国科学院国家天文台2007年大事记》，中国科学院国家天文台，2009年8月26日。

全面论证，对建设阶段设施的质量、进度、经费等方面进行分析，提出合理化调整建议，形成项目可研咨询评估报告。2008年10月，国家发展和改革委员会参考评估报告，下发了《国家发展改革委关于500米口径球面射电望远镜国家重大科技基础设施项目可行性研究报告的批复》①，原则同意评估调整后的500米口径球面射电望远镜项目可研报告。

2015年11月，中咨公司对项目经费调整报告进行评估，对FAST工程设计变化原因、变更的合理性、投资调整的合理性等方面进行分析论证，提出了相关意见和建议，项目方采纳了修改意见并作出修改，最终形成了经费调整的咨询评估报告。2016年3月，中国科学院、贵州省人民政府联合批复FAST项目调整初步设计及概算。

2020年1月，FAST项目顺利通过国家验收，正式开放运行，中咨公司受邀参加项目验收会。

（二）咨询评估的组织模式

咨询评估的组织模式以项目经理负责制为核心，涉及多个关键角色和团队成员，在保障评估的全面性和专业性的同时，旨在构建一个公正、科学、可靠的高素质项目咨询评估团队（见图1）。

项目委托方：FAST项目咨询评估任务的委托方为国家发展改革委，委托方将需要咨询评估的项目委托给项目经理，并在整个过程中发挥指导和监督作用，确保项目符合国家政策方向和发展目标。

项目申报单位：FAST项目的项目申报单位为国家天文台，项目申报单位需提供完备的材料和信息给项目经理，这些材料是咨询评估工作的基础和依据。申报单位的角色关键在于确保提供的信息准确、全面，以便项目经理和咨询评估团队能够进行有效的咨询评估工作。

项目经理：作为咨询评估项目的第一责任人，负责组织咨询评估团队，确保评估工作的顺利进行。项目经理不仅要具备强大的组织管理能力和丰富的专业知识，还需要具备良好的沟通和协调能力，以有效地管理咨询评估团队并与

---

① 《500米口径球面射电望远镜（FAST）可行性研究报告获批复》，中国科学院重大科技基础设施共享服务平台，2008年10月31日。

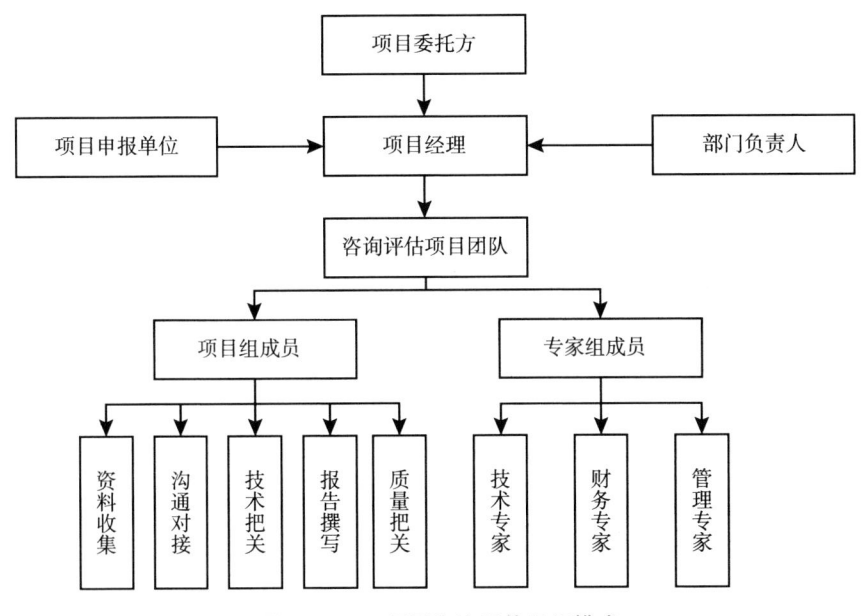

图 1　FAST 项目咨询评估组织模式

资料来源：中国国际工程咨询有限公司。

委托方和申报单位保持密切联系。

部门负责人：负责对项目整体进行把关，确保评估工作符合中咨公司的标准和质量要求。部门负责人根据项目经理的完成情况，提供必要的支持和指导，确保项目团队能够在符合政策和技术要求的基础上，高质量地完成评估工作。

咨询评估项目团队由项目组成员和专家组成员构成，其中，项目组成员负责项目咨询评估的各项任务及支撑性工作，包括资料收集、沟通对接、技术把关、报告撰写和质量把关等。在资料收集环节，团队成员聚焦于收集项目相关的所有必要信息，包括历史数据、技术文档、相关研究报告等，对材料进行汇总、整理。对于项目申报方提供的材料进行规范性审查，深度不足的地方及时提醒补充完善。沟通对接则涉及与项目相关各方的交流，确保信息的流通顺畅，保证理解一致性。技术把关环节主要对收集的信息、专家组意见和项目组形成的初步意见进行分析，确保技术方面的准确性和可靠性。报告撰写环节将经技术把关后的分析结果转化为结构化的评估报告。而质量把关则确保报告的准确性和专业性符合评估标准。

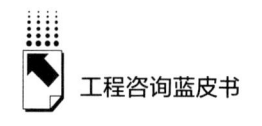

专家组成员则分为技术专家、财务专家和管理专家，通过访谈、调研和评估会等形式对项目建议书、可研报告等项目材料进行评估，根据材料的内容和专家领域进行分工。技术专家负责评估项目的技术方面，确保技术方案的可行性和先进性。财务专家专注于项目的经济分析，评估项目的成本效益和财务可行性与合理性。管理专家则负责评估项目的管理方面，包括项目规划、执行和监督管理。

在整个咨询评估过程中，各参与主体密切协作支撑咨询评估工作的高效和专业，确保咨询评估报告的全面和准确。咨询评估参考专家组的意见和评估结果，项目组撰写详细的评估报告，概括项目的优势和劣势，提出建议和解决方案。项目经理监督报告的编写过程，确保报告的准确性和专业性。通过这种模式，咨询团队能够提供高质量的咨询评估服务，满足委托方的多元化需求。

（三）咨询评估的工作职责

针对FAST项目等大型、复杂且技术密集的科学装置，评估工作需综合考虑其科学目标、对天文研究的贡献及其在国家长期科技发展战略中的符合度，特别需要评估其在射电天文学领域的创新和领先地位，以确保项目的整体方向和框架符合高标准的科学研究要求。

在技术评估方面，考虑到FAST项目的技术复杂性，咨询评估团队需要对技术方案进行深入分析，这包括评估其独特的500米口径球面射电望远镜的技术实现可能性，以及与现有科技水平的匹配程度和创新点等。评估应确保技术方案不仅在理论上可行，而且能够有效实现项目的科学目标。项目选址和基础设施需求方面的评估对于FAST项目尤为关键，考虑到射电望远镜对环境的特殊要求，选址应保证最低程度的电磁干扰，同时需要确保足够的基础设施支持，如能源供应和数据处理设施。项目建设方案和运营方案的评估则要充分考虑到重大科技基础设施的特性，对其建设步骤、时间表详细规划，以及对未来科研活动和数据管理的运营策略的论证。在经济可行性评估方面，针对FAST项目这样的大型科学设施，需要深入分析其长期的运营成本、维护费用以及科研成果的潜在经济价值。评估考虑了项目的经济影响，特别是其对科学研究、技术创新以及可能的商业应用的长远影响。需求和产出方案的评估对于FAST项目而言，应着重考虑其科学数据的应用潜力，以及对国内外科研机构和学术界的吸引力，重点关注项目如何满足科学界的需求，并对未来的科研方向产生影响。对于像FAST这样的大型科学项目，其社会和环境影响评估同样重要。评估团队考虑了项目对当地社区的影响，尤其是在环境保护、科学教育和社会参与方面的潜在贡献。

在FAST项目的咨询评估工作中，工作职责要求评估团队在项目的规划、实施等各个阶段进行全面和多维度的考量，评估团队须确保项目建设方案、运营方案、投融资和财务方案等方面科学、合理、稳定，以促进项目的高效执行、精确达成目标。团队还需要关注项目如何适应和反映当下及未来的科技发展趋势，以及如何在全球科学界中保持其领先地位。这种综合性和战略性的评估，为FAST项目的成功实施提供了坚实而全面的基础。

三 咨询评估主要贡献

（一）助推立法先行，保障设施可靠运行

FAST是世界上最大也是最灵敏的单口径射电望远镜，通过接收宇宙中不可见的无线电波来"观测"宇宙，对设施的运行环境有着较为严格的要求。为了达成科学观测的目标，望远镜及其周围的电子和电气设备必须满足严格的电磁兼容标准，以避免任何干扰的产生。从1994年开始，FAST项目组采用遥感（Romote Sensing，RS）、地理信息系统（Geographic Information System，GIS）、全球定位系统（Global Positioning System，GPS）、现场考察与计算机图像分析等方法，对贵州南部喀斯特地区进行了多学科的台址评估工作，拟合计算了工程填挖量，并且给出了优化结果，确定了FAST项目位于贵州省黔南布依族苗族自治州平塘县克度镇六水村大窝凼洼地。

咨询评估项目组认为，FAST项目选址在大窝凼洼地，除利用喀斯特地区天然洼坑减少土石方工程量外，射电干扰小也是其极为突出的优势。FAST在L波段的有效接收面积与系统信噪比高达$2000m^2/K$，这是其设备固有的灵敏度，若观测站的无线电环境不足够宁静，则观测灵敏度会大大恶化，严重的甚至使射电望远镜在某些波段不能工作。从大窝凼地区的长期无线电环境监测数据来看，该地有理想的安静电噪，但要长期保持这种环境优势还任重道远，咨

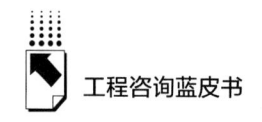

询评估项目组建议抓紧落实正式立法工作建立"电波环境安静区",并对计划中的旅游开发可能带来的无线电污染给予足够的重视,还要注意分析在轨卫星天线的空间射频干扰问题,提出相应的消除办法,从而长期保持低射电干扰的环境,保持或延长望远镜的科学寿命。

为进一步满足FAST项目严苛的电磁兼容要求,项目建设单位于2010年组建成立电磁兼容工作组,在工程设计和建设过程中,开展电磁兼容分析和评估、电磁兼容测试等工作。项目组构建了一个综合测试微波暗室,旨在为电磁兼容性和天线性能测试提供必要的电磁环境及测试条件。

为针对指定区域内的有源无线电信号进行监测、信号分析,项目组建设了可搬移式电波环境检测系统,依靠方向性天线的旋转,给出信号初步方位,可逐渐逼近目标。

为保障设施运行时可以实时检测周边干扰并进行预警,项目组在5H馈源支撑塔[1]顶部平台安装无线电干扰监测系统,结合台址周边地形遴选合适传播模型,针对主要的RFI[2]源如移动基站、手机、广播电台、雷达估算RFI隔离距离,进行验证,同时建立RFI预警系统。

FAST建成后,为更好地满足望远镜运行维护和电磁环境保护,经FAST经理部批准,于2018年组建成立电磁环境保护中心,开展台址电波环境监测、电磁兼容设备运行维护、电磁波宁静区干扰协调等工作。

自1994年起,贵州省就开始了大窝凼区域无线电环境的保护工作,省信产厅无线电管理局将大窝凼无线电环境监测作为每年重点工作之一,购置了专用仪器设备,完成了25公里范围内电波环境监测,保证了监测数据的可靠性。1998年和2006年中国科学院与贵州省政府签订协议,贵州省已承诺通过立法设立电波安静区。2007年2月,贵州省政府颁布实施了《贵州省无线电管理办法》,明确表述了对相关区域进行无线电环境保护的措施。

《贵州省500米口径球面射电望远镜电磁波宁静区保护办法》(贵州省人民政府令第143号)(以下简称《保护办法》)于2013年10月1日起实施,设立了以FAST台址为中心、半径30公里的FAST电磁波宁静区。在对FAST

---

[1] 通信设备的重要组成部分,其主要作用是支撑接收和发送信号的天线。
[2] 是由于开关电源的工作原理形成的射频干扰,通常发生在30 MHz至1 GHz的高频段,可能会对周围的电子设备和人体健康造成影响。

台址进行严格电磁保护的同时,也兼顾了周边乡镇居民的日常工作和生活便利,将电磁宁静区划分为3个不同电磁环境保护要求的区域。为适应经济社会的发展和FAST电磁环境保护实际需求,保护中心参与新修订的《保护办法》于2019年4月1日起施行。为了确保射电望远镜运行环境安全,黔南州颁布地方性法规——《黔南布依族苗族自治州500米口径球面射电望远镜电磁波宁静区环境保护条例》①,并于2016年9月25日正式实施。对台址半径5公里范围内电磁和生态环境进行保护,为FAST电磁宁静提供法律保障。

(二)重视社会环境影响,促进项目可持续发展

FAST项目所在地为贵州省平塘县,是位于中国西南部的山区,当地社会经济发展相对滞后,生态环境敏感程度较高,为项目的开展提出了独特的挑战。从生态环境角度看,平塘县拥有独特的喀斯特地貌,大窝凼是具有特殊"凹形"地理结构的天然洼地,周围高山环绕能有效屏障周围的电磁波干扰。独特的自然特征为FAST项目的建设提供了天然优势,但是地区的生态环境脆弱,植被覆盖率低,土层薄弱,对生态干预的敏感性较高,因此带来了特有的环境保护挑战。从社会经济角度看,平塘县是当时深度贫困县之一,贫困面广,贫困程度深。该地区的经济主要依赖于传统农业,教育和医疗资源稀缺,基础设施落后,这些因素都制约了当地的发展,而FAST项目的引入可以为当地带来转变的契机。

2008年,贵州省发改委批复的惠水县抵季乡至大窝凼三级油路工程,标志着区域基础设施的重大进展,为后续FAST项目的实施提供了关键的交通基础设施支持。规划中的高速公路和二级公路不仅改善了贵阳至大窝凼的交通条件,而且促进了整个区域的交通网络发展。此外,这些道路的建设还为当地居民提供了更多的经济机会和社会发展的可能性,为当地的整体发展注入新的动力。平塘县的地理环境和社会经济条件,加之重要交通基础设施落成,共同为FAST项目的成功营造了有利的环境,不仅彰显了科技与自然环境相协调的可能,也为当地经济发展开辟了新的道路。

---

① 《贵州省人民代表大会常务委员会关于批准〈黔南布依族苗族自治州500米口径球面射电望远镜电磁波宁静区环境保护条例〉的决议》,黔南布依族苗族自治州人民代表大会常务委员会,2016年7月29日。

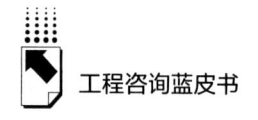

在FAST项目的咨询评估过程中，专家团队集中关注了项目对社会、经济和环境的潜在影响，提出了一系列建议，以促进项目的可持续发展。评估团队对项目可能对当地自然环境产生的影响进行了深入分析，考虑到平塘县的生态环境和独特的喀斯特地貌，建设中应特别注意植被保护和地质环境保护，在施工过程中采取剥离和移存表面种植土的方式，以最大限度地保护地表植被。此外，评估建议优化施工计划，减少土方开挖量，并采用更为环保的施工方法，减少对地下水的干扰并最大限度地减少对山体的破坏。除了环境方面的建议，咨询评估还深入考虑了项目的社会影响，FAST项目不仅是一项科学工程，还是推动当地社会经济发展的重要驱动力，建议项目建设过程中应促进当地基础设施的发展，如改善交通网络和水利建设，以及提供更多的就业机会。这些措施将有助于提升当地居民的生活条件，并促进平塘县的经济发展。此外，评估还强调了通过技术进步，如天线制造和微波电子技术的发展，来带动相关产业升级和技术创新。

FAST项目在实施后对当地环境和社会产生了显著的正面影响，这些影响体现在多个方面。

环境保护方面，FAST项目采取了一系列创新举措以减轻对自然环境的影响。在施工过程中，FAST项目通过优化设计和施工方法，显著减少了土方开挖量，减轻了对地形和地貌的破坏。在地表植被保护方面，项目建设中剥离并暂时保存表层种植土壤，工程完成后再进行覆盖和复耕，以最大限度地保护地表植被。此外，项目还创新性地采用了透光率超过50%的开孔反射面板，以保障下方植被的生长。这些措施有效地降低了对当地生态系统的干扰，保护了该地区的生物多样性。

社会发展方面，FAST项目对当地社区产生了深远的影响。项目的建设和运行不仅创造了大量就业机会，而且通过促进周边产业的发展，显著提高了当地居民的收入水平。平塘县的人均年收入由建设前的不足4000元增长到近万元。此外，基础设施的改善也是FAST项目带来的重大社会效益。交通路网的扩建和改造、供水工程的建设，以及电网改造等措施有助于提高当地居民的生活质量，并加速了平塘县的城镇化进程。

FAST项目在实施过程中通过采取有效的保护措施减轻了对自然环境的影响，项目建设也在社会经济方面产生了深远影响，为平塘县的可持续发展作出了重要贡献。评估团队对项目建设方案的深入分析，不仅关注了环境保护还兼顾了社会经济影响效应，为项目的可持续发展提供了意见建议，通过 FAST 项目展示了如何在推进探索科学边界的同时，促进当地的社会、经济和环境提升。

（三）发挥科技产出带动作用，打造"天文小镇"

科技产出的带动作用是一个多维度的概念，涉及科技成果如何促进社会经济和文化的发展。在现代社会，科技创新不仅是推动经济增长的重要动力，也是促进文化交流和社会进步的关键因素。科技产出通过创新的应用，将科技成果转化为新的产品、服务和工艺，从而带动相关行业的发展，提高生活质量，丰富文化生活。

在对 FAST 项目的咨询评估中，咨询评估项目组结合了该项目所在地的地理、经济和文化背景，以及 FAST 项目本身的特色，提出了一系列有针对性的建议。这些建议不仅致力于提升 FAST 项目的科学价值，还着眼于如何利用该项目特色推动地方经济的发展和文化的繁荣。

咨询评估项目组认为，FAST 作为世界上最大的单口径射电望远镜，设施自身就是一个强大的科学和教育资源。FAST 作为观测宇宙深处现象的强大工具，能够吸引到国内外的科学家和研究机构前来交流合作，提升当地的科技水平和创新能力，产生科技产出带动作用。咨询评估项目组建议将 FAST 所在地发展成为一个专注于天文科普的"天文小镇"，这种特色小镇的概念不仅能作为科技旅游的热点吸引国内外游客，还能成为科普教育的重要基地，提升项目的社会价值和教育意义。为了实现这一目标，咨询评估项目组建议在 FAST 周边地区发展与天文科普相关的设施和服务，如天文博物馆、观星平台，以及开发天文主题的旅游产品和服务。通过这些措施，FAST 项目将不仅限于科学研究，还将成为公众科普教育和休闲旅游的综合目的地。此外，咨询评估项目组还强调了通过科普教育活动提升公众科学素质的重要性，通过举办公开讲座、教育研讨会和学生研学活动等，可以有效普及天文学知识和科学探索的意义，增进公众特别是青少年对科学的兴趣和理解；在提升社会科学文化水平的同时，进一步推动了科学文化的传播和科学精神的弘扬。

2009 年，中国科学院地理科学与资源研究所和贵州省旅游局达成合作意向,共同以"中国天眼"工程为核心,规划在平塘县克度镇航龙村建设科普旅游景区。天文小镇的建设是围绕FAST项目展开的一项重要举措,它不仅改变了当地的社会经济面貌,也为科普教育和科技旅游提供了重要基地。

核心设施之一的南仁东纪念馆,致敬了这位"中国天眼"的奠基人。纪念馆不仅讲述了南仁东的生平和贡献,也展示了FAST项目的发展历程和科学成就,从而成为连接科学与公众的重要桥梁。同时,天文体验馆则以其丰富的展览和互动体验吸引着众多游客,体验馆内展示的从古代星象到现代天文学的内容,不仅增进了游客对宇宙奥秘的认识,也激发了年轻一代对科学的兴趣。

FAST项目建成前,这里是一个交通不便、相对闭塞的山区,随着天文小镇的发展和FAST项目的建成与运行,越来越多的国际天文学术会议选择在平塘天文小镇召开,一个国际天文科学学术交流中心正在逐渐崛起。平塘县先后荣获了诸多荣誉称号,包括国家科普示范基地、全国科普教育基地、中国科技旅游基地,以及第一批全国中小学生研学实践教育基地等。据统计,自2017年以来,FAST项目每年吸引游客数量超过360万人次,克度镇宾馆酒店从原来的6家发展到现在的137家,餐馆从原来的8家发展到现在的288家。这些数据充分展示了科技与旅游结合的巨大潜力,天文小镇不仅成为地区经济增长的新引擎,也成为促进地方科学文化发展的重要平台。

天文小镇的建设不仅丰富了FAST项目的社会功能,也使其成为科学、教育、旅游融合发展的典范,显示了科技成果转化在促进地方经济发展和提升公众科学素质方面的巨大潜力。

(四)深入分析建设方案,保障项目稳健实施

咨询评估项目组对立项和可行性研究阶段的项目建设方案进行了详尽的分析,对项目实施的关键环节展开了深入的评估,提出了一系列有价值的建议。这些建议基于对项目细节的精准理解和对相关领域的知识积累,涉及技术创新、方案可靠性、成本效益、风险管理等多个方面。通过全面、严谨、科学的评估,咨询评估项目组为FAST项目的高效实施和成功完成奠定了坚实的基础。这些建议还为未来类似科学项目提供了重要的参考,有助于推动整个领域的发展。

在台址勘查与开挖方面，通过对贵州喀斯特洼地台址的深入勘探，咨询评估项目组确定了该地区总体稳定，无大规模水平岩溶管道或溶洞发育，岩体坚固，承载力高。此外，基于地震记录的分析，咨询评估项目组认为台址选择是合理可行的。针对地质隐患，咨询评估项目组建议对场地不利和危险地段进行评价，特别是针对小规模崩塌体及危岩的加固处理，以确保工程安全。

在主动反射面设计方面，咨询评估项目组对 FAST 的主动反射面结构提出了重要建议。咨询评估项目组关注到面板、支撑点数量和开孔率对天线精度、经费以及实施难度的影响，并建议进一步论证优化方案；同时，针对温度变形和应力的分析提出了补充研究的建议，确保主动反射面的结构稳定和精确。对于馈源支撑系统，咨询评估项目组考虑到公里尺度的柔性钢索支撑系统可能发生共振的风险，建议重视风载的频谱分析，考虑系统的阻尼特性，以确保运行时的安全性。在高精度测量与控制方面，咨询评估项目组认为采用激光跟踪仪和数码相机的测量方案是基本可行的。针对闭环控制的数学模型，咨询评估项目组建议考虑型面分区、多点矩阵控制等因素，以确保多点协调加（卸）载，保障控制系统的有效性和精确性。关于馈源与接收机系统，咨询评估项目组指出，面对极端温度条件下的设备运作问题，建议使用热流计算软件进行模拟测试，并进行全功率的地面试验，以确保馈源舱在夏季能正常工作。

在总图布置和建筑工程方面，咨询评估项目组认为项目总体布局方案基本合理，建议对建筑物抗震设防、望远镜下部及周边支撑塔的设计进行补充，特别是在建筑物的使用寿命、恒温恒湿要求方面提出了具体的指标和数据建议。

在工程管理方面，咨询评估项目组建议将 ISO 标准[①]与 FIDIC 管理体系[②]相结合并将其贯穿于整个工程流程，以其国际化的管理标准，对提升项目管理水平、保障工程质量和进度具有重要意义。项目建设方在此体系下，对工程的咨询、设计、施工乃至运营管理的每一个环节进行了严格把控，特别是在招标、采购、档案等关键环节建立了一系列廉洁管理流程，这不仅提高了工程的

---

① ISO 标准是由国际标准化组织制定的一系列国际通用标准。国际标准化组织是一个非政府的国际组织，旨在促进全球范围内的标准化工作。
② FIDIC 管理体系是 FIDIC 制定的一系列施工合同条件，通过业主和承包商签订的承包合同作为基础，以独立、公正的第三方（施工监理）为核心，从而形成业主、监理、承包商三者之间互相联系、互相制约、互相监督的合同管理模式。

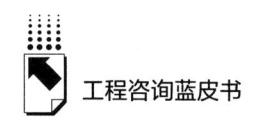

透明度和公正性，也为整个项目的顺利进行打下了坚实的基础。

经过对项目建设方案深入的评估，咨询评估项目组对FAST项目在技术优化、安全性、效率提升和成本控制等方面提出了相应建议，为项目的成功实施提供了保障。

（五）系统审视设计变更，推动项目全过程持续优化

FAST项目是我国在大科学工程领域由跟踪模仿向自主创新的重大跨越，国际上缺少可借鉴的工程经验，项目的工程工艺复杂，大量非标工艺设备、材料及工艺设施需要研制、定制、特制，原设计需要在建设过程中持续优化。在FAST项目的设计变化及投资调整报告咨询评估阶段，咨询评估项目组赴贵州贵阳进行现场调研，考察项目实施进展情况，了解项目设计变化及投资调整的原因。召开论证会对项目设计变化及投资调整的必要性与合理性等进行了专家咨询论证，提出了需进一步补充说明的问题，并给出相关的意见，为推动项目全过程持续优化作出了贡献。

针对主动反射面系统中的索网子系统，咨询评估项目组发现虽然当前的索网方案与初步设计在概念上无重大变化，但由于关键技术攻关难度高于预期，项目实施过程中不得不进行大量的技术改进和试验测试。咨询评估项目组认为这些调整虽导致投资增加，但通过攻克高强度索网系统的制造和产业化难题，为工业化高疲劳度索网的制造奠定了基础，显示出设计调整的必要性及合理性。在馈源支撑系统方面，咨询评估项目组认为该系统是FAST项目主要创新技术之一，采用轻型并联六索拖动馈源平台的方案，工程技术难度大。设计调整导致的投资增加，尤其是馈源支撑塔和索驱动子系统[1]等变动较大的部分，需要细致管理和控制成本。对于测量与控制系统中的综合布线与EMC电磁屏蔽[2]，咨询评估项目组指出项目组在前期对其难度和工作量估计不足，实际执行中的调整反映了客观实际情况和工程需要。考虑到射电望远镜接收的是极弱的电磁信号，EMC的作用显得尤为重要，因此评估强调了在FAST运行过程中，对EMC方案的持续研究和探索的必要性。观测基地建设系统方面，项目

---

[1] 全称"六索并联驱动控制系统"，通过控制六索同步收放，来拖动馈源舱到达望远镜需要的位置。

[2] 指某电子设备既不干扰其他设备，同时也不受其他设备的影响。

整体按照概算实施，但为了保证基地通信不干扰 FAST 工程，增加了必要的投资，采用了全光纤网络。这体现了咨询评估在项目实施过程中对细节的关注，确保了工程的顺利进行。在科学数据存储与处理系统方面，咨询评估项目组指出该系统是 FAST 建成后的需求，建议在工程建设阶段并不强调其性能的充分发挥。考虑到计算、存储设备更新换代的速度，咨询评估项目组建议在建造时机上进行精细的规划，以达到较好的性能价格比，为 FAST 工程的未来运行做好准备。

对于总图及厂区工程，咨询评估项目组认为，由于建设场址及工程地质、地形条件的复杂性，初步设计阶段的勘察难以完全揭示所有设计和施工相关条件。因此在进场道路的设计中，根据施工需要和地理条件进行了及时调整，这些调整对保障工程顺利实施至关重要。边坡支护及危岩治理工程的调整也显示出相似的必要性。原设计方案在缺乏详细地质勘探资料的情况下估算，随项目推进，发现山体存在大量危岩和崩塌体，需要采用更为复杂的支护措施。这些变更虽增加了工作量，但从目前已实施的效果来看，边坡支护及危岩治理发挥了良好作用。在观测基地及配套用房工程方面，咨询评估项目组强调了作为国家重大科技基础设施的配套工程，应保证其基本学术、交流功能。原建筑面积基本合理，可以在原设计基础上进行优化调整。

咨询评估项目组通过对设计变更的精确审视和专业评估，确保了项目在技术、成本和法规遵从等方面的有效性和合理性。这些评估和建议的实施，不仅促进了项目的持续优化，也为整个 FAST 项目的顺利实施和长远发展奠定了坚实基础。

四　项目总结及意见建议

（一）工程总结

1. 工程创新

由于来自天体的无线电信号非常微弱，要获取更多宇宙无线电信号，甚至探测宇宙边缘的信息，就需要使用大口径射电望远镜，而传统全可动射电望远镜的最大口径只能做到 100 米。作为全世界最大的单口径射电望远镜，FAST

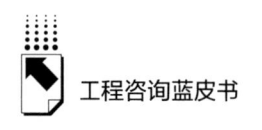

与其他同类大口径射电望远镜相比,工程创新之处在于如下几个。

(1) 选用天然的喀斯特洼地作为台址

FAST项目独特地选择了贵州省内的天然喀斯特巨型洼地作为望远镜的台址,这一举措使望远镜的建设可以突破百米的口径限制。在全国400余个候选洼地的筛选评估中,通过高程数字化分析、典型地形剖面考察,以及开挖土方量的精确拟合,工程师们最终选择了地形近似完美球面的"大窝凼"作为建设地点。这样的独特地形不仅显著减少了土石方开挖量,节省了建设成本,而且喀斯特地区的良好透水性和强大排水能力有效降低了雨季望远镜被淹的风险。这种选址策略高效利用了自然地形的优势,避免了采用人工挖掘洼地时可能遇到的降雨淹没危险,确保了FAST项目的顺利实施和长期稳定运行。

(2) 数千块单元构成的500米球冠状主动反射面及其索网结构

FAST通过主动变形反射面技术,可根据观测需求形成300米口径的抛物面精确聚焦电磁波,支持宽带和全偏振信号接收。该望远镜具有世界上最大跨度且精度最高的索网结构,采用变位工作方式。通过恒温室内的"毫米级"索长调节装置,索长精度提升至±1毫米,位形精度达到±5毫米,实现了在复杂地形下的精确施工。此外,专为FAST设计的索膜结构技术产生了12项自主创新专利,包括7项发明专利,推动了索结构工程技术的发展,并在2016年获得广西科学技术奖(技术发明奖)一等奖,体现了其在科技创新中的突出贡献。

(3) 采用轻型索拖动机构和并联机器人

FAST利用光机电一体化技术和自研的轻型索拖动馈源支撑系统,结合并联机器人技术,实现了望远镜接收机的高精度指向跟踪,大幅减轻了平台重量,显著提升了操作效率和精确度。索驱动系统,包括缆索装置和驱动机构等,确保接收机始终对准观测抛物面天线的焦点。此外,FAST的轻型馈源平台采用了创新的动光缆技术,突破了传统射电望远镜的固定支撑模式。该技术使48芯动光缆的疲劳寿命超过10万次弯曲,光纤附加衰减值小于0.05分贝,远超标准要求的百倍,刷新了世界纪录。

2. 工程价值

(1) 科技贡献

FAST望远镜作为目前世界上最灵敏的望远镜之一,它极大地扩展了探索宇宙的深度,可以观测到距离地球137亿光年的宇宙,将我国天文观测技术推至全球前沿。通过与郭守敬望远镜（LAMOST）等地基天文设施的联合,FAST形成了强大的观测网络,稳固了我国在天文学领域的战略位置。此外,FAST的建设和运营促进了国内外学术交流与合作,特别是与英国卓瑞尔河岸天文台等建立的深度合作,为天文学人才培养提供了平台。FAST项目不仅在射电天文研究领域实现了自主创新,提升了技术水平,还推动了相关产业的进步,展现了显著的社会效益和经济效益,对中国天文学实现原创性突破起到了关键作用。

（2）经济贡献

FAST工程批复总投资约11.5亿元,实际完成投资约11.74亿元。2011~2016年的建设期内累计促进经济增长21.19亿元,创造了大约3094个就业岗位[①]。此外,FAST的建成不仅优化了贵州省平塘县的投资环境,还显著提升了该地区对投资者和游客的吸引力。FAST的存在促进了平塘县第三产业增加值比重的提升和产业结构的持续优化,2018年三大产业增速分别为12.9%、6.4%、14.2%。2017年,FAST被列为"中国十大科技旅游基地"之一,推动了以"天眼""天坑""天书"为核心的独特旅游体系建设,升级了当地旅游产业,使平塘县逐步发展成为吸引人流和促进经济增长的新型城市。

（3）社会贡献

FAST项目的开工建设和运行有效促进了平塘县的社会进步,包括城镇化率的提升、居民生活的改善和公众科学素质的提高。

在促进当地区域基础设施建设上,为配合FAST建设,平塘县建成高速公路11.13公里,改造国省道266.04公里,建成县乡道40.25公里,实施通村油（水泥）路1011.2公里;建制村通畅率达100%,实现"乡乡通油路"和"村村通公路"目标,居民出行便捷指数达96.8%[②]。当地通信网络、电网和水利基础设施建设取得较大进展。截至2017年11月,通过打通"村村通宽

---

① 王婷、陈凯华、卢涛等：《重大科技基础设施综合效益评估体系构建研究——兼论在FAST评估中的应用》,《管理世界》2020年第6期。
② 平塘县人民政府办公室：《2017年政府工作报告解读》,平塘县人民政府网,2017年1月9日。

带"的"最后一公里",平塘县农村宽带覆盖率达84%,通信网络覆盖率达90%以上,广播电视实现村村通。农村安全饮水基本实现全覆盖,累计投入水利基础设施建设14.78亿元。完成河道综合治理30.72公里,新增恢复改善灌面14.76万亩①。

在促进区域公共教育发展上,依托FAST开展了多种天文科普活动,如"科学大篷车"和"流动科技馆"巡展,向公众普及天文学知识。这些活动不仅增进了公众对FAST和天文学的认识,而且提高了公民的科学文化素养,同时为所有年龄段的人提供了学习和体验科学的机会,激发了他们对科技探索和创新的热情。

(二)意见建议

作为中咨公司的咨询团队,始终秉持"公正、科学、可靠、敢言、多谋、慎断"的中咨精神,在评估FAST项目的过程中确保咨询评估成果不仅科学可靠,也充满前瞻性和创造性的思考。FAST的成功,不仅体现在其技术突破和科技奖励上,更在于其对中国科学技术发展的深远影响。FAST项目的建设经验为我国大科学工程的发展提供了宝贵的参考,标志着我国在这一领域由跟踪模仿向自主创新的重大跨越。从精密的天线制造技术到先进的微波电子技术,再到大尺度结构工程的建设,FAST项目在各个方面展现了我国科技创新的实力和潜力。这些成果不仅为我国射电天文学乃至自然科学的研究提供了重要的支持,也为全球科学事业作出了贡献。

在FAST项目的咨询评估工作完成后,咨询评估项目组进行多次内部讨论,针对重大科学基础设施的未来发展建议以及FAST项目的咨询评估经验加以总结,形成了以下四点心得。

(1) 培育原始创新能力,引领国际科技竞争新格局

我国应进一步强化对重大科学基础设施的支持和投入,加快培育原始创新能力,全面提升国家的综合科研实力。加大关键领域基础设施的建设和运营支持力度,不仅是突破技术瓶颈、解决"卡脖子"技术问题的重要

---

① 平塘县人民政府办公室:《平塘县人民政府公报2017(第2期)》,平塘县人民政府网,2017年11月6日。

手段，更是确保我国在全球科技创新竞赛中长期保持领先地位的战略选择。

（2）提前布局规划研究脉络，推动国家科技实力均衡与全面发展

为推动我国科技实力的均衡与全面发展，对于重大科学基础设施的规划与布局，需提前进行深入研究和精准定位。在规划各大型科学设施时，应注重科研资源的有效整合和协同，避免不同设施间的资源重复投入和功能上的冲突。同时，加强设施间的合作与交流，形成紧密融洽的科研合作网络，促进科研力量的集中和优势互补，确保科技资源得到高效利用和优化配置。

（3）促进形成科技产业集群，使前沿科学和产业革命互促共进

促进形成科技产业集群能够集中资源优势，加快技术创新和研发速度，提高人才吸引和培养能力，形成创新合作生态，有效推动地方经济发展和产业结构升级。重大科学基础设施在加强科研成果转化和推动产学研合作方面发挥着关键作用，产业决定了科研的应用方向，研究者们根据产业需求调整研究重点可以更有效地解决实际问题，重大科学基础设施的科研产出成果也为产业界的发展和创新提供新的工具和方法。

（4）强化项目全生命周期咨询研究，提升重大科技基础设施建设效能

项目全生命周期咨询研究是保障重大科技基础设施项目高效运行和管理的关键，它涵盖从项目规划、设计、建设到运行和维护的各个阶段，有助于识别和管理项目风险，优化资源配置，确保项目目标的实现。建议重视项目实施过程中全生命周期的管理和咨询研究，有效提高重大科技基础设施的建设和运营效率，最大限度地发挥其在推动科技创新和社会发展中的作用。

附　录

附件1　2004年以来国家5个评估咨询管理办法对比

序号	文件名称	发布时间	废止时间	主要内容或修订内容
1	《国家发展改革委托投资咨询评估管理办法》	2004年9月15日	2009年3月26日	①业务范围:国家发展改革委审批或核报国务院审批的发展建设规划、项目建议书、可行性研究报告、项目申请报告及国家发展改革委委托的其他事项 ②咨询机构条件:甲级且连续3年年检合格;近3年总投资5000万元以上项目的评估和可行性研究报告编制任务不少于10个;高级专业技术职称的专职人员不少于20名;注册资金不少于800万元(不含事业单位) ③委托规则和程序:分专业初始随机排队→按专业先后顺序选择机构→出具委托书,特别重要项目或特殊事项的咨询评估任务,可以通过招标或指定方式确定咨询机构
2	《国家发展改革委托投资咨询评估管理办法(2009年修订)》	2009年3月26日	2015年7月31日	①业绩要求扩大调整为:近3年承担所申请专业总投资2亿元以上项目的评估和可行性研究报告编制任务不少于20项(特殊行业除外) ②严格咨询评估质量管理:咨询评估报告有重大失误或质量低劣、咨询评估过程中有违反本办法规定的行为、累计两次拒绝接受委托任务、累计两次未在规定时限内完成评估任务或其他违反国家法律法规规定的行为,国家发展改革委可以依据情节轻重对其提出警告、从承担国家发展改革委委托咨询评估任务的评估机构名单中删除,并依据工程咨询单位资格管理的有关规定作出相应处罚
3	《国家发展改革委托投资咨询评估管理办法(2015年修订)》	2015年7月31日	2019年1月1日	①业绩要求删除了"注册资金不少于800万元(不含事业单位)" ②进一步明确因特殊情况确实难以在规定时限内完成的,应在规定时限到期日的5个工作日之前向国家发展改革委书面报告有关情况,征得书面同意后,应在国家发展改革委批准的延期时限内完成评估任务

续表

序号	文件名称	发布时间	废止时间	主要内容或修订内容
4	《国家发展改革委投资咨询评估管理办法（2018版）》	2018年11月5日	2022年5月1日	①业务范围扩大为：国家发展改革委审批或核报国务院审批的专项规划（含规划调整）、项目建议书、可行性研究报告、项目申请报告、资金申请报告及国家发展改革委委托的其他事项 ②业绩要求扩大调整为：近3年完成所申请专业总投资3亿元以上项目可行性研究报告、项目申请报告编制，项目建议书、可行性研究报告、项目申请报告、项目资金申请报告及规划的评估业绩合计不少于20项（特殊行业除外） ③进一步严格咨询评估质量管理：对评估报告首次评价为较差的咨询机构，由投资司进行约谈、警告；对累计两次评价为较差的咨询机构，由投资司暂停其"短名单"机构资格一年；对累计三次评价为较差的咨询机构，由投资司将其从"短名单"中删除
5	《国家发展改革委投资咨询评估管理办法》（2022版）	2022年5月1日	现行有效	①调整业务范围的表述：将专业规划调整为相关规划（含规划调整） ②加强对咨询评估评审专家的保密和日常管理。未经国家发展改革委投资司同意，有关专家不得擅自就评估评审事项接受采访、撰写文章等；确有必要的，应符合党中央、国务院有关精神，并事先报经国家发展改革委投资司同意 ③咨询评估机构及其工作人员，不得向项目单位摊支成本 ④咨询评估机构应当建立咨询评估任务专项档案制度，将咨询评估报告、承诺书以及专家意见等存档备查

附件2　地方层面综合咨询评估政策文件对比

序号	省（区、市）	文件名称	发布时间	与国家层面政策文件的主要差别
1	北京市	《北京市发展和改革委员会投资咨询评估等中介机构管理办法（试行）》（废止日期：2023年12月29日）	2006年2月14日	①业务范围增加如下：概算、预算及决（结）算审核；代建单位、项目法人及贷款银行招标代理；资产评估；项目实施及资金使用情况检查 ②对中介机构违规行为的处罚措施和年度考核管理如下。延迟提交成果报告：每次延期，扣除15%相应委托工作费用；一年超4次，解除聘用关系。成果报告质量不合格：每次不合格，责令修改并扣除30%工作费用；一年超4次，解除聘用关系，建议资质管理部门处理，并三年内不安排相关工作。违反禁止性规定：每次违规，扣除60%工作费用，减少后续委托

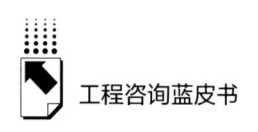

续表

序号	省(区、市)	文件名称	发布时间	与国家层面政策文件的主要差别
1	北京市	《北京市发展和改革委员会投资咨询评估等中介机构管理办法(试行)》(废止日期:2023年12月29日)	2006年2月14日	工作;一年超2次,解除聘用关系,建议资质管理部门处理,并五年内不安排相关工作。年度考核管理:每年12月进行考核,淘汰3~5家表现不佳的中介机构,次年1月按原则补充新机构,保持总量稳定
2	天津市	《天津市发展和改革委员会投资咨询评估管理办法》	2023年5月16日	①业务范围增加如下:初步设计;投资概算;社会稳定风险评估报告;PPP项目实施方案 ②对咨询评估费用五十万元(含)以上的咨询评估任务,应按照《中华人民共和国政府采购法》及其实施条例等国家和天津市有关规定要求执行 ③咨询机构条件取消了金额和数量要求 ④咨询评估机构在开展咨询评估任务时,按照"谁选取,谁负责"的原则 ⑤附评估报告量化考评标准和评估费用标准
3	河北省	《河北省发展和改革委员会投资咨询评估管理办法》	2019年7月17日	①业务范围增加如下:初步设计(概算),PPP项目咨询,节能报告评审 ②咨询机构条件修改为:近3年完成所申请专业总投资2亿元以上项目合计不少于10项(特殊行业除外) ③省发展改革委托咨询评估的完成时限一般不超过15个工作日
4	山西省	《山西省发展和改革委员会投资咨询评估管理办法》	2024年6月28日	①业务范围增加如下:初步设计报告、实施方案、投资概算、申请专项资金、政策等需要评估的事项 ②咨询机构条件修改为:近3年承担所申请专业总投资1亿元以上项目不少于10项(特殊行业除外)
5	上海市	《上海市发展和改革委员会投资咨询评估管理办法》	2019年12月30日	①业务范围增加:初步设计和概算 ②咨询机构条件修改为:具备所申请专业的甲级或乙级资信等级,或具有甲级综合资信等级;具有近3年所申请专业的投资项目评估评审业绩。节能评审单位符合《上海市固定资产投资项目节能审查实施办法》(沪府发〔2017〕78号)有关规定 ③对累计两次评价为较差的咨询机构,由市发展改革委暂停其承接委托咨询评估任务6个月;对累计三次评价为较差的咨询机构,不得参与下一轮市发展改革委委托投资咨询评估单位招标投标或政府采购 ④附《按建设项目投资额分档取费标准》和《按建设项目投资额分档取费的调整系数》

续表

序号	省（区、市）	文件名称	发布时间	与国家层面政策文件的主要差别
6	江苏省	《江苏省发展改革委委托投资咨询评估管理办法》	2013年9月30日	①业务范围增加：政府投资项目初步设计概算及概算调整 ②咨询机构条件修改为：入选工程咨询类评估事项的机构近3年独立完成所申请专业的专项规划编制或评估、总投资5000万元以上项目合计不少于10个（部分行业项目较少或项目总投资普遍不足5000万元的可适当降低标准），入选概算咨询类评估事项的机构近3年独立完成总投资5000万元以上项目的概算或造价编制任务合计不少于10个
7	浙江省	《浙江省发展改革委投资咨询评估管理办法》	2022年10月31日	①业务范围增加：初步设计和项目实施方案 ②对特别重要的项目或特殊事项的咨询评估任务，政府采购分散采购限额以下的，省发展改革委可以直接指定，分散采购限额以上的可以采用单一来源采购方式确定评估机构 ③咨询机构条件修改为：原则上近3年完成所申请专业总投资2亿元以上项目不少于10项（特殊行业除外）
8	安徽省	《安徽省发展改革委投资咨询评估管理办法》	2023年8月28日	①咨询机构条件修改为：具有所申请专业的甲级或乙级资信等级，或具有甲级综合资信等级；近3年完成所申请专业国家级或省级规划，以及总投资2亿元以上项目的评估业绩不少于20项（特殊行业除外） ②省发展改革委对咨询评估机构进行动态调整，原则上每2年调整一次 ③对于发展（建设）规划、方案等重要决策事项不宜按总投资确定项目评估费用的，按程序至少选择5家咨询评估机构，以书面询价函、咨询评估机构报价回函的询价方式确定，选择合理低价中标
9	山东省	《山东省发展和改革委员会投资咨询评估管理办法》	2022年12月3日	①业务范围增加：初步设计概算和固定资产投资项目节能报告 ②咨询机构条件修改为：近5年完成所申请专业总投资2亿元以上项目不少于50项；节能咨询评估的评估机构近5年承担节能报告编制和咨询评估任务合计不少于50项（特殊行业除外）

续表

序号	省(区、市)	文件名称	发布时间	与国家层面政策文件的主要差别
10	河南省	《河南省发展和改革委员会投资咨询评估管理办法》	2023年4月17日	①业务范围增加:初步设计、核定的政府投资项目投资概算、固定资产投资项目节能报告、基本建设资金、专项资金 ②咨询机构条件修改为:近3年完成所申请专业总投资1亿元以上项目合计不少于30项,节能报告的评估机构近3年承担所申请专业节能报告编制和评估业绩合计不少于15项 ③承担节能报告评估的咨询评估机构,在组织评审时应从河南省节能专家库中选择同行业2名以上专家参加咨询评估 ④附《咨询评估服务采购费用标准》和《投资咨询评估事项清单》
11	湖北省	《湖北省发展改革委投资咨询评估管理办法(2022修订征求意见稿)》	2022年8月1日	①业务范围增加:初步设计及核定投资概算 ②咨询机构条件修改为:具有所申请专业的甲级资信等级、乙级资信等级,或具有综合甲级资信等级 ③咨询评估机构不得将委托咨询评估工作再行委托其他机构;向所评估事项的项目单位、咨询单位索取费用、摊支成本;未与主办处室沟通一致,擅自拒绝咨询评估任务
12	广西壮族自治区	《广西壮族自治区发展和改革委员会投资咨询评估管理暂行办法》	2022年9月1日	①业务范围增加:初步设计、政府与社会资本合作(PPP)项目实施方案 ②咨询机构条件修改为:具有所申请行业领域所对应专业的乙级及以上资信等级,或具有甲级综合资信等级;近3年完成所申请行业领域内各专业(PPP项目除外)的规划以及总投资1亿元以上的评估业绩共计不少于20项(特殊行业除外);承担PPP项目实施方案或可行性研究报告评估的,应具有评估评审项目所属专业的乙级及以上资信等级,或具有甲级综合资信等级;且具备PPP咨询甲级专项资信,近3年承担政府与社会资本合作(PPP)项目实施方案或可行性研究报告编制和评估业绩合计不少于30项 ③自治区发展改革委对咨询评估机构进行动态调整,原则上每两年调整采购一次 ④附《广西壮族自治区发展和改革委员会投资咨询评估费用暂行标准》

续表

序号	省(区、市)	文件名称	发布时间	与国家层面政策文件的主要差别
13	贵州省	《贵州省发展改革委投资咨询评估管理办法》(征求意见稿)	2019年8月15日	①业务范围增加:初步设计和概算核定 ②咨询机构条件修改为:近3年完成所申请专业总投资1亿元以上项目的评估业绩共不少于10项(特殊行业除外)
14	西藏自治区	《西藏自治区发展改革委投资咨询评估管理办法》	2021年8月20	①投资咨询依法不需要招标的,通过竞争性谈判或单一来源采购方式确定委托咨询评估机构 ②业务范围增加初步设计及投资概算 ③咨询机构条件修改为:具备接受委托相应专业的资信等级;近3年完成所申请专业总投资1亿元(含1亿元)以上项目的评估业绩共不少于10项(特殊行业除外) ④自治区发展改革委对"短名单"机构进行动态调整,原则上每年调整一次 ⑤从随机排名前3位中择优选定承担委托咨询评估任务的机构
15	陕西省	《陕西省发展改革委投资咨询评估管理办法》	2022年2月21日	①业务范围增加:初步设计、项目变更及投资概算调整、初步设计(代可行性研究报告)、固定资产投资项目节能审查、节能监察,能耗等量减量替代方案评估、重点用能单位管理能效评估 ②咨询机构条件修改为:3年完成所申请专业总投资1亿元以上项目不少于10项(特殊行业除外)申请承担省发展改革委投资项目节能审查等相关业务咨询评估任务的评估机构,应具备以下基本条件:具有乙级以上资信等级或国家部委和省级行政单位下属公益二类事业单位或具有国家和省级部门委托开展清洁生产审核、循环经济政策研究业务经历的机构;具有从事5000吨标准煤以上项目节能审查报告编制和评审的业务经历,且近3年完成5000吨标准煤以上项目节能审查报告编制或评估任务不少于10个;近3年完成节能审查报告编制或评估任务所涉及项目的行业方向不少于3个 ③原则上每两年对"短名单"的评估机构集中调整公示一次 ④根据各专业公开遴选时得分情况进行初始排队

续表

序号	省(区、市)	文件名称	发布时间	与国家层面政策文件的主要差别
16	宁夏回族自治区	《宁夏回族自治区发展和改革委员会投资咨询评估管理办法(试行)》	2021年1月6日	①业务范围增加:初步设计和概算 ②根据政府投资项目的总投资额,评估与论证流程分为四档: 超过10亿元(含):对项目建议书执行咨询评估; 5亿(含)至10亿元:对可行性研究报告和初步设计实施咨询评估; 5亿元以下(未评估):通过专家论证会或书面审查方式对报告和设计进行论证和形成意见; 不超过1500万元且简单项目:可以只委托专家就初步设计提供书面审查意见,不需要论证会 ③咨询机构条件修改为:具备所申请专业乙级(含)以上资信等级,或具有甲级综合资信等级;具有近3年所申请专业的投资项目的咨询评估评审、项目建议书编制、可行性研究报告编制、项目(资金)申请报告编制、初步设计编制相应业绩;节能评估评审单位符合《自治区固定资产投资项目节能审查管理办法》(宁政发〔2017〕91号)有关规定 ④自治区发展改革委委托咨询评估的完成时限一般不超过15个工作日

资料来源:根据公开资料整理。

附件3 评估咨询相关政策文件列表

1. 国家市场监督管理总局/国家标委会:《工程咨询 基本术语》(GB/Z 40846-2021),2023年7月。

2. 国务院:《关于加强基本建设计划管理,控制基本建设规模的若干规定》,1981年3月。

3. 国家计委:《关于加强中国国际工程咨询公司的报告》,1985年。

4. 国家计委:《中国国际工程咨询公司关于组织大中型项目评估工作的暂行规定》,1986年。

5. 国家计委:《中国国际工程咨询公司建设项目评估暂行办法》,1987年10月。

6. 国务院:《国务院关于投资体制改革的决定》,2004年7月。

7. 国家发展改革委:《国家发展改革委委托投资咨询评估管理办法》,

2004 年 9 月。

  8. 国家发展改革委：《国家发展改革委委托投资咨询评估管理办法（2009 年修订）》，2009 年 3 月。

  9. 中共中央办公厅、国务院办公厅：《关于加强中国特色新型智库建设的意见》，2015 年 1 月。

  10. 国家发展改革委：《国家发展改革委委托投资咨询评估管理办法（2015 年修订）》，2015 年 7 月。

  11. 中共中央、国务院：《中共中央 国务院关于深化投融资体制改革的意见》，2016 年 7 月。

  12. 国务院：《企业投资项目核准和备案管理条例》，2016 年 11 月。

  13. 国家发展改革委：《工程咨询行业管理办法》，2017 年 11 月。

  14. 国家发展改革委：《国家发展改革委投资咨询评估管理办法》，2018 年 11 月。

  15. 国务院：《政府投资条例》，2019 年 4 月。

  16. 国务院：《企业投资项目核准和备案管理条例》，2016 年 11 月。

  17. 国家发展改革委：《国家发展改革委投资咨询评估管理办法》，2022 年 5 月。

  18. 国家发展改革委：《国家发展改革委投资咨询评估工作指引》，2023 年 1 月。

  19. 国家发展改革委：《国家发展改革委投资咨询评估报告格式规范》，2023 年 1 月。

  20. 国家发展改革委：《国家发展改革委投资咨询评估机构年度考核细则》，2023 年 1 月。

  21. 国家发展改革委评估督导司：《国家发展改革委评估督导工作办法（试行）》，2023 年 7 月。

  22. 国家发展改革委：《国家发展改革委中央政府投资项目后评价管理办法》，2014 年 9 月。

  23. 国家发展改革委：《关于企业投资项目咨询评估报告的若干要求》，2008 年 6 月。

  24. 国家发展改革委：《企业投资项目咨询评估报告编写大纲》，2008 年

6月。

25. 国家发展改革委：《工程咨询单位资信评价标准》，2018年4月。

26. 国家发展改革委：《中央预算内直接投资项目管理办法》，2014年1月。

27. 国家发展改革委：《中央预算内投资资本金注入项目管理办法》，2021年6月。

28. 国家发展改革委：《中央预算内投资补助和贴息项目管理办法》，2016年12月。

29. 国家发展改革委：《中央政府投资项目后评价报告编制大纲（试行）》，2014年9月。

30.《全国人大常务委员会关于加强经济工作监督的决定》，2000年3月。

31. 中共中央、国务院：《关于统一规划体系更好发挥国家发展规划战略导向作用的意见》，2021年7月。

32. 国家发展改革委：《关于开展"十四五"规划实施中期评估工作的通知》，2023年2月。

33. 国家发展改革委：《国家级区域规划管理暂行办法》，2015年7月。

34. 自然资源部：《关于全面开展国土空间规划工作的通知》，2019年5月。

35. 自然资源部：《关于加强国土空间规划监督管理的通知》，2020年5月。

36. 自然资源部：《关于开展国土空间规划"一张图"建设和现状评估工作的通知》，2019年7月。

37. 自然资源部：《国土空间规划城市体检评估规程》，2021年6月。

38. 上海市发展和改革委员会：《上海市发展改革委关于开展政府投资房屋建筑项目可行性研究报告（初步设计深度）审批改革试点工作的通知》，2018年12月。

39.《中华人民共和国环境影响评价法》，2018年12月。

40. 国务院：《建设项目环境保护管理条例》，2017年7月16日。

41.《中华人民共和国节约能源法》，2018年10月。

42. 国家发展改革委：《固定资产投资项目节能审查办法》，2023年3月。

43. 国家发展改革委：《国家发展改革委重大固定资产投资项目社会稳定风险评估暂行办法》，2012年8月。

44.《中华人民共和国预算法》，2018年12月。

45. 财政部：《项目支出绩效评价管理办法》，2020年2月。

社会科学文献出版社

皮 书

智库成果出版与传播平台

❖ 皮书定义 ❖

皮书是对中国与世界发展状况和热点问题进行年度监测，以专业的角度、专家的视野和实证研究方法，针对某一领域或区域现状与发展态势展开分析和预测，具备前沿性、原创性、实证性、连续性、时效性等特点的公开出版物，由一系列权威研究报告组成。

❖ 皮书作者 ❖

皮书系列报告作者以国内外一流研究机构、知名高校等重点智库的研究人员为主，多为相关领域一流专家学者，他们的观点代表了当下学界对中国与世界的现实和未来最高水平的解读与分析。

❖ 皮书荣誉 ❖

皮书作为中国社会科学院基础理论研究与应用对策研究融合发展的代表性成果，不仅是哲学社会科学工作者服务中国特色社会主义现代化建设的重要成果，更是助力中国特色新型智库建设、构建中国特色哲学社会科学"三大体系"的重要平台。皮书系列先后被列入"十二五""十三五""十四五"时期国家重点出版物出版专项规划项目；自2013年起，重点皮书被列入中国社会科学院国家哲学社会科学创新工程项目。

权威报告·连续出版·独家资源

皮书数据库
ANNUAL REPORT(YEARBOOK) DATABASE

分析解读当下中国发展变迁的高端智库平台

所获荣誉

- 2022年，入选技术赋能"新闻+"推荐案例
- 2020年，入选全国新闻出版深度融合发展创新案例
- 2019年，入选国家新闻出版署数字出版精品遴选推荐计划
- 2016年，入选"十三五"国家重点电子出版物出版规划骨干工程
- 2013年，荣获"中国出版政府奖·网络出版物奖"提名奖

皮书数据库　　"社科数托邦"微信公众号

成为用户

登录网址www.pishu.com.cn访问皮书数据库网站或下载皮书数据库APP，通过手机号码验证或邮箱验证即可成为皮书数据库用户。

用户福利

- 已注册用户购书后可免费获赠100元皮书数据库充值卡。刮开充值卡涂层获取充值密码，登录并进入"会员中心"—"在线充值"—"充值卡充值"，充值成功即可购买和查看数据库内容。
- 用户福利最终解释权归社会科学文献出版社所有。

数据库服务热线：010-59367265
数据库服务QQ：2475522410
数据库服务邮箱：database@ssap.cn
图书销售热线：010-59367070/7028
图书服务QQ：1265056568
图书服务邮箱：duzhe@ssap.cn

社会科学文献出版社　皮书系列
卡号：222296477623
密码：

S 基本子库
SUB DATABASE

中国社会发展数据库（下设 12 个专题子库）

紧扣人口、政治、外交、法律、教育、医疗卫生、资源环境等 12 个社会发展领域的前沿和热点，全面整合专业著作、智库报告、学术资讯、调研数据等类型资源，帮助用户追踪中国社会发展动态、研究社会发展战略与政策、了解社会热点问题、分析社会发展趋势。

中国经济发展数据库（下设 12 专题子库）

内容涵盖宏观经济、产业经济、工业经济、农业经济、财政金融、房地产经济、城市经济、商业贸易等 12 个重点经济领域，为把握经济运行态势、洞察经济发展规律、研判经济发展趋势、进行经济调控决策提供参考和依据。

中国行业发展数据库（下设 17 个专题子库）

以中国国民经济行业分类为依据，覆盖金融业、旅游业、交通运输业、能源矿产业、制造业等 100 多个行业，跟踪分析国民经济相关行业市场运行状况和政策导向，汇集行业发展前沿资讯，为投资、从业及各种经济决策提供理论支撑和实践指导。

中国区域发展数据库（下设 4 个专题子库）

对中国特定区域内的经济、社会、文化等领域现状与发展情况进行深度分析和预测，涉及省级行政区、城市群、城市、农村等不同维度，研究层级至县及县以下行政区，为学者研究地方经济社会宏观态势、经验模式、发展案例提供支撑，为地方政府决策提供参考。

中国文化传媒数据库（下设 18 个专题子库）

内容覆盖文化产业、新闻传播、电影娱乐、文学艺术、群众文化、图书情报等 18 个重点研究领域，聚焦文化传媒领域发展前沿、热点话题、行业实践，服务用户的教学科研、文化投资、企业规划等需要。

世界经济与国际关系数据库（下设 6 个专题子库）

整合世界经济、国际政治、世界文化与科技、全球性问题、国际组织与国际法、区域研究 6 大领域研究成果，对世界经济形势、国际形势进行连续性深度分析，对年度热点问题进行专题解读，为研判全球发展趋势提供事实和数据支持。

法律声明

"皮书系列"（含蓝皮书、绿皮书、黄皮书）之品牌由社会科学文献出版社最早使用并持续至今，现已被中国图书行业所熟知。"皮书系列"的相关商标已在国家商标管理部门商标局注册，包括但不限于LOGO（ ）、皮书、Pishu、经济蓝皮书、社会蓝皮书等。"皮书系列"图书的注册商标专用权及封面设计、版式设计的著作权均为社会科学文献出版社所有。未经社会科学文献出版社书面授权许可，任何使用与"皮书系列"图书注册商标、封面设计、版式设计相同或者近似的文字、图形或其组合的行为均系侵权行为。

经作者授权，本书的专有出版权及信息网络传播权等为社会科学文献出版社享有。未经社会科学文献出版社书面授权许可，任何就本书内容的复制、发行或以数字形式进行网络传播的行为均系侵权行为。

社会科学文献出版社将通过法律途径追究上述侵权行为的法律责任，维护自身合法权益。

欢迎社会各界人士对侵犯社会科学文献出版社上述权利的侵权行为进行举报。电话：010-59367121，电子邮箱：fawubu@ssap.cn。

社会科学文献出版社